永康文献丛书

吕公望集

十

吕公望 著

卢礼阳 邵余安 编校

附录一　联　署

江皖倡义诸烈士追悼会

皇天眷佑，还我河山，农胄轩裔，脱离奴籍。从今以后，吾人可常享自由、共和之福矣。然非诸先烈断头决项，前仆后继，曷克臻此？抚今思凡，能不怆怀？同人等谨订于阳历三月二十午前九时开会于南京三牌楼第一舞台，追悼赵君声、吴君越、熊君成基、倪君映典等诸烈士①。昔我同志，届时敬乞贲临襄礼，倘承惠锡哀词、挽章，先期送交南京大仓园事务所，以昭香花之供。谨闻。

发起人：孙文、黄兴、胡汉民、冯自由、王芝祥、居正、吕志伊、张通典、孙毓筠、伍冠球、林之夏、陈其美、伍崇仁、易兆鸿、徐绍桢、冷遹、任鹤年、刘建凡、陈雄洲、耿毅、赵正平、刘洪庵、黄慕松、柏文蔚、范光启、吴忠信、顾忠深、马良、吕公望、熊克武、赵恒惕、张大义、何遂、钟鼎基、吴永珊、洪承点、庄蕴宽、陈懋修、夏尊武、王孝德、柯森、周诗、陈陶怡、杜潜、龚维鑫、孙嶙、方潜、龚镇鹤、覃鎏钦、陈裕时、巴泽宪、胡维栋、马锦春、柳亚庐、汪延囊、

---

① 赵声(1881—1911)，字百先，号伯先，江苏丹徒(今镇江)人。一九一一年三月率部赶往广州参加起义未遂，五月病逝。吴越，当即吴樾(1878—1905)，字孟侠，安徽桐城人。一九〇五年九月，在北京车站炸弹暗杀清廷五大臣而牺牲。熊成基(1887—1910)，又名承基，字味根，江苏甘泉(今扬州)人。一九一〇年一月，在哈尔滨谋刺载洵，被捕牺牲。倪映典(1885—1910)，安徽合肥人。一九〇九年广东革命党人准备起义。次年二月因新军与警察局发生冲突，倪映典决定提前起义，将管带齐汝汉击倒，率部攻城，因受伤堕马被俘牺牲。

秦毓鎏同启。

（原载《申报》一九一二年三月十五日第四版，广告；并见三月十六日第五版，广告）

军务院宣告撤销电

大总统、国务院暨各部总长、参议院、众议院，各省都督、将军、巡按使，并转各镇守使，归化厅，承德、张家口都统，北京英文《京报》、《国民公报》转各报，上海《时事新报》《中华新报》转各报均鉴：

军务院第六号宣告文如下：

帝制祸兴，滇黔首义，公理所趋，舆论一致。桂、粤、浙、秦、湘、蜀，相继仗义。其时，因战祸迁延，未知所届，独立各省、前敌各军，不可无统一机关，爰暂设军务院，为对内对外之合议团体。其《组织条例》第十条规定"本院俟国务院依法成立时撤废之"等语①，屡次宣言布告，一再声明。今《约法》、国会次第恢复，大总统依法继任，与独立各省最初之宣言，适相符合。虽国务员之任命尚未经国会同意，然当国会闭会时，元首先任命，以俟追认，实为《约法》所不禁。本军务院为力求统一起见，谨于本日宣告撤消，其抚军及政务委员长、外交专使、军事代表，均一并解除，国家一切政务，静听元首、政府、国会主持。为此布告天下，咸使闻知。

唐继尧、岑春煊、梁启超、刘显世、陆荣廷、陈炳焜、吕公望、蔡锷、李烈钧、戴戡、李鼎新、罗佩金、刘存厚叩。寒。（中华民国五年七月十四日）

（原载《申报》一九一六年七月十八日，二版转三版，公电，又见《中华新报》一九一六年七月十七日，收入李希泌等编《护国运动资料选编》，中华书局一九八四年七月版，746页）

---

① 条例，原报误作"条件"，径改。

冯国璋等致大总统国务院参众两院电①

大总统,国务院,参、众议院钧鉴:

　　窃维共和立宪之政,其命脉全在宪法,其运用尤赖国会,无国会之共和国,未之前闻。此次国会重开,实应时势之要求,为全国所公认。某等忝膺驱寄,唯知拥护中央,对于国法上之中央最高机关,一切竭诚拱卫,天经地义,无俟喋喋。议员诸君,中经事变,益富经验,其必能慎重职权,恭循正轨,为国家谋远大之福利,使国会威信益孚洽于人民,此亦某等所能深信。唯是宪法一日未颁,民志终一日未定。开会以来,倾逾二月,群情引领,载渴载饥。夫责望愈奢,则揣测分起,实群众心理所同。然国民既抱亟欲得良宪法之热诚,故稍淹滞即若不餍其望,甚者更欲以不通国情之条文,牵率加入,致酿异变。种种忧疑,半由此起。外人不察,或遂忧我国基未固,隐患方滋。威信所关,能勿猛省,想我政府必能互矢敬慎,促制宪大业之进行。某等分土司牧,默察所部各地民情趋向之殷,亦不敢不沥情入告,藉代转采。除将某等个人对于宪法上之愚见,分别请愿外,谨合词上陈,伏乞转达宪法会议,从速制定符合国情、餍慰民望之宪法,迅为公布。国家幸甚。再,此电经列衔各省往复电商,意见相同,由国璋主稿,合并声明。

　　冯国璋、齐耀琳、曹锟、朱家宝、张勋、倪嗣冲、王占元、谭延闿、张作霖、孟恩远、郭宗熙、毕桂芳、赵倜、田文烈、张怀芝、李纯、戚扬、吕公望、李厚基、罗佩金、刘显世、陈炳焜、阎锡三、陈树藩、张广建同叩。

　　(《冯国璋等请早定宪法》,原载《申报》一九一六年十月二十日,六版,要闻二)

----

　　① 导语称:"江苏督军冯国璋等近会衔电京,请宪法会议从速制定宪法。各省督军除广东陆荣廷、新疆杨增新、云南唐继尧外,均经列名,其文曰"。

唐继尧等致大总统国务院电

滇省唐督军等日前电请中央,以蔡公松坡本年春间由滇督师出蜀,转战数月,积劳成疾,遂致溘逝。按诸崇德报功之义,恳予国葬,并将事迹宣付史馆立传,暨在京师及立功省分立祠铸像,以答丰功而昭矜式。其电文云:

大总统、国务院钧鉴:

四川督军蔡锷以肺疾不治,殁于日本医院,业由副总统入告,并奉明令颁给治丧费二万元,并派驻日本公使章宗祥董治丧事,饬部从优议恤。恩意已极周渥,何敢再事渎陈。惟尧等与该故督军始终共事,知之最深,谨再撮举事略,为我大总统、总理陈之。

该故督军自日本士官学校毕业归国,初在广西办理讲武学校,愤国事日非,即潜谋改革之事,深被嫌疑。旋调滇充陆军第十九镇第三十七协统领,复与同人秘密联络,准备一切,相时而动。值辛亥八月,我大总统在武昌首义,滇省遂举兵响应,不旬日间,全省奠定,匕鬯不惊,被推为云南都督。任职以来,勤力不懈,庶事咸理。又以滇省财政困难,首倡减俸,月支薪仅百六十元,至今因之,军民政事赖以维持。入京之后,本欲有所贡献,而帝制潮流方热,凿枘不入,乃乘机南下。间道来滇,共谋举义,崎岖险阻,艰苦备尝。护国军起,督师出川,鏖战叙泸,亘五阅月。其间激战最烈,昼夜不休者,凡四旬有奇。精神萎顿,喉痛加剧,实缘于此。大局既定,犹力疾驰赴成都,经营善后,俾军民安贴,然后东下疗疾。所谓尽瘁国事,死而后已。总其平生,既富于韬钤,优于文字,尤娴习政治,是以总理军民,措置裕如,滇、黔、川、桂之民,迄今思慕不置。而治事精勤,操守纯洁,尤足为当世官吏师法。今身后萧条,不名一钱,老幼茕茕茕茕,言之腹痛。惟其功德虽在西南为多,其所设施实有造于全国,丰功伟烈,中外具瞻,不有阐扬,何以光前励后?伏恳我大总统鸿慈锡予国葬,并将事迹宣付史馆立传,准予京师及立功省分建立专祠,铸造铜像,以彰国家崇报之典,而为后来矜式之资。是否有当,伏乞慈鉴施行,无任涕泣待命。

唐继尧、陈炳焜、刘显世、任可澄、吕公望、罗佩金等同叩。铣。印。(中华民国五年十一月十六日)

(《唐督军等崇报蔡上将之意见》,原载《申报》一九一六年十二月十日,六版,要闻二·杭州快信)

冯国璋等呈大总统国务总理电

政府近接各省联名呈大总统、段总理一电,由冯副总统领衔各节,曾略记昨报。兹录其原文如下:

民国建元,于今五载,中经变故,起伏无端。国势日危,民生日蹙,政务日以丛脞,已往之事今不复道。自此次国体再奠,天下望治更切,以为元首恭己,总揆得人,议会重开,惩前毖后,必能立定国是,计日成功。乃半岁以来,事仍未理,而争益甚。近日浮言胥动,尤有不可终日之势。国璋等守土待罪,忧惶无措,往返商榷,发为危言,幸垂察之。我大总统谦德仁闻,中外所钦,固无人不爱戴。自继任后,尤无日不廑如伤之怀,思出民于水火,然而功效不彰,实惠未至。虽有德意,无救倒悬。推原其故,在乎政务久不振;政务久不振,在乎信任之不专。前因道路传闻,府院之间,颇生意见。迭经国璋电询,奉大总统复示,谓虚己以听,负责有人。是我大总统亦既推心置人腹中矣。皇天后土,宁闻此言。国璋等咸为国家庆,以我总理之清正沉毅,得此倚畀,当可一心一德,竟厥所施。今后政客更有飞短流长为府院间者,愿我大总统、我总理,立予屏斥。国璋等闻见所及,亦当随时参揭,以肃纲纪而佐明良。任贤勿贰,去邪勿疑。然后我大总统可责总理以实效,总理乃无可辞□责,有虚己之量,务见以诚,有负责之名,务征其实,献可替否。此国璋不敢不推诚为我大总统告者也。

自内阁更迭之说起，国璋等屡有函电竭力拥护，一则虑继任乏人，益生纷扰，陷于无政府，一则深信我总理之德量、威望，若竟其用，必能为国宣劳，收拾残局，非徒空言拥护也。现大总统既表虚己之诚，正总理励精图治之会。目下所急待施设者，军政、财政、外交诸大端，皆宜早定计画，循序实行。国璋等拥护中央，但求有令可奉，有教可承，事势苟有可通，无不竭力奉宣，以举统一之实。此大方针，非我总理不能定，阁员与总理共负责任，得此领袖，理宜协恭。近如中行兑现，实轻率急功，致陷穷境。前事之师，所为鉴戒。阁员必有一贯之主张，取钧衡于总理；总理勿以一部所主筦，或迁就乎阁员。阁员苟有苦衷，不妨开示。公是公非，当可主持；孰轻孰重，尤当量衡。国璋等赤心为国，不恤乎他。此维持内阁之真意，不能不掬诚为我总理告者也。

国会为国家立法机关，关系何等重大。举凡一切动作，必惟法律是循，始足以餍众望。此次两院恢复之初，原出一时权宜之计。其时政潮鼎沸，国本动摇，但期复我法规，故未过存顾虑。国璋六日一电，具有苦衷，极冀宪法早定，议政得平，不骛近功，不逞客气，予政府以可行之策，为国家立不敝之规。则此逾期再集、绝而复续之国会，虽有未洽，天下之人，犹或共谅。不意开会以来，纷呶争竞，较甚于前，既无成绩可言，更绝进行之望。近则侵越司法，干涉行政，复议之案，不依法定人数擅行表决。于是国民信仰之心为之尽坠，谓前途殆已无所希冀，诟仇视之。不独国会自失尊严，即国璋等前此之主张恢复者，亦将因是而获戾。况《临时约法》于自由集会、开会、闭会，一切无所牵制，要须善用之耳。苟或矜持意气，专事凌越，则蓄意积愤，必有溃决之一日，甚且累及国家。国璋心实危之。我大总统、我总理，至诚感人，望将此意为两院议员等切实儆告，盖必自立于守法之地，而后乃能立法。设循此不改，越法侵权，陷国家于危亡之地，窃恐天下之人忍无可忍，决不能再为曲谅矣。此国璋等对于国会之意见，不敢不掬诚入告者也。

总之,我总统能信任总理,然后总理方有负责之地;总理能秉持大政,然后国家方有转危之机;国会能持大经,巩固国基,则国存,国会乃有所附丽。否则,非国璋等之所敢知。忧深语激,伏祈我大总统、我总理兼察之。

冯国璋、张勋、曹锟、朱家宝、张怀芝、张作霖、孟恩远、郭宗熙、毕桂芳、阎锡三、孙发绪、陈树藩、赵倜、田文烈、王占元、谭延闿、倪嗣冲、李纯、戚扬、陆荣廷、朱庆澜、唐继尧、陈炳焜、吕公望、李厚基、罗佩金、刘显世、张广建、姜桂题、田中玉、蒋作宾。印。

(《各省大吏联电中央原文》,原载《申报》一九一六年十二月三十一日,三版,要闻一)

广东林葆怿等致南代表电

(衔略)民国肇造,于兹八稔,干戈日寻,膏血原野,锋镝所及,庐井邱墟。哀我生民,年来死于兵、死于匪、死于苛税、死于灾荒者,不知凡几。国家罹破产之祸,人民无乐生之心,谁实为之,至于此极。则以法治之基础未固,军人乘之,而政变乃剧。夫政治所以谋乐利,军人所以固国防,权责攸分,本不相袭。今则以拥兵而干政,因政变而动兵,辗转相寻,兵愈多而政治愈不可问,迁流所至,负固割据,成为风气。当此民穷财匮,不幸土崩势成,军人又安有纵横恣行之余地。我国近来,陆军则收集盗匪,兵额骤增,海军则基础薄弱,无从发展,而每年军事用费且占全国财政支出五分之三而强,以此立国,又焉□久? 若谓凭借外债可以度日,则小以启干涉内政之渐,大适成渔人得利之谋,国且不国,纵拥多兵,亦奚以为。

今幸天心厌乱,和会已开,一切问题自有正当解决。惟吾辈军人,有不能不速自反省者。法律一经解决,军事即须独立于政治之外,使军政分轨而趋,各谋改革,军人不随政潮之起落,政治乃得平流而稳进。所以议和期间,应彼此破除成见,促息内争。对于将来,尤当确立军事中坚,共图改善。凡此问题,除军人自身解决外,绝无救济之方。诚能痛定思痛,了然觉悟,力谋刷新,则庶政修明,国基巩固。吾军人方自完职责,而告无罪于国人。否则,乱无已时,诚有不堪设想者。心所谓危,何敢缄默,痛切陈词,伏祈亮察。凡我袍泽,幸赐教焉。

　　林葆怿、莫荣新、李烈钧、吕公望、方声涛、李根源、程潜。佳。(中华民国八年四月九日)

　　(《和议续开正式会之第六日》,原载《申报》一九一九年四月十五日,十版,本埠新闻)

旅京浙籍同乡致卢永祥电[1]

杭州卢子嘉先生台鉴:废督裁兵,我公创议已久。今本身作则,为全国倡,曷胜钦佩。但人民多数心理,以为目前大患在养兵太多,疾痛在身,急思湔洗,不独浙人然也。况废督以后,善后之大者,莫过于裁兵之标准。本诸浙人公意,亦当首先计画,务恳外审全国情形,近察浙省状况,首定公平标准,于六个月内切实施行。旅京同人对此问题正在公同研究,俟有具体办法,即当函送台端,藉供参考。造端甚大,幸勿迟回,伫候无既。

　　孙宝琦、汪大燮、钱能训、蔡元培、屈映光、王家襄、沈瑞麟、邵章、吕公望、戴陈霖、三多、王式通、朱彭寿、钱锡宝、寿鹏飞、叶颂清、汪希、李卓培、邵瑞彭、袁荣叟、金兆棪、沈保儒、徐象先、张之纲、傅师说、陈焕章、陶昌善、陈震福、沈其昌、王承吉、屈燨、夏循垲、楼思诵、

————————

　　① 消息导语:"国闻通信社云,旅京浙籍同乡曾电卢督办,希望废督后即实行裁兵。当经卢复电赞同。兹将来往原电录下。孙宝琦、汪大燮等来电云:"卢永祥(1867—1933),字子嘉,山东济阳人。民国八年八月,浙江督军杨善德病故,卢由淞沪护军使转任此缺。

顾其中、郁华、沈炳儒、张泰镕、吴源、朱文柄、胡懋勋、孙全洋、王任化、钱凤、陈华、张国俊、张骥、林颖和、徐敏根、王亮。箇。印。（中华民国十一年六月二十一日）

卢永祥复旅京浙籍同乡电

北京孙慕韩、汪伯棠、蔡子民先生，并转贵同乡诸公均鉴：箇电敬悉。浙省善后，裁兵为急。人民心理，鄙人同怀，均视此为趋向。兹承电示，公同研究具体办法，即当函寄，尤为欢迎。特电布忱，伫承明教。卢永祥。漾。印。（中华民国十一年六月二十三日）

（《旅京浙同乡电请裁兵》，原载《申报》一九二二年六月二十五日，十版，国内要闻二）

亚细亚银公司露布[①]

时局阽危，民生凋敝，干戈扰攘，烽火频仍。益以天灾流行，水旱迭见，于是生活之程度日益高，社会之金融日益促，强者流为盗贼，弱者沦于饿殍。谁实为之，谓之何哉？昔《管子》云："仓廪实而知礼节，衣食足而知荣辱。"嗟小民生今之世，日暮途穷，而求其明廉耻、蹈仁义，是何异于痴人说梦，狂瞽谈天？同人等以为，欲维持秩序，必先增进人民之幸福始；而增进幸福，又必先自提倡俭德、发展实业始。是以同人等联合中华、西班牙、法兰西、俄罗斯等国同志，爰集巨资共组亚细亚银公司，内部组织大别之，曰储蓄部，曰银行部、保险部，曰信托部，曰保证部，曰进出口贸易部等，特由各本国总领事署注册，呈报各本国驻京公使转呈各本国政府立案，并照会中国政府查照备案。刻已组织就绪，设总公司于上海法租界天主堂街九十三号，并于通商口岸分设公司。案照章程，循序进行，先行开办储蓄部，以调剂金融，

---

① 较早公布时间，见《申报》一九二四年四月十七日，第二版广告。见报时未披露全文。

而后及于银行、保险等部,业蒙西班牙总领事等颁给许可执照保护。同人等不揣绵薄,共矢决心,支大厦之将倾,挽狂澜于既倒,实心毅力,积极进行。惟兹事体大,关系匪轻。同人等自愧汲深绠短,末由只手擎天,尚望邦人君子,协力同心,共相赞助,建伟业而展鸿图,合诸尖而成巨塔。是不特敝公司极愿拜领南针,抑亦为同人等所馨香祷祝也。刻已筹备告竣,即日开始营业,择期正式开幕。敬布微忱,竚候明教。谨此露布。

名誉董事:丁　槐、王芝祥、王桂林、吕公望、顾乃斌、饶馥丞、余鲁卿、龙济光。

董事长:张有年、萧　易。

董事:卢祖霈、张树棠、林鸿宾、陶寿铭、蓝启高。

监察:顾张潮、胡庆衍。

总理:林鸿宾。

协理:胡　超。

经理:卢祖霈。

(原载上海《红杂志》第二卷第四十七期,民国十三年六月廿七日发行,未标页码)

浙江省临时自治政府布告[①]

为布告事。

照得自四省攻浙以来,各路客军纷纷侵入金、衢、严、杭、嘉、湖、温、处等属,军行所至,庐舍为墟,宁绍台三属虽未被兵,而人心恐惶,寝馈难安。顾念桑梓,良用痛心。尊篹等本人民期望自治之意,为保

---

①　前有导语,称:"另一消息:浙江政局自潘国纲来沪,与各要人集议,至六日晚间十二时,始完全决定办法。郝国玺、杜持、屈映光、吕公望等即于七日启行赴甬,褚辅成、毛云鹏等则于八日动身,即于是晚开军事会议,正式通过《浙省临时自治政府组织法》,即于九日正式宣布成立。闻并将推举蒋尊篹为委员长,杜持为军政部长,褚辅成为民政部长,兹将九日所出布告录下。"

卫地方起见,谨于本日宣布自治,并将《浙江省临时自治政府组织大纲》同时宣布,俾众周知。自宣布日起,地方治安由本自治政府完全负责,其各安生业,毋滋疑虑。

特此布告。

浙江省临时自治政府行政委员蒋尊簋、吕公望、屈映光、褚辅成、李思浩、殷汝骊、顾乃斌、杜持、毛云鹏、邵瑞彭、周佩箴。(中华民国十三年十月九日)

浙江省临时自治政府组织大纲

(第一条)浙江省在省自治法未制定施行以前,组织临时自治政府,为一省最高行政机关。

(第二条)浙江省临时自治政府以委员十一人组织行政委员会,执行省务。

(第三条)行政委员会互推委员长一人,依行政委员会之议决总理省务。

(第四条)行政委员会设立军政、民政两部,分掌军政、民政一切事宜;军政部、民政部各设部长一人,由委员会互推;军政、民政两部组织法另定之。

(第五条)临时自治政府设立参议厅,赞襄政务,其组织法另定之。

(第六条)行政委员会设立参谋处、秘书处,其组织法另定之。

(第七条)省议会由临时自治政府召集之。

(第八条)临时自治政府俟省自治法会议□定省自治法公布施行后撤□之。

(第九条)本大纲自宣布日发生效力。

(原载《申报》一九二四年十月十一日第七版,国内要闻)

全浙公会致浙江省临时自治政府诸行政委员电

宁波蒋伯器先生转行政委员诸公钧鉴：

兴师讨曹，举国同情。吾浙自去岁贿选告成，即已宣布自治，此次首揭义旗，尤为舆论翊赞。不意内变倏起，遂召外侮，不惟讨曹大业蒙其影响，而客军入踞省城，即欲保持一省之自治，亦不可复得。金衢嘉湖各属，蹂躏尤惨，言念及此，良用痛心。诸公全省人望，崛起甬东，本浙人自治之旨，为保境安民之图，下风逊听，欢汴无似，尚望持其毅力，以遂初衷。凡我浙人，誓当竭诚拥护，勉为后盾，行见湖山重光，我数千万浙人人格，亦惟庇赖。专电奉贺，诸惟亮察。全浙公会叩。蒸。（中华民国十三年十月十日）

（原载《申报》一九二四年十月十一日九版，宁波独立中之旅沪浙人意见·全浙公会致蒋伯器等电）

浙江自治政府通电①

杭州各法团、各报馆，七十五县各法团、各报馆暨全省父老均鉴：

慨自四省攻浙，客军纷乘，所过地方，奸淫掳掠，惨无人道。谁无室家，谁无子女，水深火热，言之痛心。本总司令愤桑梓之蹂躏，惧覆亡之无日，计惟目前之急，莫先于自救，莫切于自卫。而究竟须归于自治，必人人有缨冠披发之决心，而后有转危为安之一日。今敌兵伤亡过半，而饷弹缺乏，后方无援，此诚吾浙江肃清疆土扶植自治千载一时之机会也。况彼逆我顺，彼劳我逸，歼此丑类，朝夕可期。各有天良，应同心理。用敢本匹夫之责，负保省之任。谨率本省师旅，于本日宣告自治成立，望我父老兄弟，并力一心，剑及屦及，共竟大业。吾浙幸甚，民国幸甚！

---

① 前有导语："另据某通信社消息，宁波自治军定于十五日宣布成立，兹将布告及通电录下。"下文落款作"浙江自治军政府"，原报如此。

浙江自治军政府总裁蒋尊簋,副总裁屈映光、褚辅成,总司令吕公望,副司令伍文渊,前敌总指挥郝国玺,副指挥王莩,军政厅长王桂林,民政厅长王文庆。寒。叩。(中华民国十三年十月十四日)

(原载《申报》一九二四年十月十七日,五版,国内要闻·甬事变化纪详)

浙江自治军布告第一号

事为本军建议,志在保境安民。慨自客军入浙,各处民不聊生,所过任意蹂躏,闾阎受害非轻,若不急图自卫,必无片瓦干净。本军本此宗旨,用特奋起义兵,浙军情同兄弟,自然一致进行,如有违背斯旨,即当认为敌人。军人系保民卫国,心地本属光明。此举为申正义,所望全体一心,人民照常安业,切勿无故自惊。为此布告晓谕,其各毋违凛遵。

(原载《申报》一九二四年十月十七日,第五版,国内要闻·甬事变化纪详)

欢迎太虚法师

太虚法师自去年秋间放洋,游历欧美各国,讲演佛学及东方文化,彼邦人士备极欢迎。前月由旧金山起程,乘世界班范朋总统号返国,业于月之二十九日抵沪。同人等定五月四日下午二时,假广西路报本堂下院开欢迎会,请其将游历情形及欧美人士对于东方文化之态度一告国人,藉资观感。邦人君子,愿加入发起之列者,请至报本堂签名,并请各界善信及同胞等届时莅临听讲为荷。

发起人:徐朗西、吕公望、褚慧僧、孙厚在、陈维衷、朱子章、殷铸夫、丁淞生、罗奉僧、来再生、程士毅、张麟耀、玉观彬、蔡北仑、黄警顽、徐醒忱、莹照、仰西、大愚、志圆订同。

(原载《申报》一九二九年五月四日,六版,广告)

公祭南海普陀山普济寺明觉方丈启事

启者。南海普陀山普济寺方丈明觉老和尚,俗氏相,洛阳望族,素性慈慧,心切胞与,名山古刹,恒留印迹。于民国九年卓锡普陀,皈依了馀上人,披薙为徒,旋为锡麟堂主持。十数年来,建功树德,不胜枚举,如创修如意寮、设立念佛堂、重修短姑道头、建造化身塔等善举,久为物望所归。十八年春,阖山僧众公推为普济寺方丈,从此名山丛林有主,十方善士信仰。九月间,因奔走募化操劳致疾,竟于旧历十二月初九日扶座圆寂,全山僧众及与明觉方丈有旧者莫不悲之。同人等因怀念道谊,兹订于阳历二月二十三日(星期日)午刻,假上海英租界广西路报本堂下院设座公祭,凡我同志及皈依信徒届时莅临,共襄盛举。谨启。

发起人王一亭、吕公望、徐朗西、张宏周、乐葆庭、颜舜玉、释莲牺、释明教、释根心、释清意、释堃山、释莹照全启。

如蒙赐唁,请交上海英租界广西路报本堂下院、宁波普陀山下院关帝庙、普陀山锡麟堂、沈家门中国银行、定海祖印寺代收。

(原载《申报》一九三〇年二月十八日,第二版广告)

旅沪全浙救灾会敬告慈善家

敝会现发行善果券三万张,每张售价五元。赠品除首奖赠送敝会自铸赤金纪念塔一座价值五千元外,有各界捐助之宋元明清古画真迹百余幅,现代国府诸公及著名书画家已裱未裱书画三千余幅,书籍碑帖千余种,古玩、金石、古瓷,雕刻精美,陈设数百件,金星白兰地六千瓶,中西衣制及各名厂绒线衫裤数百件,国产绸布、精瓷、器具、化妆、药品、玩具、用品、食品等万件。赠品丰裕,券券有赠,择日当众开奖。购券诸君所费无多,既可裨益救灾事业,又可享受赠品利益,诚属一举两得。务请大慈善家广为购受,集腋成裘,共襄善举。如蒙代承推销,敝会尤极欢迎。专函布悃,伏惟亮察。

常务委员王一亭、褚慧僧、屈文六、张啸林、王晓籁、张申之、吕戴之、周守良、郑郁周、庄虞卿、陆玉书同谨启。

（原载《申报》一九三〇年四月一日,第五版广告,续登于四月三日、五日、七日、九日、十一日、十三日、十五日、十七日、十九日）

旅沪全浙救灾会征求书画物品展期二十日通告

敝会筹振浙灾征募书画物品备充善果券赠品,原定三月三十一日为截止期,兹因各界捐助者尚络续不绝,而敝会发行善果券定额稍巨,赠品亦嫌不敷,用特展期二十日,伏祈本外埠慈善大家俯念浙灾綦重,慨施怜悯,不吝颁施,仍请源源输助,俾竟全功,同襄善举,救灾造福,功德无量。

常务委员王一亭、褚慧僧、屈文六、张啸林、王晓籁、吕戴之、张申之、郑郁周、陆玉书、周守良、庄虞卿同启。

（原载《申报》一九三〇年四月一日,第五版广告,续登于四月三日、五日、七日、九日、十一日、十三日、十五日、十七日、十九日）

旅沪全浙救灾会紧急通告

敝会筹振浙灾,发行善果券三万张,每张售价五元,荷蒙本外埠各界大善士热忱赞助,分任推销及购券诸君子之乐善好施,踊跃购买,业已将次售罄,剩券无多。敝会渥荷宏仁,感泐奚极。惟是灾民待哺嗷嗷,春振瞬将逾期,需款急迫万分。所望分销及购券诸君请本月分内,外埠请送交就地中国银行汇寄,本埠请径交本会事务所会计处收取。至未购券诸君,并希迅为补购,俾可赶资结束,定期开奖。一面赶议分配,汇解灾区散放。嘘枯救涸,惟诸君子是赖,仰维垂鉴。

会址:西藏路宁波同乡会内。

常务委员王一亭、褚慧僧、屈文六、张啸林、吕戴之、王晓籁、张申之、郑郁周、陆玉书、周守良、庄虞卿同启。

（原载《申报》一九三〇年四月二十二日，第二版广告，续登于四月二十四日、二十八日、三十日，五月三日，六月十八日）

旅沪全浙救灾会敬谢诸大善士捐赠书画

敝会征求海内名人书画，备充浙振善果券赠品，承诸大善士不遗在远，赐赉有加，或自制精品，或斥其珍藏，并承为辗转代求，络绎投赠。法书名画，诸品咸备，琳琅满目，有美毕臻，皆诸先生轸念浙灾，本恻隐慈善之诚，为精心结撰之作，平时厚币重润所累求不应者，敝会咸以无条件征求得之。凡兹什袭之宠颁，实逾百朋之厚锡。祗领之余，铭感奚极。谨登报鸣谢，以扬仁风而志钦佩。

常务委员王一亭、褚慧僧、屈文六、张啸林、王晓籁、张申之、吕戴之、郑郁周、陆玉书、周守良、庄虞卿谨启。

（原载《申报》一九三〇年五月九日、十一日、十三日，第五版）

旅沪全浙救灾会敬谢各国货工厂公司
行号暨蓬莱市场匡仲谋先生

敝会筹振浙灾，征募善果券赠品，荷蒙市民提倡国货会、中华国货维持会、国货工厂联合会、机制国货工厂联合会、商品陈列所五团体之赞助，征集各国货工厂行号，假蓬莱市场组织临时国货商场，一方提倡国货，一方征求捐助物品。承诸大善士轸念浙灾，捐助大小各项商品，计达二万余件，并承蓬莱市场匡仲谋先生慨捐房租，具征诸君子救灾热忱，咸不异牺牲巨大金额。敝会祗领之余，深为两浙灾民谨感。谨登报鸣谢，以扬仁风。

常务委员王一亭、褚慧僧、屈文六、张啸林、王晓籁、张申之、吕戴之、郑郁周、陆玉书、周守良、庄虞卿同启。

（原载《申报》一九三〇年五月九日、十一日、十三日，第五版）

旅沪全浙救灾会善果券开奖通告

敝会筹振浙灾之善果券,兹定于七月十五日下午一时起假西藏路宁波同乡会演讲厅仿照摇彩法举行开奖。除呈本埠主管官厅及柬邀各团体莅临监视外,统希各界来宾莅临参观,俾昭公开,不胜企盼之至。肃此登报代柬,诸希公鉴。

常务委员王一亭、褚慧僧、屈文六、张啸林、王晓籁、张申之、吕戴之、周守良、郑郁周、庄虞卿、陆玉书同启。

（原载《申报》一九三○年六月十一日,第四版广告）

旅沪全浙救灾会善果券准七月十五日开奖

地址:西藏路宁波同乡会正厅。

时间:上午九时起,下午五时止。

并告:承蒙推销诸君,尚有未收券价,请即赶为收齐,尽本月底送交敝会,俾凭查照售券编配号码。至祈鉴照,是所迫祷。

常务委员王一亭、褚慧僧、屈文六、张啸林、张申之、吕戴之、王晓籁、郑郁周、周守良、庄虞卿、陆玉书同启。

（原载《申报》一九三○年六月十八日,第六版广告）

旅沪全浙救灾会善果券拈阄给奖再展期十天

兹因本会善果券销售外埠而迄未来会拈阄领奖者为数尚巨,且外埠代销团体函商延长拈阄期限者颇多,现经本会常委会议决,自八月十四日起再展期十天,至八月二十三日截止。此次期满,本会即办结束,不能再展,务请购券诸君迅即持券来会领奖,如逾期不领,所有未领之赠品悉数移助其他振务团体,为诸君造福,诸希鉴照为荷。

常务委员王一亭、褚慧僧、屈文六、张啸林、王晓籁、周守良、张申之、郑郁周、吕戴之、庄虞卿、陆玉书同谨启。

（原载《申报》一九三〇年八月五日，第三版广告，续登于八月七日、十一日、十二日、十四日、二十日、二十二日）

旅沪全浙救灾会善果券赠品之张裕白兰地券
限九月底截止兑换

敝会善果券赠品内有白兰地券六千张，现据原捐助人大有公司经理面称，该券未经兑收者尚居多数，限定九月底截止兑换，请为通告等情前来，为此通告各界，务即依限前往兑换，为日无多，幸勿放弃。

常务委员王一亭、褚慧僧、屈文六、张啸林、王晓籁、张申之、周守良、吕戴之、郑郁周、庄虞卿、陆玉书同启。

（原载《申报》一九三〇年九月五日、六日、七日、九日第七版，广告）

慈溪张啸林先生六秩大庆征文启

上海为夷夏杂居之地，海通伊始，当事不明外邦拓地之效，朦然与人立约，若者法权，若者工务，若者地方百政，率皆魁柄倒持，婴其毒而无敢声。六十年间，毒益积益深，洎夫最近，势稍稍逆转。国权之伸，始略得计日计事而数。是何以故，以上海有杰出之士，擅知己知彼之智，有指挥号召之能，一遇事机，据理折冲，再接再厉，而外人不得不折服。故斯诚非常之业，非一朝夕一手足所克奏功，因之所谓杰出之士几人，亦未易更仆言之。

独慈溪张啸林先生，铮铮佼佼，用力最宏，其事可悬之国门而不易其名，至质之妇孺而周知。孔子于禹所锡"无间然"三字，吾侪平居月旦，以加于先生而共信。盖先生赋性亢爽，嫉恶如仇，又能急人之急，如己之急，万事挟一理字而行，理之所在，一依己之智若力以赴之。外有孟子"虽千万人吾往"之勇，内有董子"明其道不计其功"之诚，勇诚并行，彰瘅斯著。偶一奋拳击案，或抗喉论事，形声所至，凛若神明，直者凭其气而自伸，曲者每无形而惭阻。此中妙用，舍先生决无一人足以运之。

此非惟待国人为然也。即遇外人办中外交涉事，亦俱径情直行，若无事然。先生年来被推为法工董局华董及教育委员会委员，事事为法人至敬且畏者，其一例也。其他上海工商新兴事业，若铁路，有江南铁路公司；若矿务，有海州林海云母矿务公司、浙江昌化菊林锑矿公司；若教育，有铁华中学、华北中学、正始中学等；若卫生，有上海、杭州两时疫医院；若交易，有华商证券交易所、金业交易所、华商纱布交易所等；若银行，有交通银行、通商银行、中汇银行、通汇信托公司、江浙银行、国信银行等；若建筑，有霖记木行、长丰、长兴两地产公司；若纺织，有利泰纺织公司、林笙军服厂、霖记花厂等；若游艺，有中国赛马会、长城唱片公司。如此之类，是惟无举，举则非先生之力莫办。其间经始集成，度事而为，中权后劲，相时而动。凡先生履声所至，口语所及，莫不形势浑脱，众论翕然。

先生之位于上海，殆于北地之有长城，中流之得砥柱。声威远被，渐达寰区，政府旁求，迭加倚畀。如国民政府军事委员会、行政院北平政分会、棉业统制委员会等，咸有先生之位业在，而先生一例辞荣而任劳，损私而益公。古称布衣游侠者流，仅于闾里纷争肆力排解，卒之以武犯禁，为当路所忌疾者。以先生方之度量相越，直何啻土壤泰山之异也。

今岁国历六月二十二日（即旧历丙子五月初四日），为先生六十揽揆之辰，同人思以先生向所为寿社会者，转而寿先生，固与世俗泛泛称觞之谊别之。而先生忾心国难，屡请屡拒，其意又与恒人循例拒寿者绝殊。公子法尧博士，成业遄归，声华藉甚。有寰球中国学生会者，创始于李登辉、颜惠庆诸博士，暨朱少屏先生，三十余年来苦心经营，绩效斐然，而以赀力不充，洪规未起。会中执事，多与法尧为友，因介于法尧，而以馈仪移助该会建筑基金为请。此其无悖于先生平居寿世之念,皎然以明。法尧趋庭之余,掬诚跽恳,同人复相与怂恿之,而先生之意始回。惟竞竞以得附于古贤赠方之例,素行与当世相质,期于进德为词。伟哉先生!人生风义之高,空其类已。如上所称,不足赅举先生行谊之百一,当世知言君子,所知或更有进于同人者乎。聊供缘起,用佐鸿文,椽笔所之,哲人斯寿。是为启。

发起人:阎锡山、宋子文、程潜、商震、吴鼎昌、吴铁城、吕公望、胡筠、金润泉、俞肇桐、居正、许崇智、杨永泰、韩复榘、于学忠、杨杰、魏道明、张载阳、秦润卿、刘志陆、戴传贤、何应钦、刘湘、陈调元、熊式辉、许世英、褚民谊、周象贤、俞佐廷、杨虎、萧佛成、李宗仁、林云陔、邵力子、陈仪、杨庶堪、叶琢堂、屈映光、穆湘玥、林康侯、段祺瑞、陈济棠、白崇禧、叶楚伧、杨虎城、吴忠信、李思浩、朱庆澜、唐寿民、钱永铭、蒋中正、孔祥熙、黄绍竑、覃振、何键、马鸿逵、梁鸿志、王震、傅宗耀、王孝赉、于右任、王宠惠、黄旭初、何成濬、陈绍宽、王正廷、周作民、吴光新、黄金荣、张文焕、孙科、蔡元培、唐生智、宋哲元、朱绍良、刘纪文、薛笃弼、荣宗敬、章士钊、朱定成、章炳麟、张人杰、张群、刘峙、张嘉璈、王用宾、褚辅成、吴开先、陆伯鸿、陈群、张学良、李煜瀛、朱培德、刘镇华、俞飞鹏、刘芦隐、陈光甫、虞和德、徐寄顾、杜镛同启。

收礼处:

上海,爱多亚路九十七号霖记木行;南京,交通银行;

天津,交通银行;杭州,延龄路饮马井巷卅四号本宅;

汉口,交通银行;北平,交通银行。

附启一

啸林先生六秩寿辰,承海内巨公联名发起征文,只以日期迫匆,征文启亟待发刊,其登报后奉到函电者,恕未加入,尚祈原谅。

附启二

此次张啸林先生寿辰,系移寿仪之资,为建筑寰球中国学生会之用。如蒙惠礼,请折现金,俾成盛举,是为至祷。(再,寿辰期近,不及发柬,敬特声明,诸希谅察。)张寿筹备处启。

（原载《申报》一九三六年六月二日,五版;并见于《时报》一九三六年六月十日,二版）

为刘祝群先生集赀印书祝寿启

刘祝群先生,钟括苍之灵秀,秉郁离之典型。少游泮序,便擅词章;壮渡重洋,深研政治。嗣是则武林列议席之尊,甬江有鸣琴之盛。笃志经史,启迪晚学。洎仕江左,而真长入幕,议论尤豪。尹铎理财,保障为念。方富强壮之年,辄作归田之策。庚申至今,逾二十载,享林泉之福,以图史自娱。凡刻书若干种,著书若干种。诵芬述德,考献征文,嘉惠艺林,炙脍海内。

今岁十月十九日,先生七秩弧辰,本亭林辞祝之旨,宗孟轲远苞之言,力却筵仪,惟商茗话。同人等念先生频年著述,铅椠既勤,战事殷繁,梨枣未编,拟移介寿之金,用作刻书之助。凡我诸友,谅表同情。惠赠廉泉,不胜公感。

专此布闻,即请

先生台鉴

发启人：陈诚、褚辅成、余绍宋、吕公望、谷九峰、俞寰澄、阮毅成、许绍棣、孙传瑗、朱文劭、高维巍、郑文礼、吴嘉彦、王禔、孙延钊、赵舒、刘湘女、徐寄顾、丁辅之、王理孚、以定邦、杨振炘、宋慈抱、钱南扬。

惠款请寄杭州静江路一〇八号浙江省通志馆钱南扬收。

（刘祝群《疚庼日记》插页,影印件见卢礼阳主编《温州市图书馆藏日记稿钞本丛刊》,中华书局二〇一七年一月版,第55册,第二九六五〇至二九六五一页）

何柏丞先生追悼会启事

金华何柏丞先生,讳炳松,系出南宋大儒北山先生,世为右族。

童年掇芹,早蜚声于乡国。弱岁游学,兼助教于异邦。迨自美国威斯康辛大学、普林司顿大学研究院卒业,得硕士归,膺聘大庠,迭主国立北京大学、国立北京高等师范学校史学教席,述作斐然,年甫三十也。嗣后归长浙江省立第一师范学校及浙江省立第一中学,寻转任上海商务印书馆编译所长、国立暨南大学校长,前后二十余年。道德文章,照耀寰宇。不第译著流布,士林传诵;学风丕变,人文蔚起而已也。溯自抗战军兴,以迄敌寇授首,八九年来,转徙兵间,艰苦备尝,卒以擘划周详,指挥若定,暨南大学遂得安迁于建阳,弦歌不辍。又以其间潜搜故家散佚之文物,密输中央,藉存国脉;创编《学林》月刊,以振导守正之学人,俾弗失所。虽寇祸日深,未竟其绪,而所全已多,厥功尤伟。事定以还,尽力于复校,奔走呼号,日不暇给。今春规模粗具,而心体交瘁矣。乃喘息未宁,忽奉调长英士大学之命。初以病辞,终以友朋敦劝,力疾拜命。交替未毕,竟以不起。

呜呼!先生平生笃于风义,绝无居积,身后萧索,可为陨涕。世杰等或添友生,或同里闬,或居僚采,或列门墙,谊切苔岑,知见较确。深痛国丧元良,士失矩矱,若不加之崇敬,何以昭示来兹?爰定于十月十三日下午二时,假座上海绍兴路中华学艺社举行追悼大会,务望文轩贲临,同申哀思。如荷赗赠,敢求蠲除虚文,概送现金,俾遗族教养,有所藉乎;后死之责,庶几稍纾。想为大雅所乐许也。谨启。

发起团体:国立北京大学、国立交通大学、国立暨南大学、国立英士大学、大夏大学、国立北平师范学院、国立商学院、中央图书馆、教育部上海区甄审委员会、中国科学社、中华学艺社、商务印书馆、开明书店、中国文化服务社。

发起人:王世杰、王云五、王星拱、王敬久、王振汉、王毓祥、王伯祥、王兆同、王勤堉、王枉、王振声、王兆荣、王圣模、王醒吾、方豪、方光焘、白鹏飞、丘汉平、朱家骅、朱经农、朱恒璧、朱华、朱献文、朱国璋、朱公谨、朱伯康、朱中宪、阮毅成、向达、吕公望、吴国桢、吴开先、吴保丰、吴修、吴望伋、吴泽霖、吴文祺、吴增芥、李培恩、李寿雍、李宣龚、李毓田、李熙谋、李楚狂、李泽彰、李崇诗、沈尹默、沈兼士、沈亦珍、沈鍊之、沈有乾、汪竹一、杜佐周、杜渐、杭立武、周鲠生、周昌寿、周宪文、周予同、周尚、周其勋、周家修、秉志、竺可桢、金兆梓、武堉幹、邱汉生、宣铁吾、俞庆棠、俞剑华、俞寿松、姚抱真、姚启洪、胡适、胡健中、胡朴安、胡寄南、姜文藻、夏敬观、夏炎德、夏筱芳、袁敦礼、袁文彰、马叙伦、马树礼、徐寄顾、徐鸿宝、徐永祚、徐陟、徐蔚南、徐调孚、徐骥、徐朝阳、孙智敏、孙晓楼、孙贵定、孙怀仁、梁俊青、翁率平、唐鸣时、殷芝龄、高君珊、陈其采、陈果夫、陈立夫、陈布雷、陈礼江、陈东原、陈鹤琴、陈选善、陈高佣、陈清华、陈德恒、陈柏心、陈训畲、陈崇兴、许绍棣、许炳堃、许杰、戚叔含、董任坚、葛之覃、葛绥成、盛俊、盛叙功、曹增美、章益、章锡琛、郭智石、庄文枢、娄子明、程时煃、程世榕、程尚丰、程瀛章、程耿、程其保、黄绍竑、黄炎培、黄人望、黄俊保、黄伯樵、黄百韬、黄仲明、贺师俊、贺扬灵、贺昌群、舒新城、张宗祥、张元济、张维、张耀翔、张梦麟、张蕙生、傅斯年、傅运森、傅东华、汤恩伯、黎照寰、裘维裕、褚辅成、褚凤仪、叶圣陶、叶风虎、杨公达、杨端六、杨卫玉、杨俊生、赵遁传、赵廷为、赵复汉、邹文华、邹有华、寿景伟、廖应铎、郑文礼、郑贞文、郑振铎、郑通和、鲁□曾、熊遂、蒋梦麟、蒋维乔、蒋复璁、蒋建白、刘建绪、刘百闵、刘海粟、刘絜敖、刘咸、刘大杰、欧元怀、潘公展、潘序伦、潘忠甲、潘天寿、骆美奂、卢于道、卢绍稷、钱东亮、钱素君、钱王倬、萧铮、钟道赞、戴戟、谢海燕、罗宗洛、罗君惕、魏敦义、顾祝同、顾毓琇、顾颉刚、顾毓琦。

代收礼仪处　上海：（一）绍兴路中华学艺社，（二）福州路中国文化服务社，（三）福州路开明书店，（四）河南路商务印书馆；

南京：国立中央图书馆；

杭州：浙江民政厅；

北平：国立师范学院；

金华：国立英士大学；

台湾：台北省立法商学院。

（原载《申报》一九四六年十月十二日，十版，；后以《何柏丞先生追悼会通启》为题，收入刘寅生、谢巍、何淑馨编《何炳松纪念文集》，华东师范大学出版社一九九〇年六月版，第438页）

徐浩先生治丧委员会启事

中国国民党浙江省党部执行委员、浙江省参议员、国民大会代表、宪政实施促进委员会常务委员徐浩先生（字子梁），服务党国，卓著勋劳，中道谢世，悼惜良深。所有饰终善后事宜，经省党部、省参议会发起，组织治丧委员会，主持筹办，并由省参议会发起公葬，表彰忠贞。兹定先期白沪运柩来杭，十二月七日在杭举行公葬追悼。凡与先生生前交游友好，敬希届期莅临参加（时间及地点另行布闻），共志哀念。如蒙惠赐挽诔赙金，请寄杭州民权路二十四号本会为荷。

此启。

常务委员沈鸿烈、张强、罗霞天、吕公望、姜卿云。

（《浙瓯日报》民国三十六年十一月廿三日至十一月廿七日，一版）

剡溪王邈达先生古稀大庆集资刊书启

国历十二月五日（夏正十月廿三日），欣逢王邈达先生古稀揽揆之辰。先生以医名，又精堪舆之学，近岁有《汉方简义》及《王氏地理书》之作，方谋刊行。同人等因请移笙簧酒醴之娱，为谋剞劂丹铅之役。如荷惠赐祝仪，概请折现，俾集资刊书，为先生寿。此日并假杭垣戒坛寺治面公祝，诚恐柬邀未周，特再登报通告。

发起人：周象贤、庞莱臣、谢冠生、杨啸天、李超英、竺鸣涛、郑玉书、俞松筠、江一平、沈均业、黄守玄、包赓笙、虞顺懋、徐多霞、杨长仙、沈苇窗、许世英、张强、朱宗良、钱新之、皮作琼、余越园、周亚卫、李济生、裴云卿、王子沛、夏铭章、费彝民、朱云台、葛桂棠、傅隆才、曹志功、沈鸿烈、陈蔼士、吴思豫、黄金荣、雷法章、金百顺、徐青甫、徐寄顾、王鞠如、寿毅成、商笙伯、金鸣盛、何五良、郑炜显、王家树、葛福田、张国淦、吕公望、阮毅成、杜月笙、张伦宣、钱士青、胡文虎、刘谱人、朱惠清、王惜寸、项景荪、毛子佩、潘炳桂、朱念慈、黄燕堂、杨长康、陈勤士、宋汉章、陈宝麟、周岩、袁巽初、张忍甫、张嘉璈、俞佐庭、王延松、张旭人、张文魁、李晋侯、魏晋三,胞弟王晓籁、王味根等同谨启。

收礼处：上海五马路外滩中国人事保险公司、上海西藏路金谷饭店、南京全国商会联合会事务所、杭州欢乐巷七号王宅、绍兴萧绍绍曹嵩长途汽车公司总事务所、嵊县公立芷湘医院。

（原载《申报》一九四七年十二月四日、五日，三版）

浙江省和平促进会致蒋介石电

南京总统蒋钧鉴：

民国肇造,祸乱相寻。溯自抗战胜利以还,全民方幸自兹得以休养生息,不意萧墙祸起,忽复三载,战火蔓延,渐及全国,老弱转乎沟壑,少壮死于炮火,庐舍邱墟,田园荒芜,父哭其子,妻哭其夫,极目河山,无泪可挥。钧座痛定思痛,发表元旦文告,倡导和平,殷殷以人民疾苦为重,不以一己之进退萦怀,恢宏大度,语重心长,九衢露布,万方响应。举国郁而不宣之厌战情绪,至此始尽吐为快。精诚所召,中共当局已表示八项和平主张,虽意见不无差池,而欲止息干戈,拯民水火,则绝无二致,此诚民族存亡、千秋功罪之所系。今日流亡载道,黎庶困穷,不特无可征之粮,亦且无可继之兵,若不迅现和平,势将沦胥以没。

本会谨代表全浙人民竭诚呼吁,深望双方各本相忍为国之旨,当机立断，下令停战，并即日派遣代表，以政治协商方式，解决国是，既可免河山之破碎，复可期生活之安定，伫见戾气全消，全国人民重享含哺鼓腹之乐。抑尤有进者，浙省自歼寇以还，地方残破，喘息未苏，人民盖藏空虚，惮于供应，更深切企望和平之早日实现，用期保全劫后余黎，与仅存之元气。

除分电中共当局外，谨电奉陈，祗乞睿察。

浙江省和平促进会主任委员余绍宋，常务委员竺可桢、张强、吕公望、鲍祥龄、周仰松、刘湘女暨全体委员同叩①。子马。印。（中华民国三十八年一月二十一日）

（原载《东南日报》一九四九年一月二十二日，四版，参见《竺可桢全集》第二十四卷，上海科技教育出版社二〇一三年十二月版，483 页）

浙江省和平促进会致毛泽东电

延安毛泽东先生勋鉴：

我国家苦兵久矣，八年抗战，幸获成功，方庆人民得以苏息，和平得以实现，不意萧墙祸起，忽复三载，老弱转乎沟壑，少壮死于炮火，前线则血流成渠，后方亦室如悬磬，所谓争城以战，杀人盈城，争地以战，杀人盈野，长此不已，人民如水益深，如火益热，我国家民族势将沦胥以尽。今者南京方面倡导和平，先生鉴于大义当前，亦揭橥言和条件，一线曙光，万方喁望。顾以意见不无距离，而停战之令，尚属有待，国民延颈企踵，有如望岁。方今人民苦于战祸，所好者惟和平，所恶者惟战争，至所以企望和平者，厥为安居乐业与人民自由生活之方式。先生志在解放人民，尚望对全国人民一致所期待之和平，本相忍为国之旨，当机立断，下令停战，并即日派遣代表，以政治方式解决国

---

① 原报此通落款脱"常务"两字，据下一通致毛泽东电落款径补。

是,庶几解民倒悬,感幸奚如。浙省当抗战残破之余,盖藏俱空,切望能幸免兵燹,保全元气,是以不惜瘅口哓音,敬进危苦之辞。除分电外,谨电驰闻,祗希鉴察。

浙江省和平促进会主任委员余绍宋,常务委员竺可桢、张强、吕公望、鲍祥龄、周仰松、刘湘女暨全体委员同叩。子马。印。(中华民国三十八年一月二十一日)

(原载《东南日报》一九四九年一月二十二日,四版,参见《竺可桢全集》第二十四卷,484 页)

附录二　函　电

太平共和党分部来电

朱都督、吕师长、共和党支部鉴：乱党肇衅，牵动全局，报纸喧传，淆乱民听。保卫治安，维持秩序，是今日切要之图，亦全浙安危所系。朱都督哿电，人民如获更生，本分部乐为赞助。决疑定难，在此一举，乞坚持到底，以扶大局。太平共和党分部叩。东。（中华民国二年八月一日）

（原载《浙江公报》第五百三十册，一九一三年八月六日，一二页，电）

太平县参两议会来电

朱都督、吕师长鉴：浔阳肇祸，谣诼朋兴。朱督哿电正符民意，乞坚抱宗旨，以维吾浙。太平县、参两会叩。东。（中华民国二年八月一日）

（原载《浙江公报》第五百三十册，一二页，电）

葛道藩致吕公望书

戴之先生伟鉴：

　　羁杭两旬，屡领教益，临行仓卒，未及走别，当具辞言，谅邀青睐。昨晚抵沪，调查一切，气象顿更，人咸奋武。湘、皖、赣、宁、川、闽、粤各省，先后独立。苏、常、锡、镇、清、扬，地江北，各亦皆厉兵待发。海军全体赞成。外人约守中立。徐、宿获捷，鄂亦不支。窃观大势所趋，在南不在北矣。袁氏罪恶贯盈，人心愤恨，势所必至，而为之爪牙者,段、冯狐鼠之辈,何能与义正辞严之民军敌？扫除妖气,张我民权,此其时矣。先生领袖浙军,洞达机宜,乘时兴起,何待藩赘？然藩观杭垣连日会议,迄无解决,故敢以忠告之言,为先生进者：斯地东濒海,南界闽,西毗赣,北邻苏。闽、赣、苏各省既独立矣,而浙犹在观望,四面受敌,其何以堪？藩在杭所闻,舆论靡不一致赞成民军,而怨浙省迟迟不表同意,必致生灵涂炭,商贾损失。以时度之如彼,以势揆之如此,浙省之必响应,讵庸缓哉？浙军内容尚称整齐,愿先生早定方针,遣发一师,分途北进。为浙省计,为大局计,用进一得之愚,即为友谊之尽。先生如以藩言之数而疏之,则非藩所敢计也。刘君昆涛已任司令,进驻南宿州,知关厪注,附闻。

专此,敬请

台安

弟葛道藩鞠躬

（原载洪越、殷榕编辑《癸丑战事汇录》第一册,癸丑战事汇录总发行所民国二年九月印,转引自浙江省辛亥革命史研究会、浙江省图书馆编《辛亥革命浙江史料选辑》,浙江人民出版社一九八一年八月版,第571页）

浙委员报告张家口兵变已平电

朱都督、吕师长鉴：敬日张垣兵警冲突,处断欠公,故是夜十时,步一营兵变,别队少数附和,大肆焚劫,天明始止,弹毙军民五六十人。现变兵逃散,地方平静如常,委员等安。谨闻。刘端。宥。（中华民国三年六月二十六日）

（原载《申报》一九一四年六月二十九日,三版,公电）

童保暄夏超王桂林来电

嘉湖、海门镇守使,宁波周旅长鉴：省城已于今晨平安独立,请尊处一

致进行,并盼复。童保喧、夏超、王桂林。文午前十时到。(中华民国五年四月十二日)

(《杭州军署来电》,原载《申报》一九一六年四月十五日,三版,要闻一)

浙国会议员致屈映光电

杭州屈文六君鉴:浙人独立,发于护国正义,众论所激,似非公退让,蔑以明志。桑梓敬恭,墟墓财产,保浙即所以自保,尤望维持秩序,留与乡人相见地步。临书不尽所言。杜士珍、俞凤韶、许燊、殷汝骊、徐象先、杜师业、周珏等同叩。(中华民国五年四月中旬)

(原载《申报》一九一六年四月十七日,第二版,公电)

浙国会议员杜士珍等来电

杭州童伯吹、夏定侯、徐允中、王悦山、顾子才、俞丹屏诸公鉴,并转吕戴之、周公选、张煊初诸公暨军警报界、商会均鉴:浙省独立,义声传播,全浙人士,莫不欢忭。乃消息传来,屈映光以巡按使兼总司令布告内外,非驴非马,惊骇万状。论屈在浙四载,平时唯知竭浙民脂膏以固一己荣宠,辄复俯首称臣首先劝进,滇黔事起,各省中立,独屈等饷括款,进供恐后,献策效忠,累篇不绝,其为祸害民国,厥罪尤深,若戴为本省长官,实不足以副公等举义之盛心。今且通电输诚,伪命嘉奖,既誓死于独夫,奚忠诚于民军?不独反侧堪虞,粤事可为殷鉴,且使我三千万浙人,何面目以见天下?为吾浙计,为公等计,均宜速加斥逐,勿任迁延贻祸,公推贤者维持治安。同人非与屈个人有所嫌怨,大局攸关,难安缄默,无任主臣。杜士珍、俞凤韶、许燊、殷汝骊、徐象先、杜师业、周珏等同叩。(中华民国五年四月中旬)

(原载《申报》一九一六年四月十七日,二版,公电,又致浙江各界电)

旅沪台人致吕都督电

杭州吕都督、王厅长、莫厅长钧鉴:诸公出任艰巨,全浙底定。凡我浙民,同声相庆,还祈誓师灭彼背盟,庶几海内可期肃清。台州旅沪前省议会议员张驷群、陈钟祺、袁祥兰等二十二人叩。

(原载《申报》一九一六年五月八日,二版,公电)

彭程万等致杭州电

杭州吕都督、童师长、周参谋长、王厅长、莫厅长均鉴:浙事得诸公主持,福利无极。行见义声远播,奠定东南,谊在辅车,瞻依弥切。彭程万、徐元诰、谢鸿藻、任寿祺、张于浔、徐薰、余维谦、周希颐印。虞。(中华民国五年五月七日)

(原载《申报》一九一六年五月八日,二版,公电)

白逾桓等致吕都督电

浙江吕都督、周参谋长、童师长、王厅长、莫厅长暨参谋诸公公鉴:浙事得公等主持,大局之幸。从此厉兵秣马,共图讨贼,奠我浙基,逾桓等亦当率三楚健儿互相策应。同舟谊切,时惠良箴,临电瞻依,无任仰止。白逾桓、杨时杰、唐公之、贺公侠、黄耀卿、吴琨、朱镜宙、吴兴汉等敬叩。虞。(中华民国五年五月七日)

(原载《申报》一九一六年五月八日,二版,公电)

嘉属旅沪同人致浙都督等电

杭州吕都督、王厅长、莫厅长钧鉴:诸公力挽危局,承兹巨艰,造福梓桑,宁有涯域,巩固共和基础,发挥独立精神,惟公等实利赖之。望风遥祝,不尽神驰。嘉属旅沪同人龚宝铨、周珏、陶承渊、张元成、李一民等叩。齐。(中华民国五年五月八日)

(原载《申报》一九一六年五月八日,二版,公电)

夏震武复吕戴之都督

戴之都督执事：远辱使命，震武杜门穷山，旦夕待尽，于时事茫无所知，不敢妄发一言。孤负盛意，唯希垂察。丙辰四月十一。

（原载夏震武《灵峰先生集》，邵阳刘子民、东阳何绍韩校印，浙江印刷公司民国五年冬铅印本，卷四，七一叶）

黄兴来电

浙江吕都督并转文钦、伯吹、暄初、恭先、伯恒诸公钧鉴①：袁逆首乱，诸公力持正义，声罪致讨，砥柱东南，宣扬民意，深谋荩画，无任钦驰。惟贼仍负固，隐患方长。望诸公贯澈主张，廓清祸本，依据《约法》，巩固国基。兴初抵东，政情隔阂，望时有开示，以策愚蒙。微力所及，倘于护国军有所补助，当竭诚以图。谨布悃忱，尚希亮察。黄兴。

（原载《中华新报》一九一六年五月二十三日，转引自《护国运动资料选编》，第 588 页）

黄兴复函两通

戴之我兄伟鉴：

日昨台旆到申，辱承枉驾，饫聆雅教，快慰奚如！弟仓卒间未尽杯酒之欢，殊为歉仄耳。兹又奉到华笺，雒诵之余，尤为欣忭。足下长才硕学，夙为吾党所钦。此次坐镇杭垣，军民兼任，不独造福越人不少，民国前途实嘉赖焉。弟奔驰海外，四阅星霜，兹幸生还，愿随诸君子之后，勉竭涓埃，共维大局。惟是学殖荒落，无补时艰，尚祈锡我箴言，以匡不逮。俟天气稍凉，当揽棹西湖，□亲政泽也。

---

① 文钦即王文庆，伯吹即童保暄，暄初即张载阳，恭先即周凤岐，伯恒即莫永贞。

嵩此奉复,敬颂

勋祺,统希

荃照不备

弟黄兴谨复（朱文章）

七月廿八日

戴之我兄督军大鉴：

曾肃芜函,计□青睐。顷奉尊影一方,恍如握手,并西湖图一册,如此湖山,得先生筅领,知雪琴之点缀,当不得专美于前矣。感谢感谢！近想政躬贤劳,凡百迪吉,至为颂慰。弟六栗如恒,乏善可状,所幸顽躯粗适,差可为爱我者告耳。兹奉答鄙人小相一枚,尚乞惠存。公余之暇,依然觌面,乐何如之？

肃此鸣谢,即颂

勋安,维照不戬

弟黄兴谨启（朱文章）

（据网络拍卖资讯,吕公望先生家属提供）

军务院各首领就任宣言

本军政府设省军务院,权理军国重事,业经宣言并《组织条例》公布在案。今于五月八日组织军务院成立,遵照《条例》,以继尧、显世、荣廷、济光、春煊、启超、锷、烈钧、炳焜等任军务院抚军,并往复通电,互选继尧为抚军长,春煊为抚军副长,启超政务委员长,暂定广东为军务院所在地。继尧因云南地方职守,未能迁离,依《条例》第四条第一项,由春煊摄行抚军长职权。继尧等非德庸才,迫于时难,勉肩重任,谨掬血诚,誓以公心,效忠国事。俟大难削平,即当退避贤路。皇天后土,实鉴斯言。为此布告中外,咸使闻知。

再,浙江都督吕公望,遵依《条例》应为抚军,因交通被梗,电商未

3925

能,除专电敦请加入外,合并声明。

云南都督唐继尧、贵州都督刘显世、广西都督陆荣廷、广东都督龙济光、两广护国军都司令岑春煊、两广护国军都参谋梁启超、护国军第一军总司令蔡锷、护国军第二军总司令李烈钧、广西护国军都督陈炳焜。青。印。(中华民国五年五月九日)

(原载《大中华杂志》第二卷,中华民国五年七月二十日,要牍,第七页)

唐继尧梁启超等来函

戴之仁兄都督麾下:

逖听义声,异常忭跃,所惜道里阻塞,恨不得时通音问,藉悉伟猷。遥望浙云,钦迟曷极。今日大局,非袁氏退位不能解决,已成国内之公言。彼袁氏者,若犹稍有廉耻,稍顾国家,自应及时引退。及近观袁氏,似尚不免有恃权恋栈之态,吾国大局果能迅速解决与否,正未易言。同人等有见于斯,以为吾南方现仅五省,比之北方,势力颇形薄(弱),顾若不力求团结,恐不足与贼相持。且外人之意,亦颇望我有统一机关,以为承认地步。就对内对外而论,似军务院组织均不可缓。嗣以各方面意见,一致赞同,遂于五月八号先以滇、黔、桂、粤四省都督名义,将设立军务院情形布告中外。按本院《组织条例》,执事合任抚军,同人等并宜先行征求同意。但以交通阻梗,电商未复,又因军情至急,难于久待,只得变通办理。故本院先后各通电中,业经一再声明。兹特专函布臆,并求我公正式承诺,加入抚军。事关军国大计,尚乞从速赐复,以一观听而策进行,不胜惶恐待命之至。

专此,敬请
勋安

唐继尧、梁启超、刘显世、陆荣廷、龙济光、蔡锷、李烈钧、陈炳焜、岑春煊同启。

附寄《军务院组织条例》一件。

（原据《军务院考实》第四编《各省文电》第5—6页，题《致浙江吕都督加入抚军函》，转引自徐辉琪编辑《李烈钧文集》，江西人民出版社一九八八年十月版，第269—270页）

唐继尧复函

戴之仁兄麾下：

赐书辱奖，愧甚愧甚。比年来袁氏乱国，纪纲陵夷，国人警发，恐惧沉沦，滇处边陲，两强耽视，故不得不悉索敝赋，从事兹役，以期保国保种。赖有同雠相应，复得我公崛起海表，义麾一举，声震华夷，重光周方。感盼为国珍重。临书惘惘，不尽鄙怀。藉候
著祺百益

唐继尧拜启

七月六日

（云南都督用笺，六行格，两页，据网络拍卖资讯）

杨善德致北京统率办事处电

统率办事处鉴：启密。霁电悉。杭事发生后，未晤吕面，虽偶派代表来署，均非要人，取消事未便议及。昨经派员向杭商会要人探询内情，据称"杭产以丝茶为大宗，此次事变适届开市，因交通阻滞，损失已达千万。昨因夏次岩枪毙，众又逡巡于屈，借故推翻，当派兵一连送其原籍，阳为保护，阴实监察"等语。兹已乘机将时局艰危、前途利害及浙省所处情形，力向杭商剀切开导，嘱其设法进言，劝吕顾全桑梓，仍复旧观。该商允为讽劝，能否奏效，未敢预卜。再，入浙代表陈述，浙虽独立，而抱方针，则与冯上将军一致，傥讽由冯授意于吕，力加规劝，当必程功较易。管见所及，乞钧裁施行。特复。杨善德。蒸。（中华民国五年五月十日）

（原电藏南京中国第二历史档案馆，收入《护国运动资料选编》，第604页）

刘铫均来电

国务院,统率办事处转各部院,各省将军、巡按使,连云、贵、广西、广东、杭都督,并转各镇守使,各司令,各报馆,徐州巡阅使,护军使、都统钧鉴:

华密。自滇黔首义,各省云从,虽形式尚有独立不独立之分,然四万万人民莫不愿袁大总统,即赞成宣布依照民国元年《约法》以黎副总统代理,如副总统不愿就职,以段国务卿暂行斯职,听候正式选举大总统。待大局既定,群凶自释。惟退位明令一日未下,人心一日未安,全体军民人等连日涕泣,邀求请宣布独立。当即与文武官吏竭力多方解慰,舌敝唇焦,无如近日川省各地方独立甚多,川边形势隔南,如不连络一体,将无以维持时局,已允临近各处暨境内军民各界之请求,一致脱离项城关系,听候宣布退位明令,暨继任之总统有人,即概复原任,承认中央。谨布宗旨,伏乞公鉴。川边总司令刘铫均率各全体文武及民人等名叩。马。印。(中华民国五年五月二十一日)

(原载《浙江公报》第一千五百三十二号,一九至二〇页,康定来电)

张勋冯国璋倪嗣冲来电

云南唐蓂赓先生、贵州刘如舟先生、广东龙子诚先生、南宁陆幹卿先生、杭州吕戴之先生鉴:□密。天祸中国,自启内讧,战端一开,造成浩劫。已经独立各省,困于杼柚,扰于兵戎,人民何辜,惨遭荼毒;其未独立各省,亦复惧祸无日,望治无期。风鹤频惊,难安启处,同舟相敌,嫌衅日深。夫以我国界列强之间,承积弱之敝,□齐固结,犹虑不遑,岂堪一再摧残,重伤元气?无如举事者之初意,本出于爱国热忱,而现政府之转圜,亦抱定息争主旨,徒以意见隔阂,不能融洽贯□,遂尔背道分驰,乖离愈甚。虽彼此久已停战,而解决尚属空言,军队有枕戈坐甲之劳,商旅有裹足桎车之戒,百业停滞,众议沸腾,内部分□,国将不国,长此因循,不断险象,且百倍今兹。利我者利用时机已抉藩篱,而进窥堂奥,駸駸见逼,应付几穷,倘不审度国情,速筹正当办法,惟知胶执己见,日以语言文字相诘难,窃恐辩论,方无已时,而主宰之权已不属诸我国人之手。言念及此,心骨皆寒。勋、国璋、嗣冲忝荷仔肩,安危与共,值此存亡呼吸,何容坐视沦胥。昨经电约十五省将军、巡按使遣派全权代表到宁,迭次开会讨论,佥谓今日时局,当以救亡为前提,顾非统一则无以救亡,非联合则难期统一,第推测外界之情形,轸念人民之苦痛,联合统一之道,自以和平为先。至于总统问题,关系国家存亡,既非五省片面所能主张,亦未便以十五省之心理为依据,亟宜研究妥善办法,以救危亡。今拟指定南京为集议地点,由五省选派政治法律专家为全权代表,或五省共派数人,或每省各派一二人,订期来宁,与十七省代表公同研究议决实行。勋等讨论告终,业已全体一致。欲挽目前之倾覆,宜视事实为转移,五省果具同情,当不坚持异议,中央宣言救国,尤必曲谅苦衷,并力图存,时乎不再,用特通电布闻,接电后请迅速电复,并派定代表来宁,曷胜翘企。张勋、冯国璋、倪嗣冲。(中华民国五年五月下旬)

(原载《申报》一九一六年五月二十四日,第二版,公电,张勋等请独立各省派代表来宁会议电)

屈映光来电

吕都督鉴:迭接各方来电,以报载被害为问,报纸无稽,可笑可恨。现在里居,均极安善。亲仁善邻①,世有家声,教子奉亲,无犹无忸,而镇守、统领、知事均能各举其职,即地方安宁,亦可逆睹,请勿为念。并请通知各界,以释群系。映光。卅。(中华民国五年五月三十日)

(原载《浙江公报》第一千五百二十一号,一九一六年六月七日,一九页,台州来电)

---

① 亲仁善邻,底本脱作"亲邻",据《台州屈映光致浙督电》径补,见《申报》中华民国五年六月三日,第二版转第三版,公电。

梁启超齐电[①]

云南唐都督并转蔡、戴两总司令，贵阳刘都督，南宁陈都督并转行营陆都督，广东龙都督，肇庆岑都司令并转李总司令，杭州吕都督，成都陈都督，西安陈都督鉴：

项城奄逝，局势锐变，请即分电段，速奉黎大总统即日就职，宣告中外。仍电未独立诸省，晓以大义，使一致奉戴，勿生枝节，再为厉阶。仍用军务院名义，电各国使馆，声明意向，以免惊疑。收拾北方，惟段是赖，南省似宜力予援助，毋令势孤，更不可怀彼我成见，刍生恶感。即对袁似亦不妨表相当之哀悼，以示洪量而揽同情。国家存亡，间不容发，愿共敬慎，宏济艰难。超去岁在津曾与蔡、戴二公约言，谓袁朝倒，则超夕隐；比在桂粤，亦屡为岑、陆、龙三公述此意。天降鞠凶，先考见背，两月始闻，万死莫赎。前已电请解去两广都参谋、军务院抚军、领政务委员长诸职，俾得伏茔思哀，稍报罔极。今大难渐去，先灵略慰。超前既有成言，今复遭大故，伏乞哀其惨酷，曲予矜全。此后国事，非棘人所忍与闻；惟兹苦衷，愿执事勿加罪责。善后万端，群公攸赖。伏惟努力，勉副时望。越礼陈情，诸祈矜鉴。启超稽颡。齐。印。（中华民国五年六月八日）

（原载《浙江公报》第一千五百三十号，一九一六年六月十六日，一八页，上海来电）

梁启超蒸电

唐都督，刘都督，陆都督，陈护督，龙都督，杭州吕都督，陈都督，陈

① 《申报》中华民国五年六月九日第三版以《梁任公致护国军电》为题发表，抬头作"杭州吕都督，肇庆岑都司令并译转陆都督、龙都督、汤都督、陈护督、李总司令，云南唐抚军长并译转刘都督、蔡、戴两总司令，川、陕两陈都督鉴"；电文中，刍生恶感，作致生恶感；伏茔，作伏块；渐去，作渐平；伏惟，作伏维。齐，作虞，拍发日期早一日。

都督,汤都督,岑都司令,李总司令,蔡总司令,戴总司令鉴:阳电想达,黄陂继任,大局渐定,乞速电贺,令中外安心。超昨复黄陂电,言四事,一规复旧《约法》,二速集国会,三请任芝老改组新阁,四帝制祸首付裁判。谨闻。启超。蒸。印。(中华民国五年六月十日)

(原载《浙江公报》第一千五百二十八号,一九一六年六月十四日,三一页,上海来电)

梁启超致独立各省电

云南唐都督,贵阳刘都督,长沙分送桂行营陆都督、汤都督,南宁陈护督,杭州吕都督,叙州蔡总司令,松坎戴总司令,肇庆岑都司令,韶州李总司令鉴:

如舟都督巧效两电勘奉。军务院宜亟图撤废,诚如冀公言,若此机关久存,非惟我辈倡义本心不能自白,且恐有人假借名号,生事怙乱,将来反动之结果,转助复辟派张目,此最可忧。鄙意宜各省联名将舟公巧电所主张径电中央,请以明令改组国务院,任员署理,军院即行宣告撤废。至规复《约法》,除明令别无完善手续。此事殆将解决,不必别生枝节。善后会议,不外军财两政,非可笼统代表,舟公主各省分别接洽,超甚赞成。昨上沁电,已表此意。启超。勘。(中华民国五年六月二十八日)

(原载梁启超《盾鼻集》,第 69—70 页,转引自《护国运动资料选编》,735 页)

梁启超再致独立各省电

云南唐抚军长,肇庆岑抚军副长,贵阳刘都督,叙州行营蔡总司令,松坎戴总司令,长沙分送桂行营陆都督、汤都督,南宁陈护督,杭州吕都督,韶州李总司令鉴:

顷已奉明令,复《约法》,召国会,任段芝泉组新阁,我辈要求已达,军院宜立即宣言撤废。谨拟电文如下:"北京大总统,国务院总理、各部总长,参议院,众议院,各省将军、巡按使,北京英文《京报》、《国民公报》转各报,上海《时事新报》《中华新报》转各报均鉴:军务院第三号布告文如下:'帝制祸兴,滇黔首义,公理所趋,舆情一致。桂粤浙秦湘蜀,相继仗义。其时,因战祸迁延,未知所届,独立各省前敌各军,不可无统一机关,故暂设军务院为对内对外之合议团体。其《组织条例》第十条规定,本院俟国务院依法成立时撤废之等语,屡次宣言布告,一再声明。今《约法》既复,国务总理既特任,虽阁员未经国会通过,然当国会闭会时,元首先任命以俟追认,实为《约法》所不禁,现国务院既依《约法》而成,与本院《组织条例》所指正合。今大总统之依法继任,既符独立各省最初之宣言,政府、国会次第成立,允为全国人民心理所同惬。本军务院谨依《组织条例》于本日宣告撤废;其抚军及政务委员长、外交专使、军事代表等名目,一并销除;国家一切政务,静听元首、政府、国会主持。特此布告天下,咸使闻知'云云。"此电务乞公决,即日由滇拍发,用抚军全体署名。再,此电恐广州电局搁压,不达肇庆,蔡、戴行营亦虑延阁,请桂速转肇,黔速转蜀。启超。东。(中华民国五年七月一日)

(原载《盾鼻集》,第 70—71 页,转引自《护国运动资料选编》,第 736—737 页)

梁启超致杭州电

杭州分送吕督军、周参谋长、王厅长、莫厅长、夏厅长、范厅长、殷厅长、童师长、张师长、潘旅长、来旅长、李旅长,省议会、教育会、商会,全浙公报、之江日报、浙江民报公鉴:

昨见上海《民意报》载有贵省议会金君燮等六十人致元首、总揆、国会电①,指斥鄙人,骤读不知所解,复观益用狐疑。鄙人承宠召,游杭三日,每与诸公接晤,皆广座旅见,未尝一次与一人独对。凡所出话,十耳共闻。此三日间,鄙人口中曾否提及"省长"两字,诸公当能切实证明。金君等电中所言,毋乃大恶作剧。素仰贵省士大富于常识,谓自治盛轨,当为全国楷模,安有以省议会庄严之府、省会议员有责任之躬,而乃无的注矢,有类中魔,逐影吠声,自丧价值?想该电或属捏名虚构,仍望诸公宣布事实,以靖谣嚣,不胜大愿。启超叩。有。(中华民国五年九月二十五日)

（原载《申报》一九一六年九月二十六日,二版,公电）

附　金燮等复梁启超电

各报馆转梁任公鉴:阅致省会有电,不胜骇异。燮等以浙人言浙事,何必借用机关名义?原电可按,何得妄指?内省不疚,人言奚恤?责人责己,深幸再思。金燮等五十九人。

（《杭州金燮等来电》,原载《时报》一九一六年九月二十八日,二版,公电）

梁启超复函

戴之督军麾下:

前承宠召,获接光仪,吸渌饮光,沁心涤虑。北山勒移,愿订后

---

①　原电五十九人具名,上海《民国日报》一九一六年九月二十三日转载,全文:北京大总统、段总理、孙总长、参众两院钧鉴:浙自辛亥以来,几经政变,秩序井然.实赖浙人治浙,军民上下,得以一心。闻某巨公谋纳籍忠寅长浙,莅杭三日,阳为丁世峄先容,阴实为籍。军民惶惑。某固粤人,宁忘岭南客吏巨创,奈何移祸吾浙?浙人不敏,不敢闻命。浙江省议会议员金燮、顾振庠、沈文华、王廉、孙棣三、沈宏燮、顾宗况、任凤冈、江义均、吴文禧、丁镕、史华藻、朱燕、王倬、倪子安、赵镜年、韩泽、周廷荣、郑凝、李培锷、盛邦彦、陈树基、毛雍祥、凌福镜、陈钟祺、何奏簧、胡禧昌、谢自申、萧家骥、胡国铭、竺旦、钟瀚卿、劳锦魁、李苣、潘渭璜、黄大樾、戴乾、曹位康、徐清扬、许祖谦、翁诗彦、王兆基、徐定趋、郑永祚、何勖业、应继周、张锡康、胡璧、项际虞、胡炳旒、费锡龄、林卓、唐兆庚、方赞修、徐汝蒙、宋吉成、潘澄鉴、朱紫金、庄景仲。见报时题《浙江省议员拒绝非浙人之省长电》。

约;南皮雅游,难谖前尘。惠好所诒,藏写曷极。昨因报章误传市虎,辄驰公电,藉释杯蛇。旋奉复电声明,即已迷云尽解。更劳远使慰劳有加,循诵再三,惭惶无既。谨复寸缄,颛陈歉悃。寮幕群贤,并此道谢。即请

勋安,诸惟荃察不尽

制 梁启超顿首

(中华民国五年九月)廿八日

(据网络拍卖资讯,吕公望先生家属提供)

梁启超来电

大总统钧鉴,段总理、范总长、张总长,王议长、汤议长、陈副议长,国民公报馆,天津熊秉三先生,南京副总统,云南唐督军、贵州刘督军、南宁陈督军、广东陆督军、朱省长,报界公会,梧州岑西林先生、杭州吕公望督军、成都罗督军、重庆戴省长、康定川边殷镇守使,西安陈督军、李省长,长沙赵师长、范政务厅长,上海谭祖安督军、唐少川先生,时事新报并转各报馆鉴:

蔡公松坡逝世,知同痛悼。本日得蒋君百里等来电叙述松公临终情形,文曰:"蒸电敬悉。今将松公最后病状、遗嘱、丧殡情形敬陈如左。松病自十月七日食量渐减,体微肿;本月初忽转下痢,肿渐消,食益减。医言病菌入胀,危状已现。然尚嘱拟办续假呈文时,精神尚佳也。四日,嘱买西瓜,俟震等至,即强起约分食之,颇饶兴。震等劝之,饮汁少许。当谈及我国现在政策、人民政府宜同心协力,向有希望之积极方面进行,为民望者,身不道德,何以爱国?名门意见,实争权利。日昨北京电询奖励在川战役人员,予精神太疲,应由罗、戴核办,言已,复矍然曰,'予病深矣,万一不起,何将此意电达中央。举国人,身为军人,未能死在疆场,必薄葬,减我过。'震等再三宽慰,不必计及国事。复曰:'我亦无他言也。'五六两日,痢乃未止。七日早,医

行注射,精神尤佳,朝午均进粥一碗、燕窝一钟及牛乳、葛汤等。震等略说数语,甚快慰,并看窗外飞机,自以为此后将有转机。乃傍晚气促痰涌,至八日一时更剧,二时遂笃,延至四时长逝。窃自松公病初变时,比请章公使代电中央①,应派员慰视,藉商后事,不意剧变若此。当由震等谨将逝世情形径电中央。棺木系自长崎选购最上等者,木尚旧,衣衾里中衣上下均用白绫,着全套黑礼服;被褥白湖绸、里红缎面;棺内安置生前受用伽楠珠一串、玉鸽一只、大方晶章二个;口含金圆。灵柩现停崇福寺,每日诵经。现因适秋操,火车交涉须待十六日以后,已由章公使电恳中央派舰迎护回国,尚未得复。所有归国布置,并恳电沪早为料理准备。以上各节,敬乞通转,以俾周知。蒋方震、石陶钧、李华英、唐蠛叩。真"等语,谨转达,伏乞公鉴。启超叩。寒。印。(中华民国五年十一月十四日)

(原载《浙江公报》第一千六百八十四号,一九一六年十一月二十日,二七页,广东来电)

卢涤非致吕督电

浙江吕都督、王民政长鉴:袁氏暴死,黎公依法继承。凡在独立之省,据埋亟应取消,惟逆党满布中央,总统等于虚位,准情万难取消。今欲拥护法治,不尚空言,端赖实力。江宁华老②,亦本斯义。伏乞诸公远承军务院,近商冯上将,联帆并辔,而为一致之告言,民国前途,实嘉赖之。旅沪浙人卢涤非叩。

(原载《申报》一九一六年六月十四日,二版,公电)

---

① 章公使,即驻日本国特命全权公使章宗祥(1879—1962),字仲和,浙江吴兴人。
② 江宁华老,指驻节南京的江苏督军冯国璋(字华甫),亦即下文冯上将。

李平书复函①

戴之大都督麾下:

　　月之六日奉到惠书,猥以衰槁,辱承奖饰,再三庄诵,悦接谦光。窃维天下大乱起于争,天下大治起于让,中外古今,不越此轨。日前张东荪君自杭归沪,缅述尊处作新气象,如朝日初升,令人欣慕不置。此由诸公起义之始,以让德著闻,用能上下一心,和气翔洽。民国兴起,实仰权舆。敝地局促辕下,未克追随,殊增惭恧。今者袁虽自殒,而恶党尚多,政治清明,尚需时日。目前动作不可有,准备不可无。是用兢兢,未敢暇逸。贵地除旧布新,百废具举,窃以为民国精神,首重地方自治,教育实业,胥由此兴。而省议会及县议会实为自治所产生,闻尊处行将召集,风声所附,海内景行。此皆明公硕画宏谟,审几据要。望风翘企,奚翅"距跃三百,曲踊三百"? 谨布微忱,以扬盛德。他日恢复自由,行当趋敬崇辕,敬聆大教。肃此奉复,祗请钧安,伏惟垂鉴

　　　　　　　　　　　　　　　　　　　　　　(一九一六年六月)

　　(柴志光、完颜绍元编《李平书文集》,上海远东出版社二○二二年十一月版,156页,落款缺)

刘强夫致浙江吕都督函

　　(前略)强夫稽山下士②,樗蒲闲人,目击满清专横,国势阽危,每忆匹夫有责之义,未敢坐视,奔走国事几二十年。辛亥年义士群起,克告成功,以一时权宜之计,推举袁氏接任临时大总统,原为息事宁

---

　　①　李平书(1854—1927),原名安曾,改名钟珏,号瑟斋,晚号且顽,江苏宝山(今属上海市)人。辛亥武昌起义后,与同盟会联系,参与上海起义,任沪军都督府民政总长兼江南制造局总理等职。
　　②　(前略),底本如此。刘强夫,浙江余姚人,民国三年二月试署永嘉知事,八月二十八日因病调省,九月二十一日离任。

人、福国利民起见。讵意袁氏私心自用,擅改国法,违宪殃民,更仆难数。迨筹安会发生,袁氏野心益炽,帝制自为,人神共怒。数月以来,幸得滇黔桂粤诸省先后独立,声罪致讨,吾浙亦赖诸贤者英明果断,同伸义举。强夫亦浙民分子,窃幸桑梓治安既得吾公维持,自可无虞,惟环顾邻省态度未明,兴念唇齿辅车之图,洵属急不容缓之举。爰自本年三月二十日在嘉兴晤面后,即遄返沪上,与诸同志力图福建事宜一切进行计画,曾于五月间函托潘君建中转达,当邀洞鉴。正在筹备完竣,定期出发,忽得袁氏自毙之耗,天祚我华,挽兹浩劫。闻此圆颅方趾,莫不距跃三百,所有声讨及其他问题于兹结局。其目前最要政策,惟在消除党见,协议进行,恢复人民元气,建造真正共和,以吾公之明达,当已早鉴及此。黎公厚泽深仁,薄海同仰,此次依法继任大总统,各省一致称庆。吾公浙民代表,休戚与共,还望竭诚拥戴,力图赞襄,以慰人民之殷望,而弭列强之怀疑。强夫展发热诚,不让人后,但知护国卫民,不计其他。今兹举义,本有袁朝退某夕隐之言,现袁既罹天诛,夙愿已偿,俟将部属设法解散,即当退归田野,以遂素志而践前言。尚祈吾公为国珍重,无任盼切。刘强夫启。

（原载《申报》一九一六年六月十五日,十一版,来函）

田世泽魏清涛刘强夫来电[①]

钧署测量余姚牟山湖,军事、水利兼筹,仰见关怀民瘼,无任钦感。惟上下游河道与湖关系甚重,应请一体测量,以便修浚,若偏废河道,转多窒碍。除另禀外,先此电达,统祈垂鉴。田世泽、魏清涛、刘强夫等叩。卅一。（中华民国五年七月三十一日）

（《测量河道之请求》,原载《申报》一九一六年八月三日,十一版,本埠新闻）

---

① 导语称"田世泽等致杭州吕督军电云"。

张謇来函

戴之都督伟鉴：

闻贵省近日已将统一，抑见公之识大体恤民生也，曷胜敬佩。习令艮枢①，前任松阳，闻无遗误。比交卸后，以理事归，顷复回省上谒。习令明习法律，才亦敏捷，付书为介，即以致祝，幸垂察焉。

敬颂

大安

（一九一六年七月六日）

（原载《张謇信稿》，转引自李明勋、尤世玮主编《张謇全集》第二册函电（上），上海辞书出版社二〇一二年十二月版，第 600 页，信底无落款）

孙中山来电②

本拟十四日赴杭承教。昨日胃病复发颇剧，医者嘱宜静养。今日亦不能出席，旅行更非所宜，有负约期，幸祈原宥。相见约秋凉后也。（中华民国五年八月十三日）

（原载上海《民国日报》一九一六年八月十五日，杭州快信，转引自中国社会科学院近代史研究所中华民国史研究室、中山大学历史系孙中山研究室、广东省社会科学院历史研究室合编《孙中山全集》第三卷，中华书局二〇一一年五月第三版，345 页）

---

① 习艮枢（1877—1937），字位思，江苏南通人。民国初任松阳、龙泉等县知事。瓯海关监督兼温州外交特派员冒广生刊刻《永嘉诗人祠堂丛刻》，应约校点宋翁卷《苇碧轩集》。

② 原编者注：孙中山因病未出席（八月）十三日的追悼会，文中所说"今日亦不能出席"，当指此。故此电为十三日所发。吕公望时任浙江督军。此电为摘要。

孙中山唐绍仪等来电

浙省吕都督鉴：克强先生逝世，海内同悲，政府拟许国葬，其条例虽未经国会议定，由政府指定地点或家族择地两种办法，而家族及友人俱多主张葬于西湖，须先择定坟地。兹特公派刘君崑涛、耿君伯钊、陈君阎良、徐君少秋专为此行就教执事，一切办法敬祈指导，不胜感激。专此，即颂政安。孙文、唐少川、李烈钧、钮永建、张继、胡汉民同启。（中华民国五年十一月二十八日）

（原载《黄宅治丧处会议纪》，上海《民国日报》一九一六年十一月二十九日，转引自《孙中山全集》第三卷(1913—1916)，第400页；参见徐辉琪编辑《李烈钧文集》，江西人民出版社一九八八年十月版，第306页）

孙中山唐绍仪来电

吕督军鉴并转陈阎良君鉴：克公葬地，因湖南迭电要求归榇，经于本日在沪会商，大多数决议，仍主安葬湖南，取销前议，急此电闻。孙文、唐绍仪等。麻。（中华民国五年十二月六日）

（原载《浙江公报》第一千七百零二号，一九一六年十二月八日，二二页，上海来电）

张勋复函两通

戴之仁兄执事：

远辱手书，敬承使命，闻声相思，佩慰奚如！曩以纲纪陵迟，风湍激薄，斯民愁困，坐视沦胥，执事苦心维持，奠安桑梓，要其指归所在，同为救民，此固天下之所共见者也。令读来书，具见忧时之怀溢于言表，而奖许过当，徒增汗颜。执事筹策从容，盱衡时局，闳谋所及，何以教之？秋节弦月，钱江顶潮，引领湖山，载饥载渴。葛顾问清谈娓娓，开我茅塞。未尽事宜，谅能转达。

　　此复,祗颂

勋安

愚弟张勋启
（定武上将军笺,六行格,三页）

戴之仁兄麾右：

　　顷奉惠书,辱承奖许,感国家之多故,弥寝馈以难安。执事伟略济屯,澄怀观变,树东南之骏业,系吴楚之雄声。每仰□□之才,辄动伊人之慕。弟澄清有志,匡济无才,窃念桓文搂伐之苦心,不离内外,尊攘之本旨,愿赋无衣之雅,俾切同泽之情。翘冀湖山,倍增向往。日前葛顾问来,招待多疏,猥荷齿菜,愧恧愧恧。

　　此复,祗颂

□□

愚弟张勋再拜

　　（定武上将军公事笺,八行格,二页,据网络拍卖资讯,吕公望先生家属提供）

康有为来函①

载之省长兄执事：

　　顷接曲阜衍圣公及孔少霈提学函称,曲阜为先圣诞生之地,从古为兵燹不到之乡,今开办书藏,收藏天下图书,以为中国国粹之保存,以供天下后世之参考。京师已请于政府,各省亦告于长官。今各地官书分别解到,惟浙江省、广东省尚属阙如,延颈期望,属为代请。

　　窃维德国兵争,不废讲艺,阙里圣地,更宜右文。况以先圣在天之灵,昌平不乱之地,以之保存群籍,尤为最得地宜。今车轨既由曲阜而经过,游人更合中西而翔集。特立大学,昔既决于前议;专设书

---

　　①　原编者题作"致浙江省长吕公望书",未署年月日,当作于吕公望一九一七年一月二十日辞职之前。

藏,今宜广其搜罗。想公崇文历学,必有同心。望以浙省前后所藏官书各以一部移藏曲阜,以广存佳书而嘉会后士,不胜侧望屏营之至。

　　(原载《万木草堂遗稿》卷五,转引自张荣华编校《康有为往来书信集》,中国人民大学出版社二〇一二年八月版,第87—88页,缺落款)

赵倜田文烈来电

国务院,统率办事处,各部院,京兆尹,各省将军、巡按使、都统、护军使,岳州曹将军、张司令、周司令,云南、贵阳、广东、广西、成都、长沙、杭州、西安各军政长官,肇庆岑云阶先生同鉴:

　　黄陂就任,薄海腾欢。查民国二年十月五日前临时大总统公布,宪法会议议决《大总统选举法》第三条"大总统任期五年",第五条"大总统缺位时,由副总统继任,至本任大总统任满之日止"各等语,此项《选举法》为正式国会所制定,临时大总统所公布,正式大总统、副总统均依据此法选出,各国于总统选定后一致承认中华民国,亦视此法为根据。虽民国三年十二月间,曾有修正《大总统选举法》之举,而据修正法第十一条,大总统任期未满,因故去职时,应于三日内组织大总统临时选举会投票选举,时间之限制极严,手续之措施不及,况临时选举会须由参政院、立法院各互选五十人组织而成,现在参议院久成星散之势,立法院尚无成立之期,机关既系虚悬,互选何从措手?是此项法律,就已往论,初无成立之确据;就现在论,尤为必不可能之事实。际此时局阽危,人心浮动,南方各省纷纷独立,遥戴黄陂为大总统,系以保持前项法律为宗旨,而南京会议多数主张袁大总统留任,以民国七年十月为任满,亦以前项法律为根据,考之民国数年来法律之经过,与夫全国人心之趋向,黄陂现经代行大总统职权,亟应遵照原《选举法》第五条之规定,正式继任,庶几全国景从,万疑俱解,内以慰人民之望治,外以弭列强之怀疑,息事宁人,诚无逾此。诸公爱护民国,中外具瞻,扶危支倾,端资硕画,倜等忝膺重寄,弥切股忧,谨贡

愚忧,伫闻明教。赵倜、田文烈。庚。印。(中华民国五年六月八日)

(原载《浙江公报》第一千五百三十二号,一八页,开封来电)

潘矩楹来电

各省将军、巡按使、巡阅使、都统、护军使,并转各司令、各镇守使钧鉴:华密。前以南北各省情谊隔阂,解决国家大计,主张不能一致,现袁大总统业既因病薨逝,并依法付黎副总统代行总统职权。是数月以来,所极端争持者皆以当机立解,自无别持异论复起纷争之理。况当此大局颠危、生民涂炭,国家命脉不绝如缕,更无互逞意志之余地,惟冀未独立省分皆以保持现状为前提,已独立省分则以规复统一为宗旨,庶几国事前途尚有一线曙光。若各执偏私,势必前局糜烂,强邻责言,邦国且底于亡,个人之权,宁复存在?此矩楹所为忧从中来、涕泣而道之也。诸公或膺专阃,或领重兵,皆负一时人望,国危至此,早已洞烛几先,诚无待矩楹之喋喋。惟愚虑所及,实难已言,善志之方,仍祈赐教。矩楹叩。庚。印。(中华民国五年六月八日)

(原载《浙江公报》第一千五百三十二号,一八至一九页,归化来电)

王占元来电

各省将军、巡按使并转都统、护军使、镇守使、各路司令均鉴:前奉国务院鱼电,惊悉袁大总统遽弃人民,遗令谆谆注意于国家善后政策,凡属疆吏及我军人自应仰体服从,保持秩序。占元数月以来,拱护中央,保卫疆土,嫔以长江屏藩,络毂中原,设有摇动,不啻自为鹬蚌,既不忍生灵罹锋镝之苦,亦不愿地方有分晰之虞,辛苦支持至于今日,祇知爱国,不计其私。今袁大总统既撒手在天,南北政见之争不难和平解决。驭东御侮,硕画匡时,芘国惠民,端资伟略。掠语奉布,企盼复音。占元□佑。庚。印。(中华民国五年六月八日)

(原载《浙江公报》第一千五百三十二号,二〇页,武昌来电)

毕桂芳来电

各将军、巡按使、都统、护军使同鉴：

华密。接读袁大总统六日命令，弥留之隙，不忘国家，我辈维持治安，即所以报酬知遇。诸公公忠体国，素所钦迟，硕画宏筹，尚望见教。毕桂芳。青。印。（中华民国五年六月九日）

（原载《浙江公报》第一千五百三十号，一八页，齐齐哈尔来电）

旅沪国会议员致吕都督书

敬启者。国会为《约法》上最主要之机关，万法所从出，国民所由托。自袁逆以非法解散，议员遂有职莫举，全国大权竟操诸独夫之手，穷凶极恶，叛国称帝，盖由无国会以监督之，其祸乱遂至如斯之亟也。幸天相中国，云南护国军首先讨逆，义旗一挥，全国响应，共和命脉，由死复苏，民国前途，曷胜庆幸。惟军政非长久之道，国会乃庶政之源，此后大局解决，与国家建设问题，为道万端，而根本上则无一不待决于国会。军务院第二号布告中谓，此次起义之真精神，一言以蔽之，曰拥护国法而已，若不即行恢复国会，则庶政将安所丽？是恢复国会，准诸吾国此次讨逆之真正目的，衡诸今日时势之必要，已成唯一不容缓之要图。经议员等共同商决，根据民国《临时约法》第二十条及第二十八条，由议员等正式通告，自行集会，凡参众两院议员，除附逆者外，统限于六月三十日以前，齐集上海，至开院地点、日期另布，一俟满足法定人数，即行公决。除京、津、沪、汉各报，已由议员等送登通告外，凡贵都督命令所及之地，即祈一面以公文代布，一面送登各报，庶两院议员得以克期赴沪①，早日开会，无任盼祷。专此奉陈，敬颂

---

①　议员，底本作"议院"，径改。

勋安

附国会议员通告一纸。

旅沪国会议员公启

国会议员集会通告

　　袁逆叛国，义师致讨，全国风从，大局即定，惟袁逆尚负固逞凶，诡变百出，国基未固，靖乱无由。议员等叅受国民委托，被袁逆非法蹂躏，有职莫举，忽忽三年，值此国变非常，允宜依法集会。查《临时约法》第二十条，"参议院得自行集会、开会、闭会"，第二十八条，"参议院以国会成立之日解散，其职权由国会行之"，是国会议员得自行集会、开会、闭会，为《约法》所规定。议员等鉴于时势之必要，已自由集会，先后莅沪者达百余人。兹特正式通告，凡我两院议员除附逆者外，统限于六月三十日以前，齐集上海，以便择定相当地点、定期开会。

云南	杨琼	张耀曾	张大义	陈善	袁家毅	李文治
	赵鲸	谢树琼	孙光庭	吕志伊	李增	王桢
	顾祀高	张华澜	段雄	陈光勋	由宗龙	李燮阳
	赵藩	才品昇				
贵州	陈光焘	张光炜	陈廷策			
广西	曾彦	郭椿森	蒙经	萧晋荣	王乃昌	
广东	徐传霖	易次乾	李茂之	江瑔	邹鲁	谭瑞霖
	杨永泰	叶夏声	黄增耇	彭建标	黄汝瀛	
浙江	杜师业	殷汝骊	周珏	俞凤韶	许桑	金兆棪
	虞廷恺	陈洪道	徐象先	蒋著卿	蔡汝霖	金尚说
	童杭时	卢钟岳	田稔	邵瑞彭	张浩	黄群
	陈敬第	赵舒	陈燮枢	郑际平	丁儁宣	王正廷
	杜士珍					

陕西	李述膺	赵世钰	范 樵	杨铭源	马 骧	
四川	蒲殿俊	杜 华	王 湘	廖希贤	杨肇基	赵时钦
	张瑾文	李为纶	张知竞			
直隶	张 继	谷钟秀	孙洪伊	张士才	王诚功	王葆贞
	吕 复	王法勤	赵金堂	郝 濯	张书元	胡源汇
	江 浩	温世霖				
奉天	杨泮溪	李绍白	吴景濂	罗永庆		
吉林	赵成恩	萧文彬	杨绳祖	李膺恩	范 殿	
黑龙江	秦广礼	杨崇山				
江苏	茅祖权	方 潜	蓝公武	高 旭	王汝圻	张相文
	陈允中	蒋曾焕	董增儒	杨 择	朱溥恩	王绍鏊
	王茂才	屠 宽	杨廷栋	凌文渊①	姚文坤	胡北诉
	徐兰墅					
安徽	汪律本	汪建图	陈 策	凌 毅	汪彭年	曹玉德
	陈光谱	张我华	彭昌福	丁象谦		
江西	吴宗慈	黄攻素	陈子斌	文 群	郭 同	王 侃
	邓 元	蔡突灵	张于浔	周泽南	陈鸿钧	葛 庄
	邹树声	赖庆晖				
福建	高登鲤	朱观玄	黄肇河	刘崇佑	林 森	宋渊源
湖北	汤化龙	白逾桓	杨时杰	彭介石	刘成禺	韩玉辰
	吴 崑	董昆瀛	田 桐	张大昕	彭汉遗	居 正
	胡祖舜	张 汉	冯振骥	汪哕鸾	骆继汉	刘 英
	高仲和					
湖南	彭允彝	陈嘉会	欧阳振声	覃 振	陈家鼎	李汉丞
	李 锜	李执中	陈九韶	胡寿昺	罗永绍	盛 时

---

① 凌文渊，底本误植为"文凌渊"，径改。

	黎尚雯	周震鳞				
山东	于廷樟	张鲁泉	彭占元	魏丹书	李元亮	史泽咸
	于恩波	张瑞萱	盛际光	丁世峰	金承新	丁惟汾
河南	王 杰	刘奇瑶	刘荣棠	李载赓	凌 钺	刘峰一
甘肃	王鑫润	马良弼				
新疆	文笃周	李式藩	蒋举清			
蒙古	易 夔					
西藏	龚焕辰					
华侨	卢 信	谢良牧等公启				

（原载《浙江公报》第一千五百二十三号，一九一六年六月九日，首至二页，公函）

冯国璋来电

将军，巡按使，巡阅使，都统，护军使、副使，各办事长官，各镇守使，前敌各路总副司令均鉴：

痛自军兴以来，于今半载，不独前敌将士餐风宿雨，倍著勤劳，思之可念，而商业停滞，影响复及于金融，兵燹所经，民生亦遭其涂炭，分崩之祸即在目前，沦亡之惨危如累卵。推举事诸公之初意，实本于爱国之热忱，既无私怨可言，更非权利思想。今袁大总统薨逝，依照《约法》，以黎副总统代行职权，所有彼此争执问题，业已完全解决。正宜撤兵，息战休养，军民戮力同心，共谋国事。政府则励精图治，以理财察吏为先，各省则拥护中央，以除暴安良为职。应如何召集国会，速定精当之宪法，必期无倚无偏，如何辅助政府，植立强健之国基，以冀可安可久。金融如何维持，民生如何体恤，善后事体至重且繁，全在举国一心，屏除私见，人人以统一国家、顾全大局为重，庶几世变有挽回之望，民国免沦陷之忧。倘复观望因循，当机不断，设召友邦之干涉，是转贻中国之祸阶。诸公体国公

忠,详同此意[1]。国璋不敏,愿从诸公之后,誓竭报国之诚。掬泪陈词,伫祈明教。国璋。蒸。印。(中华民国五年六月十日)

(原载《浙江公报》第一千五百三十号,一九页,南京来电)

李纯戚扬来电[2]

将军,巡按使,都统,护军使、护军副使,并转各镇守使钧鉴:

阳日接姜都统通电[3],计达台览,老成卓见,厘然有当,人心所在。袁大总统因病薨逝,依照《约法》,以副总统代行职权。从前争点一旦打消,南北积嫌不解自释。自宜克日罢兵,共策善后,用救危亡等语,洞明剀切,纯极端赞同。际兹国是已定,继承得人,我辈同绾疆符,自宜力保治安,共谋统一,以解人民倒悬之苦,而慰全国望治之心,诸公公忠爱国,谅表同情。一切善后之方,必多荩画,尚祈随时赐教,共策进行,无任跂盼。李纯、戚扬。蒸。印。(中华民国五年六月十日)

(原载《浙江公报》第一千五百三十号,一九页,南昌来电)

蔡锷来电

火急。国务院各部、署、局长暨各都督、将军、巡按使并转各路司令、各镇守使、各师旅长、各报馆鉴:泸州六月九号所发华密庚电一通,内署贱名,实未预闻其事,应不负责。特此通告。蔡锷叩。蒸。印。(中华民国五年六月十日)

(原载《浙江公报》第一千五百三十一号,二六页,行营来电)

---

[1] 详同,疑为"谅同"之误。

[2] 李纯、戚扬,李为江西督军,戚为省长。

[3] 姜都统,即姜桂题(1843—1922),字翰卿,安徽亳州人。民国三年六月三十日,任昭武上将军,督理热河军务兼热河都统。

蔡锷来电

通告赴川接任日期由

各部局署、京兆尹、督军、省长、都统、巡阅使、镇守使鉴：锷奉命督蜀，当以病体未痊，迭电陈堂，迄未得请。敬维中枢倚畀之重，重念蜀民竭絷之勤，区区此身，何敢自爱。兹遵于七月二十一日由泸首途，力疾赴省，勉就新任。蜀难方棘，任重材轻，尚乞时锡良箴，俾免陨越。四川督军兼省长蔡锷叩。皓。印。（中华民国五年七月十九日）

（《浙江公报》第一千五百七十二号，二〇页，行营来电）

蔡锷来电

通告为奉令督川兼省长由

督军、省长、京兆尹、都统、巡阅使、护军使、镇守使、办事长官鉴：前奉策令，任锷为四川督军兼省长等因，遵于本日就任视事，自维材轻任重，陨越堪虞，尚祈时赐教言，藉匡不逮。蔡锷叩。艳。印。（中华民国五年七月二十九日）

（《浙江公报》第一千五百八十二号，二五页，四川来电）

蔡锷复函

戴之仁兄督军麾下：

前尘芜械，计达典签。百里君来，藉诵翰教，远道殷勤，期许过甚，感愧奚如！大局粗定，道在拥护中央，力谋统一。龙氏前此独立，本系武鸣压迫为之，今项城已逝，冀复窃据海隅，不知是何居心？害群之马，应为国人所共弃也。锷于七月二十九日抵蓉，沿途士民极为欢洽，想见川人茹苦久已，惟孱弱病躯，势难久任繁剧，刻已电准中枢，委罗君佩金护理军民篆务，商办善后事宜。现交通已便，万里尺咫，务恳时锡教言为盼。

专此奉复，并颂

勋安

蔡锷顿首

八月三号

（四川督军公署用笺，六行格，三页，据网络拍卖资讯，吕公望先生家属提供）

张怀芝蔡儒楷来电

各省将军、巡按使并转各镇守使，前敌各路总、副司令，巡阅使，都统，各办事长官，护军使、副使均鉴：接徐、苏、豫、赣各处通电，卓识伟议，极表赞同。黎大总统本为南北之所共认，今依《约法》继任，大局以无可犹之点，自应同心协力，共维时艰，以杜外人立伺之萌，而免全国沦胥之惨。鲁方多难，望治尤殷，芝、楷不敏，愿从诸公之后，共输报国之诚而筹善后之法。谨陈鄙悃，贮盼宏谟。张怀芝、蔡儒楷。真。印。（中华民国五年六月十一日）

（原载《浙江公报》第一千五百三十一号，二六页，济南来电）

倪嗣冲来电

各省将军、巡按使、巡阅使、都统并转各办事长官、护军使、副使，镇守使，前敌各路总、副司令钧鉴：

连奉赵将军、田巡按使庚日通电，冯上将军蒸日通电，或援据法规，奠安国本，或亟谋统一，拯救危亡，硕画苾筹，莫铭佩仰。诸公热忱为国，谅荷赞同。谨布区区，伫候明教。倪嗣冲。真。印。（中华民国五年六月十一日）

（原载《浙江公报》第一千五百三十二号，二〇页，蚌埠来电）

毕桂芳来电

将军、巡按使钧鉴：顷接徐州张上将军电示庚、佳两日复黎大总统电文及徐州各代表会议纲要，谋深虑远，义正词严，桂芳深表同情，极为佩服。诸公谋国救时，夙钦令誉，务望一致赞同，以扶危局而昭公论。除电复张上将军外，特此奉闻，即维台察。毕桂芳。文。印。（中华民国五年六月十二日）

（原载《浙江公报》第一千五百三十一号，二六页，齐齐哈尔来电）

朱家宝来电

万急。国务院各部院、京兆尹、各将军、巡按使、巡阅使、都统、护军使均鉴：昨准河南赵将军、田巡按使庚电，内开，此次黄陂就任，宜依据民国二年十月五日前临时大总统公布、宪法会议议决《大总统选举法》第五条之规定，正式继任等语，家宝默观大势，体察舆情，黄陂继任，中外同心，一发千钧，安危所系。当此政治刷新之始，自非确遵真正民意，不足以振奋耳目，巩固共和。汴电所论，实属根本至计，窃谓溯典宜朔□□，揣末必穷其本。《大总统选举法》本由《约法》产出，《大总统选举法》既宜复旧，而产出《大总统选举法》之母法，自不应从新。且按之事实，旧《约法》为内阁制，新《约法》为总统制，现既施行内阁制，则总统制之新《约法》当然不得复存。况现行《政府组织令》本已斟酌时宜，经前大总统以明令公布，是规复旧《约法》，即前大总统已认为必要而先露其端倪，今若继续实施，既适于今日之国情，更足以定人民之趋向，亟应特颁明令，一面规复民国元年所定之《约法》，一面迅速召集正当国会编定宪法，藉纳国家人民于法轨之中。惟元年《约法》亦有束缚过甚之处，揆诸事实，扞格难行，应于召集国会后，由国会详审国情，体察民俗，提前量予修正，为编定宪法之根据。庶目前既有可遵之法制，日后亦得完美之宪章，因革损益，似较协宜。用特布陈,伫候明教。倘蒙赞同,即恳会呈大总统宣布施行。将此奉商,事盼电复[1]。朱家宝。文。印。（中华民国五年六月十二日）

（原载《浙江公报》第一千五百三十一号,二六至二七页,天津来电）

黎元洪来电

云南唐抚军,贵阳刘都督,广东龙都督,杭州吕都督,南宁陈都督,长沙汤都督,西安陈将军,行营蔡总司令、李总司令,松坎戴总司令、罗总司令：顷据交通部钞送岑都司令致陆将军蒸电,知远道传闻尚多隔阂,驻湘北军已饬参、陆两部司令陆续撤退,决不至再生冲突。北方秩序安谧,国会问题亦经妥慎筹商,必能惬洽民意。此后双方联合,正宜消弭兵端,力谋统一,时事艰难,端赖宏谟赞画,诸公如能命驾北上,无任欢迎,否则酌派妥员来京,接洽一切,亦可化除隔漠,洞见真形。敢布腹心,统希明察。元洪。覃。印。（中华民国五年六月十三日）

（原载《浙江公报》第一千五百三十一号,二七页,北京来电;又载《申报》一九一六年六月十八日,三版,要闻一）

黎元洪来电

各省督军、省长、都统、护军使、镇守使、办事长官,各师长、旅长并转各报馆公鉴：本日为任命段祺瑞为国务总理,征求众议院同意,到院议员四百十四人,以四百零七票大多数通过。特闻。黎元洪。马。印。（中华民国五年八月廿一日）

黎元洪复电

吕督军鉴：养电悉。蔡前肃政史宝善,志行皎洁,卓著政声,夙所深悉,执事荐贤为国,极佩虚怀,来电已交院矣。黎元洪。漾。印。（中

---

① 底本如此。事,疑为衍文。

华民国五年八月二十三日）

（原载《浙江公报》第一千六百零四号,一五页,北京来电）

黎元洪东电

万急。各省督军、省长,并转镇守使,各报馆,都统,护军使、副使,办事长官：国务员,外交唐绍仪、内务孙洪伊、财政陈锦涛、陆军段祺瑞、海军程璧光、司法张耀曾、教育范源濂、农商谷钟秀、交通许世英,本日咨交众议院商求同意,多数可决,全体通过。特闻。黎元洪。东。印。（中华民国五年九月一日）

（原载《浙江公报》第一千六百十四号,一九页,北京来电）

黎元洪支电

各省督军、省长并转各镇守使、各报馆、都统、护军使、护军副使、办事长官：任命国务员,已得众议院同意,业经通电奉告。本日参议院为国务员投票,亦已一律通过。特闻。黎元洪。支。印。（中华民国五年九月四日）

（原载《浙江公报》第一千六百十七号,二〇页,北京来电）

交通部来电

云南唐萱阶先生、贵阳刘如舟先生、广东龙子诚先生、南宁陆幹卿先生、长沙汤铸新先生、杭州吕戴之先生、肇庆岑云阶先生、行营蔡松坡先生钧鉴：现在时势业已变迁,从前政府所颁之《取缔各独立省分电报办法》,亟应分别解除,灵通消息。嗣后尊处与京外各处往来明码电报,自应照常收发,惟密码仍请用华密、堂密、赓密三种,俾免阻滞而便接洽。除饬各电局遵照外,即希查照,并转知尊处各统兵大员一体照办为荷。交通部。元。印。（中华民国五年六月十三日）

（原载《浙江公报》第一千五百三十一号,二七页,北京来电,又载《申报》一九一六年六月十八日,三版,要闻一）

张作霖冯德麟来电

国务院各部,京兆尹,各将军、巡按使、护军使、巡阅使、都统均鉴:

华密。顷准直隶朱将军文日通电,当经电复。其文曰:"前接河南赵将军、田巡按使庚日通电,立论摘要,至表赞同,正拟电复间,旋准尊处文电,兼参国会、《约法》两事,苫筹硕画,尤获寸心。国步多艰,前大总统遽弃人民以去,黄陂继任,中外翕然。当此群情惶惑,百端待理之时,必使元首问题先立于坚固不拔之地,然后国本既定,方可徐议其他。原电所开各情,建国大计,莫急于此。至于国会、《约法》两事,尤为今日要图,办法一日不决,则国是一日不定。审时度势,新《约法》既无存在之理,旧《约法》实亦有束缚之嫌,尊意拟于召集国会后提前量予修正,以为编定宪法之根据,用意尤为周至,钦佩莫名,应请会呈大总统宣布实行。若得早定国是,无任祷盼之至。张作霖、冯德麟。元。印"等语,谨以奉闻。张作霖、冯德麟。元。印。(中华民国五年六月十三日)

(原载《浙江公报》第一千五百三十二号,一九页,盛京来电)

李一中等致肇庆电

肇庆岑都司令转前敌李总司令,云南唐抚军长转前敌蔡、戴两总司令,广西陈署都督转前敌陆都督,广东龙都督,贵州刘都督,湖南汤都督,浙江吕都督,潍县居总司令,周村吴总司令暨各报馆均鉴:黄陂正位,举国赞同,仰望新猷,有逾饥渴。乃旬日以还,德音寂寂,《约法》尚稽恢复,国会任其飘飘。昏制不除,金融犹滞,叛徒负固,授以荣章,逆首饰终,隆以巨典。冠裳颠倒,歧路徘徊,痼疾膏肓,缓和束手。此某等观于政府之现状而不敢即安者,一也。袁逆部曲,骄蹇成性,治军无律,所过为墟,暴行昭彰,闾阎切齿,近复纷纷征调,蚁聚蜂屯,显有成谋,保无意外。此某等观于悍将之举动而不敢即安者,二也。川陕二省,播弄诡谋,始则假名以攫兵符,继乃背约而标异帜,认贼作祖,暮楚朝秦,谬种流传,前途可虑。此某等观于强藩之反侧而不敢即安者,三也。帝制初燃,腥闻遐迩,士夫蹙额,商贾戒涂,递嬗迄今,忧疑骤□。祝晋贺电,充栋汗牛,一若政府万恶,与袁俱死,和平可待。无事兵戎,首在邦人,悃愊无华,不求甚解。顾当轴肺肝叵测,殊足寒心。试考东邻史乘,西土国情,乃觉别征烛晦之良知,相形见绌;而畏难苟安之积习,欲盖弥章。长此弗悛,国将不国,梁亡莒灭,胥是之由。此某等观于社会之夸毗而不敢即安者,四也。比见四海名流,宣言通电,诸所论列,多就乐观,意者豺狼自毙,缯缴宜藏,退可获功成不居之名,进或有破□流言之惧。且恐祸乱相寻,止戈无日,不得不暂谋休养,藉示大公。然而险象环生,祸机四伏,触之固将暴发,纵之尤必燎原,高蹈息肩,心平安忍,抑丹书铁券,变幻难谌。壬子前车,可为殷鉴。兴言及此,感从中来。所望首义诸公,周详审慎,坚持初志,用竟全功。一旦秕政缓除,奸回就戮,强藩铩羽,悍将释戈,弛张胥合法程,举措咸趋正轨,共和真谛,悉布悉陈。然后置顿师徒,未为晚也。某等频年颠沛,出入刀锯,平昔同袍,半膏黄土,死生荣辱,岂复萦□?大局安危,未能契置,果也天心悔祸,一切改观,共保敉平,云胡弗淑?否则,鞭弭桴鼓,未敢轻离,舍逸即劳,要非得已。知我罪我,端□智仁。敢布腹心,诸希垂察。李中一、杨济、汪启疆等叩。删。(中华民国五年六月十五日)

(原载《申报》一九一六年六月十八日,三版,公电)

谭人凤来电

浙江吕都督鉴:闻名景仰,愧未识荆,读文电六节,深谋远虑,具见苓筹。铣电主张从根本着手,不应以消极之经营,了一时之残局,惩顽振懦,砥柱中流,国尚有人,殷忧未释,尚望坚持到底,救济时艰,不胜

祷祝。谭人凤叩。效。（中华民国五年六月十九日）

（原载上海《民国日报》一九一六年六月二十日，二版，转引自石芳勤编《谭人凤集》，湖南人民出版社一九八五年八月版，130—131页）

姚雨平来函①

（前略）自癸丑春于六桥三竺间，得与执事欢然道故，盛情如昨。厥后百感沧桑，以未时通问候为歉。前闻就职，忭颂莫名，即驰电贺。因港例，关于党人，检查綦严，碍未得发，益用歉然。浙省地绾长江，人才荟萃，执事主持其□，义声所震，全国之观听为倾，大局前途，深于是赖。今袁氏云亡，黎公继任，共和再造，国是一新，甚望即能复旧《约法》，集前国会，组新内阁，早定大政，与民更始，斯国家无疆之庥，执事以为何如？弟曩以帝制发生，间关返粤，组织义旅，本期北讨，以竟夙志，徒以粤事未定，日久未得出发，甚惭甚惭。果时局无复他变，则拟将所部即行遣散，以节饷需而休民力。一俟手续稍清，或可出赴申江，顺道走谒，藉聆伟教，以慰积忱。（后略）

（《姚雨平致浙江吕都督书》，原载《民国日报》一九一六年六月廿四日，七版）

陈光华等致浙江电

浙江吕都督转柏烈武先生钧鉴②：袁死黎继，段为之扶。待法律以解决，望大局于和平。讵意张、倪等近日仍不知悟，纵横骚扰，惨杀党人，种种恶孽，言之痛心。我公救国热忱，未忍坐视，希速电军务院，从速与黎总统交涉，以救民困。光华等静候指示，愿报桑梓。临电不

---

① （前略）（后略），原报如此。

② 柏烈武（1876—1947），名文蔚，安徽寿县人。辛亥武昌起义爆发后，南下任民军第一军军长，参与江浙联军会攻南京。民国元年任安徽都督兼民政长。民国二年参加讨袁，宣布安徽独立。

胜盼祷待命之至。陈光华、蔡巍、侯志、宋子元、马冀超、江世真三百六十三人公叩。

（原载《申报》一九一六年六月二十二日，三版，公电）

陈汉钦邓恢宇来电

肇庆岑都司令钧鉴，乞转唐抚军长、陆都督、吕都督、刘都督、汤都督、龙都督、蔡总司令、李总司令、戴总司令暨各司令、各师旅长官、各报馆均鉴：天讨未伸，大局益乱，如张怀芝袭击民军，周骏之逗兵西蜀，甘为戎首，倪嗣冲、王占元、李厚基犹杀党人，冥顽如故，张敬尧之私推总统，张勋之十大主张，皆谬妄绝伦、居心叵测。万乞迅奋霆威，率师北上，驱除妖孽，再造共和，使邪说暴行之徒有所畏惧，庶洪水猛兽之祸得以消弭。陈汉钦、邓恢宇叩。

（原载《申报》一九一六年六月二十二日，二版，公电·陈汉钦等致肇庆电）

李烈钧请查滇粤军行动电

唐抚军长，岑抚军副长，军务院转梁都参谋长，吕都督，汤都督，暨日初、子云、隐青各总司令，行营陆都督、陈护督并转刘都督，蔡总司令，戴总司令，罗总司令并转积之、景帆两总司令，第四军行营景总司令，行营程总司令鉴：两读子诚都督通电，论滇军与驻韶粤军冲突事，殊愧。钧固不才，然读书十年，粗明大义，历国数十，略识兵戎，管教纵或未周，亦何至如斯之甚。兹事源委，曾电陈军务院，应请派遣干员查察，滇、粤两军之动作，并粤民之心理，究竟何如。滇军如果不守纪律，粤民如果怨滇军者，则曲有所归，否则，三军愤激，殊非不学如钧所能压抑也。立马韶关，特陈其略。烈钧叩。漾。（中华民国五年六月二十三日）

（原载《申报》一九一六年六月二十七日，三版，公电）

江恢阅来电

都督、民政厅长钧鉴：奉饬警队月底裁撤，本应遵办，惟宁邑现在防务吃紧，拟先裁十名，经费暂在准备金积存项下挪用，维持两月。是否可行，乞电示遵。知事江恢阅叩。敬。（中华民国五年六月二十四日）

（原载《浙江公报》第一千五百四十五号，一九一六年七月二日，一九页，宁海县知事来电）

戚思周来电

都督、民政厅长鉴：太炎先生准二十七日乘奉天轮南旋。谨闻。戚思周。（中华民国五年六月）

（原载《浙江公报》第一千五百四十五号，一九页，天津来电）

北京外交部来电

各将军、巡按使：堂密。美使照请将一八五八年中美约第十八款所载，"倘大合众国人民在船上不安本分离船逃走，与内地避匿者，一经领事官知照中国地方官，即派役查拿送领事等官治罪"一节取消，自七月一日起实行。所余详约条款三继续有效，业于本日互相照会承认实行，希转饬所属一体遵照。余文达。外交部。卅。并转特派员。印。（中华民国五年六月三十日）

（原载《浙江公报》第一千五百五十号，一三页，电）

虞洽卿来电

杭州吕都督，王民政长，莫、范厅长公鉴：大总统申令，遵行《临时约法》，定期召集国会，从此统一，商民蒙福。吾浙独立，名震东南，全仗义声，遂定大局。国民要求已达目的，乞速筹议取消手续，先定日期，报明政府，宣告大众，以安人心而维商业。虞和德叩。江。（中华民

3957

国五年七月三日）

（《虞洽卿君致杭州电》，原载《申报》一九一六年七月五日，十版，本埠新闻·浙江取消独立之筹议）

王文庆复虞洽卿电

虞洽卿君鉴：电悉。军府已于二日致电中央矣。文庆。

（《王民政长复电》，原载《申报》一九一六年七月五日，十版，本埠新闻·浙江取消独立之筹议）

陆荣廷文电

岑都司令、唐都督、刘都督、龙都督、吕都督、陈都督、汤都督、陈代督、蔡总司令、李总司令、戴总司令，梁任公、唐少川、温钦甫暨诸位先生均鉴：

岑都司令庚电敬悉。吾护国军前次宣言，恭承黎大总统继任，系根据民国二年十月五日宣布中华民国宪法会议制定之《大总统选举法》所载，第三条，"大总统任期五年，如再被选，得连任一次"；第五条，"大总统缺位时，由副总统继任，至本大总统任满之日止"。昨据国务院鱼电通告，系经袁世凯修改之伪《约法》于三年十二月二十九日公布者，其第十一条云："大总统任期未满，因故去职或不能视事时，以副总统代行其职权"；又伪定《大总统选举法》第十一条云："大总统任期未满因故去职时，应于三日内组织大总统临时选举会"云云。查我辈此次起义，原系根据第一次《约法》拥护共和，袁氏未死之前，又经宣言袁之大总统资格消灭，依据《约法》恭承吾黎大总统继任。《约法》效力犹在，凡属国民，皆当遵守，断不能因袁氏一死而有改变。乃国务院鱼电通告，竟敢援引伪《约》，显系包藏祸心。方今南北未融，祸机四伏，杜绝觊觎，奠定国基，正赖有此。倘舍此就彼，祸水滔滔，乌知所届？生死存亡，间不容发。

荣廷虽系武夫,然遇事关国家法律、大局安危,讵容奸宄施其诈术,稍事迁就,缄默不言?诸公同泽,再造共和,务请毅力主张,并乞吾都司令主稿领衔,辟其谬妄。民国幸甚。荣廷。文。叩。(中华民国五年六月十二日)

(《陆都督辟国务院鱼电》,原载《申报》一九一六年六月十五日,三版,要闻一)

陆荣廷庚电

梁任公先生、岑都司令、唐都督、刘都督、蔡总司令、戴总司令、吕都督、李总司令、陈代督鉴:

护密。任公东二电敬悉。旧《约法》既复,国会既召集,内阁已特任改组。我辈要求完全达到,军务院自当立即撤消。任公先生所拟宣言电稿,最为妥协,廷极赞同,即请由唐都督拍发,附列衔名为盼。荣廷叩。庚。印。(中华民国五年七月八日)

(《浙江公报》第一千五百六十一号,一九一六年七月十七日,一八页,广西来电)

陆荣廷铣电

告盐日抵梧由

吕督军鉴:支电删奉。粤难日深,讵忍坐视。既已力疾赴任,于盐日抵梧,拟部署就绪,克日东下。我公关怀南服,屡蒙注念,铭感无涯,还祈随时赐教为幸。荣廷叩。铣。印。(中华民国五年八月十六日)

(原载《浙江公报》第一千六百零四号,一四页,广西来电)

陆荣廷号电

告奉命为广东督军于巧日行抵肇庆由

督军、省长、各巡阅使、各都统均鉴:荣廷奉中央任命为广东督军,经

于巧日行抵肇庆,特以奉闻。陆荣廷叩。号。印。(中华民国五年八月二十日)

(原载《浙江公报》第一千六百零二号,二五页,广西陆行营电)

陆荣廷来电

浙省吕省长鉴:汤君觉顿,奔走国事,惨死非命,含冤未伸,身后萧条,事蓄无资,惨状悽情,路人泪下。我辈同袍,伤痛益深。梁任公为之追悼劝赙,义不容辞。如公提议,由起义各省将汤君为国致身之行状,请冀公主稿,挈衔联电大总统从优议恤;循公提议,由任公纂具事实,再交冀公,尤为精细。廷意仍请任公起稿时加入"请中央派员查办死事情形,勒缉凶手惩办,以正国法而慰英魂",如何,仍候公决。荣廷叩。

(《陆督军致浙江吕督军电》,原载天津《益世报》一九一六年九月十九日,二版,公电录要)

陆荣廷支电

肇庆岑都司令、李省长,滇军李总司令,广州朱省长,汕头莫镇守使,云南唐督军、任省长,贵阳刘督军,成都罗督军,重庆戴巡阅使,长沙谭省长,西安陈督军,杭州吕督军,南宁陈督军,上海梁任公先生并转蔡督军鉴:任公东电,如公勘电,循公两电,舜公卅一电,均奉悉。汤君觉顿,奔走国事,惨死非命,含冤未伸,身后萧条,事蓄无资,惨状凄情,路人泪下,我辈同袍,伤痛益深。任公为之追悼劝赙,义不容辞。如公提议,由起义各省将汤君为国致死之亡状,请冀公主稿挈衔联电大总统,从优议恤;循公提议,由任公纂具事实,再交冀公,尤为精细。廷意仍请任公起稿时加入"请求中央派员查办死事情形,勒缉凶手惩办,以正国法而慰英魂",如何,仍候公决。荣廷叩。支。印。(中华民国五年九月四日)

(原载《浙江公报》第一千六百二十二号,一九一六年九月十七日,二三页,广西行营来电)

陈炳焜来电

唐抚军长,蔡、戴、罗、刘各总司令,各都督,唐少川、梁任公先生,岑都司令,陆都督均鉴:

吕都督萧电、唐都督支电计达。吕电开,"艳日大总统申令,遵行民国元年《约法》,并集国会,并任命段芝老组织内阁"各节,此间虽未奉到艳日申令,然与唐电所开,"由英、日领转到京电",均属相符,当无疑义。是我辈依据法律,维护共和之目的,亮已完全达到,足为全国称快。请由唐抚军长领衔通电京、省将军务院取销,以归统一,若再迁延,则功首反为罪魁,特乖初志。吕公萧电所陈,极表赞同,敬乞公决。炳焜。阳。印。(中华民国五年七月七日)

(《浙江公报》第一千五百六十一号,一八页,南宁来电)

张驷群等来电[①]

戴之都督先生钧鉴:日前晋谒崇阶,面聆硕划,救民救世,溢于言间,钦佩之至,拜祷之至。曩者天祸中华,项城专政,推行恶税,任用贪污,民气摧残,帝制自为,生灵涂炭,莫可如何。今幸天心悔祸,还我共和,《约法》恢复,国会重开,贤豪竞起,万政更新。我都督久历艰辛,洞知民隐,应全浙父老兄弟之请求,肩全浙救民之巨任。我浙民困于暴官污吏之下,已非一日,受催科之累者,鸡犬无存;受司法之摧者,资财尽罄;受暴政之缚者,无地或伸;火热水深,无门呼吁。我都督与民共存亡,皎日重光之下,犹睹此灾黎,抚心谅早悯然。群身侪言论,手无斧柯,笔伐口诛,徒增罪戾。都督职司察吏,责在安民,除暴锄奸,势无旁贷。谨率二千万可敬可爱、可怜可悯、完全无缺之民,千叩首、万叩首于我都督之前,曰救我灾民,救我灾民。请垂鉴焉。

---

① 导语在作者之前冠以"浙江台州省议员"字样。

浙江省议员张驷群等叩。

（《省议员乞救灾民电》，原载《申报》一九一六年七月十四日，七版，地方通信·杭州）

徐建侯来电[①]

杭州吕都督、各机关、各报馆钧鉴：吾浙独立，庶政备誉。诸公才识，实深钦佩。惟道路纷传，吾浙将议取消独立，不特负初衷而贻后患，亦以随奸谋而长蔻仇，万望诸公坚持到底，与全国民军取同一之态度。建侯虽愚，愿以缧绁馀生，供奔走焉。徐建侯叩。删。（中华民国五年七月十五日）

（《徐建侯致浙江吕都督电》，原载《民国日报》一九一六年七月十七日，第二版，公电）

龙济光来电

通告粤事变双方停战由

大总统，国务院各部院，各省将军、巡按使、都督、总司令钧鉴：粤事仰蒙中央明令处分，双方停战，和平解决，感幸莫名。济光现拟将小唐方面原驻粤军饬令退扎上柏、佛山一带，其源潭方面粤省军队，昨已由银盏坳退扎军田新街各处，并经电请岑都司令饬行滇桂各军，双方退扎，以免逼处太近，或因误会，再启衅端。知关廑注，特先电闻。龙济光叩。洽。印。（中华民国五年七月十七日）

（《浙江公报》第一千五百七十二号，二〇页，广东来电）

龙济光来电

请饬滇桂各军双方退扎业经复允由

大总统，国务院、各部总长，各省将军、巡按使、都督、总司令钧鉴：粤

---

① 徐建侯同日致电军务院、大总统黎元洪，一并发表。

事仰蒙中央明令处分,并由莫总司令擎宇双方调停,和平解决,感幸莫名。济光所部其小唐方面已退札上柏、佛山一带,其源潭方面已由银盏坳退札军田新街各处,并另电请岑都司令饬行滇桂各军,双方退札,以免逼处太近,致生误会,再启兵争,业经复允。知关廑注,谨再电闻。龙济光叩。洽。印。(中华民国五年七月十七日)

(《浙江公报》第一千五百七十二号,二〇页,广东来电)

章太炎来函

戴之都督左右:

昨者行旌枉过,适以他事未及接谈,歉歉。浙事维持至今,可谓不易。军务院近已取销,浙省自应□□。独念两年以后,选举、竞争,必滋兵祸。此则备豫不处,今之切务。虽取销独立,终不令倾险之徒乘间而入,非热力可以自系。鄙意省长当早决定,王氏政务既为人望所归,应即授以斯事,庶几外力不得内侵,人心不至摇荡,他日可以馀力应敌。长素来游,虽隆以礼貌,然其巧言扇惑,宜所慎防,此辈喻如微菌,略一沾染,病及全身,不可以诗人名士遇之也。鄙人自□一身,难处中土,东游之志益坚,亦望藉手千金以作旅费,俟正式选举以后,再拟旋归,斯为得耳。君知周近已还浙,观其吏才可用,勿欲改计他图。稍为未合,闻吴兴、长兴皆有更动,地方人士愿以则周作军,因任之道,于是为宜。匆匆,不及正书,即问

起居万福

章炳麟鞠躬

(中华民国五年七月)十八日

(朵云轩监制笺,六行格,五页,据网络拍卖资讯,吕公望先生家属提供)

龙璋来电

赞同军务院第六号通电由

大总统、国务院,各省督军、省长,各报馆钧鉴:接军务院第六号通电,所示各节,极如夙愿,谨表同情,共护中央,以维国是。龙璋叩。皓。印。(中华民国五年七月十九日)

(《浙江公报》第一千五百七十二号,二〇页,长沙来电)

贾德耀来电

通告交代陕南镇守使兼陆军第十五旅混成旅旅长任务由

各省督军、省长并转巡阅使、镇守使、办事长官、各司令均鉴:七月十七日恭奉十五日策令,"陕南镇守使兼陆军第十五旅混成旅旅长贾德耀,因病呈请辞职。贾德耀准免本职。此令"等因。奉此,遵于七月十九日将镇署及十五旅一切任务交代新任接收清楚,克日回京。谨电布闻。贾德耀。皓。印。(中华民国五年七月十九日)

(《浙江公报》第一千五百八十二号,一九一六年八月七日,二五页,南城来电)

财政部致浙省长盐运使电

杭州吕省长、胡运使鉴:堂密。查官产收益系属解部专款,该省自军兴以来,迄未进行,亟应派员继续办理,以资整顿。兹派该省胡运使就近暂行兼办,除另文咨饬外,合亟电达。财政部。箇。印。(中华民国五年七月二十一日)

(原载《浙江公报》第一千五百八十五号,一八页,电)

教育部来电

催欧美留学秋费迅汇由

南京、福州、南宁、武昌、长沙、杭州、成都、安庆、西安、广东、云南省长

鉴：留欧美监督迭次电请转催秋费至急,本部无力代垫,希迅汇并盼复。教育部。养。印。（中华民国五年七月二十二日）

　　（《浙江公报》第一千五百七十二号,一九一六年七月二十八日,二〇页,北京来电）

沈铭昌来电[①]

通告接任日期由

吕督军兼省长鉴：铭昌恭奉简命,已于本日任事,材轻任重,深惧弗胜,尚祈随时指教为幸。铭昌。漾。印。（中华民国五年七月二十三日）

　　（《浙江公报》第一千五百七十二号,二〇页,太原来电）

王占元来电

通告范省长卸任日期由[②]

各省督军、省长、护军使、护军副史,各都统鉴：湖北范省长于本月箇日因病出缺,特此通告。王占元。漾。印。（中华民国五年七月二十三日）

　　（《浙江公报》第一千五百七十二号,二〇页,武昌来电）

刘人熙来电

电告正式就职由

大总统钧鉴,国务院、各部、院,岑都司令,各省督军、省长并转军师旅长、都统、护军使均鉴：

　　奉大总统筱电,"特任刘人熙暂代湖南督军,此令",闻命悚惶,沥陈下情,速简贤能,俾遂初服。而事属暂权,又责无旁贷,遵于马日正

---

①　沈铭昌(1870—1919),字冕士,浙江绍兴人。民国五年七月至十月任山西省省长。

②　范省长,即范守佑,河南开封人。民国五年五月署理湖北巡按使,同年七月六日任湖北省省长,七月二十一日(箇)在任上病逝。

式就职。谨率所属文武,精白乃心,服从命令,材轻任重,深惧弗胜,惟冀指示南针,俾无陨越,大局幸甚,湖南幸甚。代理湖南督军刘人熙叩。漾。印。(中华民国五年七月二十三日)

　　　　(《浙江公报》第一千五百七十二号,二一页,长沙来电)

刘人熙来电

电告暂代湖南省长由

国务院各部总长,各省督军、省长公鉴:人熙现奉令暂代省长,遵已就职。前准国务院电开,"各省新印未颁以前,仍于用旧印"等因。承准此,所有省长名义之公文,仍钤盖现用之都督印,以资信守,乞查照备案。湖南督军兼省长刘人熙。卅一。印。(中华民国五年七月三十一日)

　　　　(《浙江公报》第一千五百八十二号,二五页,长沙来电)

沈铭昌来电

吕督军兼省长:号电敬悉,已于马日就任。新猷式焕,全浙蒙麻,属在梓乡,尤殷忻企。铭昌。宥。印。(中华民国五年七月二十六日)

　　　　(《浙江公报》第一千五百七十五号,二四页,太原来电)

赵倜来电

吕督军、贵阳刘督军鉴:奉养、号电,具仰体国公忠,维持统一,时艰入济,窃附同心。倜。宥。印。(中华民国五年七月二十六日)

　　　　(《浙江公报》第一千五百七十五号,二四页,开封来电)

王占元来电

电告奉令兼署湖北省长由

各部、院,京兆尹,各省督军、省长,各都统,各护军使、护军副使,办事长官、参赞、办事大员均鉴：本月二十五日恭奉策令，"特任王占元暂兼署理湖北省长，此令"，遵此，遵于二十六日接印视事，猥以轻材，谬膺兼任，驽骀策远，深惧勿胜，惟冀时锡教言，藉匡不逮。王占元。宥。（中华民国五年七月二十六日）

（《浙江公报》第一千五百七十五号，二四页，武昌来电）

李思浩贺电

吕督军鉴：旌节莅新，桑梓受福，望风致贺，肃电胪欢。李思浩。沁。印。（中华民国五年七月廿七日）

（《浙江公报》第一千五百七十九号，一九一六年八月四日，二二页，北京来电）

刘存厚贺电

吕督军兼省长鉴：号电敬悉。荣令新颁，元戎特授，兼膺政柄，总绾疆符，以文经武纬之才，守浙水龛山之险，亻瞻洪伐，遥听撅声。厚忝握军符，力维川局，尚希明教，俾获遵循。江海修阻，特电驰贺。川军第二军军长刘存厚叩。俭。印。（中华民国五年七月二十八日）

（原载《浙江公报》第一千五百八十六号，二二至二三页，成都来电）

罗佩金来电

电告取消护国第一军左翼总司令名义由

黎大总统，国务院陆、参二部总长，各机关、法团，各省督军、省长，各镇守使，各军将领，四川各电局分转各军旅，各道尹、知事，各报均鉴：本军建义护国，前此分道进发，故有左翼之区分，并告蔡总司令。以此一翼之各军旅归佩金总司其事，已以民国国家存亡关系，不敢不勉任艰危，以尽天职。现国是既定，此种名义应即取消，适值乱事复生，蔡总司令又以戡定之责相委，因是稽延，亦未敢遽请取消。现在大局底定,全国因国事改易之军旅名称统应取消,以归划一,免资纷扰,藉抒民困。是任护国第一军左翼总司令名义,应请立即取消。除呈请蔡督军,并克日办理未尽事宜外,特此电呈。罗佩金叩。艳。印。(中华民国五年七月二十九日)

(《浙江公报》第一千五百八十二号,二五页,成都来电)

罗佩金巧电

请转电龙李暂时休兵静待中央后命由

岑都司令,各省督军、省长鉴:顷接车师长东电云,龙军以大炮向李师长耀汉轰击等语,此间道远,详情虽不可知,然中央特简陆公督粤,即为息事宁人之计,现闻陆督赴任有期,一切自有解决。拟请诸公转电龙、李,暂时休兵,静待中央后命,如何乞公酌。护四川督军罗佩金叩。巧。印。(中华民国五年八月十八日)

(原载《浙江公报》第一千六百零四号,一四页,四川来电)

罗佩金马电

为粤事纠纷请幹公兼程赴任由

梁任公先生、岑都司令、唐督军、任省长、刘督军、戴巡阅使、陈督军并飞转陆督军、吕督军均鉴:

悉幹已由桂起行,粤事不久当不难解决,闽、赣军队自宜分驻两省边境,暂缓入粤,免兹误会。周公前致京电,鄙意极表赞同,尚望幹公兼程赴粤,立解纠纷,是所切祷。罗佩金叩。马。印。(中华民国五年八月二十一日)

(原载《浙江公报》第一千六百零八号,二四页,四川来电)

罗佩金复电

云南唐督军,贵阳刘督军,肇庆广西陈督军,杭州吕督军,四川刘督军,重庆戴会办均鉴：唐督军青电敬悉。军事会议关系极大，业经赞同，现已派代表张毅、刘防等即日北上参与议会。特闻。罗佩金叩。印。

（原载《浙江公报》第一千六百十七号，二〇页，四川来电）

田中玉来电

电告驻丰直隶防营兵变旋即戡定商民安堵恐传闻失实由

各省督军、省长、都统鉴：据丰镇县知事电称，"驻丰直隶巡防营有一哨兵丁于三十日晚哗变，当督兵警击捕，旋即戡定，并无戕伤民命，监所、仓库、银行，亦均无恙，商民安堵如常"等情，恐传闻失实，特此电闻。田中玉。卅一。印。（中华民国五年七月三十一日）

（《浙江公报》第一千五百八十二号，二六页，张家口电）

张嘉树来电

吴兴县知事晋省日期由

省长、民政厅长钧鉴：知事拟江日晋省面陈要公。吴兴知事张嘉树叩。冬。（中华民国五年八月二日）

（《浙江公报》第一千五百八十二号，二六页，湖州来电）

俞景朗张寅来电

东阳县知事任卸日期由

督军兼省长吕、民政厅长王、财政厅长莫、警政厅长夏、高等审判厅长范、检察厅长殷钧鉴：景朗遵于冬日接印任事，寅即日交卸，谨先电闻。东阳县知事俞景朗、张寅。印。冬。（中华民国五年八月二日）

（《浙江公报》第一千五百八十二号，二六页，浦江来电）

岑春煊来电

伍秩庸、唐少川、梁任公、温钦甫、王亮畴先生，并转广肇公所唐督军、刘督军、蔡督军、罗护督军、戴省长、吕督军、刘督军、陈督军鉴：粤局纷纭，久而未定。前接陆督军由湘来电，得悉将抵桂林，即祈派员前往迎候。嗣接桂林来电，又因宿疾未痊，尚资调养，当以粤事孔亟，迭电敦促，刻日启程，揽图奠定。顷接复电，允于日内力疾起程赴任，粤事有属，民困获纾，业经通电各军，靖候陆督军到任命令办理。知关廑念，特电奉闻。岑春煊叩。冬。印。（中华民国五年八月二日）

（原载《浙江公报》第一千五百八十六号，二三页，两广部司令部来电）

岑春煊来电

告陆督寒日抵梧由

吕督军鉴：支电删奉。粤局纠纷，深惭德薄，勉力维持，可冀和平。陆督寒日抵梧，俟节过肇，遵嘱代达盛意。春煊叩。铣。印。（中华民国五年八月十六日）

（原载《浙江公报》第一千六百零四号，一四页，两广来电）

岑春煊来电

大总统，参、众两院，国务院钧鉴；南京冯上将军，梧州李督军，云南唐督军、任省长，贵阳刘督军，广西陆督军，南宁陈督军，成都罗护督军、蔡督军、戴省长、刘总司令，杭州吕督军，长沙谭兼督军，上海唐少川、梁任公、温钦甫、王亮畴、李丞梅诸先生鉴：

顷奉冀公简电，周、镕两公巧电，秀公巧、铣电，眷怀粤局，力予维持，此谊所昭，公理不泯，匪独私衷感纫，大局受赐实多。窃自龙军构衅以来，春煊逼处其间，调息既愧无功，防维亦苦乏术，不得已力维现状，请于陆督未到之先，暂予简员护理，一再呼吁，仍无○术①，上蒙采

---

① 底本如此，下同。

纳。龙乃从容自固,缘隙生心,一面大举兴兵,一面饰覆耸听,倡南北分裂之说,进闽赣夹攻之谋,冀以扑灭义军,推翻全局,文电具在,诡计昭然。中央专务持重,而几中奸谋;帝孽乘机干涉,而阴图报复。诡词横肆,声势大张,是非混淆,贤奸倒置,前途顾念,窃所痛心。嗣幸陆督军力疾东来,军心于以渐定,故自本月冬日以后,各军即已一律停战,驻守原地,静候解决。乃龙益乘势进逼,必欲激起多纷,以求肆迎拒之狡谋,达请兵之目的,因复商同陆督军,将滇桂各军饬令撤退,以避纠纷。惟是春退彼进,迄无已时。现已商请陆督军为之主持,并查照冀公迭电意旨,通饬各军将士悉听陆督军命令办理,协和躬遭艰危,久居战地,尤苦病势不支,兹已通电离粤就医,将所部军队交成参谋长桄、张师长开儒、方师长声涛等管理①,以俟遗命。一俟陆督军受任,粤事获安,即当引身而退,以遂归隐。惟查大总统真日命令,一面饬龙交代,一面饬李休兵,辞义极为严正,无复有奸人○○之隐,仰亦非片面利用之资,顷滇桂各军悉经撤退,协和就医去粤,似足以期夙志。陆督军现已抵粤,而龙尚日夜出兵肆行攻击,○其交代○○○。明令所颁,○必有在。中央威令所寄,固将以此为衡,甚愿其行于义军者,毋遽阻于群噁,非特军心慑服,民国可纾,而政府大公之心,亦可与国人以共见。追维粤难既起,备劳诸公厪念,究其纠纷至此,固皆春煊薄德,上无以取信政府,下无以感化宵人,然其间曲直是非,尚可证诸三千万粤民之口。诸公维持大局,用敢腷缕以陈,所以图利国家,维持粤局,自惟诸公是赖,固非春煊一人所敢引为私幸者也。敬布区区,伏希裁察。岑春煊叩。敬。印。(中华民国五年八月二十四日)

（原载《浙江公报》第一千六百一十号,一九一六年九月四日,二二至二三页,两广来电）

---

①　方师长声涛,底本误作方声清,径改。

王嘉曾来电

禀勘验命案署务委财政主任代行由

省长吕、民政厅长王鉴：顷据罗坤弁状报命案，知事即晚往胜山勘验，署务委财政主任许国桢代行。谨闻。嘉曾叩。寒。（中华民国五年八月十四日）

（原载《浙江公报》第一千五百九十五号，二三页，余姚来电）

秦联元来电

禀由省回署销假视事由

省长、民政厅长鉴：知事已由省回署销假视事，除呈报外，谨先电闻。玉环知事秦联元叩。

（原载《浙江公报》第一千五百九十五号，二三页，海门来电）

王桂林来电

告使署删日移湖由

督军、省长钧鉴：职署本日移湖，谨闻。嘉湖镇守使王桂林。删。印。（中华民国五年八月十五日）

（原载《浙江公报》第一千五百九十七号，一七页，嘉兴来电）

唐继尧删电

告奉京电准假二十日藉资调养由

岑都司令，陆督军，刘督军，陈督军，蔡督军，戴巡阅使，罗护督军，刘总司令，吕督军，滇营李总司令，梁任公、唐少川、温钦甫、王亮畴诸先生均鉴：

真日奉北京大总统青电一通，文曰，"滇唐督军：阳电悉。执事积劳致疾，极为厪系，应准给假二十日，藉资调养，其重要公事，仍希力

疾亲自核办。此复"等因，特电布闻。唐继尧叩。删。印。（中华民国五年八月十五日）

（原载《浙江公报》第一千六百零二号，二四至二五页，云南来电）

唐继尧删电

贵阳刘督军，行营陆督军，南宁陈督军，成都蔡督军、戴巡阅使、罗督军，杭州吕督军，上海分送唐少川、梁任公、温钦甫、王亮畴、李燮梅诸先生，肇庆岑都司令，行营李总司令鉴：

西林齐日抄示呈中央电文，粤事内容昭然如揭，滇军出韶，本以最初计划，而龙以种种电狡手段为进逼，济军本无龙统督练，不值一创，终乃对于中央、各省佯示退让，捏造谰言，双方挑衅。继尧痛极时危，不忍多事，迭饬滇军将领停止进行，静候和平解决，均经电达在案。西林宗旨，本与此间同意，不过籍隶两粤，亲见粤民水深火热，不忍父老子弟久罹凶灾，亟思拯救，而龙遂多方媒孽，几令国家元老心迹无以自明，不胜愤恨。现幹公既允力疾就职，则纠纷之息计当不远，务望兼程到粤，澈澄办理，分电声明，庶黑白之点可明，而贤奸之罪亦著也。除电呈外，特此布达。继尧叩。删。印。（中华民国五年八月十五日）

（原载《浙江公报》第一千六百零二号，二五页，云南来电）

唐继尧皓电

各部院，各省督军、省长，并转各镇守使、各报馆鉴：前因滇交涉署法文翻译赵宏钦请假回川，曾饬便道调查川事，并无其他任务，乃闻该员到沪因案被拘，冒称系滇交涉员。查滇交涉员原系郝之琛，至今并未更易。所有该赵宏钦犯案情节及冒称交涉员，均与滇毫无关系，恐滋误会，特电声明。唐继尧。皓。印。（中华民国五年九月十九日）

（原载《浙江公报》第一千六百三十一号，二五页，云南来电）

刘凤威来电

督军、警政厅长鉴：威于今日出发，巡视衢、严两属。统带刘凤威叩。哿。（中华民国五年八月二十日）

（原载《浙江公报》第一千六百零一号，二四页，兰溪来电）

邢炳旦来电

省长、民政、财政、警政、高等审检两厅长均鉴：炳旦于箇日接任。余姚县知事邢炳旦叩。（约中华民国五年八月廿一日）

（原载《浙江公报》第一千六百零二号，二五页，余姚来电）

谭延闿来电

冯督军、齐省长、王督军、吕督军鉴：前谒戟门，过蒙礼数，仁鼓在耳，私感弥殷。恺以二十日抵湘，今日受事。凋敝之馀，百端待理，实非颛昧所克程功，既辱下交，幸毋遐弃，不时垂教，俾有纪循。谨电陈谢，不胜企祷。延闿。养。印。（中华民国五年八月二十二日）

（原载《浙江公报》第一千六百零四号，一五页，长沙来电）

李厚基复电

吕督军鉴：马电悉。公劝李司令息争，粤民蒙福，无任欣佩。李厚基。漾。印。（中华民国五年八月二十三日）

（原载《浙江公报》第一千六百零四号，一四至一五页，电）

龙济光有电

大总统钧鉴，国务院各部总长，各省督军、省长、都统、护军使鉴：广东省长朱庆澜于八月二十四日抵粤，济光即于二十五日将印信、文卷移

送清楚，交卸兼职。谨此驰陈。广东督军龙济光叩。有。印。（中华民国五年八月二十五日）

（原载《浙江公报》第一千六百十四号，一九页，广东来电）

龙济光复电

吕督军鉴：马电敬悉。李军扰粤，涉历两月，济光有守无攻，无非谨守中央命令。现在朱省长、萨巡阅使均已抵粤，事实了然，曲直可表，静候中央解决，粤地当可转危为安。辱承明教，感激无已。谨复。龙济光叩。宥。（中华民国五年八月二十六日）

（原载《浙江公报》第一千六百十七号，一九一六年九月十一日，二〇页，广东来电）

孙洪伊复电

吕督军鉴：备员国务，正愧疏庸，猥以院议赞同，辱承奖饰，无任感谢。洪伊。感。印。（中华民国五年八月二十七日）

（原载《浙江公报》第一千六百二十二号，二四页，北京来电）

安徽旅京同乡会来电

各省督军、省长，各都统，各护军使，各报馆及各省各报馆均鉴：吾皖水灾奇重，为数十年所未有。现经旅京同乡开会议决，设立安徽驻京筹赈处，推举江君朝宗、刘君朝望主办赈务事务所，营设步军统领衙门内。特此电闻。安徽旅京同乡会。卅。印。（中华民国五年八月三十日）

（原载《浙江公报》第一千六百十四号，一九一六年九月八日，一九页，北京来电）

应德闳来书①

戴公节下：

普陀归后，卧病经旬，海岛气候过凉，兼之饮食不慎，触发旧疾，翻胃呕吐，水浆不入口者数昼夜，胃脏伤剧，骤难复原。展诵前月赐书，病中未即肃报，万罪万罪。我公励精图治，百度维新，吐握之诚，度越今古。如闳弃材，犹辱昕睐，前席后车，屡承宠命，恐皇屏惕，不知所云。闳初拟秋后旋里，摒挡家事，冀得请间，展谒起居。不意岛中归来，一时道路流言，沸腾不已，多谓闳于苏浙两省省长问题有所冀幸。谷声杯影，疑幻疑真，因此引起各方种种误会。自维谤缺之躬，恐惧修省，已觉不遑，今复仆仆往来，行踪疑似，重劳邦人君子属目注意，致多揣测，抚衷内疚，更复何如。辗转思维，不如暂缓此行，免滋物议。一俟政局大定，遄返乡间，自当肃叩崇辕，藉伸饥渴之私。旌麾在望，瞻□无穷。不尽之言，别求秘书某公代陈，我公明恕，洞烛物情，必蒙鉴宥万一。德闳再拜。

（《应季中不再与闻政治之宣誓》，原载《申报》一九一六年九月四日，六版转七版，要闻二）

应德闳致浙江督军署秘书某君书

普陀归后，卧病经旬，久稽上问为罪。顷上督府一简，意有未尽，用再奉书左右，请间代陈。

闳自岛中归来，道路流言，多谓闳于苏浙两省省长问题有所冀猎，已觉匪夷所思。而都友来函，且谓中国银行股东对于某公之责

---

① 　导语称："前日，外间传说应季中君将有浙江省长之望，而应实无意于政界。兹得其致吕督及某秘书两函，词意可谓坚决矣。原函如下。"应德闳（1876—1919），字季中，浙江永康人。光绪丁酉年（1897）举人。曾任江苏巡抚衙门总文案。辛亥年江苏宣布独立，任都督府秘书长兼财政司长。次年任江苏民政长。任内创立江苏银行，兼任正监督。并毅然公布宋教仁案真相。"二次革命"失败后，被免去民政长之职。

难,闳于此中具有甚深之动力,是真玄之又玄,不可思议。前说已见沪杭报纸,因此引起无数风说。此种谰言,势难遍白,其中有何隐秘,原因莫可臆度。闳近三年来,精神之我死已久矣,仅仅馀此未尽之躯壳官骸,借以修持忏悔,冀得减免往昔所造种种罪业千万分之一。不唯富贵功名,久不幻此梦想,即平日文字学术上之嗜好,亦已屏除殆尽。香山诗云,"销尽平生种种心",或者近之。比者海滨寄迹,长日杜门,持诵佛典,自谓苟延视息,与世相忘。不图夙业缠绕,相寻无已。佛言慎勿造因,来者犹可追,往者不可谏,良可惧也。以戴公期许之殷,诸公敦勉督责之至,将来于宗教、慈善诸事业,或不妨以局外之身,自量愿力,赞助一二,聊尽世界现在一众生之责。至于智官□职,自知甚明。辛亥之役,动于感恩图报之一念,堕入苦海,茫无津涯,今犹寒栗。且弃甲复来,亦尚不至顽钝无耻至此。

今敢至诚宣誓,无论何时、何地、何项事务,凡与政治有丝毫关系者,决不敢求明试,亦不再愿与闻。即或推挽有人,始终坚守此志。贫可为丐,贱可为奴,独官之一字,生生世世,永与断绝。有渝此言,佛天所弃,神明所诛。邦人君子,□视以盗贼,斥以狗彘,无所顾恤。无论爱我、恶我、信我、疑我,有相问者,即以此函为息壤,并求季布一诺,为我证之。

德闳再拜。

(《应季中不再与闻政治之宣誓》,原载《申报》一九一六年九月四日,七版)

莫擎宇鱼电

黎大总统,国务院段总理,各部总长,各省督军、省长并转各都统,各镇守使,各路总司令、巡阅使,岑都司令均鉴:擎宇奉中央任命为惠潮嘉镇守使,当经接任视事,所有从前潮海护国军总司令名义应即撤销,已将所刊用木质印信销毁,理合电闻。惠潮嘉镇守使兼陆军第一

师师长莫擎宇叩。鱼。印。（中华民国五年九月六日）

（原载《浙江公报》第一千六百十七号，二○页，汕头来电）

陈炳焜鱼电

肇庆岑都司令、李省长，滇军李总司令、陆督军，广州朱省长，汕头莫镇守使，云南唐督军、任省长，贵阳刘督军，成都罗督军，重庆戴巡阅使，长沙谭省长，南宁、西安陈督军，杭州吕督军，上海梁任公先生并转蔡督军鉴：陆督军支电敬悉。汤君惨死，天下同悲，缉凶惩奸，是在国法。拟请中央派员查办一节，乞共主持，至盼。炳焜。鱼。（中华民国五年九月六日）

（原载《浙江公报》第一千六百二十二号，二三页，南宁来电）

刘显世来电

大总统，国务院，参议院，众议院，各省督军、省长，各都统均鉴：冯督军有电历举民选官吏八弊，至理名言，无任钦佩。窃以共和复旦，风雨飘摇，矫激之论，所在多有，即此一端，已足破坏国家之统一，扰乱地方之秩序，极其流弊，必致道德沦亡，政治疲萎。莠言乱政，辞辟宜先。正拟就冯督军原电引申掘见①，适接唐督军、任省长支电，闻发无遗②，曷深敬佩。切恳我大总统及政府、国会，主持正论，免动国基，不胜翘企。贵州督军兼省长刘显世。鱼。印。（中华民国五年九月六日）

（原载《浙江公报》第一千六百二十二号，二三页，贵阳来电）

谭延闿来电

肇庆岑都司令、李省长、陆督军，云南唐督军、任省长，贵阳刘督军，南

---

① 掘见，疑为"拙见"之误。
② 闻发，疑为"阐发"之误。

宁陈督军，广东朱省长，成都罗督军，重庆戴会办，杭州吕督军，西安陈督军，上海梁任公先生并转蔡督军均鉴：西林公卅一电，幹公支电，均奉悉。汤觉顿翊赞共和，功烈昭著，赍志以殁，薄海同悲。任公梗电劝集赙助，如公勘电合恳优恤，任公主稿，蓂公领衔，幹公主张加并请中央查案缉凶，既慰英魂，兼劝来者，词严义正，极表赞同。谭延闿。鱼。印。（中华民国五年九月六日）

（原载《浙江公报》第一千六百二十二号，二四页，长沙来电）

屠景曾来电

省长、民政厅长钧鉴：知事遵于真日接任，谨先电陈。奉化知事屠景曾叩。（约中华民国五年九月十一日）

（原载《浙江公报》第一千六百二十二号，二四页，宁波来电）

两广都司令部来电

大总统钧鉴，参议院，众议院，国务院，各部总长，各省督军、省长，各都统，各巡阅使，戴会办，伍秩庸、唐少川、梁任公、黄克强、蔡松坡、温钦甫、王亮畴诸先生鉴：司法总长张耀曾素称艰苦卓绝之士，尊品励学，人所共知。此次赞襄义师，规画甚伟。似此有为有守，以之出任国务员，为众望所归。故自张总长特被简任以来，舆论翕然，从无违忤。即以上海烟土一案，情词错杂，闻者均不信与张总长有关；后经公堂宣告无涉，尤为冰释。乃近有人横逞私臆，极肆丑诋，除攻讦张总长外，并干涉及于国家用人行政之权；政府、国会之权威，俱为蹂躏以尽。暨今共和再造，法制重新，若任此辈肆口妄言，动干国宪，小之于中外观听有碍，大之与国家根本有关，不图救济，何以为国？大总统钧衡地方，内外诸公亦匡济为怀，其如何挽回消弭之法，想有卓见。惟煊等心所谓危，不敢不告，此固非欲为张总长私人辩护也。临电无任屏营之至。岑春煊、陆荣廷、陈炳焜叩。寒。印。（中华民国五年

九月十四日）

（原载《浙江公报》第一千六百二十八号，一九一六年九月二十三日，二八页，电）

唐继尧任可澄来电

各省督军、省长，并转各镇守使，都统，护军使、副使，办事长官均鉴：可澄奉令入觐，于本月十六日交卸，继尧即于是日接兼代事。特闻。云南督军唐继尧、省长任可澄叩。铣。印。（中华民国五年九月十六日）

（原载《浙江公报》第一千六百二十八号，二八页，云南来电）

朱庆澜铣电

肇庆岑西林先生并转陆督军，协和、印泉两先生，南宁陈督军，云南唐督军、任省长，贵阳刘督军，成都罗督军，重庆戴会办，长沙谭省长，西安陈督军，杭州吕督军，上海梁任公先生并转蔡督军鉴：岑、陆、陈、李诸公蒸电奉悉。谭、汤、王三君并案请恤，汤君身后萧条，须特加隆厚。尊论甚佩，深表同情。即恳任公主稿，附掣贱名，不胜感祷。朱庆澜叩。铣。印。（中华民国五年九月十六日）

（原载《浙江公报》第一千六百三十一号，一九一六年九月二十六日，二五页，广东来电）

内务部来电

除南昌各省省长鉴：省议会中断期内，本省已经发布之单行条例并经呈报或咨部核准者，应否提交省会追认，前由江西省长电询到部，由部咨呈国务院请提交国务会议议决去后，兹准国务院咨开，"各省单行条例，业经议决，勿庸提交省议会追认。除特经议会议决修正或废止者外，依旧有效"等因到部。除电复江西省长并通电各省省长外，

应请查照。内务总长。① 宥。印。(中华民国五年九月二十六日)

（原载《浙江公报》第一千六百三十六号，一九一六年十月一日，一八页，北京来电）

临海黄岩仙居太平宁海教育会来电

省长、民政厅、省议会鉴：第六中校自九月二十五日全体散学，至今未聚，迄速设法。临海、黄岩、仙居、太平、宁海教育会叩。

（原载《浙江公报》第一千六百四十二号，一九一六年十月七日，一一页，电）

段祺瑞来电

吕督军鉴：赓密。浙人屡荐省长，均置不答。善后事宜，诸待整理。由弟兼任，措施较易，希勿为浮言所动。祺瑞。东。印。② (中华民国五年十月一日)

（《段总理致吕督军电》，原载天津《益世报》一九一六年十月七号，二版，公电录要）

王象泰来电

督军、省长、民政厅长、财政厅长钧鉴：奉委代理衢县知事，遵于东日接事。知事王象泰。叩。(中华民国五年十月一日)

（原载《浙江公报》第一千六百四十五号，一九一六年十月十日，一〇页，衢州来电）

---

① 内务总长，当时为孙洪伊，字伯兰，直隶天津(今天津市)人，一九一六年七月至十一月任内务总长。
② 底本原按：吕为段之学生，故电文内称弟者，指吕而言。

田泽勋来电

省长、民政厅长、财政厅长钧鉴：知事于本日卸篆，因病赴沪就医，交案委财政科长范钦舜代理。谨电祈示遵。天台知事田泽勋叩。东。（中华民国五年十月一日）

（原载《浙江公报》第一千六百四十五号，一○页，台州来电）

姜桂题来电

曹督军、阎督军、陈督军、张督军、吕督军、谭省长、李督军、陆督军、陈督军、刘督军、唐督军、罗督军、杨省长、都统鉴：

查自悍匪巴已扎布侵犯奉天突泉县①，匪风甚炽，飘忽靡常。敝军常统领督率步马炮队赴开鲁阿旗一带协剿，该匪兼程绕道，突犯林西。本月七号串至距林五十里之东河官地一带，当经电饬镇守使派队迎击，旋据该使庚电报告，匪众约三千馀人，兼有大炮延长战线，抢哈山头，与我军相持一日，匪势愈增，添至四五千人，该匪乘势分途，进围林西，匪众兵单，岌岌可危等情，复经飞调陆军骑兵暨游击马队星夜赴援，嗣复据该使佳电报告，匪众四面包围，援军未至，惟有激励将士悉力抵御，自八号早战至下午，匪不少却，因分兵间道绕出，匪卒徒劳抄袭，适先期所调毅军各队、马步队先后驰至，向匪夹攻，击毁匪炮，生擒伪营官巴雅尔等多名，匪势不支，解围，因走分队追剿，适常统领由阿旗率队驰回，双方夹击，匪向东北远串，已派常、马两统领出壋痛剿，以靖边患，嗣据派出蒙探自匪中逃出报称，巴匪已被我军用大炮击伤甚重等语，并据获匪及各处侦报均称该匪酋业已毙命等情，查巴匪串扰蒙边，频年为患，此次乘我不备，绕道围林，凶焰猖獗，布置严整，迥与

---

① 巴已扎布，即巴布扎布（1875—1916），蒙古土匪头领。民国五年，与日本特务川岛浪速勾结，组织"蒙古宗社党"，阴谋复清，纠集匪众五千余人，屡侵扰吉、奉两省。同年十月，进犯林西城，头部中流弹坠马身亡。

从前不同,除飞饬严行追剿,务期歼除,并电呈中央外,诸公关怀边局,用特奉闻,以纾厪系。姜桂题。咸。印。(中华民国五年十月十五日)

　　(原载《浙江公报》第一千六百五十四号,一九一六年十月二十一日,二六页,承德来电)

嘉兴城镇乡自治联合会致省长电

杭州省长鉴:城镇乡自治,前被袁氏非法勒停,迄今三载。今共和复活,前项自治,亟宜规复,以符法治。若遵真电,未免再阻进行。爱联合议决,先行将旧有机关回复原状,筹备一切。非不遵令,实惧违法。嘉兴城镇乡自治联合会全体。谏。(中华民国五年十月十六日)

　　(原载《申报》一九一六年十月十九日,七版,地方通信·嘉兴)

定海沈家门镇商会呈报火灾电①

省长钧鉴:昨夜大火,焚烧千余家,全镇几成焦土,哭声震天,惨不忍闻。记自前罹风灾,后歉渔汛,益以此次又遭大火,灾害迭乘,民何以命?仰祈恩准派委查勘,并恳拨款救济,已惠灾黎。不生迫切待命之至。定海县沈家门商会叩。

　　(《定海沈家门大火》,原载《申报》一九一六年十月二十二日,七版,地方通信·杭州)

北京中国银行来电

吕督军钧鉴:京行奉令,即行开兑,遵于十月二十六日开始兑现。谨闻。中国银行。有。(中华民国五年十月二十五日)

　　(原载《浙江公报》第一千六百六十二号,一九一六年十月二十九日,二三页,电)

---

　　① 消息导语称:"省长公署昨接镇海转来定海沈家门镇呈报火灾电云:"

陈枧等致吕省长电

浙江吕省长钧鉴：工业试验场规画，枧等承钧嘱，仅仟拟草案，何以省议会中关于此案，系用枧等名义，谨电询。陈枧、何燏时、叶绪耕、毛毓源同叩。

（原载《申报》一九一六年十月二十九日，七版，地方通信·杭州）

管鹏致吕督军函[①]

启者。陈君炯，字楚青，浙嵊县人。与鹏初非相识，癸丑岁暮，邂逅沪滨，倾盖论交，颇称莫逆。鹏次年以党案捕入英狱，无何，陈君亦以谋乱罪名被拘，狴犴重逢，朝夕晤对。间谭国事，悲不自胜，流涕欷歔，尽为忠愤。卒之，夷吏不察，冤狱以成。陈君遂以浙政府关提引渡，就义杭垣。陈君时在狱中，甫闻谳定，从容慷慨，索笔为书，以示同志，曰："我此去惟有一死，赤身条条，可告知己。生我父母，爱我朋辈。且夕入地，达观奚悲。来日大难，当者其谁。努力国家，其勿废坠。"投笔于地，曰行矣。行复回顾，而执鹏手曰，从此别矣，好自为之云云。凡此所言，几多血泪，刹乃判袂，遂隔人天。今日共和复活，薄海欢腾。鹏亦去戴盆，获睹天日。每念图圄前尘，辄复怆然陨涕。伏念鹏与陈君系匝年患难之交，更值节下激励忠诚之日，用陈梗概，藉备輶轩。倘蒙不弃，管鹏施及没存，则西湖尺地，黄土一坏，迻瘗忠骨，妥慰英灵。节下仁至，鹏亦义尽。至于悯恤遗孤，旌扬义烈，则高位廉顽立懦，教忠作仁之用心，更无俟鹏哓哓琐渎也。

（《管鹏请葬陈炯书》，原载《申报》一九一六年十一月一日，七版，地方通信·浙江）

---

① 消息导语称："安徽省议员管鹏昨致浙江吕督军函云："见报时省略抬头、落款。

江苏省绸商致吕省长电

江苏各属产绸区域丝织原料,历年大半仰给于浙省。兹阅报载,贵省推翻取缔茧行成例,提议开放,已由省议会议决,使机织原料输出殆尽,从此工荒商困,势必苏省机织实业同归于尽。非敢越俎干渎,实系命脉攸关。为此迫切呼吁,恳将新议案万勿公布,仍照旧条例"五十里一行"施行,以维机织原料而保工商生计,不胜待命之至。苏州纱缎业杭祖良、南京缎业魏家骥、镇江绸业毛春荣、盛泽绸业钮毓麟、丹阳绉业吕霞峰等同叩。

上海国货维持会致吕省长电

报载贵省议会议决,使十里设一茧行,推翻"五十里"旧章,势必原料尽输出外洋,置江浙数千万机匠生计于顿绝。蚕业既非一时所能推广,茧行何可骤增?事关多数民生,务乞仍照旧章办理,新案请勿公布。上海国货维持会叩。

(《反对浙省添设茧行之议案》,原载《申报》一九一六年十一月一日,十一版,本埠新闻)

江浙丝绸机织联合会致吕省长电

奉江苏齐省长训令,骇悉浙省开放茧行议案已由省会改"五十里一行"为"二十里一行",议决公布,惶恐殊甚。江浙两省丝织原料,连年正因供不敷求,工商辍业。况江苏各属久已仰给浙丝,乃不为织料留垂尽之余步,而为茧行筹积极之进行,区域推放既倍蓰于以前,设灶条文无限制之规定,是使绸织原料势将悉数输出,工业生计必至无立锥之地。此事不独浙江一省关系,应请暂缓执行,保全两省千百万工商生命。无任迫切。除电参、众两院暨内务、农商两部,江苏省长外,谨以电恳。(中华民国五年十一

月二十五日）

（《丝绸机织业联合会开会》，原载《申报》一九一六年十一月二十七日，十版，本埠新闻）

众议员陶保晋等来电

杭州吕省长鉴：茧行复议，闻已公布，惟限制仍宽，有碍丝产。鄂、粤、苏、浙各省丝织原料，向来仰给于浙，不偏重茧灶，则原料全行出口，丝产必受影响。病民困商，莫此为甚。恳请设法维持，暂缓实行，另筹办法，以重国产而维商业。众议员陶保晋、易次乾、张大昕、金溶熙等叩。东。（中华民国五年十二月一日）

（《丝绸机织联合会之助力》，原载《申报》一九一六年十二月五日，十版，本埠新闻）

北京宪法研究会国会议员来电

杭州督军、省长、省议会、教育会、商会、各报馆均鉴：

本日宪法审议会以省制大纲准入付表决，乃有暴乱派议员因主张失败，当场喧扰，陈策、叶夏声、刘成禺、谢良牧、邓天乙、蒙经、陈时铨、张我华、焦易堂等，竟至逞凶，殴打本会议员籍忠寅、刘崇佑、陈光熹、张金鉴，依法辩论，被殴成伤。按此次表决用投票法，依《宪法会议规则》审议会表决以出席员三分二同意决之。本日出席人数六百三十八人，三分二票数应得白票四百二十六，方为通过。投票结果，白票四百二十二，尚差四票，应不能通过。适投票时，有二人弃权，一人投票而不投名刺。彼等欲推翻表决，主张再投。查《宪法会议规则》第四十条，票数与议员数，或同刺数不符，其不符之数与表决结果无关系者，不在再行投票之列。现在白票尚差四张，即令弃权之两票与未投名刺之一票统行加入计算，尚不足三分二之数，确与表决结果无关，审议长陈国稽遵照《规则》宣告投票有效。彼等遂蜂拥演台，掷物打人,秩序大乱。代理宪法会议议长汤化龙遵照《规则》复席宣告延会。彼等围困主席,迫令取消表决。汤依法答辩,谓议长只有宣告延会之权,宣告后,无论何人得自由退席,于是陈、汤皆退,彼等肆口谩骂,妄言审议长、议长违法。实则两议长所宣告,字字皆依法律,彼等逞凶打人,议场上坐椅、墨盒、探手皆成武器,长此蛮扰,恐遂渎乱我神圣庄严之议会。本会同人痛心国难,曲意维持,前由表决此项议题,彼辈失败,主张再投,其票数适与表决结果有关系。主席陈国穑立时宣告再行投票,本会议员决无异议。此次表决按之《规则》,实无再投之理,本会议员依法辩论,议长依法宣告,而受此横逆,个人受侮,固不足惜,如国事前途何? 先此显布,惟希公察。宪法研究会国会议员公白。庚。(中华民国五年十二月八日)

(原载《浙江公报》第一千七百十五号,一九一六年十二月二十五日,二四页,北京来电)

陈炳焜来电

杭州督军署转贵省追悼黄蔡二公大会筹备事务所鉴:寝电敬悉。贵省追悼黄蔡二公,允符公义,谨拟寄挽联如下,文曰,"推郭子仪、李光弼功,千秋不死;读法革命、美独立史,二公犹生。"乞代书①,悬会场,以志哀慕。陈炳焜叩。勘。印。(中华民国五年十一月二十八日)

(原载《浙江公报》第一千六百九十五号,二三页,南宁来电)

浙军界通电

北京大总统、国务总理、南京副总统钧鉴:

吕督治军五年,威惠久著。肇英等相从患难,爱戴同深,蹈火赴汤,亦所不惜。顷因厅警小起风潮,内外情形,暂时阻遏。经吕督指挥军队镇摄,地方秩序已一律恢复,商民安堵如常。谨以奉闻,请纾

---

① 底本"代书"之前衍"我"字,径删。

荩注。团长陈肇英、陈璠、李全义、伍文渊、郝国玺、余宪文,营长吴伯濂、朱维翰、周肇昌、李金培、吴光、周之鼎、杨三、陈宝贞、尤芬、杨时三、徐鲲、徐震方、赵英育、王惟、奚丛声、沈宗约、陈绍琳率同全体军官同叩。东。(中华民国六年一月一日)

（原载《申报》一九一七年一月三日,二版,公电）

浙军第二师司令部致申报馆电

申报馆鉴:阅贵报元日要闻,有张师长往绍兴调兵来省等语,查本师驻绍军队毫无调动,恐惑听闻,即希更正。浙江陆军第二师司令部。东。(中华民国六年一月一日)

（《浙军第二师部来电》,原载《申报》一九一七年一月三日,二版,公电）

绍兴王团长来电

申报馆鉴:

浙省自奉大总统任命吕公公望为督军后,大局粗安,本可期于无事,讵若辈弄权,心存破坏,不顾军人服从天职,竟敢植党营私,蹂躏大总统命令,殴辱厅长,逼胁督军,竞争权利,无所不至。伟等特奉督军吕密令,率师声讨,自应遵照命令,暴其事实,藉资声讨,以慰民望。谨此奉闻。暂编浙江步兵第八团团长王伟率全团军官同叩。

（原载《申报》一九一七年一月三日,二版,公电）

浙江国会议员请电杨善德勿多携军队赴浙履任 并请吕公望暂任省长函

大总统钧鉴:

谨肃者。浙省自辛亥以还,迄今五载,闾阎安堵,𠤩𠤎不惊。比者以齿决细故,上烦明廑,诏令所布,具见远谟。惟浙中人情汹汹,尚未能一旦涣然冰释。议员等旅居京师，日接缄电必数起，此中隐情，有不敢不为钧右陈之者。

浙自练兵以来，招募多由本籍，虽统率屡易其人，营制屡更其旧，而江东子弟之兵相安已久。以视沿江诸省，主军客军龃龉启衅之事，时有所闻者，不可同日而语。人民鉴他省之扰，而念吾浙之安，情事显然，尽人能喻。杨督军镇守淞沪，部曲云屯，一旦移师入浙，主客杂遝。虽刁斗相闻，素识将军之纪律；而车尘在望，未免氓庶之忧疑。窃维浙江秩序乂安，无遣师之必要，而杨督军昔本从戎浙省，向有袍泽之亲。此次承命来浙，可以麾扇而治，何取衷甲之谋？可否仰恳钧座迅电杨督军，除随从必要之卫队外，勿耀多师，庶浙人桑梓之安无虑，而杯蛇之恐自消。议员等庐墓之乡，利害切身，不得不干冒威严，而吁恳钧座之采纳者也。

齐省长尚未履新，政府为地择人，自必任贤而治。议员殊不欲有所渎陈，迹近先存成见。惟日来迭接乡人缄电，多以军民两长同时易人，虑递嬗之交，隔阂难免。而吕兼省长公望，任事以来，勤劳颇著，浙人爱戴，未能去怀。且云此次之少有龃龉，原非吕省长之咎，而竭力维持，仍赖吕省长之劳。当此群疑未释，宜仍旧贯，较顺舆情，坚嘱议员等代陈钧座，恳令齐省长从缓赴任，仍由吕公望暂任省长，藉资熟手而慰群望。所言是否可行，谨一并代达。

除公推王正廷、王家襄、金兆棪、郑际平、周珏、朱文劭、胡翔青面聆钧诲外，谨合词上陈，伏维鉴察，不胜迫切待命之至。

肃颂

勋绥

浙江国会议员郑际平、金兆棪、周继潨、许燊、陈洪道、邵瑞彭、徐象先、周珏、朱文劭、童杭时、姚桐豫、陈燮枢、蒋著卿、王正廷、戚嘉谋、卢钟岳、胡翔青、袁荣叟、金尚诜、张传保、张世桢、丁傀宣、谢国钦、傅家铨、赵舒、田稔、王家襄、傅梦豪、张浩、金秉理同谨肃。（中华

民国六年一月十二日）

（原载《天津市历史博物馆藏北洋军阀史料》黎元洪卷第五册，831—836页）

李烈钧复电

辱书敬悉。曩赓同调，近复同仇，高谊雄风，至深渴慕。大驾前来，终当一图良晤，或在伟策得手后也。为国奔驰，劳瘁奚似，翘望东江，无任萦系。谨电奉复，并祝大勋。（中华民国七年八月二十四日）

（原载《武宁文牍》，转引自《李烈钧文集》，第497页）

李厚基致国务院转报吕公望策动陈肇英团倒戈投南密电

北京国务院钧鉴，参谋、陆军、海军部钧鉴：

统密。据童副司令保喧径电称，"日前杭州来电称，怀威将军吕公望出京赴粤，喧以未测宗旨，电港探查未去，忽接来函，以种种悖谬之言相诱，喧当复书，晓以国家大义，师弟感情，劝其从速回京，勉图终始。乃公望见喧不为所动，暗行运动部队，幸多深明大义，未被煽惑。不料团长陈肇英，因与同乡旧部之关系，深入其说，竟于今晨率所部五百余人，反降南军，并携去炮四尊，炮弹百余颗，机枪五架。正当攻潮得手之时，忽变生意外，困难万状，负疚无地。现在只得商知左路暂取攻〔守〕势，妥筹善后，再图进取。该团长陈肇英，甘心叛逆，请即褫夺官级、勋章，通缉协拿惩办。其部下官长，或系一时胁从，非其本心，尚拟设法招回；或系实心从叛，候呈明呈请一体通缉。至此次事变，皆由喧用人失慎，统御乏方所至，应请严加处分，以惩溺职，惟未离职以前，不敢不勉尽厥职"等因。该副司令宗旨纯正，此次战役，所向有功，深资臂助。今兹事变，非意料所及。除电复该副司令设法维持，以固军心，并饬左路整队暂退黄冈，另筹办法外，谨此电陈。应如何办理之外，伏候裁夺施行。李厚基叩。俭。印。（中华民

国七年八月二十八日）

（据北洋政府陆军部档案编入，原载《中华民国史档案资料汇编》第三辑军事，第二册，第707页）

李烈钧复函

电问往还，如亲光霁。比以陈团长率师反正，深佩贵省将士见义勇为，然非我公之力，曷克至此？顷复接诵艳电，欣悉我公以众望所归，担承浙军总司令一职。任事之勇，谋国之忠，于此可见，佩慰何似。敝处龚参议镇周赴竞公处①，磋商一切，托便访谒，此间诸端情形统由代达，幸进而教之。（中华民国七年八月二十一日）

（原载《武宁文牍》，转引自《李烈钧文集》，第498页）

田桐致孙中山函

先生钧鉴：

日来福建方面，粤军大获胜利，似此前途当有一大转机也。惟岑三一派，妒我有功，日思捣乱。第一，计画令李协和往前敌，统一滇粤桂浙，已为同人打破；第二，计画令方韵松为援闽军副司令，又为同人打破；第三，计画令海军出力，使海军人员共拥林悦卿为福建督军，此计画尚未露面，同人已设法打破，想亦难见事实。弟意各军对于粤军不怀善意者太多，必求一好朋友相与提携，于此则对于广东以退为进，对于中国以进为退。近日迭接王文庆来电，嘱弟往潮一行，弟拟明日搭苏州丸前往，务使粤浙二军共同进取，不为奸人所乘。

顷者吕公望见赏于岑三，岑三语人云，吕公望乃我之赵子龙也。惟浙军此次反正，依文庆计画则全体可以过来，而吕以个人地位计，但得一团之南归，其余不复来也。以故吕与王文庆颇不相睦。弟乘此机会往说王与童为一致，共附陈竞存，如能成功，前途之妙，不可言

---

①　竞公，指陈炯明，字竞存。

状。或者今年冬杪，先生能到南京，亦未可知也。

海滨今日已去，弟意军事若大发达，国会可令其缓开，俟吾党有力时开之于南京可耳。先生此刻态度，宜若无事者，然对于议员政客为雍容亲切之谈话，不作愤感之气，则厌恶岑三者日益来归，彼之仇者，我之友也；向日不满先生者，近日已生思慕之心，天与人归之期，当不在远。先生向日之病，恒在见客之时，不打精神，致生轻慢，此后如精神不足之时，则托故不见客，苟见客，则必振作精神，此为政治上生活者所大大宜注意者，望先生慎之。

耑此，即叩

大安

田桐谨上　九月四日

（原载台湾《开国名人墨迹》卷二，民国七年田桐致国父函，转引自何达兴主编《辛亥志士百年颂——辛亥革命临海纪事》，中国文史出版社二〇一二年一月版，110—111页）

浙江宪法会议代电

各报馆均鉴：

本会议自九月九日宣布《省宪法》暨《施行法》后，接续开议关于施行《省宪法》所必需之法律，陆续议决《省议院法》《省议院议员选举法》《省政院法》《省长选举法》《省政院政务员选举法》《法院编制法》《省法院长省法院审判员选举法》《监察院法》《监察员选举法》《审计院法》《审计员选举法》《县议会法》《县议会议员选举法》《县参事会法》《市乡自治法》等二十五种。并于本月二十二日依据《省宪法施行法》第二十一条之规定，选举蔡元培、卢永祥、虞和德、王正廷、朱庆澜、沈金鉴、陈楲、叶焕章、黄郛九人为省宪法执行委员，褚辅成、王廷扬、王文庆、阮性存、陈时夏、吕公望、沈钧儒、周继潆、俞炜九人为候补执行委员。即于是日闭会。特此奉闻。浙江省宪法会议叩。敬。

（中华民国十年九月二十四日）

（原载《申报》一九二一年九月二十七日，七版，公电）

俞寰澄等来电

北京下斜街全浙会馆转孙慕老、钱幹老、王幼山①、吕戴之、黄膺白、褚慧僧诸先生，参众两院浙籍议员诸公及全体同乡，杭州卢督办、张省长、潘师长、夏处长，总商会、教育会、银行公会、律师公会、省农会、各法团联合会，各县议会，各商会联合会，各报馆、各学校公鉴：

共和政治，首重选举，得人与否，一国之兴废系之。我浙向称人文渊薮，士重廉隅，民知礼让。不谓此次省会选举参议，事以贿成，买卖公开，称有定价。议员为人民代表，竟不复识人间羞耻事，此后如相习成风，复何从谈选举事？专制时代之登庸，悉由考试，科场例禁，异常森严；共和政体之隆替，全凭选举，其事重于考试，岂选举而可以公然贿买，转不及前代之科场？比例参观，非尽法严惩，不足以澄选政而申公愤。又，立法机关与行政对峙，使行政机关之知事、税差等，悉由贿买，省会能否坐视不问？今议员公开行贿，将何以监督行政？使社会纵之不问，又何以服行政官吏之心？如此贿买行为，不稍为之惩创，将见纲纪荡然，人格扫地，黄金势力，战胜万有。此后非独不可言选政，一切政治，一切人文，皆为拜金主义所驱策，相率而入于兽道。吴山含垢，越水蒙羞，四维不张，吾浙其已？为此电请诸公主持公道，一致主张，依法澈究，授受同惩，追回贿金，用充浙振，为共和选政留一线生机，为我浙人民保一分人格。临电不胜愤慨之至。俞凤韶、周健初、周颂西、徐乐尧叩。（中华民国十二年一月二十日）

（《浙人电请严办得贿议员》，原载《申报》一九二三年一月二十一日，十四版，本埠新闻）

---

① 前有导语："浙人俞凤韶等昨日发出代电云"。孙慕老、钱幹老、王幼山，即杭县孙宝琦（慕韩）、嘉善钱能训（幹臣）、绍兴王家襄。

宁波第一师全体官佐致孙传芳电

督理孙、省长夏、各路司令、浙军第二师长周、警务处长叶、旅长盛钧鉴：

民国肇兴，十有三载，祸乱相承，迄无宁日。此次战祸，几遍全国，农辍于野，商辍于市，无辜受累，良用痛心。本师移师甬江，本天心之厌乱，冀民困之是苏。潘师长因他方谣言，通电辞职，所谓合则留，不合则去，此亦志士仁人之所为也。不料吕公望、王桂林、王萼、王文庆辈，乘三军无主之时，到宁独立，广募土匪，糜烂地方。以吾等维持地方之美意，被其牵入破坏之恶名，亲朋函电责言备至，百言莫辩，冤抑堪虞。本师忍无可忍，爰集同僚议决，一致以武力迫令吕、王等出境，以安闾阎。现地方秩序安靖如常，敬恳巡帅速简贤能，长我一师，俾便统率。全体官佐叩。巧。（中华民国十三年十月十八日）

（《孙传芳所接宁波塘沽来电》，原载《申报》一九二四年十月二十一日，十版，本埠新闻）

浙江自治军办事处致褚辅成电

上海爱文义路联珠里全浙公会褚慧僧先生并转旅沪诸同乡先生均鉴：

本军同人现已分批到沪，仍本固有之精神，共谋救省之运动。业于庚日在沪组成办事处，实行分股办事，业已发表宣言在案。总之，本军同人一息尚存，此志不渝。现曹虽已出走，而吾浙仍在黑暗势力之下，若不速谋根本改造，将贻日后无穷之患。锋镝余生，曷堪忍受？诸公爱浙情殷，既一再提倡于前，务祈努力策进于后。亡羊补牢，未为晚也。追切陈词，鹄候明教。浙江自治军办事处叩。

（原载《申报》一九二四年十一月十二日，十四版）

中共中央军委致总前委华东局并粟裕张震电①

谭、王、吉已迫近杭州②,不知来得及停止否？杭州城内除周嵒率少数人为后卫尚未退走外③,军队、警察及省政府均已向宁波撤退,城内治安由临时组织的民警维持,在此种情形下,谭、王、吉似可以不即去占领杭州,暂时由原来已经成立的治安委员会(以救济委员会名义出现)、地方绅士吕公望等维持,以待我方干部之到达。是否可以如此,请粟、张决定。

上海在辰灰以前确定不要去占④,以便有十天时间作准备工作。何时占领上海,要等候我们的命令。(一九四九年五月三日)

(原件藏北京中央档案馆,引自中共中央文献研究室编《毛泽东年谱 1893—1949》,人民出版社一九九三年十二月版,第 494—495 页)

---

① 总前委四月三十日致电中共中央军委,提出：根据进占南京的经验,我党我军未作适当准备,仓卒进入大城市,必然陷于非常被动的地位,建议推迟进占杭州、上海的时间。毛泽东就此为中共中央军委起草致总前委、华东局并粟裕、张震电,表示赞同。但第三野战军第二十一军、第二十三军,在接到此电之前,已于当日开进杭州。

② 谭、王、吉,指谭启龙、王建安、吉洛,当时分别任第三野战军第七兵团政治委员、司令员、副政治委员兼政治部主任。

③ 周嵒(1895—1953),字奉璋,浙江嵊县人,当时任浙江省政府主席兼浙江警备司令。

④ 辰灰,即五月十日。

附录三　公　牍

临时大总统令

吕公望、周承菼、许崇智，均授为陆军中将。此令。

中华民国元年九月二十八日。大总统盖印，赵秉钧、段祺瑞署名。

（《政府公报》第一百五十二号，中华民国元年九月二十九日，二页）

浙江都督府指令第　　号

为二十四团十连下士邵忠发病故请恤由

令陆军第六师师长吕公望

本月三日，据呈送二十四团十连下士邵忠发病故证书并因公殒命调查表各一纸，拟请照章议恤等情。查该下士邵忠发，既系积劳病故，与因公殒命不同，既送证书，毋庸再送因公殒命调查表。又，查恤赏证书造具手续第四节载明："无论战时平时因病殒命并无受伤而应议请恤者，由医官出具病故证书，由死亡者所属长官核加'积劳'字样"，并第五节载明："前项证书由该部队之最高级医官审定后，呈交该部队长于年月日上盖用关防，转呈核办"等语，兹阅所送证书，既无"积劳"字样，又未盖用关防，办法不合，未便遽行转送，且证书字体亦嫌草率，合亟令仰该师长转饬重造，盖用关防，呈送本府，以凭转咨议恤，并希通饬所属，嗣后凡有此种咨部议恤证书，务须力求完备，以昭慎重。此令。

计发还原呈病故证书、因公殒命调查表各一纸。

都督朱瑞

（原载《浙江公报》第四百十三册，一九一三年四月十一日，九至一〇页，指令）

浙江都督府训令第　号

为京电吕公望叶颂清顾乃斌三员分别授以勋位由

令第六师师长吕公望、第十二旅旅长叶颂清、第四十九旅旅长顾乃斌

本年四月四日接京东电开，"奉临时大总统令：吕公望授以勋三位，叶颂清、顾乃斌授以勋五位。此令"等因。奉此，除分令外，合即令仰该师、旅长即便遵照。此令。

都督朱瑞

（原载《浙江公报》第四百十三册，一〇至一一页，训令）

浙江都督府指令第　号

暂给机关枪连保存费由

令第六师师长吕公望

据呈，"以机关枪连保存费并未定有专条，请自本年四月份起，由公给发该连每月保存费或油布，以便转饬照办"等情。查此项保存费在陆军部未规定以前，应暂给每连每月枪油六十两、布六丈、鲸油七十二两，自本年五月为始，由公给发，以资保存，合行令仰该师长知照饬遵。此令。

中华民国二年五月　日

都督朱瑞

（原载《浙江公报》第四百三十七册，一九一三年五月五日，一三至一四页，指令）

浙江都督府训令第　号

令知现役军官业已造册呈请陆军部补官由

令陆军第六师吕公望、陆军讲武堂童保喧、前路右翼统带张荫荣

案查本年二月三日本府造具浙江现役陆军步兵二三两级各军官佐姓名履历暨拟补官阶清册，咨送陆军部请补实官案内，本府属官前陆军步兵第二十二团团附张荫荣一员，曾拟请补陆军步兵中校加上校衔；陆军讲武堂中队长陈璠、陈瓒暨军马治疗所兼兽医养成所所长斯烈三员，曾拟请补陆军步兵中校；陆军讲武堂中队长姚琮一员，曾拟请补陆军骑兵中校。嗣于四月九日奉北京虞电，临时大总统令："授张荫荣为陆军步兵中校，斯烈、陈璠、陈瓒为陆军步兵少校，姚琮为陆军骑兵少校"等因。奉此，查与请补原案不符，当经电部请仍查照原案转呈办理并分别行知各在案，兹于四月十八日准陆军部洽日复电，内开，"拱密。蒸电悉。南京编制，师部兽医处长规定少校，军马治疗所长名异实同，故比照编制补授属官非法定之职，张荫荣曾充团附，故按照原职请补。讲武堂中队长，似与中央将校讲习所连长阶级同，补授少校已属从优"等因。准此，除再电请陆军部转呈照办外，合就抄录前后去复各电令行该堂长转饬/统带知照。此令。

中华民国二年五月　日

都督朱瑞

计抄去电二则

北京陆军部鉴：敝省前送拟补中级军官册内，张荫荣一员，请以步兵中校加上校衔，斯烈、陈瓒、陈璠、姚琮等请补各兵科中校。兹奉大总统电令，张荫荣仅补步兵中校，斯烈等仅补少校，似与请补原案不符。查张荫荣现充本府属官，实具上校资格；斯烈系

由本府副官长调充军马治疗所兼兽医养成所所长;陈瓒、陈璠、姚琮概系中校阶级委充讲武堂中队长,故照中校阶级请补。仍恳大部转呈照补,至纫公谊。浙都督兼署民政长朱○。蒸。印。(中华民国二年四月十日)

北京陆军部鉴:拱密。洽电敬悉。查斯烈原充本府高级副官,定为中校阶级,改组都督府时仍以原级调充军马治疗所长,故以中校请补。陈瓒、陈璠、姚琮三员,因浙省讲武堂编制中队长级视中校,故请补中校,且陈璠、姚琮均曾充过团附,尤无不合。张荫荣虽原充团附,早已离团附缺,改为本府属官时,薪水、服制均照上校,因改升未久,故请补中校仅加上校衔,以昭核实。务恳大部仍一并转呈照办,实纫公谊。浙江都督兼署民政长朱○。箇。印。(中华民国二年四月二十一日)

（原载《浙江公报》第四百四十五册,一九一三年五月十三日,一二至一四页,训令)

浙江都督府训令第四百零八号

令知遇有开会聚众散布浮言潜谋内乱者立予查拿惩办由

令卫戍司令官吕公望、宪兵司令官王桂林

本月十三日承准国务院电开,"奉大总统令,据上海总商会阳电称云云至(全文见四百四十八册《浙江公报》国务院转大总统命令通电)"等因到浙。奉此,合即令仰该司令官遵照办理。此令。

中华民国二年五月　日

都督朱瑞

（原载《浙江公报》第四百五十一册,一九一三年五月十九日,七至八页,训令)

附　国务院转大总统命令通电

各省都督、民政长：奉大总统令，"据上海总商会电称，'前年武昌起义，海内响应，人民苦于专制，急求改革，不惜牺牲生命财产，克成共和，元气凌残剥蚀，以致忍痛负创，希图幸福过渡之历劫，无用怨怼。乃光复以来，瞬经一载，损失纵不可数计，而秩序渐安，人心渐定，当此春夏之交，正商业进行之际，满望国会成立，选举正式总统，为我商民造福。讵意风波迭起，谣诼繁兴，谗说讹言，如沸如羹，致人心静而复动，国家安而复危，金融尚未流通，贸易陡然阻滞，各埠成交之货物纷纷函电止退，影响及于中外，危殆情形难以言状。或者谓法兰西过去时代恐慌倍增于今日，商人所见者浅，未能远谋。然师人者，当以覆辙为殷鉴，毋宁舍短而用长。近日纷纷争议宋案也、借款也、选举总统也，窃谓宋案审判于法庭，借款、选举取决于议院，自有法律为范围，岂尚血气为胜负？商人在商言商，不知附和，若有破坏，而无建设，乱靡有定，胡所底止？叠据各业团体相诘责，殊难缄默。务祈大总统，国务院，参、众两院，各省都督、民政长，以保卫商民、维持秩序为宗旨，无使我商民喘息余生，再罹惨祸，坐致大局沦胥，贻革命丰功之耻'等语。又据上海皮毛杂货商业公会、商业联合会、皮商公会、关东山东丝业公会、丝茧公会、蜀商公益会、丝绸公所、裘装公所、烟业商会、丝吐全业、蛋厂全业、南北报关公所、书业公所、转运公所、生计职业维持会、旅沪全浙工艺团、洋货全业公会、旅沪客帮商务联合会等电称，'自光复后，商界元气未复，亟望大局安靖，藉舒商艰。近因宋案、借款两问题发生，上海少数之人权利私见，托名全国公民，开会鼓吹，措词激烈，有意破坏大局，于是人心动摇，谣诼蜂起，全国商业大为牵动。惟上海商界人民各团体实未敢随声附和，自取危亡。特此声明，并乞严防各省，禁止讹言，始终维持。大局幸甚，民国幸甚'等情，披览之余,殊增感慨。自前岁发难,海内鼎沸,商辍于途,货弃于野,金融停滞,破产相望。一年以来,专心抚恤,疮痍渐复,元气未苏。现值夏初商业进行,方冀收拾殍烬,恢复故业。岂料复有不逞之徒,再行破坏,市面一摇,国基立坠,印度前车,可为殷鉴。本大总统受国民付托之重,岂能坐听暴徒苦我国民,应由各省都督、民政长转令各地方长官,遇有开会聚众散布浮言潜谋内乱者,立予查拿惩办,以保商民而安市面"等因,相应电达遵照。国务院。佳。印。(中华民国二年五月九日)

(原载《浙江公报》第四百四十八册,一九一三年五月十六日,二二至二三页,公电)

浙江都督府训令第　号

令发军需学员回籍川资由

令陆军第六师师长吕公望

五月二十七日准陆军部函开,"据陆军军需学校呈称,'窃查本校条例,员生往来川资,应由原省担任。现各省学员瞬届毕业之期,其回籍川资若非由各省按名先期汇寄,不惟定章不符,而于实事上亦必多所困难。刻在校学员因此迭有呈请,似应照章办理,以利行期。为此拟请钧部分咨各省都督,各按咨送时川资之原额,或另行酌定数目,先期发给回省川资,务必于六月末日以前汇寄钧部,转交本校发给各员,俾免滞留京师而误本人勤务'等因前来。查该校学员行将毕业,所有回籍川资应否照咨送时川资原额或另行酌定数目,应请贵都督核议先期汇寄到部,以凭转发。除指令该校照准外,查贵省原送军需学员十名,相应函达贵都督查照办理可也"等因。准此,除由本府查照前次赴校发给川资数目,每人仍发给洋三十元,共洋三百元,汇请陆军部察收转发,合行令仰该师长知照。此令。

都督朱瑞

中华民国二年五月　日

（原载《浙江公报》第四百六十六册，一九一三年六月三日，一五页，训令）

浙江都督府训令第七百十五号

令发《陆军军队校阅条例》由

令陆军第六师师长吕公望、陆军第四十九旅旅长顾乃斌

本年六月三日奉临时大总统电令，"兹制定《陆军军队校阅条例》，公布之。此令。并教令第三十一号《陆军军队校阅条例》"等因。奉此，业将《条例》照印成帙，除分发外，合行令发该师长、该旅长，转饬所属一体遵照。此令。

计发《陆军军队校阅条例》三十本、拾本。

中华民国二年六月　日

都督朱瑞

（原载《浙江公报》第四百八十二册，一九一三年六月十九日，二〇页，训令）

浙江都督府训令第七百八十五号

令发看护兵士实习名单由

令第六师师长吕公望

据军医养成所所长蒋可宗呈称，"切查本所附设看护士兵养成所，学兵四十名，定章六个月毕业，最后之二个月，以一个月派往各团营实习，一个月派往陆军卫戍病院实习。现在该学兵于本月二十四日已满四个月，所定教科亦可完竣，理合照章派往各团营及病院实习，方能收完全之效果。所长现拟于六月二十以后即行学术试验，于七月一日即将二十名派往第六师各团营实习，其余二十名派往陆军卫戍病院实习，一面曾在本所教授科学。至一月后，即将派往病院各

学兵与派往各团营学兵对调实习。至六个月后,再行学术、实习总试验,评定甲乙,给与证书,以备派往各处充当看护士兵之用。理合备文呈请钧府察核施行"等情。据此,查此项学兵既经学习期满,自应照章派往各团营及陆军卫戍病院实习两个月。兹将楼宾崧等二十名派往该师各团营实习,陈镛等二十名派往陆军卫戍病院实习。至一月后即将派往病院各学兵与派往各团营学兵对调实习,所有学习期内学术成绩,应由各该处主任军医列表,出具考语、填注分数,届时汇送军医养成所,以便由该所评定甲乙,给予证书。合将分配实习名单令发该师长,仰即转饬各团营暨卫戍病院遵照办理,并饬所属各军医随时督率服务,认真训育。此令。

计发分配实习名单一纸。

计开:

楼宾崧一名,派往二十一团二营实习。

曹云卿　蔡振锐两名,派往二十二团三营实习。

徐宗甫　陈佐良两名,派往二十三团一营实习。

龙炳坤　洪　麟两名,派往二十三团三营实习。

缪　生　孙成栋　柳拱熙　瞿海泉　宇尚良　戚秀莹六名,派往二十四团实习。

袁绍章　余镜武两名,派往炮兵团一营实习。

张锡荣一名,派往炮兵团二营实习。

王鹤鸣　章邦达两名,派往骑兵团实习。

吴晓铭　来汉臣两名,派往工程营实习。

陈　镛　汪鄂生　谢　亮　张培元　陈　英　黄增兴　黄景清　许林标　贺宗成　姚定胜　李　升　徐振涛　王锡畴　许怀英　林　蹇　章钧衡　吴树春　凌国良　谢宝元　陈志良以上二十名,派往陆军卫戍病院实习。

中华民国二年六月二十五日

都督朱瑞

（原载《浙江公报》第四百九十册，一九一三年六月二十七日，二三至二五页，训令）

浙江都督府训令　第六百六十一号

一件为吕公望等奉大总统给予二等文虎等章由

查上年赣乱起后，浙省捍卫地方出力人员前经本都督分别从优拟奖呈请大总统察核在案。兹于本月二十日接京电开，"大总统令①：吕公望、叶颂清、周凤岐、童保喧，均给予二等文虎章；叶焕华、吴钟镕、李炜章、来伟良、傅其永、王萼、吴秉元、刘凤威、徐康圣、邹可权、石铎、陈步棠、金富有、梅占魁、刘忠樑、徐文俊、陈肇英、赵廷玉、陈宝贞、钱皋、洪士俊、吴国栋、项云舫、樊镇、熊泰，均给予三等文虎章；章祖衡、刘炳枢、许畏三、楼守光、陈景烈、陆殿魁、蒋普恩、斯资深、薛炯、葛振、赵立、赵南、吴肇基、何旦、谢鼎、陈融、张寅、吴殿扬、郑炳垣、杨三、郁象贤、郑和、陈钝、商应时、韦世经、徐星环、孟泰、陈涌、陈云飞、胡伟、张沐霖、李耀塘、邱绍虞、蒋晟、卢泽、尤芬、吴锡林、夏武、朱吉舜、柯制明、毛志标、张刚、倪凤韶，均给予四等文虎章；叶祖羲、章九成、李茞荃、王凤鸣、韩文彬、方锐、张鹤龄、蔡得标、潘耀祖、孙海波、王堃山、朱璠、周训、白堡义、蒋寅、孙星环、王藩、尹得胜、张荣森、王国均、严克明、张炳奎，均给予五等文虎章。此令"等因。奉此，除分行外，合行令仰该员知照。此令。

中华民国三年三月二十四日

都督朱瑞

（原载《浙江公报》第七百五十一册，一九一四年三月三十一日，三至四页，训令）

---

① 据《申报》民国三年三月二十一日二版命令专栏报道，大总统命令落款日期三月十九日。

都督府政务会议章程

一、护国军政府关于政治上重要问题，由都督临时召集政务会议。

一、政务会议列席人员如左：

参谋长；

民政厅长；

财政厅长；

警政厅长；

盐运使；

高等审判厅长；

高等检察厅长；

都督府机要秘书。

政务会议凡关于民政、财政、警政、司法事项，都督得令本府主管秘书及各厅参事、秘书或主管各科长列席。

一、政务会议由都督主席。

一、临时主席，都督得委托参谋长行之。

一、会议时以多数取决可否，同数取决于主席。

一、会议事项由主席宣布之，如列席各员有必须提出之意见时，亦得随时提议。

一、政务会议以机要秘书为书记。

一、政务会议须置会议录，备记议决事项，列席各员均须签名盖章，由机要秘书保存之。

一、所有议决事件，由都督酌核交由各机关执行之。

（原载《浙江公报》第一千五百零六号，一九一六年五月二十二日，四页，章程）

第六师师长呈

请以徐长春等升充营连排长由

为呈请事。本年五月三十日据步兵第十一旅旅长王桂林呈称，"据二十二团团长来伟良呈称，'窃于本月二十三日奉层部饬，调职团第三连连长陈钝，为步兵第一百团第一营营长等因，奉经转饬遵照在案。惟连长一职，责任綦重，急应得人而理。查有该连中尉排长徐长春，拟请委升该连连长；所遗该连中尉排长遗缺，拟请以该连第三排少尉排长朱宗涌升充；递遗该连三排排长缺，拟请以职团二等候补尉官吕兆飞调充，以专责成。是否有当，理合备文呈请鉴核示遵'等情前来。据此，理合备文呈请核示施行"等情。据此，职师查核属实，拟请准予所请办理，并请将徐长春照上尉八成支薪、朱宗涌照中尉十成支薪、吕兆飞照少尉十成支薪，是否有当，理合备文呈请，仰祈鉴核示遵施行。

谨呈

浙江都督吕

陆军第六师师长童保暄

中华民国五年五月三十一日

（原载《浙江公报》第一千五百二十四号，一九一六年六月十日，一○页，呈）

民政厅呈都督

饬据武康县详请禁烟余款拨补司法不敷一案
拟照案会同高审厅核办由

为呈请事。案奉都督饬开，"案据武康县知事宗彭年详请禁烟余款拨补司法不敷等情前来，经本都督批示：'详悉。仰候饬行民政厅会同财政厅查案核办。此缴'。除批示外，合行钞发原详，饬知该厅遵批办理，仰即查照"等因。奉此，查各县禁烟款项，向由主管禁烟机关专案办理,前巡按使公署办理此项案件,并不发交财政厅,惟关于拨补司法经费,则饬行高审厅查核。现在禁烟事宜接归本厅主管,前项请拨烟款,似应仍由本厅咨行高审厅会核办理,以资接洽。奉饬前因,理合将关于禁烟款项案件,拟照成案办理缘由备文呈明,仰祈都督核准施行。

　　谨呈

浙江都督吕

浙江民政厅厅长王文庆

中华民国五年六月六日

（原载《浙江公报》第一千五百二十四号,一〇至一一页,呈）

浙江高等检察厅呈

请都督将审检两厅办事权限拟请照
省官制未公布以前办法由

　　为现行审、检两厅办事权限不合条理,拟请改照《省官制》未公布以前办法,呈请鉴核示遵事。

　　查中国自设置审、检制度以来,审、检两厅即属对立关系,此按之各国一般之法理,证之中国特殊之事实,而皆有不能不然者也。迄民国二年,国会解散之后,中央事事但图行政监督之便宜,辄不顾情势如何,擅图改作,于是有《省官制》等各条例之颁布,其他不必具言,而审、检两厅权限之改定,实多未协,兹举其不合条理者二事,为都督陈之。

　　一为司法部解释关于司法行政事项,应报巡按使文件,须以高等审判厅名义行之。查独立机关以自己责任所行之事,即应以自己名义行之,此一般之原则,而无可或易者也。惟官厅之行动,有时须以主权者之名义行之者,外国亦有其例,斯乃表示其权源之所自,惟主权者与官厅间有之,而官厅与官厅则断无之。今检察厅既为《法院编制法》上之一独立机关,于《法院编制法》未改之前,而必限制其关于某事项不得用自己之名义,于法理既未可通,于成法亦无根据,且对于司法部详报文件,审、检两厅均各用自己名义,即不应于详报巡按使而加之制限。又,《县知事惩奖条例》载称,详报巡按使各种文件,均由审、检两厅会同办理,更不应于详报巡按使之某事项,而加之制限。此其不合条理者一也。

一为管辖监狱之权,既全归高等检察厅,而管狱员等之用撤惩奖,均归高等审判厅之规定。夫管辖监督之权所以能举其实者,专赖有用撤惩奖之权耳。今用撤惩奖之权,既属之高等审判厅,则高等检察厅虽欲举管辖监督之实,其又安能? 此其不合条理者二也。

其他手续上之繁重,责任上之暧昧,皆由此两事以出,行之数年,窒碍万端。徒以上无国会,莫可究诘,今者浙江已宣言独立矣,是以独立之区域而行动,非以省之区域而行动也,则《省官制》之规定及司法部之解释,当然早失其效力,且高等审检两长,既蒙都督特任,亦已不如其旧矣。独审、检两厅办事权限,至今沿用,亦非除旧布新之道,亟应规复旧日权限,庶检察之本能,不致为审判方面所牵制,而于司法、狱务各方之监督权,亦可灵活贯通,而无种种阻碍,似于司法前途不无裨益。所有现行审、检两厅办事权限不合条理,拟请改照《省官制》未公布以前办法各缘由,是否有当,理合呈请都督鉴核示遵。

谨呈

浙江都督吕

浙江高等检察厅检察长王天木

中华民国五年六月　日

(原载《浙江公报》第一千五百二十五号,一九一六年六月十一日,九至一〇页,呈)

民政厅长呈都督

为呈明设置视学视察各员藉资整顿教育警务由

浙江民政厅呈为呈明设置视学、视察各员，藉资整顿教育、警务事。

案奉钧府饬开，"准浙江参议会咨开，'查浙江省各厅官制，业经本会迭开大会讨论议决，相应将全案缮具清摺，咨请察核公布施行'等由，附清摺一扣过府。准此，除咨复并公布外，合行抄摺饬发，仰该厅长查照办理"等因，并附清摺一扣到厅。遵查职厅前送《组织条例》关于设置职员各条，核与现颁官制尚属相符，惟查前巡按使公署本设有省视学四员，系轮派各属视察学务而设，职厅成立，以此项视学员于教育进行关系綦重，是以循旧设置。又，职厅管理地方警察事宜，对于全省警务，诚恐耳目未周，致遗丛脞，特设警务视察若干员，派赴各属考察一切警务事宜，藉资整顿。以上两项人员，尚未列入《组织条例》，亦为现颁官制所无，理合备文呈明，谨乞钧督鉴核。谨呈
浙江都督吕

厅长王文庆

中华民国五年六月十二日

（原载《浙江公报》第一千五百二十九号，八页，呈）

民政厅呈都督

请予加委原系荐任暨派充各现有警务差职人员由

呈为查明原系荐任暨派充各现有警务差职人员开具名单履历仰祈核准加委事。

窃照地方警察现已划归本厅管辖，所有各属现任警务人员自应一律加委，以清统系而重职守。查宁波警察厅长、警正等职原系荐任，宁波警察厅勤务督察长，暨兰溪、永嘉两警察局局长原系由内务

部呈请派充,除兰溪警察局现因情势变更,另案呈请仍改为所经奉批准后,其原系委任人员再由本厅径行加委外,所有宁波、永嘉各厅局原系荐任暨派充各现有警务差职人员,应请都督核准分别加委,以昭郑重。为此开具名单、履历,备文呈请,仰祈都督察核施行。谨呈

浙江都督吕

计呈送名单一纸,履历五纸。

民政厅长王文庆

中华民国五年六月十三日

谨将原系荐任暨派充各现有警务差职人员开具名单呈请鉴核。

计开:

宁波警察厅厅长　　周　琮

宁波警察厅警正①　　应　拔　陈绍舜

宁波警察厅勤务督察长　　韩鸿逵

永嘉警察局局长　　徐　熙

(原载《浙江公报》第一千五百三十一号,一一至一二页,呈)

民政厅奉都督批

据淳安县呈保卫团暨县署兵警得力员警
兵丁查案拟奖仰祈核夺示遵由

呈为呈复事。案奉都督批,据淳安县知事呈为保卫团暨县署兵警缉捕得力造全名册请核奖由,批开,"据呈,'核县团警等此次办理方三吉一家劫案,六日之内全案破获'等情,尚属勤奋可嘉,应准酌予给奖。仰民政厅查案酌拟呈候核夺,仍先饬该县知事知照。此批。原呈抄同册发"等因。奉此,查北乡保卫团团长王嘉谟一员,前于奉

---

① 警正,底本误作厅正,径改。

批核奖该县保卫团冬防得力人员案内,业以该员热心团务,防缉认真,由厅给予一等徽章一枚,饬发该县知事转给祗领在案,自可毋庸再奖。其在事出力之团丁二十七名、县署警队六名,拟如呈各给赏银一元,牌长四名,拟各给赏银三元,准予在准备金下支销。至该县知事办理此案督率有力,破获迅速,拟请由都督记功一次,发给功状,用昭激劝。所有奉批查案酌拟缘由,除饬该县知事知照外,理合备文呈复,仰祈都督核夺批示祗遵。

　　谨呈
浙江都督吕

民政厅厅长王文庆
中华民国五年六月二十一日
（原载《浙江公报》第一千五百三十八号,一四页,呈）

民政厅呈复都督

批发定海镇海遂安三县赈款报册收据仰即查核由

　　呈为呈复事。案奉都督批发定海县造送风灾善后赈款赈米及补助私塘修费报册请察核由一件,内开:"呈及清册均悉。仰民政厅查核饬遵具复,并咨财政厅查照办理。此批。抄呈连同清册、收据并发。"又奉都督批发镇海县详补助工赈款项给领完竣造册报销转呈察核由一件,内开:"呈及册、簿均悉。仰民政厅核销具复饬遵,并咨财政厅查照。此批。抄呈连同册、簿三本并发。"又奉都督批发遂安县知事呈送赈款赈米清册簿图请核由一件,内开:"呈、册均悉。仰民政厅详细核销具复饬遵,并咨财政厅查照。缴。呈钞发,册、簿共九本,图一纸并发"各等因。奉此,经厅长逐一查核,其镇海、遂安两县报册均属相符,应予照销,至定海县所送受赈人收据,既未将大小口数注明,又不按照程序编号黏具,且未将补助修塘经费领状一并黏呈,均有不合。除指示办法饬行该知事遵照办理,并分饬镇海、遂安两县知事知照外，理合遵批具复，仰祈都督察核。

再，是项赈款均由前巡按使公署经收经放，与财政厅并无关系，曾于批发金华道呈送勘办被灾各县工赈用费及补助各县运米公费册据案内呈请免予转咨在案，合并声明。

谨呈

浙江都督吕

民政厅厅长王文庆

中华民国五年六月二十一日

（原载《浙江公报》第一千五百四十五号，一九一六年七月一日，一三页，呈）

浙江民政厅呈

奉都督饬议南田县政务主任张廷藻办理
防务出力应否准以警佐记名由

为呈复事。案奉钧督第四百二十九号饬开，"为饬知事。案据南田县知事吕耀钤详，以'冬防期满，防务平静，半年以上未出盗案，请酌奖出力员弁'等情，并详送清单一纸到府。当经饬据警政厅厅长夏超呈复，称'奉查该县原详，内称该县岛屿星罗，素多匪盗，该知事于上年冬防期内会督营警严密防范，计自上年十月四日起至本年五月止，半年以上未出盗案等语。查核该县按月详报缉捕盗匪成绩表，均属相符，具见该知事等平日戒备严密、防范周至，拟请将该知事吕耀钤、警备队第五营管带汤兆德、外海水警第六队队长吴梦得各予记大功一次，警备队第二区第五营哨官李学周、刘廷标，哨长周殿臣，外海水警第六队巡官陈宽、王铎拟各予记功一次，以示鼓励。至该署政务主任、现代县警所警佐张廷藻，既系在事出力，自应酌予奖励，惟地方警察业已划归民政厅管辖，应否准将张廷藻以警佐记名之处，拟请饬下民政厅长查核办理。所有遵饬核议各缘由，理合具文呈请察核批示祗遵'等情。除批复外,合行黏钞原详、清单各一纸,饬仰该厅长核议具复候夺饬遵。此饬"等因到厅。奉此,该南田县署政务主任、代理警佐张廷藻对于防务异常出力,半年以上又未发生盗案,既据该县知事汇案请奖前来,拟将该员张廷藻酌记大功一次,以资策励,所请以警佐记名之处,应毋庸议。奉饬前因,理合备文呈复,仰祈钧督察核施行。

　　谨呈
浙江都督吕

民政厅长王文庆
中华民国五年六月二十九日

　　(原载《浙江公报》第一千五百四十六号,一九一六年七月二日,五至六页,呈)

浙江民政厅呈

奉都督批玉环县知事呈楚门匪案警佐防守
出力详叙始末恩从优奖叙由

　　为呈覆事。案奉都督批发玉环县知事详为楚门匪案警佐防守出力详叙始末恩请从优奖叙由,批开"据详,该县四等警佐王杰为楚门匪案警佐,防守出力,请从优奖叙等情,仰民政厅查案照章核奖具报,并转饬该县知事知照。此批"等因。奉此,查接管卷内该警佐王杰对于楚门匪案昼夜防查,艰苦备尝,诚属异常得力,核与《浙江警察官吏奖惩规则》第五条第三项之规定,系属相符,应给予褒奖状一张,以资鼓励而策将来。除由本厅注册并饬该县知事转饬祗领外,理合备文呈复,仰祈钧督察核。谨呈
浙江都督吕

民政厅长王文庆
中华民国五年六月二十九日

　　(原载《浙江公报》第一千五百四十六号,六页,呈)

民政厅呈都督

据萧山知事呈警佐俞迈芬历职已久
成绩卓著请以县知事拔升由

为呈请事。

案据萧山县知事彭延庆呈称，"窃维警察以保护安宁、维持秩序为天职，萧山为杭、宁、绍往来通衢，地当冲要，行旅络绎，匪类易混。平日之巡缉防范，对内对外，本难稍自暇逸。自吾浙宣布独立，风鹤频闻，仅恃少数之警队警察，防护一有不周，即致变生意外。知事职司守土，上赖钧长暨都督威德之感，下藉所属僚吏佐理之功，得以勉力支持，幸获安谧。查核出力人员功不可泯，自应择尤保荐，以昭激劝。兹查有本县警察所一等警佐俞迈芬，前清附生，曾于浙江巡警学堂暨浙江警务研究所优等毕业，自前清光绪三十四年十二月由浙江全省警务处札委萧山县正巡官，旋改为警务长，迭奉改为署长、所长，复由所长改为警佐，继续任职已历八年。其在署长任内，曾经护理萧山县民事长篆务；警佐任内，由县委兼军事谍报员、警队长、屠宰税征收员各职，又兼办清乡事宜五个月。其间成绩，查自宣统元年至三年，办理巡警教练所三次，先后毕业；宣统三年七、八月间，沙民以水灾滋闹，祸悬眉睫，竭力弹压，地方幸不糜烂。迨武汉起义，浙省响应，萧山境内军队率皆他调，继以水灾之后，匪徒思逞，讹言流布，一夕数惊，人心恐慌，险象百出。该员持以镇定，不事张皇，督警防维，与同甘苦，卒赖镇摄之力，无他变故。嗣于民国元年元月，前民事长邹镕以交代留省，该员奉札护理，劝办民、商各团，以补助警力之不逮，会绅赈恤，沙民俾免流离之苦。同年十月、十一月之间，解散义桥山后结会抗租莠民，并先后随同卢前知事观球暨知事平定大方会匪，奉令解散共进会，拿送首要，徒党绝迹。同时举办乡镇警察，扩充警额，萧山警务得具规模。民国二年七、八月间，因赣事发生，筹划防务至周且详,时值南乡盗风顿炽,明目张胆,横行村镇,几成乱匪,行路之人,咸有戒心。该员亲自督警巡缉四五次,接续获送各乡盗首二十余名,境内遂获安堵。民国三年八月,为调查学龄风潮,奉委赴各乡劝导,推诚布公,谆谆告诫,不烦兵卒之力,群疑释然。九月,赴沙地解散反抗清丈沙民,立获滋事要犯数名,送蛮横之徒始各帖服①。禁种罂粟为民国要政,自元年以至三年,节次实力奉行,不避艰险,卒告肃清。缉捕事项颇能认真,凡遇盗案,无不破获。民国四年十月、十一月间,破获绍兴县龙尾山王姓抢案内要犯五名,暨枪械、赃物等多件,重案以结,邻县亦称其能。于兼管谍报、警队、屠宰税、清乡各事宜,尤能兼筹并顾;历年处理违警案件,从无错误,办理公牍未稍积压;其他警务范围应为暨委办各事,靡不尽心竭力。此次浙省义举,有诸暨、嵊县等处乱耗之谣传,深恐宵小乘机窃发,督同警队警察昕夕巡查,不稍弛懈,复派密探四出侦缉,匪类无敢拦入,人民乐业,市廛不惊,裨益地方,论功为最。

在萧任职八年,时局屡变,该员但知服从命令、竭尽职务,不问有他,持重谨慎,从无一事为人淆惑,平日尤以清廉自勖,一般舆论未闻间言。知事奉职萧山,亦阅四稔,相处最久,习知该员品学兼优,有为有守,才堪重任,实为近今警界中有数之员。历举事实,知事所深信无疑者也。久拟胪举事绩,陈请优予擢用,因恐格于定章,未敢冒渎。近阅《浙江公报》知现任绍兴县一等警佐薛瑞骥亦因在职有功,已由该县知事宋承家详蒙都督行查,奉钧长呈奉核准,以县知事拔升有案。该警佐俞迈芬,事出一律,未便没其勤劳,理合仰乞恩鉴,转请都督一体擢用,以励贤能而资观感。知事为鼓励人才起见,是否有当,理合援案取具履历,备文呈请,仰祈钧长鉴核俯赐照准转呈,实为公便"等情,附呈履历二扣到厅。据此,查该警佐俞迈芬在萧供职已历

---

① 送,疑为衍文。

八年，迭经记功褒奖，确著成绩。复查接管卷内，民国三年间前行政公署派员视察，曾据报称，该警佐办事恳切，督率认真，对于缉捕尤能出力，是以多年任事，卓著勤劳。赣事发生，维持秩序，全邑相安，更为难得。又查本年前巡按使公署派员点阅军警，亦据报称，该警佐颇有阅历各等语。按诸来呈，尚无溢美，审其履历，亦属相符，实与绍兴警佐薛瑞骥办事成绩无分轩轾。该知事所请援案以县知事擢用之处，自系为励贤能、资观感起见，厅长细加察核，似属可行。除批复并留存履历一扣备案外，理合检同履历一扣，备文转呈，仰祈都督察核示遵。谨呈

浙江都督吕

　　计呈履历一扣。

民政厅长王文庆

中华民国五年六月二十九日

（原载《浙江公报》第一千五百四十七号，一九一六年七月三日，六至八页，呈）

民政厅呈复都督

批发江山县知事呈请追租事宜改为行政处分由

　　浙江民政厅呈为呈复事。案查前奉钧督批发江山县知事程起鹏呈为陈请追租事宜，能否改为行政处分，仰祈察核示遵一案由，奉批，"呈悉。此项追催事宜，旧行政公署既有《行政处分暂行法》之规定，应即循旧援用，仰民政厅核明饬遵具复。缴。呈抄发"等因到厅。当以前行政公署关于财政各项卷宗，向由财政厅保管，奉批前因，即经抄录原呈，咨请查核去后。兹准咨复，并抄同前行政公署《催追业租暂行法》一案前来，查此项《暂行法》系民国二年十二月间经前行政公署规定通行有案，现既奉批准予循旧援用，自应遵照办理。除饬该县知事遵办外，理合照抄原案备文呈复，仰祈鉴核备案。

谨呈

浙江都督吕

民政厅长王文庆

中华民国五年七月一日

（原载《浙江公报》第一千五百四十八号，一九一六年七月四日，七页，呈）

民政厅呈都督

全省警费仍照三年度成案办理请备案由

呈为浙省地方警费支解办法，拟仍照三年份成案办理，以资通筹而期发展，仰祈鉴核备案事。

案查浙省地方警察经费，民国元二年间，均由各县自筹自支，在富庶各县差足自给，其贫瘠之区则多入不敷出，县自为计，裕啬悬殊，而省署又因无凭稽核，末由酌剂。当时各县警务未能一律进行，其原因实在于此。自民国三年分起，鉴往策来，爰筹统一办法，核定通省三成县税五十万元、房捐三十万元，各项警捐二十万元，共计一百万元，饬由各县摊筹，各县警额亦即由省分别地方繁简，酌量增减，暂作定额，综计警费支出每年约共七十万元之谱。按现在情形，就中应除省会警察厅主管之杭县四乡警察年支七万有余、宁波警察厅及鄞县四乡警察年九万余元不计外，各县警察年支近六十万元，收支相抵，尚有赢余。各县饬将余款解省由财政厅核收，其收支不敷各县即由财政厅就解省余款由按月拨补，通筹酌剂，良具苦心。于是各县警察始逐渐一律成立。维当时预算收入百万之数，系属极端计算，其实县税有灾歉蠲免之时，房、警各捐又时有变迁延缴之事，约计实收款数不过八十万元左右，以收抵支，所余无几。在三年分筹办之初，收入有余各县以本县之款拨补他邑，未免稍有烦言。行之既久，渐亦相安，两年以来，已无异议。此次本省独立，款赢各县复思截留解款，以充本邑警费，或拟规复元二年间旧额，意在用本县之资财固本县之保障,处以原未可厚非①,然其目光囿于一隅,弊害波及全局,假使有余各县听其截留,固可稍扩警额,而贫瘠地方因经费无从拨补,势必将两年来已成警务复行破坏,实与通筹全省警务计划大有妨碍。此不得不迟回审顾者也。至全省警费支余款项,除模范警队营尚须拨补外,即略有赢余,亦应存储,为各县临时预备之用,似未能尽数支配,致无周转余地。厅长详稽旧牍,综计全省警务,对于各县警费一项,现拟仍照三年分成案办理,以维全省固有警察现状。嗣后各县如能于饬筹定额之外另有的款可筹,仍准随时呈请添设,以宏警政而示限制。所有全省警费支解办法拟仍照三年分成案办理缘由,是否有当,理合备文呈请钧督察核备案,并乞示遵,实为公便。谨呈

浙江都督吕

民政厅长王文庆

中华民国五年七月　日

六月二十八日奉批,文已见六月二十九日本报批牍门。

(原载《浙江公报》第一千五百五十号,一九一六年七月六日,九至一〇页,呈)

民政厅呈都督

凡关于县署直辖各机关图记均由本厅刊发由

呈为呈复事。案奉都督批发建德县知事呈报因利局开办日期由,奉批,"呈悉。仰民政厅查核备案,其局中应用图记应改由民政厅汇请刊发,仰并转饬知照。此批。抄呈发"等因。奉此,查此案前据该知事分呈到厅,业将该局图记由厅刊发在案。再,查此项图记应由何种机关刊发,当时并未规定,嗣因由各县知事或各该局自行刊用,难免纷歧不一,即由前按署通饬一律由道汇请刊给,以示郑

---

① 处以,底本如此。

重。现在道署业奉裁撤，如仍照前定手续办理，自应改由本厅汇请刊发，惟当厅长就任之初，道署尚未奉裁，所有各道署咨请刊给，当时因承转手续，核与定章尚无不合。嗣后各道裁撤，各县之径行呈请者，又以是项图记急待应用，转辗呈请未免稽延时日，是以由厅直接刊发，虽于前定手续不免稍又歧异，而按诸实际，实亦并无妨碍。除教育各机关钤记向系自行刊刻，将印文呈报省署备案，应何照旧办理外①，拟请嗣后凡关于县署直辖各机关所有应用图记均由本厅刊发，以期迅速而示划一。是否有当，理合备文呈报都督察核示遵，实为公便。

　　谨呈
浙江都督吕

民政厅长王文庆

中华民国五年七月三日

（原载《浙江公报》第一千五百五十号，一〇页，呈）

民政厅呈都督

嗣后关于拨用地方款项应请录案

饬知以便稽核是否可行乞示遵由

　　呈为呈请事。窃查各县地方款项收支清册，曾迭奉都督批厅查核，分别咨饬遵办有案。惟查是项清册内列各款，间有由县呈奉钧府核准者，本厅以无案可稽，必须批饬补报，而文牍往还颇稍时日，行政务求敏活，似非彼此浃洽，不能脉络贯通，进行迅速，拟请嗣后凡关于钧府核准动用之地方各款，于批复原县以后，一面即录案饬知本厅备案，以资稽核。厅长为慎重办事手续起见，是否可行，理合备由呈请，仰祈都督察核施行，至为公便。谨呈

---

　　①　应何，疑为"应仍"之误。

浙江都督吕

　　　　　　民政厅长王文庆
　　　　　　中华民国五年七月四日
（原载《浙江公报》第一千五百五十一号，一九一六年七月七日，九页，呈）

民政厅呈都督

遵批点收会稽道属办赈公费余款及各种卷宗
图册尚属相符并分别咨移归垫补报由

　　呈为呈复事。案奉都督批发前会稽道道尹会委呈缴道属办赈旅费结存款项及各种卷宗由一案，内开，"呈及附件均悉。办赈结存款项用途已定，未便挪移，仰民政厅查照来呈，转咨财政厅拨款归还，以清界限，缴到银四百另九元四角六分一厘一并发交该厅接管，仰即查收具复并转行该道尹、委员知照。呈抄发。银及附件并发"等因，计附发银四百另九元四角六分一厘、卷宗十四件、请款凭单一纸、领款总收据二纸、风灾图册一包、照片二纸到厅。奉经厅长逐项点收，均属相符，惟上年梁前道尹办理道属风灾，曾经会同田委文彝电准前按署在拨发之赈款内提存银四千五百七十六元五角二分四厘作为办理赈务各项公费之用，现在此项提存公费连同垫支各款既经仅存银一千四百六十三元七角五分二厘，所有已经支用之公费银三千一百十二元七角七分二厘，尚未据册报有案。除另文咨请财政厅将垫支各款如数拨发归垫，并移请前会稽道道尹，会同田委迅将已用各款检齐单据，补造册报，以重赈款外，所有遵批点收会稽道属办赈公费存款及各项卷宗、图册尚属相符，并分别咨移归垫补报各缘由，理合备文呈复，仰祈都督察核。谨呈
浙江都督吕

　　　　　　民政厅长王文庆
　　　　　　中华民国五年六月二十七日
（原载《浙江公报》第一千五百五十一号，九至一〇页，呈）

民政厅呈都督

呈复核议竞雄女校补助费由

呈为遵饬核议具复谨请鉴核事。案奉钧府饬开，"准参议会函开，'案据竞雄女学校校长徐自华陈请，以校费支出恳请拨款补助，并列入预算等情，据此当经本会详细审查，该校开办迄今，已历五载，成绩昭著，校费困难，系属实在。惟现值军事倥偬，库款支绌，能否量予补助之处，相应函请贵都督酌量办理'等因。准此，除函复外，合行饬仰该厅查明核议具复察夺，切切毋延。此饬"等因，并发陈请书及收支清摺各一分下厅。奉此，查本省各校受省款补助者，均以省内各中等以上学校为限，其在外省旅学以及本省各小学校向无发给补助之例，该校既系旅学性质，又属高小程度，核与本省给补成案本不相符。惟既系秋女士纪念之校，办理多年成绩可观，其经费困难情形，经参议会审查属实，自当设法维持。其所请本年度量予补助一节，前据该校长专文呈请到厅，业以"本年省教育费预算早经核定，各校已定经费又万难中途变更移作他用，所请本年补助实系无可腾拨，俟将来办理本年度决算时，如有余款，再行酌给"等语批示在案。至六年度不敷经费能否补助，拟俟将来编制六年度预算时再行酌办。所有遵饬核议情形是否有当，理合呈请都督察核示遵。

　谨呈
浙江都督吕

民政厅长王文庆
中华民国五年七月五日

（原载《浙江公报》第一千五百五十二号，一九一六年七月八日，九页，呈）

民政厅呈复都督

批吴兴自治委员禀请饬县拨款充保卫团经费由

为呈复事。本年六月二十三日奉钧督批吴兴自治委员禀请饬县拨款充保卫团经费由,奉批,"据禀,请饬该县将抵补金五角附捐项下四年度三角积谷经费,提充民团经费各节,是否可行,仰民政厅查案妥议具复察夺。此批。摘由发,禀发,仍缴"等因。奉此,遵查各属保卫团经费,照章均应就地自筹,未便请由公款拨补,且积谷一项原为备荒而设,关系民食,至为重要。厅长正拟整顿仓谷办法,凡关于仓内谷款一概不得挪用,俾得有备无患。该委员等请以四年度抵补金附捐项下三角积谷经费提办民团,碍难准行。该团经费应仍由各区自筹的款照章举办。所有遵批查议缘由,理合检同批发原禀备文呈请钧督察核施行。

谨呈

浙江都督吕

计呈缴原禀一扣。

民政厅长王文庆

中华民国五年七月五日

(原载《浙江公报》第一千五百五十四号,一九一六年七月十日,一六页,呈)

民政厅呈报

查办云和县知事与警佐互讦并该县民
禀控该知事各种劣迹一案由

浙江民政厅呈为查明云和县知事与警佐互讦情形并该县民饶冀等禀控该知事各节拟具办法呈请察核事。

卷查前据云和县警佐杨锡琦电讦该县知事赵铭传滥押滥刑、不发囚粮等情,并准高等审判厅咨据该警佐电同前情,当经饬委本厅警务视察员季衡前往查办。嗣奉钧批,"该知事详陈困难情形,请求鉴核作主"等由,饬厅查究,并据该知事分呈到厅。节经并饬确查,曾将委查情形呈明在案。

兹据该委员复称,"奉饬遵于六月一日由省起程,十二日到云和县,按件分别详查。据该县警佐杨锡琦电禀知事赵铭传滥押追租农民不发囚食一节,查系该县自治办公处佃户农民朱笃儿延欠租谷,赵知事于五月七日将该农民提案发交警所押追,杨警佐以警所系拘留已决违警人犯,欠租农民不应发交拘押,因借农忙为辞,面请赵知事释放,知事不允,词色严厉,系属实情。所称'农民待饿'一语,查无其事。又,杨警佐称,赵知事滥刑一节,查赵知事讯办赌窃各犯,确有当堂判决执行,有违《笞刑条例》者,此为杨警佐指控赵知事滥刑之原因也。

至饶冀等禀控赵知事:

一、罔利营私。查赵知事到任之初,于各椽属实有所更换,惟县视学初委唐国楹。本年三月间,唐国楹辞职。四月初,即以政务助理沈桐兼充,并非迄尚虚悬。县视学薪水并公费,每月应支洋二十四元。沈桐兼充时,每只给公费十元,所余视学原薪十四元,系按月提作修理该县劝学所经费,业经赵知事详准道尹有案。梅荐林,系该县习艺所长,并未兼任该县署财政助理、自治委员;高学愚,亦无兼任该县署政务助理之事。惟本年四月二十五日,该县署财政主任贾天柱去职,继任王懋德值五月廿三日到任,中间以习艺所长梅荐林代理,给薪一月,是属实情。

二、重收规费。查该县办理承粮户摺,照章收费,并未再取推收之费。惟该县人民狃于向来习惯,业主只知推收不要户摺,以致办理人员于只请推收者,取其推收之费,发有承粮户摺者,取其手数料。饶冀等控为重收,殊于事实不合,惟各县办理承粮户摺系奉省令,均应切实遵行。虽该县人民狃于旧习,而赵知事不能遍为晓导,俾各遵行,虽无重收之弊,而办法两歧,究属不合。

三、冒报活支。查该县行政经费内活支一项,均系零星支出,何项冒报,实难澈查。至称'伪造许德生及借用王德兴二号印信'等情,经分别查明该号账簿,并分别询据该店东,均系确无其事。

四、吞噬存饷。查该县警察蔡希明、陈绍裘二名,系因办案被控斥革,江咏清系因行为犯法斥革,其存饷洋元询据赵知事云,'按照《警察存饷章程》应予充公',且杨警佐亦无代请发还事。

五、滥用酷刑。查系乡民张心田窃砍柳绍明松木被控,赵知事提审属实,当堂判笞一百五十板释放。轿夫符满才,昇赵知事出乡办案,中途置轿远逸,并非病不能行,赵知事回署,因将该轿夫提笞五十。饶冀等据以指控,虽事非无因,而不免过甚其词,亦性情凶暴。查赵知事下乡夜宿时,遇有疯颠人朱熙正纠缠不清,赵知事于道途跋涉之后,苦其纠缠,批其颊,令其退出。又,轿夫中途腹饿,乞钱购食,知事以适无零钱却之,有农民李志旺谗言'轿夫腹饿,非给食不行'等语,差役以其多事,且系侮骂长官,一掌其颊。饶冀等至称为'拳足交加,奉以老拳',殊属张大其事。

七、纵警敲诈。经面询项家栋称,'系蓝某滞欠粮银,赵知事饬警催纳,该警索去水脚洋一元。家栋闻知,即令该警缴还,否则禀请知事办理,该警当日即将水脚洋如数缴还。事后,家栋并未禀告知事'等语,是饶冀等所控,又不无添饰之处矣。

八、虚糜公款。查该县办理调查仓谷一案,当调查告竣时,赵知事拟定每谷一石提给调查员夫马一升,询据地方绅耆,均以为赵知事办理甚洽。饶冀等所控,殊与事实不符。

九、疲玩要政。该县官立农会二所,森林苗圃已有一处成立,惟开办虽久,而成绩实无可观。

十、罔上欺下。查该县施放牛痘局原系地方绅士捐资倡设,赵知事仅捐洋五元，而报省抬称十五元，以少报多，事属实在，惟捐洋已交该局收领。饶冀等指为分文未付，又不免言之过矣。

又，赵知事详称，警佐杨锡琦屡玷官箴，捏词反噬各节，查杨警佐有无冶游，事涉幽秘，难得实据。大庆寺聚赌一节，据该警佐自称，曾同县署前管狱员杨明等经过大庆寺一次，并未赴赌，但人言藉藉，似非无因。革警江咏清，更名江鼎新再行补入，事系实在。惟据杨警佐称，该革警更名补用之时，有该地士绅具报，并经赵知事批准，而据赵知事称，该警江鼎新补入之时，并不知其即为已革之江咏清也。杨警佐有无与江鼎新朋比为奸，查无实据，而江咏清声名恶劣，舆论佥同。

奉饬前因，所有查明赵知事、杨警佐互讦及饶冀等指控赵知事各情形，理合据实声复"等情。据此，厅长复核该委员逐查各节，该县知事赵铭传对于讯办赌窃各案，擅用笞责，核与原颁《易笞条例》本属违反。其办理承粮户摺一项，因人民只请推收者即收取推收之费，按诸定章，亦属不合。至革警叶希明、陈绍裘、江咏清三名，原存饷银不予发还，虽据该知事自称"照章应予充公"等语，而调核该所月报，仅有"三等警察陈绍裘一名，因涉索诈嫌疑，罚银九角三分三厘；一等警察江咏清藉案索诈，经予斥革"等字样，并未有存饷充公情事，无怪该革警等指为吞噬饷项。

又，该知事审理张心田砍树一案，与轿夫符满才均任意笞责，亦属非是。至牛痘局一项，既为地方捐倡，该知事仅捐洋五元，而详报省署冒称十五元一节，调核前按署档案，确系朦报。此等慈善事业输金极微，而公牍中竟自矜倡办，虚报金额，其心术亦殊鄙诈。综核各节，似难宽宥，拟请将知事赵铭传酌记大过一次，仍饬将该革警等存饷如数分别给领，并补捐牛痘局洋十元，俾知愧疚而免藉口。其余各节，既与原控情实不符，请免置议。该县警佐杨锡琦，前据该知事呈揭"屡玷官箴"各节，现虽无实据，而人言藉藉，似应并予以降调处分。该警佐员缺原系二等，拟由厅查核各县三等警佐中如有成绩优良、堪以拔升者，即行呈请对调，用示奖惩，并饬将警察江咏清即江鼎新一名立即开除，免致害群。厅长为澄叙官方、整饬警务起见，所有查办云和县知事与警佐互讦情形暨该县民禀控各节一案，是否有当，理合具由呈乞钧督察核批示祗遵。

谨呈

浙江都督吕

民政厅长王文庆

中华民国五年七月十八日

（《浙江公报》第一千五百六十五号，一九一六年七月二十一日，一二至一四页，呈）

民政厅呈都督

为奉饬改用学校行文程式拟请暂缓施行由

呈为奉饬改用学校行文程式拟请暂缓施行以免纷更事。

窃本月十一日奉钧督饬开，"案查各省创办学校之初，大吏对于中等以上学校暨地方官对于各小学校行文均用照会，良以教育一端关系立国根本大计，至为重要，非得国中名宿出而主持，不足以资振顿，而非隆其待遇，则凡雅负时望之士，或不愿出而担任，用意至为深远。民国成立，行政官厅对于各学校忽一律改用饬文，视同僚属，殊不足以尊重耆宿、维系名流，于振兴教育前途大有妨碍。嗣后各行政官厅对于各校向用饬文者应一律改用照会，各学校对于各官厅向用呈文者一律改用牒呈。至各学校职务上应办事件，仍须按照定章，由各该管官署分别认真监督，其公文向由主管官署核复或应报由主管官署核转者，仍应循序办理，不得违越。为此饬仰该厅通行各县知事暨各学校遵照办理，并分咨各厅署知照，切切。此饬"等因。奉此，仰见钧督注重教育，优礼士林，自应遵行。惟公文程式为法令之一种，而教育机关不用普通程式，上年曾经全国教育会联合会议讨论否决，现在各项法令将次修改,学校行文程式是否另行规定,中央必有明文,统一既在目前,似宜暂循其旧,以免多所变更。所有奉饬改用学校行文程式拟请暂缓施行缘由,是否有当,理合备文呈请钧督察核示遵。

　　谨呈

浙江都督吕

　　　　　　　　　　　　　　　　　民政厅长王文庆

　　　　　　　　　　　　　　　中华民国五年七月二十日

　　(《浙江公报》第一千五百六十七号,一九一六年七月二十三日,一三页,呈)

财政厅呈复都督

为附收征费实为旧日火耗平馀之变相
请暂仍其旧以俟大局解决由

　　为呈复事。

　　本年七月十日奉都督饬开,"据嘉兴公民陶崇廉等电称,'地丁征价,前经省会议决,仍旧制划分正税、附税,均连征费在内,嗣加增之九厘征费,实属重叠。且系命令,不基法律,尤于《约法》第三十一条违背,乞饬县免除,以符法案而苏民困。禀续上'等情,合行饬仰该厅长核办具复"。又于七月十五日奉都督批饬嘉兴公民陶崇廉等禀地丁征费非法加征请予通饬免除由,奉批:"前据该公民陶崇廉等电禀到府,即经饬知财政厅核办具复在案。据禀各情,仍仰财政厅并案办理。此批。摘由发"各等因,并据该公民等以前情先后电禀到厅。奉据此,查此项征费前经临时省议会议决,本在正税内支,当时政令尚未完全统一,国会亦在筹备进行,省自为政,各行其法,无全国预算之可言。嗣经部中编制预算,不敷甚巨。将各省内支征费一律删除,通饬妥筹附收之法,即经议定:地丁项下,按照省税一八之数附收九厘,计每两一角六分二厘；抵补金项下，按照折价附收三分，计每石一角五分。其议决理由：以前清旧制，各县征收钱粮于正税粮捐之外，本有火耗、平馀等名目，凡征收办公一切开支，无不取给于此。光复后，耗、馀等项正名县税，悉充地方公益之用，官厅公费均在国税支出，在人民负担虽不减轻，而地方公款骤增数倍，国家公用较前实多。此预算不敷之原因，征费附收之由来也。且征费未加以前，本有督促费一项，每户二角，厥后此款实行取消。凡可体恤民艰，无不筹之详尽，维时电商各省，大率如此规定。事关全局，非浙省所能骤议更张，即在浙言浙，是项附收征费实为旧日火耗、平馀之变相，维持征费即所以维持地方公益之款。不过征收国税，其费取之于民，而预算又未经国会通过，按之租税学说，法律手续似乎不甚合宜。现在参、众两院指日开会，财政为庶政根本，一切应兴应革以及从前未经通过各案，或请求追认，或提议改良，将来自有统一办法。此款与国税、预算均有密切关系，厅长愚昧之见，应请暂仍其旧，以俟大局解决。是否有当，除批示外，理合备文呈复，仰祈都督察核示遵。

谨呈。

中华民国五年七月　　日

（《浙江公报》第一千五百七十三号，一九一六年七月二十九日，一三页，呈）

大总统申令

据唐继尧、岑春煊、梁启超、刘显世、陆荣廷、陈炳焜、吕公望、蔡锷、李烈钧、戴戡、李鼎新、罗佩金、刘存厚等寒日电称："军务院已于七月十四日宣告撤废，其抚军及政务委员长、外交专使、军事代表，均一并解除。国家一切政务静听元首、政府、国会主持"各等语，慨自改革以来，迭经变故，矩矱不立，丧乱弘多，法纪陵夷，民生涂炭。本大总统继任于危疑震撼之际，遵行元年《约法》，召集国会，组织责任政府,力崇民意,勉任艰虞。该督军等顾念时危,力闳大义,撤销军务院及抚军等职,纳政务于一轨,跻国势于大同,义闻仁声,皭如日月,千秋万世,为国之光。惟念大局虽宁,殷忧未艾,宜如何栽培元气,收拾残余,永绝乱源,导成法治,补苴罅漏,经纬万端,来日之难,倍于往昔,所期内外在官,各深兢惕,同心协力,感致祥和,以成未竟之功,益巩无疆之业,本大总统有厚望焉。此令。

(原载《申报》一九一六年七月二十四日,二版,命令,又《浙江公报》第一千五百七十五号,一九一六年七月三十一日,二至三页,命令)

政务参议会呈报

启用图记并选正副会长由

为呈报事。案奉钧饬内开,"案查《浙江政务参议会简章》第三条内载,'本会由省长刊给图记一颗,专备内部文件钤印之用'等语。该会既已组织成立,所有前项图记亟应刊给,以资应用。兹由本省长照章刊发木质图记一颗,文曰'浙江政务参议会图记',合亟饬仰该会查收启用,并于八月一日开成立大会,选举会长、副会长,具报查考。此饬"等因,并发图记一颗到会。奉此,本会遵于八月一日开成立会,当即启用图记。查本会《简章》第六条内载,"本会设会长一人,副会长一人,由会员用记名投票法互选之。前项互选,以得票多数者为当选"等语。兹已照章投票,王廷扬当选为会长、许壬当选为副会长,即日就职任事。所有开会选举会长、副会长情形暨启用图记日期各缘由,理合具文呈报,仰祈查核备案。

　　谨呈
浙江省长吕

　　　　　　　　　　政务参议会会长王廷扬
　　　　　　　　　　中华民国五年八月三日

(原载《浙江公报》第一千五百八十四号,一七页,呈)

民政厅呈奉省长

饬准内务部咨请整顿保卫团仰将本省现办情形克日具报由

呈为呈复事。

案于本年七月三十一日奉钧长饬开，"于本月二十四日准内务总长咨开，'昔管子作内政，寄军令而国以治。东西列强施行征兵制度，亦即我寓兵于农之遗意。方今国运维新，百端待举，抚民卫国，治安为先。军人注重国防，警察亦未普及，地方保卫团之设，实取古者保甲乡团之规制，合一炉而冶之，果能实力奉行，分期退伍，十年以后，成效必彰。世英前在福建巡按使任内①，曾将闽海、建安两道各县地方保卫团一律举办，并依据《地方保卫团条例》，酌量地方情形，发布《〈地方保卫团条例〉福建省施行细则》及清查户口、管理器械、练丁各章程暨一切应用表册，通饬遵办，并经本部咨行各省仿照办理在案。各省已经举办者，尚望认真整顿，毋废前功；其未办理者，亦望斟酌情形，迅速举办。为此咨请查照办理，并希见复为荷'等由。准此，合亟饬仰该厅迅将本省各县地方现办保卫团情形，克日详晰具报，其已办地方应如何整顿维持，未办地方应如何筹画进行，经费如何指定，并仰一并妥议具复，以凭核复。至依据《条例》所订《细则》《规程》及各项表册，并即各缮一份呈送备查，均无违延，切切。此饬"等因。奉此，查接管卷内浙省办理保卫团情形，业由前按署于民国四年三月间遵照《地方保卫团条例》发布《浙省施行细则》通饬遵办，一面饬取先行成立各县在事员绅名册连同《细则》咨陈内务部察核。旋于是年九月间复因前未列册各县陆续详报成立，即前经列册各县亦有因区域变更或员绅辞退，分别详报改编、改委，又经另造名册，并历叙浙省自办有保卫团以来各属盗匪案件径自破获者固多，即其协助军警因而

---

① 世英，即许世英(1873—1964)，字静仁，号俊人，安徽省至德县(今东至县)人。民国三年五月任福建省民政长，不久改称巡按使。民国五年四月辞职。时任内务总长。

缉获者亦复不少。规模既立,成绩足观,节次随案奖励,昭示激励各情,咨陈内务部察核,先后接准咨复由部备案各在案。厅长视事以来,对于各属团务仍主积极进行,藉以辅助军警,捍卫闾阎。已办地方,拟即责成本厅警务视察员于视察警务之便并案点验,择办理合法、成绩较著之区,从优核奖,用资观感;其未办地方,并经分饬各该县知事会同公正士绅妥速筹办,一俟复到,即行具报。

至经费一层,《条例》第二十五条本规定就地自筹,即《施行细则》第三十五条亦经列款指定,似可毋庸另议。奉饬前因,理合备由呈复,并检同《〈地方保卫团条例〉浙省施行细则》《浙江保卫团驻所标识规则》《浙江保卫团服式规则》一并呈送,仰祈钧长察核,分别咨复备查。再,在事员绅名册,本应查案照抄,随文附送,惟现在情形与咨陈备案时间有不符,已饬属另行造报,容俟送到再行汇传,合并声明。

谨呈

浙江省长吕

计呈送《〈地方保卫团条例〉浙省实施细则(附表)》一份、《浙江保卫团驻所标识规则》一份、《浙江保卫团服式规则》一份。

民政厅长王文庆

中华民国五年八月十二日

(原载《浙江公报》第一千五百九十一号,一五至一六页,呈)

民政厅呈报省长

拟办实业必要情形请饬财政厅克日如数筹款解厅应用由

呈为呈请事。

窃维治国之方,厚生为要,财政之策,兴业宜先。吾浙土壤膏腴,物产饶衍,财赋所萃,富庶可期。乃自近年以来,民生凋敝,财用支绌,凡百设施,率多苟且。推原其故,风俗奢糜,人情游惰,驯至工商窳败,农事萎靡,长此因循,势将不国。迩者国是既定,秩序已宁,亟应图通商惠工之方,庶足收裕国足民之效。顾振兴实业,厥有两端。一为奖励发明,一为改良旧物。顾发明须硕学专门,宽以岁月,非旦暮之可期;而改良旧物,第有相当技术,切实办理,即可计日程功。

吾浙物产,丝茶而外,如丝绸、纸张、水产、靛青之类,均为出产大宗,徒以袭故蹈常,不谋进步,优胜劣败,坐失利源,设非由官厅为之倡导改良,昭示模范,必不足以咨仿效而奠始基;他若草帽辫一项,在山东登莱、直隶保定各处每年出口产额几及千余万金。浙省所产麦秆,数亦不少,徒以不知制造,悉贱售以供燃料。天产有用之物,人以无用弃之,殊属可惜。现时草帽辫行销极广,而日本货又源源输入,则关于是项原料之采集及工作之方法,亟应派员实地查察,并随带艺徒悉心学习,限期竣事,以为废物利用之张本。凡此数种,均为浙省原有物品而销路悉被外货侵夺殆尽者,在平时外人挟其资本、学术、经验、招牌,以临我萌芽幼稚之工商,犹千钧之座压累卵,非惟无发育之可言,抑且无生存之可望。方今欧战方酣,尚未告结,外来货物踊贵沸腾,正宜趁此千载时机奖励仿造,庶有一线希望。此关于时机方面不能认为缓图者一也。

又,查上列各物产改良制造经费,均经呈准列入预算及追加预算有案,其中有四年分未办,经前按署饬厅专案提存之款,如模范手工造纸厂是,或应先事调查已有支出之款,如手工造纸及草帽辫两项是,又有以未经列入预算,经前按署特饬各县遵解查验茧灶费以备拨充经常开支者,如改良靛青模范制造工厂是。据此以观应行改良制造各物产,其支有调查费者,事已开始不能中止,其未经举办者,所有开办、经常费两项,大半均已有着落。此关于经费方面不能认为缓图者又一也。

时机不再,既深稍纵即逝之忧;经费非难,即系振作有为之会。况以上各种事业,除调查学习草帽辫需费银一千元外,均经前省议会议决咨交执行,或前按署拟议办法咨部核准有案。钧长慨任艰巨,秩序井然,两浙苍生,同深景慕。厅长忝司民政,责有攸归,设再不切实计画,克期办理,非惟不足昭示夫来者,抑亦有负承命之初衷。此关于事实方面不能认为缓图者又其一也。

乃现准财政厅来咨,"有实业临时经费及未办事业陆续追加之款,为数甚巨,现值库储竭蹶,军用浩繁,无从再行应付,请酌量情形分别缓急列入六年度预算内支出,以纾财力而免困难"等语。厅长殊滋疑惑不解者,良以民生之源系于实业,而实业救亡之说且为有识者所公认。浙省独立以后,军事各费虽较昔时为巨,然要非完全破坏各省可比,然则根本要政,要未可一日缓图。所有模范整理织物工场开办费银三万八千四百元,模范手工造纸厂开办费及流动资本银四万元,造纸原料种植场开办经费银二千元,制造水产品模范工场开办费及经常费银三万二千一百七十五元,改良靛青制造工厂开办费银七千七百二十二元。又,各县解库拨充改良靛青制造工厂经费之验灶费银五千三百十三元,草帽辫调查费银一千元。统共计银十二万六千六百十元,应请饬下财政厅无论如何困难,均须克日如数筹解来厅,俾应要需。除再由厅续声叙理由咨请财政厅查照咨放外,合将本厅对于兴业需款必要缘由,检同拟定各项筹备进行日期表一并备文呈送,是否有当,伏乞省长鉴核示遵。

再,模范桑园早经前按署饬委甲种蚕校择地开办,购买美棉种子,亦应继续托由驻美公使就近采运。以上两项临时经费为数甚微,拟随时咨请照拨。至商品陈列馆,应遵钧批编成议案呈候提交省议会议决,其整理织物工场,以须向外洋订购机器,草帽辫现正出发调查,无从预计时日,故未将筹备进行日期一并拟列,合并陈明。

谨呈。

中华民国五年八月九日

(原载《浙江公报》第一千五百八十七号,一七至一八页,呈)

浙江省议会咨省长

咨明本会办事处回复组织暨启用关防日期由

浙江省议会为咨照事。案查本会议员前因召集议会事宜迭次连署函请,嗣准贵省长前在都督任内宣布,以本年九月一日为本省议会召集期,具见贵省长尊重法制,首先提倡之盛意,本会同人异常钦佩。本会亟应招集办事人员,照章预备。兹准民政厅委派筹备委员何公旦于本月十六日将从前缴存前行政公署本会关防一颗,先行赍交到会,经本议长验明接收,即日启用,并将本会原有之办事处同时依法组织回复,以便进行一切。除各项文卷、器具、房屋,俟陆续移交到会,点明接收,再行汇咨存案外,合将本会办事处回复组织暨启用关防日期备文咨请贵省长查照。再,本会议长莫永贞前经因事函请辞职,在未经大会公决以前,所有议长职务依《省议会暂行法》暂由本副议长代理,合行咨明。此咨

浙江省长吕

> 浙江省议会代理议长刘焜
>
> 中华民国五年八月十八日

（原载《浙江公报》第一千六百零二号,一九一六年八月二十七日,三页,咨）

浙省军警长官致北京大总统国务院电

恳请仍以吕督军兼任省长由

北京大总统、国务院钧鉴:吕督治浙,军民相安。兹闻电辞省长,凤岐等不胜惊愕,揆度浙江现状,省长一席,仰恳仍以吕督兼任,以洽舆情,无任翘企之至。督军署参谋长周凤岐、第六师师长童保暄、第二十五师师长张载阳、台州镇守使顾乃斌、嘉湖镇守使王桂林、十一旅旅长来伟良、十二旅旅长李炜章、四十九旅旅长韩绍基、五十旅旅长

潘国纲、第一旅长俞炜、警政厅长夏超、内河水警厅长徐则恂、外海水警厅长王蕚谨呈。卅一。（中华民国五年八月三十一日）

（原载《浙江公报》第一千六百零八号，二四页，电，又载《申报》一九一六年九月二日，三版，公电）

民政厅呈请省长

转呈核示地方团体行文程式由

呈为呈请咨呈核示各级官署对于地方团体往来行文程式以资遵守事。窃读教令第二十八号《公文程式》第一条，凡处理公事之文件名曰公文，是处理公事之文件，应均依式遵用。惟查同令后开各条均系官署对于官署及人民往来行文程式，其对于地方各项团体是否一律适用，未奉明文规定，不无疑义。查地方团体，如各项校、所、院、厂及农、工、商、教育各会，对于官署常有往来文件，究应如何办理之处，理合呈请钧长咨呈国务院核示祗遵，实为公便。

谨呈
浙江省长吕

民政厅长王文庆
中华民国五年八月二十六日

（原载《浙江公报》第一千六百零九号，二三至二四页，呈）

浙江警政厅呈省长

为查明平湖县公民陆江等禀控水警分队长彭寿春
渎职殃民一案谨将办理情形复请察核由

呈为查明平湖县公民陆江等禀控水警分队长彭寿春渎职殃民一案，谨将办理情形呈祈察核事。

本年七月八日奉钧长前在都督任内批发平湖县公民陆江等禀控水警分队长彭寿春渎职殃民由，奉批"据禀是否属实，仰警政厅查明办理。此批"等因。奉此,查此案前据该县公民陆江等联名具控,业经批饬内河水上警察厅秉公查复在案。嗣奉钧长批同前因,并据该县新埭区陆邦燦等电禀到厅,复经先后饬仰该厅迅予澈查去后,兹据该厅于八月二十五日呈称,"本年七月十日奉钧厅批据平湖县公民陆江等禀控水警分队长彭寿春违法殃民请查办由,奉批'禀果非虚,殊属不合,仰即秉公查明,具复核夺。此批。摘由发'等因。奉此,查此案前据该公民禀诉来厅,当经批饬第九队长方景铭逐查切实具复,并奉钧厅暨都督先后批同前因到厅,节经饬查并案复夺去后,嗣据该队长复称,'奉批查公民陆江禀控彭寿春案,当经饬派第五号船一等水巡长武乃昌查明实情具复去后,兹据复称,巡长奉饬查公民陆江等禀控分队长彭寿春渎职殃民、私刑违法各款,遵即前赴新埭按款详查。原禀第一款云,诬旧埭坊姚少泉良民为盗,被其拖去鞭背一千五百、踏扛七次、监禁私锁一昼夜等语。查此事系由旧埭陆宝鈜即亥卿家被盗,因缉盗而发生。询据陆宝鈜云,姚少泉向以奏乐为业,近颇游荡,不事正业,鈜家被劫后,外间谣言纷起,曾嘱彭分队长于五月二十一日黎明拿获,未几即释放。复至新埭分队调查拘留时刻,确是此日上午五时入至七时出,经该同业沈少春等八名具保,并自治委员陆啸琴函保释出,所禀鞭背、踏扛、监禁等情,实无此事。

又,第二款云,强牵旧埭坊农民陈阿大耕牛,变卖洋三十六元等语,巡长查此事亦因捕盗而起。询据陆宝鈜云,陈阿大租种鈜家田有年,近察舆论及观其人举动,甚有可疑,若非此人引线,鈜家不至被劫,曾函请彭分队长并派司账谢秋岩、赵小弟二人领去捉拿,讵阿大已闻风逃逸,当由谢秋岩设计将伊耕牛一只牵来,意图阿大亲来索牛,乘机拿获,后因无效,即将耕牛由鈜侄梦山送还。现时阿大在逃,牛则已归其妻收领矣。

又,第三款云,诈取张兜坊农民吴富荣洋一百五十元等语,巡长查此事系新东坊戈绅来碧邀请彭分队长协同处理而起。据戈来碧云,有刘大福与吴富荣因斗殴构讼,刘妻陆二宝惧累,潜至吴家自缢,解救后三日,因产身故。来碧因刘、吴两人均系佃户,恐讼则终凶,乃邀同彭分队长为之排解,劝令吴富荣出洋三百五十元作为刘妻丧费等用,两造均愿甘息讼,同赴平湖县署合具息结了案。此系排难解纷之事,断无诈欺取财之理。

又,第四款云,私锁旧墼坊农民胡阿金监禁一夜,诬良为盗,兼之私刑等语,巡长查此事亦因缉捕陆宝鈖家劫盗而起。据宝鈖云,五月二十三日夜曾函请彭分队长督警来家,因其人地生疏,即派司账谢秋岩、赵小弟两人带领前往,维时陈阿大已远扬,适胡阿金寄宿伊家,即便拿获,当经谢秋岩认明非是,立即释放,并未带至分队,何从监禁而用私刑等情具复前来,队长核其情节,不为无因,而按诸该公民等禀控各节,未免有失实之处。所有奉饬查明是案缘由,理合据实缕陈'等情前来,职厅当查所复各节,该分队长彭寿春实居嫌疑地位,虽据查无渎职殃民、私刑违法情事,但对于缉捕盗案,仅凭事主一言一函即便操切从事,屡缉屡释,殊属滋扰,且于谢秋岩不为当场禁止,尤为不合。至刘大福之妻陆二宝,先因构讼惧累,潜至吴家自缢,已经解救,嗣因产后身故,与人何干?该分队长身为官吏,出为排解,已属非分,乃竟令出洋三百五十元作为刘妻丧用,是否有刘大福收据,该分队长有无从中诈取,复经批饬该队长传该分队并事主刘大福及陆宝鈖等逐款质问,严密查察,并加派本厅差遣陈占汾详加澈查[①]、切实复夺去后,兹据该队长复称,遵即饬传该分队长及事主等到队质问,当据陆宝鈖家教习马士桂代表声称,是案出后,查有本地盗匪数名,即经开具名单函请彭分队长按名缉捕并派司账谢秋岩指引,原为急欲破案起见,虽迹涉疑似,自有事主负责,于彭分队长无与也。至陈阿大本系佃户,胆敢同行上盗,更属可恶,因被脱逃,谢秋岩愤极计生,

---

① 澈查,底本误作"激查",径改。

将伊耕牛一只牵回，意图亲来索牛乘间拿获，此非为牛，而仍为捕盗也，况已送还多时，实无变卖银元之事。复据刘大福、吴富荣及是案理中戈来碧等声称，刘妻虽因产身故，然既已控诉到县，在乡间小民素畏讼累，与其蔓讼于后多费金钱，不若和解于前稍有限制，戈来碧因两造均系佃户，是以力为劝息，令吴富荣出洋三百五十元助给刘妻陆氏衣衾棺椁等费，刘大福当立有收据为凭，并取具两造息结呈准县公署完案。此系来碧一人主持，彭分队长虽邀请在场，以为案既和解，事属已成，无俟抗议，况银洋均由刘、吴两人当面过割，何从诈欺，如不见信，愿甘再具切结各等语，据此伏查陆江等所控分队长彭寿春各款内如渎职殃民、私刑违法等情，均系空言诬饰，无足凭信，惟刘陆氏身故一案，该分队长贸然为之和解，不无嫌疑。兹既询据刘大福当时出有收据，今又双方再具切结，并经戈来碧一人主持，彭寿春见事已垂成，无所可否，不过当时作一傀儡耳。虽于理未合，而心实无他。陆江等既未悉其底蕴，辄欲加以诈欺取财之罪，挟嫌妄控，显而易知。奉批前因，理合将传询情由，并收据一纸、切结二纸，备文据实呈复，仰祈察核。并据该差遣复查该分队长第一、第二、第四各款，与该第九队长复词尚无差异，惟于刘陈氏丧用洋三百五十元据称由吴富荣交付戈来碧，转交彭分队长过付各等语。据此职厅合核此案，该分队长彭寿春虽无殃民违法情事，然身为官吏，于陆氏身故案躬与其事，在场劝解，已为不合，且为经手丧费洋元，尤属咎由自取，不避嫌疑。分队长彭寿春办事糊涂，应请撤差，以示惩戒。该队长方景铭，率驭无方，一并申斥。除将该分队长遗缺另文荐员接充并批示外，理合将查明确情并抄原送收据、切结，备文具复，仰祈察核施行，并抄呈原送收据、切结”等情，据此除批以“既据查明该分队长彭寿春对于缉捕盗犯操切从事，已属不合，而于刘陆氏身故一案，又复贸然为之和解，并代吴富荣过付洋元，种种行为荒谬已极，应准如呈立予撤差，永远停止差委。至该队长方景铭，对于此案未能先事举发，其驭下无方已可概见,姑念平时服务尚称勤慎,从宽着即一并申斥,以示薄惩"等语指令外,理合备文呈复,仰祈钧长俯赐察核指令遵行。谨呈。

(原载《浙江公报》第一千六百十二号,一九一六年九月六日,一五至一七页,呈)

民政厅呈复省长

遵饬查办松阳知事余生球克扣存饷属实请予酌惩由①

呈为知事克扣恩饷查明属实,据实具呈,仰祈察办事。

案奉钧长前在都督任内饬开,"代理松阳县警佐何光耀密报该县知事余生球克扣恩饷一案,暨该知事先后电呈辨白,并反讦警佐朦领费银等情,奉饬并查到厅,并据该警佐等分别电呈前来,遵经密委张烔前往确查去后。兹据该委员呈称,"委员当即前往该县,托名商人密向各学校、阅报所、商会等处详询,金谓余知事于七月二日给发恩饷,计行政警三十三名、县警队七名,共计四十名,均由何警佐按名照给,余县警队五名,则由余知事按名直给,实以铜元计算,当得月饷六元者给以铜元六百枚,七元者给以铜元七百枚,以次类推,余款初无处置。嗣以所为不满众论,乃于七月二十五日始将余款摊给法警、狱卒共计十四名,亦以铜元计算。再询之各警兵,言亦相符。窃思发给恩饷,原令限于行政警、县警队两项,而法警、狱卒并无规定在内,应否通融发给,委员不敢拟断。又,该县铜元市价每元兑换一百四十二枚或一百四十枚及一百四十四枚不等,时价纵略有参差,然亦无大出入,若以原令指定以银元计算,则每警所得恩饷相去实多,更按之发给恩饷日期,前后相距二十余日之多,究不知其是何用意,或谓其克扣不成,有心文过,度情揆理,不得谓非无因。此委员查明松阳县警佐何光耀密报该县知事余生球克扣恩饷之实在情形也"等情。据此,

---

① 底本无落款、日期。

厅长复核该知事余生球对于奉发恩饷一案,始则实行克扣,继因该警佐密揭、报载传扬,乃于时隔二十余日,设计弥缝,将克余恩饷银分给法警、狱卒,以掩耳目,居心巧诈,无可讳言,似应酌予惩处,以肃官方。查《知事惩戒条例》第六条,列有侵吞公款查有实据一项,处分颇极严重,该知事现将扣得恩饷银转发不应享受之法警、狱卒等,应否查照该《条例》酌予惩戒,并令赔缴擅发余饷之处,理合具文呈复,仰祈钧长察核指令施行。再,该知事反讦该警佐冒领服装及修葺费一节,是否属实,拟再另案查办,合并声明。

谨呈。

(原载《浙江公报》第一千六百十九号,一九一六年九月十四日,一四页,呈)

民政厅呈

奉训令据吴兴县商会总理王树枬呈请将固有县税房警捐留作就地之用由

呈为遵令议复吴兴商会总理王树枬呈请截留县税房警捐一案,拟请仍照前呈扩充警额办法事。

本年九月八日奉钧长令开,"案据吴兴商务分会总理王树枬呈称,'据城区众商呈称,近来中国政治多仿外洋,然往往有外国行之而甚利、中国行之而甚害者,半由于风气之不同,半由于形式之徒具。如警察一事,我国开办有年,惟北地京津尚称完善,南省瞠乎其后,而我浙则尤腐败,良由长官对于此事不以精神贯注,一则为安置私人之计,一则为借端集款之谋。即如吴兴开办警察在于前清光绪三十三年,当时厘捐委员张良楷熟悉警务,由湖府派委组织,张委员不辞劳瘁,每日饬役督率押犯清除街道,躬亲查察,遇有口角或拘获小窃,随时讯判,任人旁听,地方皆知警察之有益。其时府、县知商民与警察已有感情,邀集绅董会同两捕衙挨铺劝捐,无不承认。每逢朔望,官商会集一次，讲求进步，通达舆情，是以他府只以房捐办警察，而湖城兼有铺捐，经费独多，大可推广。不意省中设巡警道，一切警务，地方人士不得顾问，而铺捐仍如故也。光复以来，一承其旧。夫人民增一分负担，应享一分权利。今吴兴县税中有警察费，商民有房捐，又有警捐，均为办理警察之用，综计收款，为数至巨。而此项警察经费俱由县解省，由省分配各县，谓之酌盈剂虚。果如此说，窃有疑焉。夫通盘筹算，固大吏之用心；然厚薄异施，岂人情之公道？今以此县之经费补他县之开支，如他县之人民，亦如此县之已尽负担则可也，或此县之设施已较他县为完备犹可也。乃吴兴警察之程度则浅甚，警察之岗位则稀甚，小则敲诈骚扰，大则谋财害命（大悲庵高朱氏案），虽其中亦有谨饬之士，究之良少而莠多。问之警佐，警佐不任其咎；诉之知事，知事不负其责。曰未曾教练也。问何以不教练，曰经费支绌也。既曰支绌，更何盈余之可言？而犹欲移此以剂彼，则本可兴办一邑之事者，今反并全省而同归败坏。即如织里一镇，每月房捐约有百元，从未见有陆警一人，徒恃不可恃之水上警察，酿成从来未有之掳抢巨案，此亦政治不良之明验也。似宜力矫前弊，将就地固有县税、房警捐留作就地之用，如再不敷，则以货物附加税补助之，必使教练严明、薪饷增益，而后责以服务，致人民咸分警察之益，而不疑为敛钱机关。则虽瘠县，人民皆将乐办警察而无烦酌剂为矣。此警察之亟宜整顿者也’等情，据此所呈是否可行，合行令仰该厅长核议复夺。此令”等因。奉此，查浙省各县地方警察经费自三年度筹定统一办法，酌盈剂虚，维持全局，各县警务始得一律成立。该商等囿于一隅，所言未免过当，如盈余各县均议截留，则贫瘠之区势必因而破坏。况警务一端，必须统筹全局，由省支配，断不能县自为计，致涉纷歧。本厅前次呈请全省警费收解办法，仍照三年度成案办理，原为统一警务起见，当蒙钧长在都督任内批准照办，并经转饬各属一律遵行。伏念现时警额不足以资进行，繁要各邑尤宜设法扩充，复经体察情形，拟除收支不敷各县外，其收支有余各县准将认定解省余款内留拨七成，作为各该县扩充警额之用，其余三成仍按月摊解，以便拨补贫瘠各邑，及备因天时、人事临时短收拨补之需，曾经造具各县员额、经费收支盈绌表，呈请钧长核示在案。如蒙核准，则各县警额得以扩充，不仅为吴兴一县计，而全省警费仍归统一，亦不致有纷歧、竭蹶之虞。所有遵令核议，拟仍请照前呈扩充警额办法缘由，是否有当，理合备文呈复，仰祈钧长察核施行。

谨呈。

民政厅长王文庆

中华民国五年九月十五日

（原载《浙江公报》第一千六百二十四号，一九一六年九月十九日，二一至二二页，呈）

财政部咨浙江省长公署

为盐运使与督军省长都统等往来文件以后宜用公函由

财政部为咨行事。案据两浙盐运使胡思义详称，"查盐运使向来对于各省将军、巡按使，其公文程式以牒行之。现查《修正公文程式》，并无此种之式，应否改用咨呈或公函之处，请批示祗遵"等情，当经部、署咨行国务院查核去后。旋准咨复内开，"查《公文程式》既经修正公布，以前诸式均应废止，盐运使与督军、省长、都统等不相统属，往来文件自以公函为宜"等因。除令行各盐运使遵照外，相应咨行贵省长查照。此咨

浙江省长

中华民国五年九月十四日

财政总长兼盐务署督办陈锦涛

（原载《浙江公报》第一千六百二十九号，一九一六年九月二十四日，三页，咨）

民政厅呈省长

遵令将全浙教育联合会第四次议决案分别核议办理由

呈为呈复事。案奉钧署训令，以"省教育会会长函送全浙教育联合会第四次议决案，甲项系请行政官厅办理之件，令厅详加复核，分别办理具报，其应交省议会议决者，并即拟就议案，加具理由，送候复核交议"等因。奉此，查该案甲项变更联合师范讲习所办法一案，业于本厅呈送关于筹备义务教育之造就师资办法案内，抄同该建议案，呈请钧长核交省议会在案。其废止小学读经案，所称"教材无系统，教授难有方式及内容不合儿童心理"各节，理由均甚正当。惟事关学制，未便省自为歧，拟请钧长转咨教育部核办。其要求各县宣示学务经费及维持县教育会两案，均系正办，自应准行，业由厅通令办理。至甄别小学教员一案，查检定章程已由部呈定草案，拟俟颁到遵办，以免歧异。推广学级国民学校一案，则全省应设国民学校业由前署通饬各属，分别单级、多级，尽行查明，规定按年增设，毋庸再另通令。师范讲习所，又本系注重学级教授，送经部、省通饬办理，亦毋庸再行令遵。惟师范学校注意单级教授方法，及各县于假期内筹办单级教授讲习会两项，亦属要图，应予照准，已由厅一并通令遵行。所有遵令将全浙教育会联合会第四次议决案，分别核议办理情形，是否有当，理合具文呈复，仰祈钧长察核施行。

谨呈。

中华民国五年九月十三日

（原载《浙江公报》第一千六百二十九号，二〇页，呈）

民政厅呈省长

为酌拨警费余款扩充各县警额由

呈为酌拨警费余款扩充各县警额列表呈请示遵事。

　　查警察为内务行政之一,维持秩序、保卫治安,凡百庶政,端赖先导。浙省各县地方警额,自三年度裁减后,实不足以资进行。厅长职司民政,警务一端,首应注重,前经呈请将警察官吏薪公列入六年度预算,由省税项下开支,曾蒙核准在案。惟此项经费须俟六年度预算案议决后,始能实行,而现在繁要各县,警额亟需扩充,未便延缓。查各县认筹警费,年共八十万九千余,除额支警费六十万三千余元外,计可余银二十四万余元,徒以各县征收未力,以致年收实数,较认筹原额仅得八成,银六十七万余元,除去额支,约只余银七万余元,内系补助贫瘠各县警费及供警务研究所、模范警队与夫调查、点验等费。现在警务研究所既以停办,调查、点验亦可节减,所应拨补者仅模范警队一款。厅长拟令各县将收入警费极力整顿,务照认筹原额切实征足,不得减短。除收支不敷各县外,其收入有余各县,准将额定解省余款内留拨七成,扩充各该县警察名额,其余三成仍按月解省,以便拨充模范警队经费及备各县因天时人事临时短收拨补之需,庶经费不致竭蹶,警务得渐进行。是否有当,理合造具各县地方警额及经费收支盈绌表,备文呈请钧长察核示遵。模范警队经费,如能改由他款支出,则地方警额尚可酌加,其能否改拨之处,并乞钧裁。

　　谨呈。

中华民国五年九月　日

　　（原载《浙江公报》第一千六百二十九号,二一页,呈）

大总统令

　　张作霖、谭延闿、吕公望、陈炳焜、马福祥,均特加陆军上将衔。此令。

中华民国五年十月八日

　　（原载《申报》一九一六年十月十日,二版,命令,又《浙江公报》第一千六百四十九号,一九一六年十月十六日,一页,命令）

浙江督军署阅报室规则

第一条　本署设阅报室附于会食厅内,以便各职员阅看报纸。

第二条　各种报纸由军需副官酌量订购,每种一份。

第三条　各职员在阅报室,除阅报外,不得群聚谈话,致涉烦杂。

第四条　阅报室各报纸,职员阅后仍须分类置于原处,毋使混乱,并不得带出阅报室,以免散失。

第五条　阅报室应设护兵(由会食厅护兵兼管),将每日收到报纸分类置于案上,务须整齐。

第六条　阅报室设置书架,由室内护兵于每日各员退公后,将各报纸分别收存备查。

第七条　本规则于十一月一日实行。

(原载《浙江公报》第一千六百六十八号,一九一六年十月四日,二七页,章程)

黄蔡二公追悼大会筹备事务所启事

奉督军兼省长谕:"顷接北京黄蔡二公追悼大会筹备事务所电开,'黄、蔡二公相济殂谢,薄海含悲,现由公府、两院,各部院暨各政团,军、警、商、学、报各界联合发起全国追悼大会,定于十二月一日在北京中央公园举行,应请各省一律举行'等因。黄、蔡二公再造共和,功在民国,浙省自应照办,已择就省城西湖忠烈祠,于十二月一日开会追悼,惟事务纷繁,仰即预为筹备"等因。奉此,遵即在督署东首延龄路设立黄蔡二公追悼大会筹备事务所,业于今日成立,筹备会期一切事务,除分函外,特先登报通告,如荷各界、各团体致送挽联、祭文、诗诔等件,务请先期送交本事务所收发处,以便代为悬挂,是为至盼。

黄蔡二公追悼大会筹备事务所谨启

(电话第三八五号)

黄蔡二公追悼大会事务所简章

一、本所专为筹备黄蔡二公追悼大会而设,会期择于十二月一日行之。

二、本所地点暂设督署东首延龄大马路,会场设西湖忠烈祠。

三、本所设干事长一员、干事若干员,办理大会一切事务。

四、本所干事长由督军兼省长派委督署副官长充任之,各干事由干事长邀请各机关熟悉会务人员共同组织之。

五、本所办事人员分文牍、庶务、招待、会计、收发五股,分股办事,每股各若干员。

六、每股所办对外各事,均须先与干事长接洽,以昭郑重。如干事长公出时,由干事长指派干事一员代表之。

七、本所办事时间暂定为上午九时至下午四时止,其各机关兼有要差人员不在此限。

八、本所应支各项经费,由两公署拨发,以期撙节开支。

九、各办事人员茶水、伙食,概由本所供应之。

十、本所大门由督署分派卫兵一名,藉司稽查而资守卫。

十一、所中号房杂役,概由两公署调派承值,除临时会场布置酌量添雇外,所中不再另雇。

十二、本所大门启闭时间,定于上午七时起至下午七时止。

十三、本所会事完毕,即行取消。

十四、本简章未尽事宜,随时修正之。

(原载《浙江公报》第一千六百八十八号,一九一六年十一月二十四日,二七至二八页,布告)

浙江旅沪学会致黄蔡二公追悼大会筹备事务所函

为请黄毛二君与祭由

径复者。昨接函并启事,藉悉贵所于下月一日为黄蔡二先生开

追悼大会,敝会请黄君献廷、毛君酉峰于下月一日到会与祭,请烦接洽。奉上挽联两付,并请代为悬挂为感。此上,即颂

公祺

浙江旅沪学会启
中华民国五年十一月二十八日

（原载《浙江公报》第一千六百九十五号,一九一六年十二月一日,二三页,公函）

黄蔡二公浙省追悼大会事务所致各县知事电

各县知事鉴:本月一日浙省开黄蔡二公追悼大会,因时间匆促,未及遍知。兹因编辑《追悼会纪事录》,奉督军兼省长谕,征集各界挽联编入《纪事录》,藉志哀悼而隆典礼,并祈转知各机关、学校、团体迅撰祭联,尽有日前寄杭督署副官处收转。濡笔以待,万勿逾期。黄蔡二公浙省追悼大会事务所叩。盐。督署代印。（中华民国六年十二月十四日）

（原载《浙江公报》第一千七百十一号,一九一六年十二月十七日,二六页,电）

浙江督军署副官处函各省督军署副官处

为送浙省各军事机关主要人员表由

径启者。久仰宏筹,歉疏通候。敬维升祺日秾,勋祉时隆,引企台阶,莫名遥颂。兹以本署与各省督军署、镇守使署及军队各主要人员,如遇有必须会商之事,每以不知台篆,致生隔阂,即查阅中央所颁职员录,亦多不能完备,用特由敝处将浙省各军事机关主要人员汇列一表,除分函各省外,应即函送贵处请为察收,乞将贵省军界主要人员表赐给一份,以慰景仰而便通候,想荷赞许。并拟嗣后每届三、六、九、十二等月份,将是项人员表互相换送一次,免致不符。统祈查照办理,曷胜祷盼。专泐,敬颂

公绥

附送浙省各军事机关主要人员表一份。

浙江督军署副官处启

中华民国五年十一月二十七日

浙省各军事机关主要人员表

机 关 名 称	职 别	姓 名	别 号	籍 贯
浙江督军署	督军	吕公望	戴之	浙江永康
	参谋长	周凤岐	恭先	浙江长兴
	副官长	斯烈	夔罄	浙江诸暨
	军务课长	黄元秀	文叔	浙江杭县
	军需课长	林竞雄	子英	浙江温岭
	军法课长	陈景烈	致虞	浙江绍兴
	军医课长	蒋可宗	秋然	浙江嘉兴
嘉湖镇守使署	镇守使	王桂林	悦山	浙江东阳
	参谋长	陈其蔚	熙甫	浙江永康
	副官长	伍崇仁	寿卿	江苏上元
宁台镇守使署	镇守使	顾乃斌	子才	浙江杭县
	参谋长	盛开第	赐仲	浙江余杭
	副官长	商诰	云龙	浙江嵊县
暂编浙江陆军第一师司令部	师长	童保暄	伯吹	浙江宁海
	参谋长	刘体乾	钟藩	福建闽县
	副官长	章世嘉	筱斋	浙江绍兴
暂编浙江陆军第二师司令部	师长	张载阳	暄初	浙江新昌
	参谋长	汪镐基	京伯	浙江嘉兴
	副官长	蔡源	根元	浙江兰溪
第一旅司令部	旅长	来伟良	醉樵	浙江萧山
第二旅司令部	旅长	李炜章	斐然	浙江杭县
第三旅司令部	旅长	韩绍基	少梅	浙江萧山
第四旅司令部	旅长	潘国纲	鉴宗	浙江永嘉
暂编浙江陆军混成旅司令部	旅长	俞炜	丹屏	浙江嵊县

（原载《浙江公报》第一千六百九十五号，二一至二二页，公函）

大总统令

内务部呈准浙江省长吕公望咨，据浙江全省警务处处长刘焜因事呈请辞职等语，刘焜准予免职。此令。

任命夏超为浙江全省警务处处长。此令。

中华民国五年十二月八日

（原载《浙江公报》第一千七百一十号，一九一六年十二月十六日，二页，命令）

大总统令

内务部呈请任命傅其永为浙江省会警察厅厅长，应照准。此令。

中华民国五年十二月十九日

（原载《浙江公报》第一千七百二十一号，一九一六年十二月二十七日，三页，命令）

浙江督军署咨省长公署

为接印视事由

浙江督军署为咨行事。本月一日奉大总统令，"特任杨善德为浙江督军，齐耀珊为浙江省长，未到任以前著杨善德暂行兼署。此令"等因。奉此，兹于十一日到浙，准吕督军将军署印信、文卷移交前来，即于十二日接任督军视事。除呈报大总统并分别咨行外，相应咨达贵公署请烦查照，并希转令所属一体知照。

此咨

浙江省长

浙江督军杨善德

中华民国六年一月十二日

（原载《浙江公报》第一千七百三十五号，一九一七年一月十六日，三页，咨）

浙江省长公署布告第二号

布告接篆就职日期由

为布告事。本年一月一日奉大总统令开,"特任杨善德为浙江督军,特任齐耀珊为浙江省长,齐耀珊未到任以前著杨善德暂行兼署"等因。兹于本年一月二十日准前省长吕交到省长印信,本兼省长即日接受兼篆视事。除电呈大总统暨分别电知咨行外,合行布告,仰即一体周知。特此布告。

中华民国六年一月二十日

督军兼署省长杨善德

(原载《浙江公报》第一千七百四十一号,一九一七年一月二十二日,二〇页,批示)

大总统训令

据前浙江督军吕公望电,呈请将陈文浩等加以擢用等语,陈文浩著交国务院存记,徐琼、黄尚华均著以县知事分省任用,交内务部查照。此令。

中华民国六年一月十七日

(原载《浙江公报》第一千七百四十四号,一九一七年一月二十六日,二页,命令)

大总统令

浙江省长吕公望电称,浙江政务厅厅长王文庆恳请辞职,王文庆准免本职。此令。

中华民国六年一月二十一日

(原载《浙江公报》第一千七百四十八号,一九一七年一月三十日,一页,命令)

大总统令

特任吕公望为怀威将军,周骏为翔威将军。此令。

中华民国六年一月二十日

(原载《浙江公报》第一千七百四十六号,一九一七年一月二十八日,一页,命令,又载《申报》一九一七年一月二十七日,三版,命令)

参议院通告林森当选为议长电

万急。广州众议院,军政府,各总裁,各部长,各省军区代表,汪精卫先生,漳州陈总司令,潮安方总指挥,汕头吕总司令、王副司令,韶州李督办,南宁陆总裁,重庆唐行营唐总裁,并转黄、叶、赵、王各总司令,川滇黔省议会联合会,永州谭联军总司令、谭组安总司令,郴州程、马、林各总司令,赵师长,夔州黎总司令、唐总司令、施南柏总指挥,并转章太炎先生,巫山王总司令行营豫军王总司令,辰州田、张、胡、谢、林各总司令,陕西龙驹寨于总司令,张副司令,上海孙总裁、唐总裁,吴稚晖、孙伯兰、张溥泉诸先生,各省督军、省长、镇守使,各省省议会,各报馆均鉴:

本院议长王家襄依法解职,特按照《院法》于本月篠日开会补选,林森得九十七票,已过投票总数之半,当选为议长。特此奉闻。参议院。巧。印。(中华民国七年十月十八日)

(原载《军政府公报》修字第十七号,一九一八年十月廿六日,五至六页)

政务会议致吕公望查办林修止捐勒捐藉端招摇函

径启者。现据原具呈人潮安县公民黄芝臣、杨松湖、程乃文等呈控潮安林修瞒准贵总司令委任为补充团长,止捐勒捐,藉端招摇等情前来,是否属实,相应抄送原词函送贵总司令查明办理。此致

援闽浙军总司令吕

计抄送呈词一件。

政务会议

中华民国七年十一月二十一日

（原载《军政府公报》修字第廿八号，一九一八年十二月四日，十七至十八页，政务会议致吕总司令公望查办林修止捐勒捐藉端招摇函）

政务会议致吕公望查办林一足等藉势招摇包勒百姓函

径启者。据潮安公民李平秋呈控林一足等藉势招摇，包勒百姓，请按名惩办等情前来，是否属实，相应抄录原词，函送贵部查明惩办。此致

援闽浙军总司令吕

计抄送原词一纸。

政务会议

中华民国七年十一月二十六日

（原载《军政府公报》修字第三十号，一九一八年十二月十一日，廿五至廿六页，政务会议致吕总司令公望查办林一足等藉势招摇包勒百姓函）

军政府训令第五十号

令闽浙边防督办吕公望

据潮安同智学校校长杨睿辉等电称该校于寒假期内被浙军
游击队第二统领部占为募兵处恩迁不允开校无地学生
辍学请令退让俾得开课等情仰迅速查明办理文

案据潮安同智学校校长杨睿辉、校董庄武康养日邮电称，"该校于寒假期内被浙军游击队第二统领部占为募兵处，军士无几，假满恩迁，该部副官吴舜庭坚执不允，现逾上课之期已久，开校无地，学生辍

学,势同无形解散,丁兹秩序平复,禁止招兵,竟遭摧残,益令群情惶惑,学界惴心,校长等维持乏术,泣诉无方,逼得沥情电达钧府,俯令该统领部将校地校具让出,俾得开课,以顺舆情而维学务,呈续上"等语前来,合亟令仰该督办迅速查明,办理具复。此令。

中华民国八年三月三目

军政府

(原载《军政府公报》修字第六十三号,一九一九年四月十二日,廿八至廿九页)

政务会议致吕公望陈肇英电

转达华孚银行兑票仍得交付

抄送吕督办、漳州浙军陈司令鉴:

浙江华孚银行停付陈部支款一案,经向北庭交涉,兹接钱能训卅电开,"华孚兑票停付事,前准来电,当经电询浙省,兹据复称,比即电询童副司令,据称'前第一团上年六月分所发华孚银行兑现票,计玖千捌百伍拾元,旋因该团叛降,故查明票号,电知银行停付。嗣有官兵自拔来归,携回兑券者,仍由此间及杭师部照付,先后共兑出三千余元,现尚存陆千余元在该银行'等语,又向华孚行调查,此项存款册列,实止伍千余元。查此项饷洋,前因叛降停付,本无不合,现值酷求和平,则给还亦足昭示宽大,惟彼等始则诈索十万,继又朦称万余,意存含糊,除电饬童副司令电饬该行从宽准予核明照付外,应请电达前途,如果持有原发确实票据者,准由华孚银行照付等语。合电奉达,希查照办理"等语前来,相应电达查照。政务会议。支。印。(中华民国八年四月四日)

(原载《军政府公报》修字第六十三号,一九一九年四月十二日,廿一至廿二页,政务会议致吕督办公望陈司令肇英转达华孚银行兑票仍得交付电)

军政府咨第五百零一号

咨交通部援闽浙军总司令吕公望请补电报局长
刘铣为头等甲级案应即照准由部注册升补
并转行该总司令知照饬遵文

为咨复事。案准咨陈内开,承准第四二四号咨,据援闽浙军总司令吕公望呈保军用文职人员荐请叙官一案,经议决咨交核议到部。查原呈以该电报局局长刘铣办事勤敏,颇著劳勣,拟请补为头等甲级,核与定章相符,准即由部注册等因。准此,当经本会议复核无异,应即准如所请,由部注册升补,并希转行该总司令知照饬遵可也。相应咨复贵部,请烦查照办理。此咨

交通部

政务会议

中华民国八年六月十七日

（原载《军政府公报》修字第八十二号,一九一九年六月十七日,廿八至廿九页）

军政府咨第五百二十四号

咨陆军部援闽浙军总司令吕公望呈请奖给师长
陈肇英等勋章一案除陈肇英等六员已明令
给章外所有各员均著分别给予文虎章文

为咨复事。案准咨陈内开,据援闽浙军总司令吕公望呈请奖给师长陈肇英等勋章一案,查陈肇英一员已于本年三月一日陈准补授陆军中将,可否再给勋章,应候裁夺,其余各员自应按职核叙,拟请准予奖给等因,计送清单及表各一纸。准此,当经本会议议决,陈肇英一员此次率师向义,劳苦功高,所请奖给勋章一节,著即特予照准,除陈肇英、朱寿同等六员已明令给章外,所有李硕襄、黄震夷等二员均著给予六等文虎章,韦若芳、陈李梁、蒋义纶等三员均著给予七等文

虎章,以彰懋赏。为此咨复贵部,请烦查照。此咨

陆军部

政务会议

中华民国八年六月十八日

（原载《军政府公报》修字第八十四号,一九一九年六月二十五日,廿八至廿九页）

军政府咨第五百六十七号

咨陆军部援闽浙军总司令吕公望请保周维纲等补授实官一案除已有令明发外所有各员均准分别补官给章文

为咨复事。

案准咨陈内开,"据援闽浙军总司令吕公望请保周维纲等补授实官一案,查所保各员,既于护法战役卓著劳绩,自应照案核叙,兹经本部详加审核,分别拟请准予补官,以资懋赏,相应开列清单,陈复查核,分别施行"等因。准此,当经本会议议决,除周维纲等五十五员已有令明发外,所有金顾、宋骏业、傅典承、江佐才、楼玉麟、周志先、徐其进、钟毓灵、陈人伟、周光暎、应征、王鑫耀、吴惟枞、陈溥、胡树森、叶雪栽、朱贵、张福春、王涛、陈彝、潘景明、俞彪、项载赓、周世英、叶光耀、裘守成、张新佐、张武、杨存、汤敏时、蔡鹿高、张祖训、陈凯郦、尚志、韦以成、徐人杰、朱必华、陈霆如、俞咏裳、何连城、章宪、黄光流、朱成皣、缪启贤、沈延祥四十五员,均准授为陆军步兵上尉;沈振亚、李济川、谢仁寿三员,均准授为陆军骑兵上尉;庄宗周、许康、曹友仪、毛辉忠四员,均准授为陆军炮兵上尉;陈祖亮、陈耀雯、计斌、孙廷飏、傅赞元五员,均准授为陆军工兵上尉;周汉屏、于经匡二员,均准授为陆军辎重兵上尉;宣季甲,加陆军步兵上尉衔;杨企程一员,均准授为陆军一等军需;黄鸣盛、胡永靖,均准授为陆军一等军法;钱藻一员,准授为陆军一等军医;谢震泽一员,准授为陆军一等司药;孔繁珩一员,准授为陆军步兵中尉,并加陆军

步兵上尉衔；黄超、潘观炳、余初、赵锡墉、施鼎新、包养正、余绍甘、杨金虎、傅奎、陈晓春、李朝阳、章秉权、俞振邦、朱亦荣、陈锡兰、葛登云、刘治平、吴玉成、吴守成、沈寿山、童立贤二十一员，均准授为陆军步兵中尉；张大纲、厉振纲、林鼎祺三员，均准授为陆军炮兵中尉；洪祚、龚祝二员，均准授为陆军工兵中尉；方春华、潘鼎、陈虞三员，均准加陆军步兵中尉；黄秉珪、卢勖斋、朱兆春、卢振标、黄国栋、吴逸民、楼天柱、郑岩、张箴、龚卫郛十员，均准授为陆军二等军需；周光锡、胡省三二员，均准授为陆军二等军法；陈箕、郑豪、宋盛禧、吴玉文、胡伟、吴恭煦六员，均准授为陆军二等军医；黄雪卿、张敬声、朱国桢、卢达成、张若廉、张茂荣、张均、毛廷辉、魏丙吉、王锡方、王熙康、周召南、任道国、李纶、赵昌、杨辉廷、丁毓才、郑侠、余熟庆、楼腾蛟、李世洪、叶茂林、朱佐廷、陈杰、徐锡声、王范畴、卢子仁、郑纶、吕国明、姜鸿林、江汉、方友成、王雄、郑效飞、徐挺、李春、周梦熊、曹颂华、吴铭卿、赵东明、厉子惠、傅昌隆、赵文斌、王孟一、姚正山、许鸣臬、韦竟成、陈南、吴引、胡浩、徐锦铨、周元、鲁汤伟、徐伦叙、陈树棠、于士珍、李世祥、范有生、蒋浦林、李景春、郑世庆、吕斌、王公才、陈炽、杨之东、傅岩、施世平、黄恺元、章鸿清六十九员，均准授为陆军步兵少尉；黄昌禄、虞廷礼、严复三员，均准授为陆军炮兵少尉；钟士采一员，准授为陆军三等军医；王贤山，准授为陆军三等司药；过锡贵、吴瑞衡、陈森枏、方浩、韦志麟、丁雅言、方汝舟、裘献臬、王达、吕思和、郑鼎新、袁步墀、龚箕、杜英豪、钟祥彩、周正标、傅炳炎、饶鹤斌、胡峰、吴芹香、楼望松、夏和法、章喜麟、黄忠、郑棪、叶向荣、黄振魁、龚荣山、鲍得良、李钟庆三十名，均准给陆军二等奖章。相应咨复贵部，烦为查照。此咨

陆军部

政务会议

中华民国八年七月三日

（原载《军政府公报》修字第八十七号，一九一九年七月九日，廿八至三十页）

内政部咨陈政务会议

陈核援闽浙军总司令吕公望呈保文职各员案

为咨陈事。先后承准咨开,案据援闽浙军总司令吕公望呈保简、荐任文职莫章达等十一员及陆翰文等十员,并附履历清册等因。承准此,续准吕总司令咨称所保各员之证明文件,一时无从检取,并证明各员履历,均系真实,恳予变通免具等情到部,当经本部核议。兹查得莫章达一员,核与简任资格不合,应毋庸议;黄真民即毓材、陆熙咸、傅梦豪、楼聿新、陈灏、胡永靖、朱健哉、卢旌贤、吴干夒、朱士斌、张若芝、王象泰十二员,核与荐任资格相符,所请以荐任文职任用,应予照准;王赞尧、李惠人、龙思鹤、楼祖禹、陆翰文、楼对旸、厉茂槐、徐晋杰八员,核与荐任资格不合,应毋庸议。相应连同附件咨请贵会议查核施行。

此咨陈

政务会议

中华民国八年七月二十三日

八年八月十三日已奉指令。

(原载《军政府公报》修字第九十九号,一九一九年八月二十日,廿一页,内政部陈核援闽浙军总司令吕公望呈保文职各员案除莫章达及王赞尧等八员资格不合应毋庸议外所有黄真民等十二员均准以荐任文职任用文)

内政部咨政务会议

陈核浙军总司令吕公望请奖温良彝等嘉禾章一案
除与给章条例不合应无庸议外余均照准文

为咨陈事。承准咨开,现据浙军总司令吕公望呈请将温良彝等十三员分别奖给勋章等由,交部核议,计附履历十三扣、清摺一件等因。承准此,当经本部核议,查得高等顾问温良彝一员,应准照所请给予三等嘉禾章;顾问刘焕一员,应准照所请给予六等嘉禾章;秘书楼祖禹、龙思鹤、徐晋杰、陈白,参谋李惠人、王赞克、陆翰文,谘议翁沅青、楼对旸等九员,应准照所请给予七等嘉禾章;刘嵩华、周永年二员,核与《给勋条例》未合,所请应无庸议。所有核议缘由,相应咨陈贵会议察核施行。此咨陈

政务会议

中华民国九年二月六日

九年三月廿三日已奉指令。

(原载《军政府公报》修字第一百六十一号,一九二〇年三月卅一日,十七页,内政部陈核浙军总司令吕公望请奖温良彝等嘉禾章一案除与给章条例不合应无庸议外余均照准文)

代行国务院职权摄行大总统职务中华民国军政府指令
第一零一号

令代理部务内政部次长冷遹

陈核浙军总司令吕公望呈请奖给温良彝等嘉禾章由

陈悉。温良彝已有令明发,刘焕著给予六等嘉禾章,楼祖禹等九员均给予七等嘉禾章,余准如所议。此令。

军政府印

中华民国九年三月二十三日

(原载《军政府公报》修字第一百六十一号,七页)

军政府咨第三百五十四号

政务会议咨陆军部请将援闽浙军总司令吕公望
呈请加奖韦世经等勋章一案核议见复文

为咨行事。现据援闽浙军吕总司令呈称,"案奉钧府第一八六号

训令内开，'为训令事。案据该总司令呈请加奖韦世经等十六员勋章等情前来，当经交陆军部核议去后。兹准咨陈复开，查表列各员，前经吕总司令以护法有功，咨准叙授陆军实官在案，已足酬厥勤劳而彰懋赏。兹复请加给勋章，即应由该管长官按照《陆军奖励办法修正案》第五条列具勋绩调查表，层转到部，始能核议办理。承准前因，除姓名表、履历册暂先存部备查外，相应咨复，希为察夺转饬施行'等由。准此，合亟令仰该总司令查照办理。此令等因。奉此，理合造具各该员勋绩调查表呈，备文呈缴，伏乞察核施行。再，前次呈内韦世经一员，拟请奖给四等文虎章，惟查该员已于民国三年奖给四等文虎章，应请晋给三等文虎章。又，金袵一员，现经病故，表内不复列入，合并陈明"，并呈调查表一纸前来，相应备文，连同韦世经等勋绩调查表一纸，咨请查案核议见复。此咨

陆军部长莫

　　计附《勋绩调查表》一纸。

政务会议

中华民国九年五月十二日

（原载《军政府公报》修字第一百七十六号，一九二〇年五月廿二日，卅五至卅六页）

陆军部咨陈政务会议

陈核援闽浙军总司令吕公望请奖所部职员
吕焕光等勋章一案应准分别奖叙文

　　为咨陈事。案承咨交内开，现据援闽浙军吕总司令呈称，"案奉钧府第一八六号训令内开，'为训令事。案据该总司令呈请加奖韦世经等十六员勋章等情前来，当经交陆军部核议去后。兹准咨陈复开，查表列各员，前经吕总司令以护法有功，咨准叙授陆军实官在案，已足酬厥劳而彰懋赏。兹复请加给勋章，即应由该管长官按照《陆海军

奖励办法修正案》第五条列具勋绩调查表,层转到部,始能核议办理。承准前因,除姓名表、履历册暂先存部备查外,相应咨复,希为察夺转饬施行等由。准此,合亟令仰该总司令查照办理。此令'等因。奉此,理合造具各该员《勋绩调查表》,备文呈缴,伏乞察核施行。再,前次呈内,韦世经一员,拟请奖给四等文虎章,惟查该员已于民国三年奖给四等文虎章,应请晋给三等文虎章;又,金祉一员,现经病故,故表内不复列入,合并陈明等情,并呈调查表一纸前来,相应备文连同韦世经等《勋绩调查表》一纸,咨请查案核议见复"等因,附送《勋绩调查表》一纸到部。查此案续请奖叙各员,于护法战役卓著勋劳,既据胪列事功,并照章造具《勋绩调查表》,呈请加给勋章,核与《修正案》第五条相合,应准依案办理。兹经本部照章审核,依法拟定,列单缮表,陈候核准,以闶激劝。除将《勋绩表》存部备案外,相应检同核定表单各一扣,附文陈复。敬希察核分别施行。为此咨陈

政务会议

中华民国九年五月十九日

兹将援闽浙军总司令吕公望复请奖给所部勋章案,依法核定列单陈候察核,分别施行。

计开:

金　颀　宋维中

以上二员,拟请给予六等文虎章。

吴惟枞　陈人伟　楼玉麟　宋骏业　傅典承　江佐才　周志先
徐其进　钟毓灵

以上九员,拟请给予七等文虎章。

韦世经

以上一员,拟请给予陆军一等奖章。

黄　超　潘观炳

以上二员,拟请给予陆军二等奖章。

九年□月七日已奉指令。

（原载《军政府公报》修字第一百八十三号，一九二〇年六月十陆日，四〇至四二页）

代行国务院职权摄行大总统职务中华民国军政府指令第二二二号
令陆军部长莫荣新

陈核援闽浙军总司令吕公望请奖所部职员吕焕光等勋章由

陈悉。吕焕光已有令明发，金颀等均准如所拟给章。此令。

军政府印

中华民国九年六月七日

（原载《军政府公报》修字第一百八十三号，一九二〇年六月十六日，十一页）

军政府令

署理参谋部长吕公望陈请将秘书钟用穌、顾馀、李屏翰免去本职，应照准。此令。

军政府印。

中华民国九年七月廿九日

（原载《军政府公报》修字第一百九十七号，一九二〇年八月四日，十三页，命令）

军政府令

署理参谋部长吕公望陈请任命沈赞清为参谋部秘书主任，莫锡鑫、蒋道援、许与澂为秘书，均照准。此令。

军政府印

中华民国九年七月廿九日

（原载《军政府公报》修字第一百九十七号，一九二〇年八月四日，十三页，命令）

行政院呈

据内政部呈转请褒扬浙江省永康县吕公望一案呈请鉴核题匾由

（中华民国卅七年三月拾五日发出）

据内政部呈转浙江省政府函请褒扬该省永康县吕公望一案，核与《褒扬条例》第一条第二款规定相符，理合抄检原件，呈请鉴核，题颁匾额一方。

谨呈

国民政府主席蒋

附抄呈浙江省政府公函一件，检呈原册书各一份。

行政院院长　张　群

（国民政府行政院院长）（国民政府行政院印）

中华民国三十七年三月　日

抄浙省府原函一件

案据本省社会处卅七年一月十二日社三字第 1054 号代电，称"案奉社会部戌巧福字第 47109 号代电内开，卅六年九月十九日社三字第 642 号代电暨附表均悉。查该受奖人吕公望请奖事迹，核与《褒扬条例》第二条第二款之规定相合，应照该《条例》及其《施行细则》之规定办理请奖手续，仰即知照等因。奉查本省前难民工厂总经理吕公望于抗战期间创设该厂，主持该厂事务达八年之久，惨淡经营，卓著成绩，嘉惠义民，供献尤大。业经前省振济会于卅四年九月间报请中央颁给匾额，以昭激劝。嗣以省振济会奉令结束，本案奉饬查明该员履历及供献事迹具报凭核下处，复经本处翔实查明，于卅五年三月及卅六年九月先后补造请奖事迹表，电请社会部核办各在案。兹奉前因，理合重将本案请奖事实填列清册四份，电祈鉴核，转请赐颁匾额并加给褒辞，以资激劝"等情并附件。据查所称各节，均属实情。除指令并抽存事实清册等备查外,相应检同原件,函请查照,转呈褒扬,并希见复为荷。

今将请求褒扬事实造具清册,呈请鉴核。

计开:

受褒扬人姓名　　吕公望

年龄　　六九

籍贯　　浙江省永康县

存殁　　健在

事实

省振济会委员吕公望,于民国廿七年春为救济难民建议前难民救济委员会浙江省分会创设难民染织工厂,经该会决议通过,并推该员为总经理,积极筹备,择定永康芝英为厂址。廿七年四月开始收容难民,以速成方式授予染自织技能,并设法安置难民眷属,年老者设所收容,年幼者设团教养,因是在厂难民得安心工作。计收容工人达二千七百余人,老弱亦达一千一百余人,日出布二百匹。嗣以工人技能成熟,增至日出布千匹。其商品大部供给军政部军需局,一部则供应市场。在当时海口封锁之际,该厂对军需供应及国民经济贡献更大。迨卅年敌人流窜浙东,该厂迁渡移江山县属峡口镇。卅一年敌复窜扰浙东,该厂房屋机件损失綦重,且原料来源中断,几无法维续生产。该总经理为顾念难胞生计起见,仍勉力维持,一面设法以桐油易纱,始得复工。嗣为适应环境需要,复增设炼油、化学、畜牧等工场,增收难胞,并生产日用品,于救济民生,均不无裨补。抗战胜利后,失土重光,难胞纷纷返籍,该厂遂告停办。该总经理主持该厂八年,惨淡经营,卓著辛劳,加惠义民,供献尤大。

右列事实,合于《褒扬条例》第一条第二款,拟请颁给匾额,并加给褒辞,以资褒扬。

谨呈

国民政府

附　余绍宋金润泉证明①

为证明事。

兹查浙江省社会处代表前省振济会呈请褒扬吕公望，合于《褒扬条例》第一条第二款之规定。所陈事实，如有虚伪，愿负法律上之责任。

此证。

浙江省参议员余绍宋　　　（余绍宋印）

浙江省商会联合会理事长金润泉（金润泉印）

中华民国卅七年元月十二日

（行政院院长张群呈国民政府主席蒋中正为褒扬浙江永康县吕公望请题颁匾额，台北"国史馆"藏档案，001－036180－00012－035_1－8，1251－1257页）

国民政府指令稿

事由：据呈转请褒扬浙江永康县吕公望一案指令准予题颁匾额

处字四一八一

令行政院

三十七年三月十五日六财字第一二二四八号呈，据内政部呈请褒浙江永康吕公望一案，经核相符，检同书册，转请鉴核题颁匾额由

呈、件均悉。准予题颁"加惠义民"匾题一方，仰即转饬具领。匾额文字随发。此令。

中华民国国民政府印

三、廿二

监印　陈光　校对　黄本□

---

① 附件底本无题，编校者代拟。

国民政府题颁

加惠义民

浙江永康县吕公望。

中华民国卅七年三月。

（国民政府指令行政院据呈请褒扬浙江永康县吕公望一案指令准予题颁匾额,台北"国史馆"藏档案,001－036180－00012－036_1－3(1),1258－1260页）

附录四 报 道

派委陆军将校

浙省陆军经此次部派员司苂查后,内容微有罅漏,均经部员逐条指明,昨日复由增抚特札,将全营将校与督练公所分别对调,一面饬知藩司,略称:"陆军第二十镇中军官沈宗约,现已调充督练公所一等副官,所遗中军官一差,查有四十一协参军官傅立纲堪以升充,递遗该协参军官一差,查有八十四标一营督队官周元堪以调充,递遗该营督队官一差,查有南洋陆军毕业生凌昭堪以派充。又,八十二标二营督队官钱畀现已调充督练公所粮饷科二等科员,所遗该营督队官一差,查有裁缺兵备处副科员吕公望堪以派充,业已分别札委矣。"

（原载《申报》辛亥年七月十一日,即一九一一年九月三日,四版,各埠通信　浙江）

南都近事

浙军等二镇运存浦口之管退山炮二十五尊,因联军挨次装运,尚未全数运至战地。朱统制焦灼万分,已将司令部迁至固镇。第一协司令吕公望驻扎蚌埠,现与粤军姚雷、浦军柏文蔚会商抵制张勋残兵潜图南下。

（原载《申报》一九一二年二月十一日,三版,要闻）

杭州专电

朱军长请病假三星期,派旅长吕公望兼护。(以上杭州)

（原载《申报》一九一二年五月七日,一版,新闻）

朱师长乞假

第五军军长兼第六师长朱瑞君,前因督师前敌,积劳过甚,近日足创大溃,力请休假三星期留沪养疴。师长一席,责任重大,经军政司请示都督,特于本月六日委任第十一旅旅长吕公望君暂行兼护,以资督率,一面知照参议厅、参谋处及军事各部科员接洽矣。

（原载《申报》一九一二年五月八日,六版,要闻·浙江内政汇闻）

浙军会议纪闻

浙江军政府近因措置乖方,发生种种责言,蒋都督内不自安,特于六月十三日下午召集军事会议,二十五师特派代表顾乃斌君来省与会,第六师自朱介人军长及各旅团长、军事参议员、各营参谋官,军政司,蒋都督等,计到三十余人。关防严密,讨论五小时之久。闻其结果,决议将各属独立军队一律并入第六师,约计三千人,改编两标,以资统一。惟一军两师名义,现暂仍旧,以待中央政府之后命。将散会时,复经第十一旅长吕公望君提出,军政司卖官鬻爵,道路喧传,如钱江水师新管带许宝祥纳贿千金,有求必应,其他种种,尚难枚举,要求都督明白宣布。致司长陈公侠惭愤无地,厉声抗辩,均各不欢而散。

（原载《申报》一九一二年六月十五日,六版,要闻二）

杭垣汤吕互控案之禀复

浙江二十二团排长吕争先与汤允中互控一案,因牵及省议会副议长张翅,经蒋都督、朱军长派员严密查办。兹据司令部特派员朱副官耀焜禀复军长,略称,"前奉师长命令确查二十二团吕排长与汤允中争殴一案,查与议长张翅函报情形迥异,查汤允中与汤国樑系堂房伯叔,其侄女素娥确曾许配吕争先,于本年阴历三月之望正式行礼,媒妁婚帖凿凿可据,汤允中受张翅重托谋取作妾,屡被女母拒绝,此次闻吕姓纳采,屡来寻衅。其时国樑出防宁波,汤允中欺其弱息,带领某营兵士乘隙强抢,藏匿马市街祁宅。幸经女母召集邻右、原媒及聘婿吕排长立时追回。当时张议长飞舆到营,乱言淆惑,图饰长官之视听,诅团长来君及三营管带早悉全案内容,据理驳诘,致张议长辞穷,负气而去"等情,事关军队名誉,合亟据实呈报师长鉴核施行。同时,又据第十一旅长吕公望、本军团长来伟良会衔呈报,略称,"据张翅君在该团司令部所述,谓此女之母郑氏,系一荡妇,数年前被无赖陈某诱骗来杭,当时此女尚幼,至今岁年已十五,竟敢串同蚁媒,卖与吕争先作妾。族长汤允中闻而大愤,当将此女接至马市街寓所,不料被吕争先带兵抢回"云云。又据汤国樑之母郑氏面诉,当彼女未许吕争先之前,同族汤允中偕本省议会副议长张羽生君屡来我家,羡女儿伶俐,微有姿色,称道不已,每来必逾时,此后嘱汤允中数数到家,力劝卖与张议长作妾,并云张君地位高贵、才学宏深,若与结亲,光耀闾族。奈氏不愿女儿做小,坚持不允。嗣与吕姓行礼后,迭次来家寻衅,谓我代尔攀一高亲,竟不见允,反许配无名小卒之武夫,岂省议会议长乃不及一排长么等语。以上两端,足备参考。惟情节重大,究竟孰是孰非,团长等未敢臆断,呈请军长咨行都督切实查究,或开特别军法会讯,以正风化而别良莠云。

　　按,此事前经赤城公会、天台同乡会来函,声明与张翅君毫不相涉,今朱副官等禀复又处处牵涉张君,两方言论极端反对,是非曲直殊难臆断,尚望浙政界澈查宣布,令天下共知此事之虚实。记者附志。

　　　　　　　　(原载《申报》一九一二年七月二十四日,六版,要闻二)

共和党浙支部成立

杭州民社、民国公会党、统一党三团体迭次协议,各推代表合谋归并共和党进行办法,嗣因统一党意见纷歧,羁迟日久,泊该党章总理通告发表[①],群情愈形涣散,赞成两祖者亦各居多数,故特订于二十三号下午一时召开成立大会,不问统一党名义之存在与否,姑且先行合并。是日,三党会员先后报到,计得二百十五人(闻三团入社名册约得一千五百人以上)。规定会场秩序:(一)开会;(二)推举临时主席;(三)报告合并情形;(四)宣布本支部推定干事;(五)选举支部长,用记名投票;(六)决议支部暂定简章;(七)来宾及会员演说;(八)闭会。三时入席,首经会众推举军界汪以钫君为临时主席,委任孙江东君(即耦耕)报告三团体发起历史及现在合并宗旨,临时主席发表三党支配基本干事十八,计虞廷恺[②]、吕公望、诸夏、俞丹屏、蔡汝霖、童学琦、朱鸿逵、马叙伦、王复、高铭、孙俶仁、孙江东、王晋民、陈公侠、汤尔和、张云雷、张伟文、李芗望。次发票选举支部长,计第五军长朱介人君得一百三十四票,当选。次研究支部章程,逐条讨论,约费两小时,通过十余条。嗣因天气酷热,会众纷纷散去。经某君提议付之干事会,全体赞成,遂散会。

(原载《申报》一九一二年七月廿五日,六版,要闻二)

浙军政司自请查办

浙江军政司长陈毅君,此次因裁减军队问题召集军事会议,当场由旅长吕公望君提出第二十一团全体将校公呈,诘问陈司长卖官鬻

---

① 章总理,指章太炎。统一党,一九一二年一月三十日成立于上海,由中华民国联合会与预备立宪公会联合而成。推举章太炎、程德全、张謇、熊希龄为理事。前文"民国公会党","党"字衍文。

② 虞廷恺,底本脱"恺",径补。

爵种种舞弊,彼此因之冲突。现闻陈君以此事关系浙军名誉,据情呈请都督照会朱军长澈底查办。其呈文略谓,"晚近人心不古,动以流言图倾轧,蜚语相中伤。民国肇端,不宜有此,如许宝祥之管带钱江水师,竟有诬毅受贿卖差者。此次军事会议,第二十一团将校率用全体名义控毅于都督,毅既忝居司长,正宜表率戎行,今因仇诬个人并诬浙军纯粹之名誉,虽毅不言,我同袍当亦思一雪斯耻也。所陈种种,实为造谣生事,紊乱军纪,应请迅咨军统严行澈查,务使水落石出"云云。闻朱军长已转行第六师饬令二十一团将校据实禀复矣。

(原载《申报》一九一二年七月廿七日,六版,要闻二)

新浙督之亲猷

浙江都督蒋百器君日前因病辞职,业奉大总统核准,改委第五军军长朱瑞君为浙江都督,电令宣布,中外欢腾,各省军界暨各界、各团体纷纷电贺者,多至一百余件,内有二十余函系京津宁暨领事团所发。威望荣誉,倾倒一时,足为浙人光宠。惟朱君奉电后,谦让不遑,两电政府,沥陈凉德,请予择贤改选等情,均经袁总统温词慰劝,免为其难。而蒋都督又急于去浙,严催预备交代,闻下星期五六当可交替。并闻朱都督以本省经济困难,开源节流,以裁减军额为唯一目的,一俟正式视事,即将第五军司令部取销,改为都督府,另将第六师移驻旧督署,驻甬之二十五师仍主逐渐淘汰裁去司令部,统计全浙陆军成立一师一旅为界限。闻已密保第十一旅长吕公望君实任六师师长。又以都督府总参议陈公侠畏罪潜逃,该职为军事最要枢纽,万难久旷,原拟委任本军参谋官周某暂代,讵全体将校不肯承认。现经朱都督已决定委任叶君焕华升充,以使驾轻就熟,藉展长才云。

另函云:浙都督新旧交替一事,兹据政界人言,日来各机关甚为忙迫,因须赶办一切,朱介人君拟于八月初十接篆,惟蒋伯器君则一俟交代清楚,急求回籍一行,然后赴沪小作勾留,即出洋至德国考究实业,其川资等前曾向华侨吴锦堂君息借数万,业已首肯矣。

(原载《申报》一九一二年七月三十日,六版,要闻)

八月初九日临时大总统令

任命吕公望为浙江第六师师长,仍兼充第十一旅旅长。此令。

(原载《申报》一九一二年八月十日,二版,命令)

浙军第六师长得人

浙军第五军军长朱瑞君兼任六师,自南京凯旋,首创减兵,藉苏财政,有功者分别退伍,应募者汰弱留强,杂项队伍支配归并,办理颇具成绩。现奉中央命令,升任都督,交替业有定期,所抱政策正可藉时展布。所有全浙军额,闻已决照前定计画实征一师一旅,并将第五军司令部名义首先取消,递遗第六师师长一席,职任重大,非才识兼优、经纬干练者,万难胜任愉快。闻朱都督业于日前电复大总统及陆军、参谋两部,密保现充第十一旅旅长吕公望升充师长,仍兼该旅司令,藉资臂助,现已由大总统正式任命矣。

(原载《申报》一九一二年八月十一日,六版,要闻二)

浙军实行归并

浙省光复后,地丁减缓,厘税全裁,金融竭涸,罗掘俱尽,致出入年度预算不敷达四百余万。自宁军凯旋,军统朱瑞君统筹全局,力主减兵,并经军事会议表决,全省陆军以一师一旅为定额,所有巡防水陆及杂项兵队分别归并遣散,汰弱留强,迄已办有头绪。现值朱军统升任都督,正可锐力进行。故拟将第五军司令部首先取消,力保旅长吕公望实任第六师长,业经中央任命公布。致二十五师长周承菼,见机请退,自愿出洋,要求完全学费洋三万五千元,间接都督请示政府,已奉核准照办各情,迭经各报记载。现悉该师长放洋期迫,急求交

4071

替,特于日前电呈第五军,荐举四十九旅旅长顾乃斌暂行兼护,俾专责成,当由参谋官转电朱都督请示批答。兹闻朱君电复,以"浙军减额,计在必行,前驻台、温各口之第七、八两标调回省城补足陆师外,宁军成立混成一旅,司令部当然取消,应责成周师长将归并善后诸事办理完竣,再行放洋。呈请兼护一节,应毋庸议"等情令行遵照矣。

（原载《申报》一九一二年八月二十日,六版,要闻二）

组织军法会审

前驻绍县第六标新军标统佘冠澄、管带应庆祺等拥兵扰民,因细教围捕民围局职员徐守范,私刑吊打,迭经被害人控军政府,奉饬组织军法会讯在案。兹于本月十七八两号,审判长吕公望师长会同检长王悦山等,假座宪兵司令部,协议组织特别法庭。闻日与议省并有地方法院检事长许君长三等三员,先将原、被全案讨论一过,公同决定,因原告徐某一应人证均已到省,前标统佘冠澄继已卸差,当由检察长王司令官电令该员原籍,限五日内到案,惟应庆祺现在宁波防次,法官俞景朗现任义乌知事,即日公请都督电令该两员如期到杭,一面停止现有职务,以便归案澈究。

（原载《申报》一九一二年九月二十二日,六版,要闻二,浙省军事纪要）

第六师检阅情形

浙军第六师师长吕公望君奉委到差,适当两师归并之后,特于本月九号起呈报都督,偕同参谋、副官、诸将亲莅各旅团分日检阅,前后凡一星期。业于昨日将校阅内容呈报军政府,大纲约计六端:"（一）全军步、马、炮各营军纪、风纪粗有可观,惟内务种种形式参差,其故因浙江征兵,成立未久,又值帑藏支绌之秋,致新军营舍仅有笕桥炮标及南星桥步队念二团两处,其余营队大半借各署、局及寺庙等处,建筑不宜,内务因兹紊乱,拟请迅速筹款营造,以利统一;(二)军马,查浙省马队编制未久,上年军事悾偬,临时在上海、徐州等处采办,腴瘦不齐,万难合用,拟请择尤售脱,即将此项马干积存,派员特别采办;(三)机关枪,上年省城光复,出师前敌,机关枪为行军利器,由前司令官选委李斐然等赴沪订购,每支需价至四千余金之巨,而式旧性缓,每分钟仅三百余发,机械零件缺少至十余件不等,驼马、皮鞍俱无,致利械等于无用,拟请责成原购经手人完全赔补,以重军需;(四)统一全军风纪;(五)添补服装缺乏;(六)归并各营队程度不齐,拟请施以速成教育"等情,现闻朱都督以该师长核阅各军详尽确当,惟财政困惫之时,必待清厘撙节,酌盈济虚,再行择要兴办云。

（原载《申报》一九一二年九月二十四日,六版,要闻二）

去年今日之回想（节选）

去年之朱瑞①　以管带而代理标统（该标统带丁某,派往开平参观秋操）,一时异常得意。自浙省光复后,汤都督令朱瑞带一混成支队与联军攻南京,蒙张勋之德而宁陷,瑞遂以支队长升六师师长。未几,升军长。今日则居然达到浙督之希望,而卧治于驾涛仙馆矣,真是梦想不到。

去年之吕公望　初在浙,为人所不容。遂至桂。桂省亦恶之而不用,仍返浙,费九牛二虎之方钻得排长差,欣慰无量。攻宁时,朱瑞大受其挟制,唯有代为推毂,尽力提携,今日居然第六师师长矣,真是梦想不到。（息影庐）

（原载《申报》一九一二年十月十日,九版,自由谈）

---

①　本文共十则,依次为去年之袁世凯、去年之黎元洪、去年之孙文黄兴、去年之赵秉钧、去年之程德全、去年之陈其美、去年之尹昌衡、去年之朱瑞、去年之吕公望、去年之黄郛等。

杭州电

杭垣军队整饬，连日并无标兵溃逃、全营弃符号数百纸情事，外间捕风捉影，殊属无稽。军统吕公望昨特通电声明，以免淆惑听闻。

（原载《申报》一九一二年十月十六日，二版，专电）

温处灾黎歌挟纩

浙江第六师长吕公望昨日函呈都督，略称"现在天气渐寒，温、处灾民将何以堪？查本师存有军士旧破棉衣裤，共计四千八百另六件，本已不可复用，拟请运往灾区，俾得暂御严寒，于灾黎不无小补"等语，计本师粮服科现存废弃军服开单呈鉴，旧灰色棉衣六百零二件、棉裤五百二十条、旧蓝布棉衣一千六百四十二件、棉裤一千二百六十二件、破棉衣四百三十件、破裤三百五十条。二十二日已奉朱都督核准，即日函知急赈会悉数赶运，以惠灾民云。

（原载《申报》一九一二年十月廿四日，六版，要闻二）

孙中山游杭豫闻

前总统孙中山君游京南归后，侨寓海上，现经浙都督朱介人君电请孙君莅杭，以便共商要政。昨准沪电，悉孙君准于八号专车来浙，当经军政府分电军警及司局各机关预备欢迎，一面布置第五军司令部作为孙君行台，旧有局所一律迁让。昨复派宪兵一连、警备队两连专司警跸行台护从，另派第六师卫兵全营以昭慎重。并闻孙君到杭后拟亲赴西湖致祭阵亡先烈，业由第六师长吕公望传知筹备各员，将本月二号纪念会灯彩、旗花各种星夜添配，自清波门以讫钱塘门及苏白二堤从速装饰，务极灿烂，俾壮观瞻。闻此次招待费约须二万金云。另函云此次中山先生来浙，朱都督除派稽勋局长俞炜前往上海迎迓外，并照会浙路公司准初八日晨刻开放头等专车赴申接驾，一面委派本府副官张焯承值接待事务,并以梅花碑前第五军司令部为孙君行辕,所有在城军队、学校及各团　届期亦预备前往城站欢迎,以表诚敬。

（原载《申报》一九一二年十二月六日,六版,要闻二）

西湖公宴孙中山纪事

孙中山先生于本月八号莅杭,情形已纪昨报。兹悉九号上午九时,孙先生命驾出城致祭光复诸先烈,顺道游览三潭印月诸名胜。十句半钟莅公园,当由朱都督陪侍招待,并介绍军政各界领袖行相见礼。十一句四十分入席公宴。入席后经孙君首先演说,其宗旨注重整理财政、发达工商,而以钱币革命为入手办法,演毕复经随员前沪军都督陈其美引申其辞,次朱都督表明赞同孙君政策。次第六师长吕公望演说,合国民全力,扶持中央,群策群力,以固疆隅。讵陈其美误会为一人布政,必令全国人民服从,起立质问。经讲武堂长童伯吹诸君说明吕师长立言大意,以资驳复,陈即起立道歉而罢。宴毕,由都督陪侍孙君合摄一影,并参观藏书楼、各机关。至五句钟排队入城,赴国民公所团体宴会。并定十号晨赴江干察看路线,即在之江大学午餐,午后乘江墅车赴拱埠参观商场,十一号出游天竺、灵隐诸名胜,十三号专车回沪云。

（原载《申报》一九一二年十二月十一日,六版,要闻二）

杭州电

今日军警联合会举吕公望会长,王桂林、夏超副之。

（原载《申报》一九一三年三月二十四日,二版,专电）

四月一日临时大总统命令

吕公望授以勋三位,叶颂清、顾乃斌授以勋五位。此令。

（原载《申报》一九一三年四月四日,二版,命令）

杭垣最近之恐慌（共三则，选第二则）

开会之阻止　朱都督以现值谣言蜂起，人心浮动之际，种种不正当之集会，足以妨碍治安者均饬取缔。省垣现有人援江西、广东等省之例，拟开拒债、救亡等大会，业经第六师长吕公望、省议会长莫永贞等会商国民党支部长吕君逢樵磋商阻止，已得认可。昨特通令警厅迅速出示通告，说明禁阻理由，以靖浮议。

（原载《申报》一九一三年五月十四日，六版，要闻二）

浙报停刊原因

廿四号浙报新闻内有标题曰《咄咄戒严期内之征兵》一则，谓浙省光复后财政困难达于极点，每月军饷较多于前清，吾民之负担已重，有识者每有兵患其多之叹。不谓此次朱都督阅操事毕，借补额为名，委员多人赴金衢严温处五府属实行征兵，奉派各员，非办清乡之人，即办禁烟之人。昨有某委等不愿奉命，诋第六师长吕公望竟敢造作吓语，妄称朱都督现在戒严，系防尔等第二次革命，尔等应速离省等语。朱都督阅之大怒，方拟查办，而第六师长吕公望、参谋总长金华林及奉派征兵各员纷纷晋谒，谓浙报所载问答，纯系捏造，其意盖欲挑衅军队，激成内乱，如前次之"朱、吕交恶记"等条，处心实不可问，非请立予封禁不可。都督府即电知各机关，召集临时会议。幸警察厅长夏君极力缓颊，始决议仅勒令停版三星期，以示惩戒。业于是晚饬知该报馆遵办外，同时咨会邮政局，将准与挂号递送，前案暂行取消。又闻报界公会亦于廿五号下午召集临时大会，协议对付，并决拟办法五条，其最注意者为联名请缩短停版期限，是日到会者有某某等六家。

（原载《申报》一九一三年五月二十七日，三版，要闻一）

独立声中之浙省态度

南北战祸初开，宁、镇独立，松江响应后，浙都督特令驻嘉新军严密戒备。十八晚十句时，复下动员令，派驻省第二十三团步队三营、野战炮一营、机关枪两连，由团长王萼君督师先行。十二句钟，复开紧急会议，第六师长吕公望面告奋勇，全体赞成，移司令部于嘉兴，以符重镇。即于十九日二句钟时，偕同参谋长李斐然、副官长刘纯甫及全部属官、卫兵等专车出发，随带军火、子弹、服装及战时应用品物，于破晓五句钟抵嘉，前锋各营进扎嘉善，并续调第二十四团全军及过山炮一营于二十号出师。递遗省城卫戍司令官一席，昨经参谋会公举第十一旅长张君载阳接办，以前清乡会办刘凤威任司令部副官长，责成城厢防务。

（原载《申报》一九一三年七月廿一日，六版，要闻二）

浙军对于松军之态度

第六师长吕公望率二十三团全军驻防，团长王萼分驻嘉善。昨闻松军在梅家弄有骚扰苏路车辆情事，特令前锋王团长进扎枫径，留参谋长李君在嘉善为策应。今晚（廿一）第二十四团全军及过山炮队一营专车开赴前敌，以厚兵力。

（原载《申报》一九一三年七月廿三日，六版，地方通信·杭州）

设立镇守使

陆军部咨行浙省，以赣乱发生，军事频仍，业经本部核定镇守使官制，通行各省设立在案。兹查江浙毗连沪宁，乱事未泯，设立是使，不容稍缓，应请贵都督遴员荐任，克日改组，以佐军事之不足云云。朱都督接咨后，当即会议改组事宜，惟该使一职实难遴员，或谓有荐任吕公望君接充云。

（《申报》一九一三年八月十八日，六版，要闻二，中立声中之浙江观）

奉贤人为沈葆义诉冤

奉贤县议长张智书等因江苏水警第二厅第一专署长沈葆义被控于直隶总检察厅,特于前日公电大理院,请为伸雪。原电如下:

北京大理院钧鉴:本年赣宁变乱,几致蔓延,奉贤僻处海滨,当□沪剧变时,谣诼纷纭,土匪蠢动,危险万状,幸赖松防水师沈统□葆义竭力保卫,疲于奔命,地方感戴,有口皆碑。阅报载直隶总检察厅起诉,指沈葆义执重要事务,道路纷传,相与□骇,金谓此种奇冤之案,起诉人凭何证据而云然。查沈葆义不特并未与□□事,且与浙师吕公望联合堵截钮永建后路,乱军因□溃散,嗣复剿□嘉定、青浦等溃兵,收获枪械先后解省,以保地方治安。松属各县幸免兵祸,实资其力。智书等目击情形,奉贤十八万生灵□叩荫庇,敢恳贵院特予伸雪,以昭公道,不胜迫切待命之至。江苏奉贤县议长张智书,市议长胡德言,市总董陈同伦,市董事林钦照,商会总理何曾鉴,公民陈鸿恩、庄登瀛、汪桂馨、倪良佐、唐安镛、阮孚、陆鸿宾、庄仁秉、刁文裳、宋廷修、吴士璋、李润源、曹裕基、朱津鼎、徐宗铎、萧□等叩。艳。

(原载《申报》一九一三年十一月一日,十版,本埠新闻)

张旅长交卸卫戍事宜

卫戍司令部吕公望师长,前因赣省作乱,浙境戒严,奉都督委任出镇嘉禾,所遗省城卫戍由第十一旅旅长张载扬兼任,于兹三月,防范甚严。现因大局敉平,戒严获解,各戒严司令部均于三十一日取消。吕师长于本月四号旋省,张旅长当将卫戍事务交卸,仍回十一旅原职,一面令饬所属,嗣后关于卫戍事务,应仍呈报师部,并另函请警察厅通令知照云。

(原载《申报》一九一三年十一月十二日,七版,地方通信·杭州)

杭州电

袁总统以有要事待商,曾电邀朱督入京。故朱已于前日起程北上,委第六师长吕公望代拆代行。

（原载《申报》一九一三年十一月二十三日,二版,专电）

朱督回省视事

朱介人都督前因大总统电召晋京筹商重要问题,特委吕戴之师长代理督务。十一日回节,十四日进署视事,吕师长亦于是日回师司令部,张载阳旅长仍回十旅旅照常视事矣。

（原载《申报》一九一三年十二月十七日,六版转七版,地方通信·杭州电）

朱都督之平匪策

白狼纵掠皖境,势成流寇,大为心腹之患,皖浙比邻,关系最切。朱都督除饬军队严防浙境外,昨日复与吕师长、金参谋长商定平匪要策①,密电中央。

（原载《申报》一九一四年二月六日,七版,地方通信·杭州）

杭州电

朱督电请给予吕公望、叶颂清、周凤岐、童保暄等文虎章,已经总统批准。

（原载《申报》一九一四年二月十三日,二版,专电）

---

① 金参谋长,指金华林,民国二年二月任浙江都督府参谋长,次年八月任兴武将军(朱瑞)行署参谋长。

北京电

浙江都督派吕公望、金华林等来京谒见大总统,并密商重要事件,约于今日到京。

(原载《申报》一九一四年二月二十一日,二版,专电)

杭州电

外传吕师长将北上赴军事会议,今探悉并无其事。

(原载《申报》一九一四年三月二十九日,二版,专电)

军探埋赃陷害案之原委

杭州函云,军探胡锦堂(前作吴姓有误)埋赃陷害楼正芳一案,兹经探悉胡之历史及此案败露详请,汇录于下。

▲经过略史　胡锦堂者,绍兴产也,本一无赖,光复后充当宪兵。去年赣宁乱起,省垣戒严。其时吕戴之师长就宪兵营中选得胡等十人为师部军探,厥后乱事敉平,即行撤消,其六人仍回该营充当宪兵,而胡及其余四人由师长保送督府充当军事侦探。旋因种种不法,经都督陆续斥革三人,所留者只胡一人,不料此次希冀得功埋赃陷害,而一旦败露,害人者适足自害耳。

▲败露原因　胡前在宪兵营时,与楼正芳谊属同寅(楼系宪兵营差遣),故与楼之同乡东阳人王某(法政生)、李某(成衣匠)住宿伊家。此案所有证据,如委任状等,皆系胡亲笔填写,串通王、李二人埋赃在内。案发后,楼正芳本已就逮,后由吕师长将各件交楼阅看,经楼认出系胡手笔,当堂回明问官,传胡质证,并将王、李二人逮案讯问,始据供吐陷害情形。于是,此中之真相毕露无可掩饰矣。

▲讯明枪毙　此案经吕师长讯明后,即晚报告都督。当经朱都督以埋赃陷害,法无可贷,且省垣此种行为业已数见不鲜,此风断不

可长，若不严行惩办，何以保卫人民而维治安？故特面谕吕师长，将胡锦堂按照军法处以死刑，所有此案从犯（即探线）王某、李某等二人判以监禁。已于日昨（十五号）下午执行，在陆军监狱署内将胡锦堂实行枪毙矣。

▲事后馀闻　闻胡锦堂因充当军探后并未破获一案，深恐饭碗不保，故出此埋赃陷害之手段，非独诬指楼正芳一人为乱党，举凡与王、李二人相识之东阳人概被诬指，闻共有二三十人，告密军府。幸其鬼蜮伎俩败露尚早，否则罗织无辜，浙省将兴大狱，而人人自危矣。现闻都督深知胡某所报不实，类皆无辜，故已决计从宽办理，概不株连，倘有甘心从逆毫不改悔者，则仍当惩治云。

（原载《申报》一九一四年四月十八日，六版，要闻二）

杭州电

总统府卫侍武官萧星垣，奉总统命令来浙授屈省长①、吕师长、叶旅长勋位，已由军事处电知浙督。

（原载《申报》一九一四年四月二十五日，二版，专电）

杭州电

今日（二十九）上午十时，屈省长在灵隐宴萧星垣。闻定五月一日在督府授屈映光、吕公望、徐乐尧、张载阳、叶颂清等勋位。萧君此来除授勋外，无他事，拟耽搁四五日即挈眷返京。

（原载《申报》一九一四年四月三十日，二版，专电）

朱都督维持路事

朱都督以浙路收归国有，职员及小工道班全体要求酬劳金，以同

---

①　屈省长，记者笔误，当时并无省长名义，屈映光主持浙江行政公署，职衔为民政长。不久改称巡按使。

盟停车为要挟,恐酿成极大风潮。特委第六师长兼卫戍司令官吕公望率领卫队至浙路总公司及城站察阅一周,并派陆师工程队沿站保护。又以前日股东会场秩序大乱,即于昨日(四号)上午,令饬宪兵王司令官派宪兵二十名至第一舞台股东会场,坐北首来宾席,藉资维卫。

(原载《申报》一九一四年五月六日,七版,地方通信·浙江)

朱都督派员采办军马

浙督朱介人君,以浙省陆军各营军马不敷分配,特遴派委员前赴关外采办军马八百匹,以资应用。兹悉委员长刘端,委员魏吴光、吴锡林,兽医刘少华诸君,已于昨日由杭起程。闻尚须赴京投文,听候陆军部核发护照;所有采办地点,亦须由陆军部指定。查委员魏吴光原系卫戍司令部少校副官,吴锡林原系十一旅旅部副官,其遗缺业已由吕戴之师长分别令委陈涤、张乃森两员代理云。

(原载《申报》一九一四年六月十五日,七版,地方通信·浙江)

浙省出品协会展览会开幕纪

浙省筹备巴拿马赛会出品协会展览会昨日(二十五日)上午九时开幕,朱都督、屈巡按使、张财政厅长、沈道尹、陈运使、吴政务厅长、吕师长、叶旅长、周知事及该会之审查、评议各员均于是时莅会。至十一时,齐集第十八陈列室廊下摄影而散。下午雷雨交加,而中西人士到会参观者仍络绎不绝,自朝至暮,约有二千馀人,除工业学校暨附属各小学校、贫儿院各学生外,尚有非用团体名义而来者,幸会场□展尚无喧哗,会中陈列物品分门别类,极为整齐。每陈列室均有管理员指导,使观者更能明白了然。朱督、屈使参观后,对于陈列各品异常嘉许,并极赞汪总理暨办事各员之勤能[1]。十二时许,有青年会

----

[1] 汪总理,即汪叔明(1873—?),原名熙,更名希,别字素民,浙江杭州人。以字行。清末参与创办《杭州白话报》。时任浙江省筹备赛会出品协会总理。

西宾偕同夫人到会参观,对于纬成公司之绸缎,仁艺厂之制作铜器、银器、雕刻,奉化习艺所之竹制大菜、桌椅、花屏,鄞县之嵌牙红木桌椅,青田之石雕饰品,均极称美,将来竞赛,必为浙省生色。至下午二时,汪总理及各职员仍在原处齐集摄影,以留纪念。其会外装饰有搭牌楼、松柏、匾联,五光十色,异常煊目。左首设有售票处,于二十六日起售票,男女来宾,均可参观。

（原载《申报》一九一四年六月二十七日,七版,要闻二）

浙将军府改组之筹备[①]

▲军事会议　朱督奉大总统特任为兴武将军,督理浙江军务。遂于昨日(四日)召集吕师长,张、叶二旅长,宪兵王司令,游击徐司令等,特开军事会议。闻将改组一切办法传知各课、处筹备矣。

（原载《申报》一九一四年七月六日,七版,要闻二）

浙江体育学校毕业志闻

浙江体育学校选科第二期学生,已于初二日上午十时举行毕业式。经校长吕戴之君简请都督、巡按使、政务厅长及各校校长莅校训勉。兹将毕业学生姓名录后。

吴腾、赵璧、傅志贵、程□城、□勤、颜定云、傅紫顺、徐顺兴、钱□□、罗文清、蒋时保、郑华、鲁耀时、胡瑛、金则□、史致彪、郭慕韩、童甫□、胡德耀、刘复权、徐嘉言、叶廉、周梦□、吴绣章、蔡天瑞、□溶、张镜□、张希仲、李邦、许祖贤、周昶、斯深、陈也渔、俞鸿、蒋蔚、颜文、王鹏年、傅鼎、陈世雄、王溥、张希贤、陈豪、王寿朋、周庆瑜、仇启震、王施仁、王英、王荡、沈勤、杨企学、费如镖、吴汉杰、何子钰、何仲良、姜鸿、徐国幹、徐润澜、佘文吉、周文明、王孟一、孙武、丁旭、吴

---

① 本题共三则,包括府署更名、军事会议、军队合并等。

乃耀。

（原载《申报》一九一四年七月六日，七版，地方通信·杭州）

军府宴请李参政

前政治会议议长李仲轩君，于十九号来杭寄寓刘庄各节，已志本报。昨日（二十号）下午一时，朱将军在军督府设备盛筵，宴请李参政，列座者屈巡按、徐乐尧、叶子布、张财政厅长、陈运使、孙俶仁、金参谋、温州交涉员、中国银行张监督、吕公望师长、高等审判厅杨厅长、政务厅长吴品珩、团长叶焕华、杭关监督张允言君等，共计十五人，酌至四时，尽欢而散。李参政席间叙谭，并不提及政军各事，惟谓今日当以提倡实业为主要，列座者莫不唯唯称善云。

（原载《申报》一九一四年七月二十二日，七版，地方通信·杭州）

七月二十二日大总统策令

又令。任命吕公望为浙江嘉湖镇守使，张载阳为浙江台州镇守使。此令。

又令。任命叶颂清为浙江陆军第六师第十一旅旅长，童保暄为浙江第六师第十二旅旅长。此令。

（原载《申报》一九一四年七月二十五日，七版，命令）

烈风迅雷中之损失

昨日（廿八）下午二时，杭城西南风大起，马路沙尘飞卷空中，豆点大雨随风而至。钱江潮汛顿涨，义渡局高悬红旗，禁止船只通行，以免再蹈危险。时有松柴船一只，在江心不及转舵，即为风浪打沉，只救出船夥二名，所载松柴约漂去数十担。附近电杆挂线被吹断者，亦有十余处之多。螺蛳门钓桥下旁茶店一带，凉棚均被吹坍。至枯槁田禾，方盼透雨，忽经此巨风，恐致受损不浅。又，草桥门外海潮寺外面一带涨沙①,地面辽阔,前经吕师长勘定建筑射击场,为各军官演习打靶之用,计设靶座五重,状如华表,上嵌玻璃,由吴文炳包工建造,估给工料洋一万二千元。目下正值完工,吕师长本订于二十七号派员验收,不料二十六日雷雨大作时一声霹雳,竟将该靶座全数击毁。吕师长闻报后,即亲自驰往察勘,以此事实系天灾,非包工之咎,令饬修整,又需工料七千元。际此财政支绌,拟作罢议,现正与朱军督磋商办法云。

(原载《申报》一九一四年七月三十日,七版,地方通信·杭州)

杭州电

嘉湖吕镇守使于今日动身赴程。

(原载《申报》一九一四年八月二十二日,三版,专电)

画分水陆防线

联防问题,经军督、巡按使与各省函电往还,闻由江宁冯上将军主稿,订有草案,浙省画分水陆二线,水线与苏、闽合,陆线与皖、赣合,现因皖军不敷分布,先由浙军移驻广德边境。至闽、赣两路,现尚未接海军部咨复,而揆度大势,必照上年戒严时办法。惟苏路,除嘉善责成辎重营、枫泾责成炮团营外,因嘉湖港汊纷歧,处处与苏属有连带关系,故前日特饬吕镇守使晋省面商机要,其线路不日即可发表云。

(原载《申报》一九一四年十月十三日,七版,要闻二·浙防近讯)

吕镇守使补上月助洋二十元

河南田巡按使补上月助洋五十元,嘉湖吕镇守使补上月助洋二

---

① 海,下脱"潮"字,径补。

十元。特此鸣谢。承诸大善士乐助特别捐，容汇集再登。上海虹口普济善堂同人代贫民九叩。

（原载《申报》一九一四年十一月廿一日，四版，广告，标题代拟）

吕镇守使面陈联防问题

嘉湖镇守使吕戴之，于三号之晓乘特别快车来省，闻系为江浙联防事宜中之太湖添设专署事，虽系水警范围，而于陆防有联带关系。昨四号早晨，诣军督公馆面陈机要，适张载阳镇守使亦在禀谒，遂晤谈至两小时之久。公毕告退，即同往巡按使署晋谒。

（原载《申报》一九一五年三月七日，七版，地方通信·杭州）

屈使出巡之迎送

屈巡按使出巡，昨报已纪大略，兹复记其离杭时情形如次。昨日（二十五日）下午二时，屈使由杭州城站乘花车赴嘉兴，朱将军特派金参谋长偕第六师长叶颂清、第十一旅长童保喧、第十二旅长叶焕华，会同钱塘道尹丁传绅，高等厅庄、王两长，内河水警徐厅长，杭县知事周李光，警察厅长夏定侯，率带第六师军乐队、步兵第二营六分署警察队，欢送到城站。一面由嘉湖镇守使吕公望、第一水警总署长俞肇桐、二十一团团长傅其永、嘉兴县知事袁庆萱，会同教育会、商会、农会各团体，在嘉兴站欢迎。除随带卫队外，由驻笕骑兵第六团暨步兵第二十三团沿途为之保护，送往迎来，亦颇忙碌云。

（原载《申报》一九一五年三月二十七日，七版，地方通信·杭州）

水警为党人运动被获

王店水警第六署巡警柳步云，因受党人指使，令其在嘉湖运动军警，讵意事机不密，为吕镇守使所悉，当即电饬该营署长拿获，解省讯办。兹闻解送第一总署后，经俞总署长密讯，柳供受某某等委托担任联络巡警谋乱不讳,搜出证据多件。现闻徐厅长拟判处以极刑,已于昨日(二十)具详军署请示矣。

（原载《申报》一九一五年五月二十二日,七版,地方通信·杭州）

嘉兴拿获党人

嘉兴县公署内谍报员某,日昨(十八日)在东门外平湖轮船码头拿获党人姚廷、杨海两名,当即鸣警拘县。旋由袁寅昉知事督同承审员郭瑶琴提案讯问,坚不承认,随命法警用刑,始得直供证据放在东门外厕所内。立即派委录事王承绪带同长警不动声色前往搜查,果获符号二方,一系嘉湖救亡分会主任兼司令官杨海,一系嘉湖救亡分会副主任兼司令部参谋姚廷字样,并在纸包内搜获函件一封,内言顷奉东京孙总统来电,令夏治安办救亡总会,夏君事多不能兼顾,委任某为浙江救亡总司令长,由某委任杨海为嘉湖救亡分会主任兼司令官,姚廷为分主任兼司令部参谋。今有某寄信与嘉兴某,转递某一函,内有符号一枚,为军事运动云云。袁知事察阅后,立即电详吕镇守使请示核办矣。

（原载《申报》一九一五年七月二十二日,七版,地方通信·杭州）

十二月二十三日政事堂奉策令

又令。特封吴金彪、王金镛、鲍贵卿、宝德全、马联甲、马安良、白宝山、崑源、施从滨、黎天才、杜锡钧、王廷桢、杨飞霞、江朝宗、徐邦杰、李进才、吕公望、马龙标、吴炳湘为一等男。此令。

（原载《申报》一九一五年十二月二十六日,二版,命令）

四月九日政事堂奉策令

又令。吕公望给予二等嘉禾章,夏超、王桂林均给予三等嘉禾章。此令。

又令。张载阳给予二等文虎章,徐则恭、汪镐基均给予三等文虎章。此令。

(原载《申报》一九一六年四月十一日,二版,命令)

喧传浙江独立之影响

(前略)兹姑将本埠所得种种消息录下。浙省近因有北京派第十二师赴浙消息,曾由绅商电京阻止,电稿迭志前报。兹据本埠传述,浙省已于十二日晨三时宣布独立,其原因即由反对北军赴浙而起,十一日上午因闻有北军两营乘沪杭火车来浙,杭垣立开会议筹商对付方法,党人乘之,遂成独立。盖旅沪党人丁某、黄某等多人已于十一日早车纷纷赴浙也。或云已举王君某为临时都督,或云为吕公望。朱将军已不知去向,苏浙交界之枫泾地方,沪杭轨道已拆毁一段,并派有浙兵驻守,以防北军南下。(下略)

(原载《申报》一九一六年四月十三日,十版,本埠新闻)

浙江独立纪闻(节选)

十二号午前十一时发(静眼)

又闻朱将军方回海盐,而金参谋长欲守中立,叶师长及嘉湖镇守使吕公欲即行宣布独立,又有欲推戴屈巡按使之消息,种种传闻各异。然今日黎明,将军署确经攻击,其眷属曾逃至清泰第一旅馆,或云系第四标所攻。总之,告示尚未出,居民咸不知所措。然巡按使署办公之人则如常出席也,下级军官咸在云雾中,不能得确实消息,而上级官会议极严密,无从探听。

(原载《申报》一九一六年四月十四日,三版,要闻一)

浙江独立之观察

(前略)浙江于宁、绍而外,尤属重要者,即为嘉湖,有镇守使吕公望君(字戴之,永康人,前第六师师长)驻于湖州,有第二十一团团长傅其永(金华人)驻于嘉兴,即在江苏态度未决以前,亦当无他军入浙之虞。惟台州镇守使张载扬等如何布置,尚未得详报。浙江于未独立以前三日,童、夏、徐、吕、周诸军警长确曾开会议几次,想系各方面妥协而后宣布者,而革命志士之运动,北兵入浙之警耗,则有以促其成而激其变也。(飘萍)

(原载《申报》一九一六年四月十四日,三版,要闻一)

嘉兴独立前之状况

嘉湖吕镇使于四月十一晚得省垣宣布独立电,遂通知各营与县公署等决定四月十三日正式宣布。又于二十一团一营抽兵二连添赴枫泾,以备不虞。各县商业与平日无异,市面皆安静如常,惟当独立之真相未明时,不免稍有恐慌。当昨日(十二日)晨杭沪早车(向章八点开行)忽暂停驶,乘客纷纷折回城中,居民以交通阻滞,疑窦莫释,相率至东门外车站探听实信,以故车站附近之茶寮(快哉楼等)、酒肆(涌大等)人山人海,几无容足地。讵至日中,仍然音信隔绝,莫知真实,但见军警荷枪实弹,巡行各处而已。是日,男女各学校上午仍正式上课,嗣因风鹤频惊,至下午如女师范、县立女学暨区立各小学校大半休假,膳宿诸生均雇舟作归计。于是钱业汇兑顿行中止,各种钞票行用多阻碍,妇女之交兑赤金者颇热闹,而北门外之中国分银行持票兑现者亦门庭若市,因此现象竟有携子女迁徙者。迨至下午四时许,县警察出示禁放花炮。嘉湖镇守使吕亦出有布告,略云:"交通暂阻,人民毋自惊扰,致纷秩序,特下临时戒严令。如有不逞之徒造谣生事,自当重惩不贷"云云。人心虽稍定,而仍惴惴不安。及杭垣末班车(八点钟抵嘉)开到,独立之说确实宣布,人心始大定,转忧为喜云。并闻是日陆军之开赴枫泾驻守者,上午有二十一团一营两连,下午又加往两连。

(原载《申报》一九一六年四月十五日,三版,要闻一)

独立电措词滑稽

浙江独立消息到京情形曾纪昨报。兹经探明该省独立之举,实出于重要军人之主张。先是当未独立之前,该省商会曾有一电致在京同乡京官,谓闻政府派第十二师师长陈光远率师到浙,请即设法阻止,如该师果到浙江,则全省恐召糜烂。审计院长孙慕韩氏得电后,即持原电进府谒见,欲有所陈请,当局者未经接见。孙不得已改将原电封呈,当局者即于电稿上批有数字,谓并无派第十二师往浙之说。孙氏得批即拟复电,电文拟好尚未拍发,而浙江宣布独立之电已接踵而至矣。据京中官场之意见,以为报告此次浙省独立,其主持最力者为该省师长吕公望氏,吕氏前为师长,旋改任嘉兴镇守使,与将军朱瑞积不相能,现朱已逃去,故举屈映光氏为都督。又闻浙省独立,其致中央之电文颇近滑稽,大致有承两次电询,省境均安,自此宣告独立,与贵政府脱离关系云云,署名中汤寿潜及汪大燮均在其列。

(原载《申报》一九一六年四月十七日,六版,要闻二·京中对于浙警之观察)

嘉兴宣布独立纪详

杭垣十二日独立后,镇守使吕公望决于十三日正式宣布独立,届期手续未备,乃再延缓一天,十四日始行发表。其军事布置甚完固,于江苏交界处均添驻重兵,其十二日开赴枫泾驻守者,计陆军二十一团一营两连、三营两连,水警队十二舰,又赴驻王江泾者,二十一团一营四连、浅水兵轮一号、水警船一队,防范甚为周密。沪杭交通虽断,秩序均安,惟县署中人于十一夜逃避一空,闻司令与民财两政处至今尚有未到署者。

另一通信云:(中略)十四日东门热闹如故,居民秘密迁徙者颇不乏人,城内外之船只雇用一空。至是日午刻,四城门暨各通衢始贴有嘉湖戒严司令吕安民告示,略云(参见正文卷一,此处从略)云云。自此告示发贴后,人心始定,刻下地方安静,商民咸庆乐业矣。

续函云,嘉兴于四月十四日八时正式宣布独立,两浙缉私统领蔡和林暗中反对,被吕司令察觉,立令交出印绶。现在嘉善与枫泾驻守陆军四营、浅水兵舰四号、水警三营、盐巡兵一营,又有机关炮十四尊。杭至禾火车今日已通。

(原载《申报》中华民国五年四月十七日,六版,要闻二)

杭州电

前第六师师长叶子布已离省,由童葆暄君暂代师长,守备司令徐乐尧亦已离杭,屈遂直接统带该部。浙人对于屈映光甚形愤激,宁绍独立军首领周公选、嘉湖独立军首领吕公望均已到省,屈映光昨自取消巡按使兼总司令名义,改称都督。

(原载《申报》一九一六年四月十八日,二版,专电)

杭州电

闻屈映光以兵变主名密告政府,吕公望已表明态度。

(原载《申报》一九一六年四月十九日,二版,专电)

独立后之杭垣表面观

屈映光就都督位后第一次通电云:

宁波道尹、关监督、四十九旅、警厅长、各县知事,并转各管带、各总署长、各征收局长、各征兵局长:本司据浙省军政警学商公民等周凤岐、童保暄、王桂林、吴钫、胡思义、刘焜、夏超、经亨颐、冯丙然、周锡经、韩清泉、许丙堃、郑任常、阮心存、许嘉猷、徐之楝、刘崇照、盛炳纪、余镜清、许燊、顾松庆、王锡荣、何春熙、沈铭清、俞韩、徐定超等公函称,浙省此次宣布独立,实因军民一致之决心,迫于大势,为国家地方秩序起见,光明坦白,一秉大公。故军政各界举事诸人绝不希冀丝毫权利,以杜他人藉口邀功,扰乱秩序。都督一职,所以总辖军民,发布命令,全系责任问题,并非权利问题。朱将军既未得踪迹,循资按序,当然推我公负其责任。以此事定之后,军警绅商士民会同在省各高级官合词吁请,往复再三,自早至夕,我公阁门引被,坚辞不允。至使全城民庶喁喁仰望,十二一日几陷无政府之现状,虽藉军警一心勉维秩序,而事机险迫,殆不容发。复经再四恳吁,唇舌俱敝,延至十三日,始奉勉强承认,以巡按使名义兼任浙军总司令,维持全省秩序。在我公瞻顾地方、缠绵旧僚,权衡出此,亦自有不得已之苦衷。合之情事,明知未为允当,徒以我公垂涕敷陈,情词衷挚,但期以此名义得资镇摄,当时亲见情节,殊觉未忍多求,以此议从权,勉徇公意。乃两日以来,默察城市情形,军民私议,终觉名分未正,殊有歉心,奔走皇皇,若不终日。在同事诸人固能谅公之意,而全省人民不能尽喻,以为都督一日未定,即独立一日不完全。万一莠徒谣煽,酿成事变,各属豪暴乘机揭竿,驯至境内纠纷,生灵涂炭,非特凤岐等不能担此职任,即我公亦何以自解于浙民?现在人心加摇,大局危迫,再有迁移,立生巨祸。因此再行合词迫请,伏乞我公为浙民计,为全浙人民生命财产计,略小节,重大义,即日正名都督,发布通告,则涣汗一颁,舆情立定。事已至此,凤岐等同意商酌,以必得请为度,迫切具呈,立候裁定等语。

并据参议会函称,浙省既经独立,当由发难军民推我公为都督,诚以名义所在,内外耳目所系,非此无以壮士卒之气,示更始之规模。公迟之又久,坚不肯受,必欲保持旧号,外间不察,金谓公态度不明,意欲软化独立,以致人心惶惑,纷纷他徙,适所以负全省之望而失将士之心。名不正则言不顺,愿公速正都督名义,以息谣诼而靖人心,毋任盼切等语。

并据嘉湖吕镇守使、台州张镇守使前后连电一致敦促。势之危迫如此,众意责望如此,映光敢不以身许国,愿从我僚友父老昆弟之后,兹(即日就任视事。自今以后,勉竭驽钝,苟利于浙,生死以之,仍望我文武僚友共同赞成,鼎力保桑梓之秩序,共维大局之奠安。掬情罄言,迫□照鉴。浙江都督屈映光。铣。印。

（原载《申报》一九一六年四月二十日,七版,要闻二）

都督府出现后之杭城

此次军人会议,虽意见初不一致,嗣以共顾大局,颇能牺牲其个人之意见。童伯吹司令虽昨日以护理第六师师长兼卫戍司令官名义出示,禁止军民人等强当衣物,安慰商民(前数日裕成当略失二三百金)。然闻童将仍守原职,浙江将编为二师,称浙江陆军第一师第二师,其师长以吕公望张载阳二人任之。至台州镇守使一缺,已派顾乃斌去,惟宁波四十九旅旅长周凤岐,已改任都督府参谋长,所遗旅长之缺,尚未决定,故未发表。（静眼）

（原载《申报》一九一六年四月二十一日,三版,要闻一）

屈文六京中之死耗

浙江独立后情形,京中至为隔膜,加以中央滑稽命令出现,尤令一般视线迷离惝恍,莫能知其底蕴,而脑筋过敏之官场,乃遂因之造作种种谣言。或言屈已被刺,或杭已大乱,或城内已大火几日云云。

即外报亦有为所瞒过者,如英文《京报》昨有要闻云,前浙江巡按使屈映光有遇害消息,系出于下级军官之反对。屈氏与朱瑞本同一臭味之人,固无久存之理,但据此间浙江人士之推测,谓中央日昨一令,与屈死不无关系也。又《顺天时报》载某西文报云,浙江军民因前朱将军亡去失踪,以临时无主军首领,暂时将巡按屈文六拥至军署为临时总司令。兹悉屈究系文职,不便担任,已举定吕公望为都督。至屈被刺之说,尚无确实消息,而浙中情形与十四日申令殊不符合也云云。以上两则于现在事实均不合,然于浙人心理尚为相近,而蒙蔽者固终无所用其技也。

又闻十八日公府召开军事秘密重要会议,据闻有乘浙省秩序紊乱之际,拟派大员前往镇定,借以收拾之议,然则彼造作种种谣传者,其作用固自有在矣。

(原载《申报》一九一六年四月二十一日,六版,要闻二·浙苏川闽之时局观)

浙江独立后三日之经过(特别通信,节录)

关于军队方面,如在省之步兵、炮兵、工程营等,均由专车送至嘉善、嘉兴等处,由镇守使吕公望酌量支配,保守境界。而在绍兴之兵,亦已调赴前往;四十九旅之住在宁波者,拨其一部分住绍兴。

闻第六师师长叶子布辞职,其他军界各要职更动与否,尚未确定。现闻童、周二旅长主持军务,而夏厅长超、王司令桂林等则协助进行。

(原载《申报》一九一六年四月二十一日,六版,要闻二)

浙江独立后之军人与议会

浙江独立后对于各省、北京等方面之宣告,皆由高级军官吕公望诸人通电;对于省内,亦由全体军人通电宣示态度。至于屈映光氏,直至改称都督后,乃有在省内自行表明被人推为都督及颁布照例禁令之两电,而对于省外仍寂然无闻。昨据传闻,屈氏有将发通电表明心迹之说,而亦未有正确之事实。惟陆续有人投函各报,声明推举屈氏者之冒名而已。

兹闻十九日吕公望氏率其所属军官傅其永、来伟良等又有通告省内各道尹、各统带、各知事等电文一道,其主旨盖声明屈氏已作都督,不准再有人妄希非分,破坏秩序,否则视为公敌云云。然则都督

之有赖于军人盖不少也。（下略）

（原载《申报》一九一六年四月二十二日，六版，要闻二）

某君再致浙江独立诸要人书

前书载诸沪上各报，谅达公鉴。浙江独立而后，对于省内秩序井然莫名钦佩，而对外则始终未发一言。虽吕公望君率其所属文武官员有一通电，又吕公望、夏超、张载扬、周凤岐等二十五人有皓印电，然前者不足以代表全省，后者仅为私人之署名，虽足以表明诸君之态度，而就普通法理言之，不能认为有效。至于屈映光巧印之电，似可以代表全省矣，然署名仍为屈映光之私人，且细读全文，并无"都督"两字，又曰"本日上午正式就任"，不知其所就之任，巡按使兼总司令耶，督理军务耶，抑诸君所推举之都督耶？令人无从下断。总之，二十五人之皓电，既不能认为有效，则不足以证明屈映光之为都督。屈映光既始终不言都督，则发言资格仍等于私人。且其电中所陈，有二大病，一则不简直主张退位，二则以独立与未独立各省混而言之，屈映光之态度至今未明，于此可见。既称独立，则对内固要，对外尤要，岂容以游移两可之词，使各省见疑，授袁氏以隙？鄙人言此，决非感情作用，惟为浙江计，不敢不言，幸诸君再进而教之。

（原载《申报》一九一六年四月廿四日，十一版，要闻二）

好教训

顾乃斌之辞职书曰，此次军政商学各界正宜屏除私见，共同一致。

吕公望等致段氏电曰：此次举事，绝非为权利起见，惟能屏除私见与权利之念，而后内讧葛藤不起，浙人能澈悟此旨，浙事亦有望矣。（一子）

（原载《申报》一九一六年四月二十五日，七版，杂评一）

呜呼浙江逃将军（特别通信）

呜呼！杭城自四月十一夜独立军起，攻入将军府后，此赫赫有声之兴武将军朱瑞，竟以失踪闻。而寓中资产什物被劫一空，家属狼狈流离奔走，仅以身免。（下略）

将军少时曾在嘉兴县学校肄业，即今之第一高小学校也。旋入南洋陆师学校，与第六师长叶颂清为同学，毕业后未为当途所注目，曾由其族叔桂辛与徐某函荐入军营，后乃稍稍得志。旧时同学乃连翩而出，擢叶颂清为师长，疏吕公望而远之（吕初为师长，因非同学，乃排斥之，使为嘉湖镇守使）。其县校同学，被擢升入要职者颇多。桂辛之子侄于政界内均得有优美之局差，且闻其同县人徐君言，桂辛凡有为人请托者，虽未必人人得缺，而将军之报德固过其量矣。其于徐某亦然。国家设官置吏，当为地择人，而将军往往为人择地。吾浙各地方公共机关，以海盐人及台州人为多，当事者每蹙额相告，引以为苦，此其证也。

（原载《申报》一九一六年四月二十七日，三版，要闻一）

恢复沪杭交通之佳音

上海商会昨接杭州总商会复函云，接准大函，备聆种切。沪杭火车停止开驶以后，杭城各商号因商业阻滞，难免受无形之损失，迭乞转请维持，即经敝会陈请本省长官，函商沪杭甬路局，将沪杭火车迅即照常开驶，并经函陈杨护军使暨吕镇守使，请将前拆轨道分别修理，以利交通。嗣又公推敝会协理王湘泉君往谒杨、吕两使，面商一切。是杭省各商盼望通车，与沪地情形正复相同。昨接奉都督府函开，顷得特派委员自沪来函，杭沪通车事宜已拟定办法六条，双方妥洽，不日即可照常开车，惟时间略须提早等语，应特备函奉复，敬祈台洽。

（原载《申报》一九一六年四月三十日，十版，本埠新闻）

杭州电（两则）

五日屈映光宣布辞职，由参议会会员及军警各界公推吕公望君为都督，合境安谧。

王文庆为民政厅厅长，莫永贞为财政厅厅长。

（原载《申报》一九一六年五月六日，二版，专电）

浙江之局已定

浙江独立之初，屈映光举措失宜，莫可为讳。适有人从而利用之，几摇动治安之局，赖军政各界竭力维持，屈映光乃得于态度鲜明，而后洁身引退。

屈映光非军界人物，纵使态度鲜明，而久居都督之位，终嫌未当。今屈退而以吕公望继之，浙之幸，亦屈之幸也。

虽然，吕公望君其慎之，苟能凛于位高者危之训，内整军纪，外睦邻封，小之保守一省治安，大且进与东南各省共策大局，则非特浙之幸，抑亦东南之幸，中国之幸也。记者闻浙江之局已定，故乐进数言，为吕君告，为浙人告。（飘萍）

（原载《申报》一九一六年五月六日，七版，杂评一）

杭州电（两则）

自五日正午屈都督宣布辞职，吕公望继任后，人心大定，各公署、军营均悬旗庆祝。

浙江高等审判厅长庄景珂辞职，以范贤方代。

（原载《申报》一九一六年五月七日，二版，专电）

浙江之新旧都督

新都督吕公望君，以私言之，与屈为有旧，以公言之，与屈为同志。今继其后,是宜用屈之长,补屈之短,不负浙江,不负同志,不负毅然出而担任艰巨之初心,乃国人所日夜祷祀以求者也。(飘萍)

(原载《申报》一九一六年五月七日,七版,杂评一)

杭州电(两则)

吕都督就任后,已改任王文庆为民政长、张载扬为嘉兴镇守使、周凤岐为第二十五师师长、童保暄为第六师师长、夏超为警务厅长兼省会警察厅厅长、郑文易为钱塘道道尹、范贤方为高等审判厅厅长。

吕督拟请屈前都督担任民政,俟嗣因屈君归隐台州之意甚坚决,故改任王文庆。

(原载《申报》一九一六年五月八日,二版,专电)

苏省周围之情势(节选)

苏浙两省毗连江海,前已划为联防之一区。自浙江宣告独立后,苏省大势已形岌岌。现屈映光辞去都督,该省参议会及军警各长官以停战期满,已公推吕公望为都督,筹备军事,将来苏浙有无战事发生,实难预料。

(原载《申报》一九一六年五月八日,三版,要闻一)

浙江更举都督记

日昨(五日)屈文六都督设宴于政务厅。一时,参议会诸君及军政警商学各界毕集,到者计有五十余人。酒至半巡,屈氏起立宣言辞职之宗旨,略谓当独立之日,勉承诸公推举斯职,彼时为维持地方秩序起见,不得不暂时担任,现在大局渐臻安谧,请公举贤能接替。各界以次起立,极意挽留,大致谓仰赖都督贤劳,得享安宁之幸福,现在大局尚未全定,还恳顾全人民生命财产,幸弗舍置而去。众人皆拍手赞成。无如都督去志甚坚,自下午一时入席,至五时半尚未解决。始由六师师长张载阳君起言，都督既不愿留，请由都督荐举。当时都督以事关公众，未便由个人推举。大众乃公举吕君公望，并起立欢迎。吕君再三谦让，辞不获已，始允就都督之职，旋提议善后诸事，并公推张载阳君为前敌司令。又畅谈良久，欢然而散。

（原载《申报》一九一六年五月八日，三版，要闻一）

今后之浙江如何

浙江都督屈映光自行辞职而后，吕公望君既继都督之任，浙江之局势为之焕然一新，各方面之疑虑亦以顿释。然则今后之浙江如何，记者固可依已往现在之情形，为略道一二者也。

凡已宣告独立者，苟未能与其他独立各省及虽未宣告独立而态度业已表示之各省相联络，则名为独立，实有陷于孤立之虞。浙江独立之初，军民态度固属鲜明，而为之首长者表示不得其法，既为北京所利用，又为同其宗旨者所攻击，与孤立相去殆不甚远。此吾人所为之忧危不宁者也。所赖内部军警首长皆以维持地方为前提，与此前提相背者则绝对不容许之。屈映光今日尚能从容解职，与军民欢欣告辞，归隐梓里，吾人为屈君慰，又不能不感念夫军警长官之爱地方而爱及屈君耳。

自吕都督就任，其第一通电即为与独立各省相联络，而一方请唐、温、王诸要人代表外交事宜。记者数晤唐先生（少川），询以对于浙江之意见，唐先生惟以态度鲜明是望，然则今次吕都督之委托，唐、温、王诸公必欣然为致力于外交诸务，由几陷于孤立之地位，再进于真正独立之地位，固可谓为第一要着者也。近日最骇人闻听者，为苏省北军有攻击浙江之说，以常识判断之，应决为必无其事。惟不知此说之所从来，浙苏交界各保治安，此种两省同意之条约，观于以往杨善德君对于旅沪浙人之声明，已可明瞭。最近所以有此邪说者，据浙江军界某要人与记者书中所述，则有少数分子两方造谣，对苏言浙，对浙言苏,欲于治安扰乱之中自图其利。然此种阴谋近既揭破,今后亦自不成问题矣。

由上所述,浙江今后之对外,幸可无困难之虞,其内部又何如乎?

今日省内之握有实力者为童、夏、周、张、王诸君,皆与吕公望为辛亥以前之同学、同志,且谦让尚礼,尊重职务。犹忆三年以前,朱瑞初任都督,吕公望初任师长,童葆暄适办理讲武堂。开堂之日举行礼式,余亦以新闻记者与其列,童君力主对于职务长官崇重礼节,盖矫于光复之初,上下级军官皆同学、同志,遂不以礼节是尚,童君病之,亦可以见其能识大体之一斑矣。故省内今后之团结当较从前更甚,决无他种问题可以发生于其间者也。

军警各界既已如此,文治方面又何如乎? 据今所闻,某君为某厅长、某君为某道尹。总之,今日军事以外所应注重者为财政,民政次之,而记者尤望能以所谓军法者,纳诸司法范围之中,至长之者之人物,适与勿适,今姑不论。记者欲静观其设施之如何,再以可否乘其后也。(飘萍)

(原载《申报》一九一六年五月十日,三版,要闻一)

更举都督后之浙江军界

《大陆报》五月五日杭州通讯云:都督府会议各界代表皆列席,屈映光正式辞职,公举吕公望为都督。此间谣诼虽多,情势颇安靖,军界人预料南北间之政治争点当可早日美满解决。记者又从可恃方面探悉,淞沪北军断不致与浙军冲突,闻沪杭通车一星期内或可开行,浙省盐务未经独立军干预,不干预盐款,即可杜外人之口实,独立军对于盐务之态度殊可嘉也。

(原载《申报》一九一六年五月十日,三版,要闻一)

宁波快信

昨日(八号)一时,卸任浙督屈映光由杭渡江乘车到甬,军警各界领袖均齐集火车站恭迎。当即过搭外海水警第一游巡队超武兵轮护送回临海原籍,一时舆马纷纷,颇极一时之盛。同日,浙省新任高等审判厅长范仰乔及现推之参议会长陈季衡,均于是日上午,由本籍(鄞县)搭车上省就职。

兹将新旧都督交替之文电录下:

▲屈映光告别父老书

浙江都督屈映光敬致告于我全浙文武僚属暨全属父老子弟。

映光以浙局粗定,于本日召集各界人士宣布辞职,苦口披沥,幸承谅允。当经推荐第六师师长、嘉湖镇守使吕君公望继任浙江都督,各界人士已一致赞同。映光应即赶办交替,敦促新任吕都督克期视事,业由映光通电京外暨全属军民人等一体知照。从此临淮建节,壁垒一新,循正确之轨途,振方刚之朝气,涣汗所布,阖境欢腾,映光亦赖以安释仔肩,藉免将来覆餗之虞,而完先期夙定之志。窃为浙庆、为国庆,即亦用以自证自慰,而与我父老兄弟同引为私庆者也。

映光忝任浙政,瞬将五年,平素施为,案牍具在,事实可征,为功为罪,听之众议,无待赘言。此次浙事发生,特以地方秩序关系,勉徇各界之敦迫,权任都督。区区之意,但求一方不碍确定主旨之进行,一方不受政局变动之痛苦,暂时承乏,以俟贤能。现幸军警一心,四民康业,军备粗已修饬,财政亦可勉支,文武僚采,责守有属,可以各举其职,得以完善如旧之浙江,从容捧托还诸我父老兄弟之手。映光之责于此已尽,即映光之心于此已安。矧复付托得人,足以萧然自引。

故园无恙,丛桂招人。在映光,差可谓理得神怡,去不需于接浙已。顾映光浙人也,浙江官吏之职守可以脱离,而浙民分子之仔肩无由起置。念来日之大难，觉前途之正远，踌躇揽辔，惓惓于怀，因不能不窃附于古人赠言之义，矢片词以相诰勉。吾浙此次举动，实为东南大局一大关键，义旗既举，万目具瞻，而对于内则建设伊始，经纬万端，对于外则孤屿障流，楚歌四面。如何而整军经武，使实力固于苞桑；如何而修好树援，使诚信乎于遐迩；如何而酌盈剂虚，使度支不虞其空匮；如何而正词定义，使国是得藉以早宁：全恃匹夫有责之诚，以成众擎共举之效。现当军政时代，责务所在，军人为先，名为浙军，实即代表全浙人民，而负有发挥吾浙荣誉之天职，切望我军队同胞各以世界之眼光、国家之观念、国军之主旨、军人之天职，发奋进步，毋务外驰，养成敦朴勇敢之气，以备折卫御侮之用，而实不可流于顽懦以辱国，习为骄悍以病民。警备队、游击队、水陆警察，皆负保卫地方之责者也，平时固有职司，现任更当紧要。警队能确负地方治安之完责，斯陆军得专心一志以效力于疆场，切望我警界同胞密侦察、勤缉捕，亲睦闾里，恪循自治自重之恒训，使官民上下倚信如手足，而后直接之效在防地方，间接之效即在国家。至于文武僚采，共事有素，畴昔谆谆诰诚言之详矣。迄于今日，而才识、魄力、品性一一皆见之实验，切望诸长官僚吏实心勤职，各负责任，勿躐等骛高而希乘急以躁进，勿见事畏葸而思藉词以乞休，时时存薪胆之血忱，事事以天良为督率，任一事求尽一事之责，守一境务保一境之安，在一日矢负一日之任。于政则竭尽智能材识以赞襄之，于令则竭尽智识材力以服从之。新任吕都督，声名卓卓，有作有为，必能力主大公，推诚付托，幸抒忠悃，以济时艰。尤愿我父老兄弟同德协心，始终翊赞，各尽国民毅力，勿责功效于一人，勿视一人为万有，固群力、重公德、广农殖、利交通，扩教育以造国基，谋实业以裕生计，视一省如一家，视一国如一省，勿争党见而互相攻讦，勿守区域而各持异同，合心并图，推爱乡之心以爱国，务使大中华民国之光耀得发辉于全世界，而吾浙乃浸浸焉循轨而并进，则映光虽不在职，亦庶几与吾父老兄弟相与欢忭，含鼓于茅檐蔀屋之下,瞻蒲望杏,共乐升平。映光之幸,亦吾父老兄弟之幸也。交替事毕,映光即日行矣。梓桑共处,把晤有期,时事方殷,各自珍重。

▲屈映光通电

此次浙省宣布独立,本都督以地方秩序关系,勉徇各界敦迫,出而承乏,扶病视事,瞬已兼旬。现在军警一心,四郊安谧,秩序已经大定。当于本日召集各界人士宣布辞职,苦口披沥,幸承谅允,并经推举吕师长公望继任都督,诸将吏暨绅商各界亦已一致赞成。本都督即日赶办交替,敦促吕新任都督克期视事。除另文宣布外,合亟电饬各该员转饬所属一体知照。

▲吕公望通电(参见正文卷一,从略)

(原载《申报》一九一六年五月十日,六版,要闻二·宁波快信)

浙省又有谣言发生

杭垣新旧都督交替之际,曾发现种种谣言,而屈文六氏为台州人,今日台州军官亦有辟谣之电发现。兹为分纪如下。

吕都督示谕云:(参见正文卷一,从略)

台州镇守使顾总司令官辟谣通电,文云:"杭州全浙公报转屈都督,周参谋长,暨童、张两师长,吕、王两司令官均鉴:乃斌自奉命镇守台州,业已电达,谅已邀鉴。乃斌自维军人,祇知以服从命令为天职,顾全大局为己任,其他政事一切概不预闻。乃自离省以来,闻有人在沪捏造谣言,希图离间,以遂破坏之计,殊堪愤恨。浙江丝茶上市,全年岁入端赖此时,养兵之费半由此出,第恐此时堕其术中,不得不声明宗旨,以息浮言而明心迹。特此电达。顾乃斌叩。鱼。"

(原载《申报》一九一六年五月十日,六版转七版,要闻二)

浙省内部之布置

《字林报》九日嘉兴通讯云：浙省新都督吕公望，敏捷干练，名望素佳，为主张浙省独立之第一人。当宣告独立后，即驻兵边界，并在嘉湖颁布戒严令，得以维持治安，闾阎无扰。军警互相提携，甚为和睦。记者曾与之接谈，觉其人沉静整肃，临事镇定中有把握，其部下亦似有镇静之气度。吕年未及五十，才兼文武，浙省将来政绩当有可观也。记者适从各乡镇回来，一切平靖，商业滞钝，农人刻种早稻，蚕事已至第二阶级，银价大昂，各物随之俱贵。传闻两星期后，沪杭通车可照常行驶，果尔则人心可大定矣。嘉兴尚未解严，边界仍布置防务。记者曾至战壕，且经军官特许，直至前哨线。军事秘密，不便详述。但以一言蔽之，记者敢谓浙江军司令施行最新方法，而队伍中士气亦复大佳。记者闻诸乡人云，苏省北军方面亦有与浙军相同之布置，苏浙边界黄港泾（译音）之乡人今日来称，北军将至该处，大约北军至此乃收复吴江之一部分行动耳。

（原载《申报》一九一六年五月十二日，三版）

浙人对于新旧都督之感情

《大陆报》八日杭州通讯云：六日，新都督吕公望正式就职，屈映光昨回台州故里。上星期六日（即五日），屈在署内设筵请客，文武绅商学各界皆有代表与宴，跻跻跄跄，颇极一时之盛。迨宴会将毕，屈即席起言，先述浙省宣告独立后之经过，继发表自行辞职以让贤能之意，并请大众公举一人以继其职。众请屈指出一人，屈以吕公望对。众咸赞成。于是都督一席公推吕公望矣。

杭人熟知新都督之为人，闻此消息，颇为满意。吕为前清秀才，且为保定府军官学校毕业生，服役陆军，逐渐擢升要职。辛亥年，朱瑞率兵攻宁，吕为其副，迨朱为将军时，吕为第六师师长，后为嘉湖镇守使。吕始终拥护共和。过去四星期浙省独立之运动,吕与有大力焉。吕办事刚正果决,但无极端急进之习,盖稳健派人物也。

屈昨日启行,送者甚众,由公馆以至车站,军人列队护卫,吕都督与其他文武大员及商会职员等皆来送行。沪杭火车停驶一月,铁路公司损失颇巨,即他项营业,亦无一不受若干影响。杭州商会屡思设法复行通车,但其所谋不有成效。小轮公司乃大获利益,而杭州渐成一闭塞不通之内地城邑矣。

(原载《申报》一九一六年五月十二日,三版)

东报对于南方新政府之观察

(导语省略)东京时事新报载曰,曩广东广西两省以岑春暄为中心之人物,既组织新政府矣,但此不过一时的组织,以后更有云贵两广四省为一,以组织新政府之计画焉。即以军务院直属于大总统,代行军民两政,以各省都督及有相当之资格者为抚军,各抚军互选抚军长及副抚军长,以唐继尧都督为抚军长,岑春暄为副抚军长。以言资格,岑属前辈,而岑则以唐为首义之人物,互相谦让,且以岑政敌较多,恐有碍于进行。唐遂居抚军长之任(或曰仍在相让之中)。其组织人物,唐、岑以外,梁启超为抚军领政务委员长,抚军则陆荣廷、刘显世、龙济光、蔡锷、李烈钧、陈炳焜等(依他报,则尚有吕公望)。是为新政府组织之大概,而龙济光之出征,亦皆认之为事实焉。(飘)

(原载《申报》一九一六年五月十八日,三版;《大中华杂志》第二卷第六期转载,一九一六年六月二十日,选报,三页)

南京会议之北京观察

▲内阁密电　闻十九日下午五时,段内阁会同在京国务各员联衔拍致梁启超、陆荣廷、蔡锷、伍廷芳、唐绍仪、吕公望、龙济光、岑春煊、唐继尧等密码要电,大概首系详叙时局危险,外交横恶,无论如

何,必须南北和衷共济,种种之理由,次称中央对于要求之条件事关重要者,已取决于江宁会议诸公所具之宗旨,如果正确,为国家前途计,自可抛弃私心,共襄大事,鄙等不胜盼切之至。

(原载《申报》一九一六年五月二十四日,六版,要闻二)

再志甬埠商民之恐慌

旅沪宁波商家近接原籍各商号来电,谓甬埠到有北洋军舰三艘,商民疑虑,金融骤紧,请暂停止装货等情,已志二十三日本报。兹悉此事发生原因,系海军部上海总轮机处接到刘总长行营来电,以向驻象山军港之甘泉军舰近被浙军在镇海扣留,饬即索回防护象港等情,轮机处当即遣派军舰前往镇海要塞,向王、韩两司令索取。[①] 因浙督吕公望拒绝不允,甬地商民恐有战祸,遂大起恐慌,纷纷提款,牵动市面。现镇海、宁波两商会已于昨日分电杭、沪两商会,请速转恳吕督俯顺舆情,准将甘泉舰放回象港,以平意见而安民生,未知浙督能允如所请否。

(原载《申报》一九一六年五月二十五日,十版,本埠新闻)

甬埠人心安定

浙省宁波商民因海军总轮机处索取被扣军舰甘泉号,浙督吕公望拒绝不允,彼此相持,恐致决裂。特由宁波、镇海两商会陈请吕督,准将甘泉放回象山驻防军港,已志前报。兹得旅沪甬商处消息,吕督对于此事,其初颇持强硬态度,继因甬、镇两商会公电要求,而旅沪浙商及杭商会亦出而协请,故遂俯顺舆情,电饬镇海要塞王、韩两司令,已于二十三日晨将甘泉轮释放开回象港。当该轮起椗时,并由炮台鸣炮敬送。自此事解决后,甬地人心释然,故昨日汇水已

---

① 王、韩两司令,即外海水上警厅厅长王莩、陆军步兵第九十八团长韩绍基(民国五年四月兼驻甬陆军第四十九旅旅长)。王、韩时任宁波独立旅留守司令部司令。

跌至十二元矣。

（原载《申报》一九一六年五月二十六日，十版，本埠新闻）

南京会议与浙江财政

《大陆报》三十日杭州通讯云：吾人皆处于政局未定之中，南京会议极为人所重视，但据识者言，此会于南北所争持之点，未必能有美满解决之效果。察南方领袖意志之趋向与其言论之主张，则知南方决不愿有暂时敷衍之调停，必项城退位，然后始有各派代表会商善后之余地。今项城所行者实一种危险殊甚、代价极昂之拖延手段耳。就杭省本□风光而言，自前都督屈映光去后，政界中人极思于目下困难情形中维持现状，但在财政，亦颇感困苦。盖浙省独立后，数星期中金钱滥费、用之如水，且添兵备战，军费陡增，较诸预算案已多三分之一。今端节将届，待用尤亟，财政委员之赴沪，志在磋议短期借款，以期弥补要需。此事已成公开之秘密矣。惟记者闻浙省财政前途，实不若外间所传者之黑暗，盖丝市已开，捐税已照常征收，财政当不致十分支绌。且浙省应解中央之款洋五十万元，刻已截留为本省经费，除拳匪赔款十二万元不能动用外，尚多三十八万元，以此移补超出预算之用度，定可有盈无绌也。行政上除裁去四道尹、更动财政厅长与交涉使外，并无重大之变更。有人拟改组盐务署，但未克见诸实行。据最近传言，当道似仍有提用盐税之意。记者望其另筹他法，勿干预抵与银行团之盐税，致起外交之纠葛，目下吕都督招待国会议员约十人，彼等由上海经宁波抵杭，议长吴君亦在此①。闻议员等藉此机会与当道讨论关于南方之重大问题。

（原载《申报》一九一六年六月二日，二版，要闻一）

---

① 议长吴君，指上海议会副议长吴叔田。

官厅安慰民心

镇海自前日闻有鱼雷船三只自北往南（大约开往福建），人民又起恐慌，略志前报。兹闻是日城中殷实人家连夜收拾一切，天明纷纷迁徙，船轿为之雇完，无力者沿途奔走，拥挤不堪，秩序为之大乱。地方官睹此情形，即于辰刻出示一道略谓，本月二十八日下午五时奉都督吕俭电开："感电悉。甘泉舰问题已有和平办法，仍仰剀切晓谕，切勿自相惊扰"等语，想是后可以稍定惊魂矣。现闻各富户之迁沪者已有十余家回镇矣。

（原载《申报》一九一六年六月二日，七版，地方通信·宁波）

吕都督述浙省之地位

《大陆报》二十九日杭州通讯云：记者今晨往晤吕都督，得蒙接见，晤谈颇畅。吕略叙浙省在此次独立中之地位，兹录其言如下。

吕曰：辛亥光复一役，浙省事业为人共悉，首陷南京者实为浙军，南京既破，清廷遂随之而倒（原按，吕都督绝未提及其督战之功，谦抑可见）。迨第二次革命，浙省所以不加入者，其故有二：一因袁氏地盘极坚，南方无充分抵抗之实力；一因当时商界意见与全国舆情皆不甚赞成革命，不若此次欢迎革命，惟恐其不速也。浙省始终抱定共和主义，四月十二日宣布独立，乃与袁氏断绝关系之谓。袁氏在位四年余，已表明其无论为皇帝为总统，毫无才能、毫无价值，不能为中国之元首。国家财政挥霍无度，供其个人之私图，不独不能为国民造福，且坠落国民之道德。对于代表政府，毫无组织发展之进步。惟用种种方法，务使全国陆军降为袁氏个人之军队而后已，凡遇有不能直接指挥之军队，则不惜解散之。浙省与南方四独立省联络行事，今蜀秦两省亦步后尘，如袁氏不即退位，则大约除皖豫外，他省亦必宣告独立，不过时日迟早之问题而已。今日为袁氏必须退位之时期，已无疑义。袁氏既万无留位之理,故袁氏行其终所必行者愈早,则与其个人及国家亦愈有益。浙省虽与北京决裂,然四境安宁,绝无扰乱之象。当浙省独立时,养蚕时代甫经开始,彼时若开战端,则江浙两省最重要之丝业将不可收拾,而各种商业亦将受无穷之损害矣。幸与上海杨护军使议定两不侵犯之办法,余料和平秩序定可继续维持,不致戎衣相见也。以余个人意见,余不愿于浙省政界人物多所更动,重要位置虽略有变迁,然在余就职之前;至于全省知事、征税机关等,始终未有变动,故地方行政得以赓续不绝,而税项亦得源源输入,毫无间断也;水陆警政前归巡按使管辖者,今并合于军政,此举定可使浙省警政愈有功效,水陆巡警厅长,迄未易人。美国为中国最好友邦,近来美国以巨款借与袁氏之说,于国民感情颇有不利,余不信借款之说为确,此种谣言定为袁氏授意捏造者。盖袁氏欲安抚其兵,不惜造此谣言,使其信袁氏有借款在手,军饷有着,且使国民信袁氏有美国为后援也。但余为中美素有之友谊计,甚望此后不复再有此谣言。凡国家领袖破坏法律,以己意为国法者,则其政府必不能存在,必无存在之价值,此中国人民之所以主张必去袁,以期恢复袁氏毁弁之宪法,而组织合宪法之政府也云云。

(原载《申报》一九一六年六月三日,三版,要闻一;另以《吕都督之时局一席谈》为题,发表于天津《益世报》同年六月七日,七版,各省新闻)

江浙间谣言之由来

近日江浙间又发生谣言,闻因浙江吕都督迭据探报某处军人改穿便衣混入浙境等语,当经电询苏省长官,嗣得复电,声明并无此事,仍抱定维持两境治安宗旨,此等谣传,必系假托,希图破坏,惟自浙省独立后关系邻省,本省防务至为吃紧,须格外准备,先事预防云云。故两省边境现已均有相当设备,外间不察,遂致发生谣言云。

(原载《申报》一九一六年六月三日,十版,本埠新闻)

南军规画湘闽赣之粤讯

军务院通告湘省军情电云：云南唐都督、贵阳刘都督、广西陈护督、广东龙都督、浙江吕都督、四川蔡总司令松坡、戴总司令鉴：顷接永州望云亭敬电称，"倪军退出衡州，敝军向前驻扎，曾于驾电详陈，后因桂军贲团长暨敝队吴副司令率兵队赴衡，倪军即全部退出长沙，湘潭唐天喜之兵日内亦完全出境至宝庆。刘旅长迭次函称大局危急，力求和平。敝军来湘，尚无一定省分，何敢妄启争端，惟乞勿过于逼迫云云。云亭亦屡次晓以大义，勿以孤军深入，自陷不测等语相浩诚。前数日内，宝属土匪蜂起，谣诼横生，经该地多数绅商恳请分兵弹压。云亭奉商准林总司令、贲团长，桂军由陈团长率兵数营开赴新宁，敝军武州张谢三团长各率所部由祁阳分道出发，会向宝庆。乃我军进至距宝城三十里之地，刘军以我军会师攻宝。昨据前方确报，谓刘旅长已开始撤退，并向我军声明，请勿再进，日内决意全行退出等语。查刘旅长始求和平，继而撤兵，自未便穷追。当饬前队仍守前方勿再前进外，所有在湘北军撤退各情形特电详钧部，以抒厪系。望云亭叩。敬。印"等语。查北军在湘纷纷撤退，已无固志，望军步步为营，声势日益发展，已饬早规进取，以靖敌氛。特此电闻。春煊叩。沁。印。（中华民国五年五月二十七日）

（原载《申报》一九一六年六月七日，二版，要闻一）

湖南独立前之程潜规画

湖南未独立之前，南军已派有程潜赴湘招抚。程氏到湘后，湘中军队时有响应者，程乃分编二支队，自兼总司令职务，克日进规长、宝一带，尝有印电报告独立各省。

其文云：岑都司令、广西行营陆都督、云南唐都督、蔡营蔡总司令、贵阳刘都督、李营李总司令、广东龙都督、杭州吕都督、各军司令均鉴：潜承唐督命招抚全湘，视事有日，黾勉未敢有懈，湘当贼冲，不减于蜀，所赖湘中将士深明大义，视贼同仇，后先响应，已达万余，踊跃效命。奋战连月，殊堪嘉许。惟各从其长，人自为战，名号歧出，殊无统率。分在驻地，涉及民政，加以义勇四起，匪盗横行，迁徙扰劳，事端滋生，不特于军事讨贼前途大有妨碍，即湘民凋敝，余生何堪再任纷扰？潜虽不敏，固常以杀贼救国为志，岂忍坐视纠纷出自我师，敝邦父老重罹涂炭，势不获已，乃令湘军周则范所部四营编为第一支队、朱泽黄所部一营二连与潜招降二营编为第二支队，合游击队统带陈先斗所部与潜直辖陆军步兵一二两营，统归一部，由潜权领湘军总司令一职，其民财各政，亦设处属部兼理。受任伊始，即派兵分道占领新宁、城步、武冈、宝庆等处，并派员联络望司令云亭，以归统一，藉卷大局。潜克日督率所部，由靖直赴武、宝，周略长、衡。嗣后凡关于大局计画及军民政有与敝省关系者，统祈径达敝部，俾使遵循。临电无任瞻依。护国军湖南总司令程潜叩。啸。印。

（原载《申报》一九一六年六月八日，六版，要闻二）

催征酒捐

嘉兴县公署于前日接奉吕都督、莫财政厅长、萧酒捐局长电开：酒捐关系军政要需，迭饬照常征收，不容稍延，该知事有帮同催征之责，仰速严文示谕酿商照常缴纳云云。袁知事已于日昨示谕各酿商遵照矣。

（原载《申报》一九一六年六月八日，七版，地方通信·嘉兴）

浙省军用公债两票之利弊谈

日来杭报载有军用票及公债票等事，闻已在筹备印行之际，浙人赵志戎为此特上吕都督书一通，论列其利弊，大致略分三段。

一公债票面之额，其数宜大。最少以十元、二十元为限，盖必生计较裕之人始能购买,既非可作货币之用,自无取于普及,若如前此吾浙之公债有少至一元者,月入较少者亦被波及,殊乖政治体面。此有待于商榷者也。

二军用票之票面额,其数宜小。在西洋诸国,如此次战争时所发军需,虽有至十元、五元者,然其情形与中国大异。一则其票之流通力遍及全国,效力殊大,与吾浙之票仅行于一省者不同,况一省之中,如对外关系关税、盐税等,尚须另筹他法乎;二则其国民爱国之心极强,国家危急时,人民竞出其现金以供用,愿易此不兑之纸币,故不待劝而自行;三则其社会之生计较高,贸易之单位较大,故票面可与金铸之数同行,不如吾国之乡村,甚至以钱文为单位也。

窃意西洋之法不适于吾国,不如仿照日本为便。日本于日俄战争时,在东三省所发行之票,自二角、五角至一元,流通之易,信用亦著,收回之时,至有加成者。此加成之支出,不必另筹别款,盖票数愈多,票额愈小,则散失亦愈多,发行者不利。此散失之所得,以之加给于最后收得之票,概于赏罚之原理相符,而公家信用益著,其法实良。此次吾浙定印之票,有多至十元、五元,报载两种之票,值银至八十万,核之吾浙社会情形,殊多窒碍。人民普通交易,常以元为单位,若以一二元之买卖,令他人转我,此其困难,殆可预料。乡村小肆岂必满贮一元之票,以待找还?苟使受者稍有厌薄之情,则持票者已不胜其苦,辗转推卸,价值自低。况发行之时,此等大票惟交于文武各机关耳,各机关持此票后,势不能贮而不用,然用之于市场,实有种种不便,苟专恃机关之势力,以逼人找兑,则小民之隐恨,宁有穷耶?若小额之票,则找兑既少,得票者计较之心亦薄,故流通亦较易。鄙意宜悉改十元、五元之票为一元、五角、二角之票,以仿照日本之法,若以检数困难为言,则现洋出入本以一元为最大,夫以无所不通之现洋尚须按元作计,今以轻而易挟仅行一部之纸币,乃欲驾而上之,官中发票之人员,苟能多用其一举手之劳,而小民无形之益已受惠不浅,不然,乡村小镇时起争执,当非社会之福也,后虽悔之,已无及矣。况初次光复时,亦未尝有十元之票发行乎?

三军用票于各项捐税照例收受外,至洋关等税款,亦宜设法通融。查洋关抵借洋债不肯承受此票,惟苟派人与洋员接洽,许其收受后照数向指定之处兑现,洋人亦何乐而不收?

以上略贡所见,以冀千虑之一得。伏候尊裁。

(原载《申报》一九一六年六月九日,六版,要闻二)

沪杭通车志闻

自浙省官宣告独立以后,沪杭火车即中途梗阻,由杭开行者只能驶至嘉善,由沪开行者只能驶至松江,中间由松江经过石湖荡而至枫泾之一段久不通车,旅客往来及转运货物,颇不利便。曾经沪杭两埠各转运公司迭次要求通车,未获准行。嗣因鲜茧、新茶均已上市,火车不能直达至沪,损失甚巨。迭经丝茶各商禀请江浙两省准予通车,颇为急切。故由江苏冯上将军与浙省吕都督商妥,曲从丝茶两商之请,详部批准,允予通车。闻已议定自十一号(即今日)为始,丝茶两商如有鲜茧、新茶装载火车输运者,每日准由杭州开车赴沪两次,由沪赴杭者亦准于每日上午十点十分时开车一次,除饬沪杭两车站遵照外,业经冯上将军饬由杨护军使于昨日命令宪兵营第一连吴连长①,着于十一日起,每日派宪兵多名轮班驰往车站,妥为检查,以杜夹带云。

(原载《申报》一九一六年六月十一日,十版,本埠新闻)

项城逝世前之联军北伐声(其十三)

都司令部通告云:云南唐抚军长,贵阳刘都督,广西行营陆都督,

---

① 吴连长,指吴金亭。

南宁陈护督,广东龙都督,浙江吕都督,四川陈都督,行营蔡总司令、松坎戴总司令,永州望总司令,衡州林总司令、贲团长,静州程总司令公鉴:两广都司令所辖军队,除新编陆军第一师师长委任莫擎宇、第一混成旅旅长委任程子楷外,其新编第二军总司令委莫荣新充任,兼新编第三师师长,第四军总司令委李耀汉充任,仍兼肇阳罗镇守使、广东第二师师长,第五军总司令委谭浩明充任,仍兼广西第二师师长,第六军总司令委林虎充任,兼新编第四师师长。广东龙都督拨派之兵,俟编制完备,司令官再行委任。又,新编陆军第五师长,委张习充任。特闻。春煊。卅。印。

（原载《申报》一九一六年六月十二日,六版,要闻二）

两粤军官之誓师四义

自和战问题久悬未决以来,用武力解决之观念从未尽去,于北京当局之心意,微项城逝世,恐至今仍呱呱为筹战之进行也。两粤各领袖虑及于此,曾于一号通电滇、黔、川、湘、浙各独立省,详述两粤军官所誓守之四主义,以表其决绝之态度。

其文云:云南唐抚军长,贵阳刘都督,杭州吕都督,成都陈都督,长沙汤都督,四川行营蔡总司令①,自流井罗总司令,松坎戴总司令,永州望、林两总司令,靖县程总司令鉴:义军之起,职在讨袁,袁苟朝去,兵即夕解。故法之可以去袁者,激急、平和,两俱用之。凡义军之不得已与不为己甚之苦衷,当为仁人君子所共谅。乃袁氏阳托自退,阴缓吾兵,诈伪无端,狡狯百出,四川和约反复无成,南京会议咆哮更甚。是故成都发愤而独立,长沙慷慨以兴师,一发危机,幸而得免。若复隳进取之大计,慕调和之美名,则贼智百端,动皆陷阱。若诸公手复之共和,终烬于袁氏死灰之下。近思死士,远念将来,情何以堪?

---

① 蔡总司令,底本衍作"蔡军总司令","军"字径删。

罪且莫赎。煊等无似,忝总师干,众逾十万,城连数百,人皆饮血,士尽枕戈,志本愿为前驱,力亦足当后盾,时不可失,兵不可老,贼不可不杀,法不可不护,窃立四义,以之誓师。

一、我军为讨袁而起,袁不退位,绝无调停可言;

二、袁氏退位,我军务院恭承继任之黎大总统正式就职;

三、非至袁氏退位,黎大总统正式就职时,决不停止军事进行;

四、拥护《约法》,保障国会,俟前参、众两院议员依法集会时,国家大计,交其解决。

凡此四者,为我两粤全体军士之所恪遵。计惟本此而行,不敢反颜凛螫手切腕之训,耻后时□决之讥,斩断葛藤,与贼相搏。凡我同泽,愿鉴斯忱。

岑春煊、陆荣廷、龙济光、陈炳焜、李根源、谭浩明、莫荣新、李耀汉、段尔源、林虎、郑开文、李嘉品、李文运、莫擎宇、隆世储、冯相荣、车驾龙、陆裕光、马济、程子楷、李华秋、翟汪、魏邦平、林俊廷、沈鸿英、张习、朱福、黄志桓、马如珍、伍敦仁、金镕、邓文辉、申葆藩、贾克昭、陈坤培等叩。东。印。

（原载《申报》一九一六年六月十二日,六版,要闻二）

岑都司令之三电

▲拟任驻沪员电　云南唐抚军长,贵阳刘都督,广西陆都督、陈护督,广州龙都督,杭州吕都督,四川蔡总司令鉴:护密。军务院成立,僻处一隅,与长江一带声气隔绝,现在政治活动盛于东南,浙江与独立各省文电不通,尤宜急取联络。兹拟用本院各义,委任范君源廉、谷君钟秀为驻沪委员,两君学优才卓、物望甚高,师兴以来,东南军政各项事宜俱赖两君之力,以资联络。若彼任为本院委员,必能胜任愉快,想诸公为国求贤,当无不赞成也。仁盼赐复。春煊叩。马。印。

▲唁劝梁任公电　火急。云南唐抚军长,贵阳、广西、南宁、广州、浙江、四川、湖南都督,四川蔡总司令,松坎戴总司令,靖县程总司令鉴:梁政务委员长任公先生,力护共和,苍生属望。前丁父忧,同志等为大局计,所有外报唁信,皆勿为通,冀以掩饰一时,毋令弃捐中道。昨接沪电,知已由其弟仲策到沪奔讣,即于去月勘日发丧,至堪哀痛。煊刻已派员兼程赴吊,并谢前日搁讣之罪,一面敬迎南旋,劝其墨经从戎,勿过拘守。想任公孝思虽笃,而爱国更具热诚,必能权衡轻重,出□大计。诸公或与谊属交好,或与义赋同胞,希电致唁慰,无任盼祷。春煊、烈钧叩。东。印。

▲复五条直言电　松坎戴总司令、云南唐抚军长、贵阳刘都督、广西行营陆都督、南宁陈护督①、广州龙都督、杭州吕都督、成都陈都督、长沙汤都督、四川行营蔡总司令、自流井罗总司令鉴:循公电列举省过、戒私、践实、引贤、明责五条,至理明言,切中时弊,回环讽诵,悚感莫名。时事多艰,直道日泯。循公所言,吾辈极当引作苦口良药,曷敢视为老先生之常谈。愿书座右,共资警省。煊虽不德,能受尽言,实力奉行,请自隗始。春煊叩。冬。印。

（原载《申报》一九一六年六月十三日,六版,要闻二）

官商电贺黎总统

浙省军民各长官庚日致北京电云(参见卷二,从略)。

又杭州总商会蒸电云:"北京黎大总统钧鉴:欣闻电传钧座接任大总统,全浙商民同深欢蹈。从此上下交孚,中外敦睦,仰赖我大总统无疆之福。谨肃电伸贺。浙江杭州商会总协理顾松庆、王锡荣暨全体会董、会员叩。蒸。"

（原载《申报》一九一六年六月十三日,七版,地方通信·杭州）

---

①　护督,底本误作"护汤",径改。

北京电

拟策吕公望为越武将军,督理浙军,兼权按使。

（原载《申报》一九一六年六月十五日,二版,专电）

北伐军停止进行前之要电（其二）

▲岑都司令电 贵阳刘都督,桂军行营陆都督,南宁陈护督,广州龙都督,杭州吕都督,四川陈都督,湖南汤都督,陕西陈都督,滇第一军行营蔡总司令,滇第二军行营李总司令,松坎戴总司令,自流井罗总司令,衡州林总司令,永州望总司令、陆师长,靖州程总司令鉴:滇桂粤联军已编定,定名曰滇桂粤护国联合军,以下列各军组织成之:(一)滇军为云南第二军,总司令李烈钧;(二)桂军为两广新编第三军,总司令莫荣新;(三)肇军为两广新编第四军,总司令李耀汉;(四)桂军为两广新编第五军,总司令谭浩明;(五)林军为两广新编第六军,总司令林虎;(六)济军一军;(七)潮军为两广新编第一师,师长莫擎宇;(八)程军为两广新编第一混成旅,旅长程子楷;(九)张军,司令官张习。按期分道次第出师,惟本军直隶于军务院,自抚军长直接指挥,现各军出发在即,应如何进行,当具艳电请抚军长裁夺去后。顷接江电开,"滇桂粤联军组织及进取方略均极妥协,即由公就近直接指挥进行,随时示知。除电各军司令,特复"等因,此次三省会师,伸张天讨,同仇敌忾,万众一心,春煊衰庸,岂足当兹大任,惟抚军长坐镇南服,未能远道视师,假以便宜,敢不祗率,谨当偕我袍泽,誓共灭贼。诸公辰告訏谟,尚乞随时指示。除按照出师方略分道进行外,特此电闻。岑春煊叩。微。印。

（原载《申报》一九一六年六月十五日,六版,要闻二）

北伐军停止进行前之要电（其三）

▲岑都司令出师布告电　云南唐抚军长，贵阳刘都督，桂军行营陆都督，南宁陈护督，广州龙都督，杭州吕都督，四川陈都督，湖南汤都督，陕西陈都督，滇第一军行营蔡总司令，滇第二军行营李总司令，松坎戴总司令，自流井罗总司令，衡州林总司令，永州望总司令、陆代师，道靖州程总司令，梧州谭总司令，汕惠头莫师长，廉州隆都护使，钦州冯道尹，高州车总司令，雷州杨司令，韶州朱镇守使，琼州黄镇守使，廉州李督办，各团体，各报馆鉴：滇桂粤护国联合军分道出伐，春煊承抚军长电，就近直接指挥，迭经电达。兹于出师之日，布告如下：穷寇不可以坐大，天讨不可以久稽。师不可以久顿而无功，恶不可以久肆于民上。用是以我滇桂粤三省之众，恭行天罚，以诛有罪，师行之次，爰布大义，申儆有众，且以告我邦人君子、父老子弟。自袁氏叛国，改元称帝，敢干国宪，国人咸愤，无可控诉。惟我滇中之师，首蒙大难，与黔提挈鼓行，而西贼凭其众以相抗拒于我护国军，杀敌致果，而有叙泸之战，我武维扬，以一当百。义师腾踔，震烁中外。袁氏恃其兵力，犹不觉悟，桂管奋起，岭表疏附，智勇幅辏，义愤薄发，两粤之士待命于行间，诸道之师和会于城下，袁氏怙其权位犹不悛退。于是我独立诸省联合军政府遵率《约法》，而有恭承今大总统依法继任之宣言，天下归仁，元憝夺气，始假和议，冀缓我师。我军政府亦知其叵信，顾以天下汹汹，徒为袁氏之故，苟可以去袁氏，而无藉于用兵，其道何由，固无所择。惟是我师之起，职在讨袁，袁氏不退，他无可议。又以讨贼之义，尤在守法，非袁氏自退、黎大总统继任，不能罢兵。守此范围，无敢逾越。此则我军政府初无穷兵之心，□不敢为苟且之计，而国人所共见者也。然近顷以来，四川之媾讲无成，南京之张脉滋愤，狡焉思逞，不可终日。彼袁氏始为总统，誓于国民，口血未干，小人反复，亦何常之有。且今会稽之甲发愤于沼吴，关辅之豪势成于

分陕,成都传谕蜀之檄,长沙奋江汉之武,以我南北连衡八省之地,带甲十数万之众,有贼不讨,而使其据我土地,屠戮人民,以与我义师相撑拒,游魂放命,死灰复扬,国之大命将堕于地,则纵敌之罪,我军政府实尸之矣。春煊等为此大惧,既简劲旅进次湘中,复率大军澄清江介,于是会师武汉,直指燕云。执国宪以问罪人,正人心而遏乱罪,然后恭戴大总统黎公正式就职,恢我《约法》,复我国会,纳民轨物之内,立天下万世之防,军政府之所以告无罪者,庶其在是。

抑尤有申告者,凡我军人,无问南北,所食者民国之饷,所戴者民国之国,非袁氏之私昵,定不党于叛人。是以出兵以来,人出失言,兵无斗志,义师所至,其各审顺逆之分,明去就之途,拔身来归,无陷不义,同仇敌忾,共集大勋。昔牧野之师,犹知倒戈,遂诛独夫,亦其义也。又自军兴以来,人民之荡析离居、废时失业者,师行所至,宜何以遂定安集之? 父老苦苛政亦以久矣,诛求无蓺,民怵祸尽,师行所至,宜何以抚循之? 是则邦人君子之所有事,愿与我父老共图之者也,唯父老子弟共喻斯意。布告远近,咸使闻知。岑者煊叩。微。二。印。

（原载《申报》一九一六年六月十五日,六版,要闻二）

浙江将发行军需票

莫财政厅长以浙省此次举义以来,武备扩张,军需浩大,拟发行爱国公债一节,已略志前报。兹悉此项公债定名为浙江军需八厘公债,额定一百万元,券分五元、十元、百元、五百元四种,照票面以九七折发行,年利八厘,以茧捐收入为担保品,自民国六年九月十五日发起,每年用抽签法分还二十五万元,四年偿清,业已拟具简章,呈请吕都督察核矣。

（原载《申报》一九一六年六月十五日,七版,地方通信·杭州）

沪杭铁路照常通车

沪杭两埠各转运公司，以沪杭火车阻隔两月，百货山积，商业疲困，现既于十一号先通茧车，又于十六号继通新茶货车，则其余客、货亦应要求通运，是以分别禀求浙省吕都督、上海杨护军使请顺商情，迅将货客两车即日开驶，以苏商困。兹悉杨护军使已电由冯上将军咨部请示，昨接部电，谓沪杭货客两车既与时局无甚妨碍，准于十八号即星期日起，照常通行，惟车站之检查，自宜严密。除饬行沪杭甬铁路孙总办遵照定期通车外，仰即转致商会传知各转运公司一体知照。

（原载《申报》一九一六年六月十七日，十版，本埠新闻）

沪杭客车今日通行

沪杭火车载运鲜茧、新茶，实行通车，业已多日，所有往来沪杭之客、货两车，迭由各商禀准浙省吕都督、上海杨护军使，定于十八号（今日）照常通车等情，已志昨报。兹悉杨护军使以沪杭货、客两车十八号开车后，每日往来计各五次，各货装车，输运必多，旅客亦必不少，诚恐有人夹带禁品以及他种危险物件，自应责令驻防车站军队严加检查。除饬由宪兵营转饬第一连连长吴金亭加派兵士十名，在沪站协同车务警察巡官王长庆率警检查货物及旅客所携包裹外，并饬松江陆军步兵十四团龚团长转饬所部兵士，凡遇车过时刻，务须登车加严查察，一面又饬驻枫泾苏界之步兵十六团第一营营长派兵一体检查。

兹将未通车前沪杭两商会致北京电录下。

北京国务院钧鉴：沪杭停车，商业蒙害，运茧虽已开车，其余货车客车仍未通行，长此阻隔，民不聊生。黎大总统依法就任，江浙两省何至再有区域之见？恳速咨部通电江浙一律开行，以利交通而维商业。迅乞示遵。上海总商会叩。铣。（以下杭州总商会致北京段国

务总理蒸电,从略)

(原载《申报》一九一六年六月十八日,十版,本埠新闻)

浙垣杂闻

杭垣自得袁死消息,人心为之一快。吕都督立电前敌各军,各守境界,中止进行,前数日方纷纷调兵边界,一般居民咸恐停战期满发生战事,至是乃释然矣。一般商民之神经最敏,见大局转机,市面陡形活动,各种货价咸谓不致骤落,银根亦稍松,而现申遂渐减至一元以内,若非丝茶商需用孔急,现申殆可消灭也。

先是端节之前,居民纷纷迁居,房屋租价为之一减,今则又有希望,故租价如常。

独立以来,市廛秩序如常,吾人不能不感当局之维持合法。都督、师长等外出时,轻骑减从,不若前此之尊严,衙署出入,亦不十分严厉,当局者于平民政治之精神,或有所感发而仿行。惟一般谋官者纷集省垣,与官僚相酬应,酒食征逐,仍无异于曩时,致饮食店及旅馆等生意大佳。彼等为运动联络起见,或不能不用此法。但罗马亡国,实由奢侈,民国光复,此风独炽,今之执政者,似宜有以矫正之。都督府新聘陈季衡君为秘书长,扫室以待,礼遇颇隆,闻日内即可到杭。又,阮君荀伯、沈君衡山等,均浙人之望,与金、俞两君共任机要秘书。此外,如前司法官之郑文易、金华道之沈钧业,均分任为各部主任秘书,人材济济,不日当有新猷发展也。吾人试拭目待之。

(原载《申报》一九一六年六月十九日,三版,要闻一)

南京快信

浙江吕都督昨有电致冯将军,请再电北京政府,迅以命令恢复《约法》,以慰人心而奠国基。

(原载《申报》一九一六年六月廿五日,三版,要闻一)

浙省议会议员再请愿

浙江省议会议员前曾上书吕都督,请召集省议会,吕都督当即函复,意在俟国会开后再行招集。兹悉省议会议员陈钟祺等,昨又上书都督云：

敬启者。捧读复书,殷殷以法治为念。但议员等对于开会先后问题有尚待商榷者。爰于今日续开谈话会,佥称袁氏帝制自为之心,发生于解散国会之日,国会不解散,则帝制一日不发生。今者袁氏已亡,国会复活,理所固然。都督通电主张,声震薄海,发扬共和之精神,铲除专制之余毒,全国同钦,岂惟我浙。夫总统之于国会,与都督之于省议会,其关系相同。将以守法责人,必先自范于法。我公既主张速开国会,讵有不主张速开省议会之理？或以国会未有正式召集日期,且独立各省均未召集省议会,吾浙似未便独为其异。不知北京一隅,余孽未除,阻力横生,在所不免。吾浙独立后,人心一致,望治嗷嗷。今全国人民方致疑国会之召集无期,勿使吾浙人民更渴望省议会之开会何日也。见义不为,孔子所戒。独立各省即未召集省议会,吾浙亦不可不为之倡。况湘、蜀已在进行,倘各省有观望之心,则不为之先,孰为其继？为此合词恳请,从速颁布开会日期。无任迫切待命之至。

（原载《申报》一九一六年六月廿五日,三版,要闻一）

南京快信

浙江吕都督派戚思周赴京迎接章太炎,昨由沪来宁,已转乘津浦车入京。

（原载《申报》一九一六年六月二十八日,三版,要闻一）

沪杭路线苏浙分派稽查

沪杭火车照常通行后,苏省路线曾由杨护军使派王琪为稽查员,率同吴保茂等四员随车稽查旅客禁品在案。兹悉浙省吕都督亦已派委辎重营差遣员陈某,率兵两名驻于枫泾车站,专司检查枫、杭乘车旅客,以防夹带。昨经知照杨使矣。

(原载《申报》一九一六年六月二十九日,十版,本埠新闻)

民政分别缓急

吕都督以水利攸关民田,对于国家收入,亦大有关系,自非迅速动作,不能补救将来之荒歉。至开办森林、苗圃并推广农事实验场所,亦在紧要之列。目下大局可望敉平,而民政一端,亦须次第进行,不急之务,如马路工程局、剿丝讲习所等,经济现值困难,多一分开支即少一分正用,自当暂行停办。惟闻民政厅王文庆君以此时最要者,莫如警政,近年省城暨各外县均已设有警察,而一切开支悉取诸地方房捐及屠宰税,惟乡镇之区未能普及,欲保护地方治安,非普设警察不为功,刻正拟具施行办法,呈请吕都督批示遵行矣。

(原载《民国日报》一九一六年七月一日,八版,地方新闻·杭县)

吕督实行减政

浙江吕都督以吾浙自独立以后,练兵、购械,需用浩繁,兼之各项要政,又须以次进行,将来库款不无竭蹶之虞,所有骈枝机关亟应一律裁并,以节糜费。是以浙省烟酒公卖局、清理官产处及省会工程局各机关,均先后归并财政、警察各厅办理,以实行搏节矣。

(原载《民国日报》一九一六年七月一日,八版,地方新闻·杭县)

浙省议会议员之再请愿

吕都督复省议会议员书，曾志昨报。兹悉省会议员陈钟祺等九十五人，昨又上书都督云：

敬启者。展诵钧复，式拜嘉言，但仍不无疑义，敬为我公陈之。尊函谓，"现在浙省事实，有与《省会暂行法》不相符合者，如省会权限，原以本省地方行政事务隶属国会，今国会尚未回复，若将国家行政事务并由省议会议决，则与《省议会暂行法》违背；若仅议地方一部分之事，则其他一部分如何办法①。"具见硕画茇筹，思虑周匝。国会与省会各有职权，讵能侵越，惟虑国会尚未回复，省会碍难发生，则议员等有未敢赞同者。倘省议会尚未回复，而国会先行回复，则国会将仅议国家政务耶，抑并议地方政务耶？如并议地方政务，则与《国会组织法》违背；如仅议国家一部分之事，则其他一部分如何办法？窒碍情形，正复相同。无论先开国会，或先开省会，均有其他一部分如何办法之问题。若国会与省会，均因事实上之窒碍而不即召集，则此二部分之事有何办法？且民国二年，各省省议会均限于二月召集，而国会则迟至五月开幕，在当日并不以为窒碍。湖南亦独立省之一，其现在事实与吾浙相同，姑不问其与《省议会暂行法》是否符合，但其筹备省会之进行，已成定案，此证之事实，而知省会之速宜召集也。尊函又谓，"行政官厅与省会有争议时，按照《省会法》应取决于中央机关，今浙省与北京政府尚未发生直接关系，如有争议，凭何办理。"议员等则谓，未取消独立各省应暂以军务院为中央机关，设官厅与省会有争议，亦无不可诉之于军务院，以凭解决。查《省议会暂行法》第十七条及第三十九条之规定，要而言之，都督之力争速开国会，与议员等之力争速开省会，所处之地位不同，而所抱之目的则一。民意抑

① 则，下脱"其他"两字，据《浙省议会尚须从缓召集》（《申报》中华民国五年六月三十日，三版）补。

郁,于今三年,法治来苏,在此一举。合再宣达群情,敦请速布开会日期,以征法治而符民意云云。

（原载《申报》一九一六年七月一日,七版,要闻二）

褚辅成回禾纪

前众议院议员褚辅成君,自恢复自由后,于六月三十日由沪乘四号车抵嘉兴原籍,该处士绅暨袁知事均在车站欢迎[①]。褚君久别故乡,一见地方父老,极为欢洽,遂至南门外东栅下省其家族,并拟即日来杭一行,谒见吕都督后,再联络国会议员晋京。又嘉兴函云(下略)。

（原载《申报》一九一六年七月四日,七版,地方通信·杭州）

贫民乘车之不便

沪杭火车业已照常通行,惟附挂之贫民四等车,只可由沪挂至枫泾为止,而杭州所挂之四等车,仅能拖至嘉善为止,其自枫泾至嘉善一段禁止附挂,系为防范匪徒混乘四等车,骚扰苏浙两省秩序起见,故由松沪杨护军使商请浙省吕都督饬令该路遵照在案。兹有旅沪蒙古商人郑焕章等,因见沪、杭两埠贫民甚众,每因只有小洋八九角,欲购四等车票无着,流落异乡,实堪悯恻。至于防范匪徒混乘贫民车辆,乃系误会,盖既系奸徒,则旅费定必不惜,且三等客车所费有限,亦可潜行往来。现在最苦者莫如贫民。故于昨日分别禀陈苏、浙两军署,请求迅将杭沪之四等车辆准予全路附挂,以惠穷民云云。

（原载《申报》一九一六年七月五日,十一版,本埠新闻）

浙人欢迎章褚纪

章太炎、褚慧僧两君于昨日(五号)午刻,偕参议会长张翅、副会

---

①　袁知事,名庆萱,字寅昉,一作寅舫。

长龚宝铨、军府委员戚思周乘四号快车抵杭,军政长官暨各团体均在城站恭迓。两君下车后,向各界行相见礼,即乘舆至都督府谒见吕都督,偕财政秘书马彝初君至参议会。先期由各界在参议会预设欢迎会,外搭彩棚,内书"全浙欢迎"四字,并派有警察军乐队站立两旁,各界代表及来宾持券入场,计有二百余人。以议事厅为会场,上悬红匾方额,题"泰山北斗"四字,以表示欢迎之意。由张议长羽生主席,摇铃开会,与会者均就座,军乐队奏乐一曲,即肃章、褚两君入席。张议长致欢迎词毕,章君演说,略谓,"兄弟无功于浙,今日受同乡诸君欢迎,不胜惭愧。兄弟在京闻浙江独立,虽在第五省,而以浙江之地位而论,颇佩服我浙人无怯懦之性,有冒险之心,名誉在各省之上。从前西南举义,反对帝制,至袁项城死后,黎总统继任,似可不成问题。但《约法》虽恢复,而将来能否实行,在乎国会之监督。然国会尚在召集,届期能否满法定人数可以开会,要为不可知之数,因当时大典筹备处、参政院等机关,均有帝制派议员在内故也。我浙人对于共和民国,始终应共负维持之责,须抱定不怯懦、敢冒险之宗旨,勉力做去,则浙江将可为二十二省之模范。"次由褚君演说,略谓,"今日辅成承诸父老欢迎,有三种可喜:第一,浙江能于一隅之地独立;第二,今番经过本省各地,见商业颇发达;第三,去浙三年,今日复与诸父老相叙一堂。辅成此次自安庆来,至上海,一路遇到相知者,对于国家现状大致分二派,一为乐观派,因袁死,民国可从此巩固;一为悲观派,因袁死而其左右仍在也。然此尚在《约法》未恢复,国会未召集以前之心理。至两种申令宣布后,乐观者较多。因此两项既解决,其余两项,如组织责任内阁,惩治帝制祸首,自易办到,从此政治可进轨道。而悲观者,则如太炎先生所言,国会能否满法定人数,然即使国会如期开会,能否不为武力所干涉,亦尚难说。辅成亦国会一分子,对于国家总希望日见进步,但国会须以国民为后盾,将来政府如有不法行为,辅成固不敢放弃其责任,诸父老亦应为其后援,勿谓责任即由今日而止。总之,名誉高则期望切,期望切则责备深。愿与诸父老共勉之。"次由徐班侯起言,章君为文学大家,褚君为法律大家,今所言透澈靡遗,鄙人衰迈不善言辞,请诸君演说,以表欢迎。次由马彝初君演说,备述章君在京之情形及褚君经过之困难,并谓吕都督此次致电中央,系为谋政治之统一起见,并非即已取消独立,请诸君注意。再次由金甸承君演说良心上之作用,辞气甚长,因章、褚两君尚未午膳,遂由张议长婉请中止,即摇铃散会。章、褚两君遂至宴会厅休息,由张议长,胡运使,财政莫厅长,民政王厅长,高审范厅长,张、顾两镇守使作陪。晚间在都督府公宴。闻章君暂住西湖图书馆,褚君暂住西湖新新旅馆。

(原载《申报》一九一六年七月七日,七版,要闻二)

七月六日大总统策令

特任张作霖为奉天督军,孟恩远为吉林督军,张怀芝为山东督军,赵倜为河南督军,阎锡山为山西督军,冯国璋为江苏督军,张勋为安徽督军,李纯为江西督军,李厚基为福建督军,吕公望为浙江督军,王占元为湖北督军,陈宧为湖南督军,陈树蕃为陕西督军,蔡锷为四川督军,陆荣廷为广东督军,陈炳焜为广西督军,唐继尧为云南督军,刘显世为贵州督军。此令。

又令 特任张作霖兼署奉天省长,吕公望兼署浙江省长,陈宧兼署湖南省长,陈树蕃兼署陕西省长,蔡锷兼署四川省长。此令。

(原载《申报》一九一六年七月九日,二版,命令)

西湖杂话(节选)

杭城自沪车通后,景象一变。旅客之来杭者日多,旅馆生涯颇不如前此之冷落,而西子湖头又来重要之佳宾,即章太炎与褚慧僧两君是也。章、褚两君之人物,海内自有定评,无俟记者赘述。到杭后,欢迎之情状，亦既载于本报。昨日记者特至西湖新新旅馆往访。晨曦初上，座客已满，章君不轻发言论，然兴会所至，则滔滔不绝。褚君丰采依然，言论切实，对于时局观察详慎，毫不参以客气。被羁凡三十四月，肉体上虽无所苦痛，而精神上之遭压抑久矣。在京拘留为日极少，移至天津凡四阅月，亦间有外出之时，但必有人随其后耳。至皖后，不能出外，终日静坐，乃读书以自娱，于《阳明文集》浏览最多，亦兼及政治诸书。沪上各报仍得按日披览，故帝制之发生及护国军之起事，均所详悉。通常之信与素稔之客，有时亦无阻碍，惟常为他囚牵率，客有时不得入耳。褚君今日拟移寓城站旅馆，日内尚须赴沪小作勾留，再返杭垣，约二十日以后，束装赴北京国会。近日都督府特派副官至旅馆任招待之事，两君连日酬应，亦颇忙碌。

陈英士之墓，拟仿徐伯荪诸公之法，在西湖择地安葬。闻尚不止陈君一人，西湖上将来又多一种历史纪念矣。徐烈士墓道，为邵某售于外人，闻抗争者颇多，顷尚未有端绪。前金华道沈馥荪，拟开会集赀为建守墓人房屋，并拟索还其地未果，而搜括民财、致舆论沸然之邵某，闻吕都督已聘为顾问矣。

省议会昨又开谈话会。到会者五十余人，公举代表四人谒都督，询开会日期。刘副会长治襄亦到会，诸会员以刘君素持冷淡态度，今忽莅会，颇有诘难之人。又，各议员以议长莫伯恒现已任财政厅长，对于议长一职，或不愿归任，然省议会为地方根本之机关，而议长为其领袖，对内对外，关系殊大，设莫君不归长斯会，而副会长朱、刘两君，对于新式人物之联络，与世界的知识、政治的眼光，均不及莫君。更选议长，将来又多一番纷扰。故欲挽留莫君者，亦含有真实之诚意。两者之审择，在他人固不能干预，要在莫君自审所宜耳。至省议会开会之日，昨吕都督对代表言，已着手筹备，约在七月二十至八月一日之间。而今日在杭议员又开茶话会，积极进行，为状殊速。朱副会长亦已来杭，扶持进行。

军用钞票,商家虽间有反对,而都督已批斥。日前有省议会议员何绍韩君函告参议会,谓贵会章程有监督全省财政之权,何对于此等重大问题置若罔闻;且言该票发行,人民须负若干义务,回溯元年发行时,官吏俸给、公费均大减轻,以示同甘苦,今乃独责人民云云。措词和婉,而议论固甚正当。参议员得此函,殊觉不安,乃要求都督付议。(静眼)

(原载《申报》一九一六年七月十一日,六版,要闻一)

吕督之布告

自《约法》、国会复后,以意见言,南北已渐趋一致矣。意见一致,则军政宜归统一;欲统一军政,不可不先撤销军务院也。以情势言,战事决不再发生矣。战事不生,则军务自宜收束;欲收束军务,不可不先撤销军务院也。虽尚有粤龙、川骏梗阻其间,要无碍于统一与收束之进行。

是故,今日吕公望之主张,不先时,不后时,可谓适时之主张也。适时之主张,吾知必无不表同情者。(一子)

(原载《申报》一九一六年七月十一日,六版,杂评一)

军警取消戒严

松沪护军使杨君以闸北、南市均已平靖,一律解严。惟高昌庙,系水陆军队根据之地,又为制造局军厂重地,仍应由军队照常防范。吴淞口系要塞区域,亦应由护军副使卢师长责令步、炮各军择要防守。所有沪杭火车,上海车站前派之稽查长王琪率带稽查员四名,随车往来,检查行李货物,刻下未便遽行撤消。盖缘浙省虽经吕都督电致军务院,要求分饬独立各省取消独立,尚未实行,故车站检查自当暂缓撤消。除分饬所部驻沪军警暨请卢副使饬遵外,昨已分别详报督军、省长及陆军部查核矣。

(原载《申报》一九一六年七月十一日,十版,本埠新闻)

杭州：国会议员准备北上

参、众两（院）议员自奉大总统命令，定于八月一日起继续开会，浙籍国会议员前已陆续赴沪。兹闻吕都督又准国务院来电，转催两院议员如限到京，以便届期开会。故褚慧僧、张烈等昨已联翩赴沪，与驻沪诸议员接洽一切，并闻童杭时、金溶熙等亦拟今明等日往沪一次，再行定期北上。

（原载《申报》一九一六年七月十三日，七版，地方通信）

浙省议员再催召集

浙省议会已从事筹备，昨报曾志梗概。兹闻该省议会议员昨又有函询问吕都督。其文云，"敬启者。省会召集问题，经议员等迭次讨论，函请都督核夺施行在案。嗣于六月十五日准钧复内开，'省会召集势在必行，惟正式国会尚未回复集会，先后之间，不能不稍为审慎'等语。又于六月二十五日准钧函内开，'应俟《约法》及国会两问题决定后，再定召集省会日期，方免窒碍'等语。议员等捧诵之余，不无异议，当即备函答复，声叙理由，迄今尚未完满解决，无任企盼。今且不必坚持前议，姑认钧府所主张者有充分之理由，则今者国会已有召集日期，《约法》亦已回复，何以吾省议会召集之声息尚寂焉无闻，或虑吾浙尚未取消独立，省议会碍难发生。要知此次起义之精神在于拥护国法，军务院第二号之布告义声震荡，全国同钦。循共和之正轨，振法律之精神，吾浙尤当首先进行，以为全国之倡。且省议会亦为民国必需之法定机关，绝无背于独立省之宗旨。今未独立各省中已有筹备回复省议会，而独立省反甘居其后，是诚何故？议员等疑问莫释，惶惑万状。究竟现在召集日期已否确定，合再函请都督明白答复，以慰群情"云云。

（原载《申报》一九一六年七月十三日，七版，要闻二）

浙江发行军用票问题

▲叶景僖上都督书

都督先生大鉴：敬启者。景僖独居山野数十年矣,止水澄心,浮云世事,逍遥物外,于世何求。(中略)①奈近阅各报,载浙江制定军用票,约洋二百万元,经财政厅禀准发行在案。复次阅报,载碶石商会禀请都督停止发行等情,其中所陈各节,理由颇觉充分,无俟赘言。此案请从缓办,以待中央解决。窃思浙省独立,迄今八旬,苛细之杂捐未除,自灭之政策又起,影响所及,各省效尤,财政前途,何堪设想?谨献刍议,聊解杞忧,并将往日所发公函略检数件,附呈察鉴。七月五日。前浙江省议会议员、被选参议院议员叶景僖叩。

▲财政莫厅长复书

景僖先生大鉴：人事苍黄,一别如雨。今天心悔祸,还我共和,永贞不肖,亦得与诸君重行握手,斯为大幸。来书云云,具见热心政治,子产不毁乡校,敢不式拜嘉言。惟此事之生,曾经军政各界几次会议,以为足以保固金融,免受他种纸币之影响,而其他深意所存,尚有不能形诸笔墨者。总之,此票之应用与否,视大局之安危而定。今日情形又有变更,则吾侪军事上、财政上之计画,亦自有转移,请静而待之可也。永贞以浙人办浙事,浙局安危之责任,无可诿卸,与局外人从旁议论者不同。足下明达之士,当能深悉此中甘苦耳。

(原载《申报》一九一六年七月十三日,七版,要闻二)

康南海赴杭

康南海因有要政,须与浙省吕督军磋商,故于昨日午后三点三十分时,由沪乘坐十号特别快车赴杭,当为驻沪京畿宪兵营张营长所

---

①　(中略),底本如此。

悉,立派宪兵四名前赴车站护送。

（原载《申报》一九一六年七月十六日,十版,本埠新闻）

吕督考询贤能

浙省候补知事不下数百人,其中无才无识者固多,而学问优深、经验宏富者亦颇不少。吕都督以知事与地方有密切之关系,因与各该员素昧平生,学识之孰优孰劣,末由知觉,与其委任之后不能称职,莫若先事考询,究竟有无才干,一望而知,爰是牌示各该员先行报到,依次传见。曾将报到人员一一与之接洽,能否出膺民社者,均随时留意。闻昨已委出县知事多人,除一二人调任外,其余均为前次接见之候补知事云。

（原载《民国日报》一九一六年七月十七日,八版,地方新闻·浙江）

吕督来沪说

浙督吕公望君因有要政,须与孙中山先生磋商国事,故于昨日由省乘坐三号快车来沪。抵站后即乘汽车往北,□英界振华旅馆驻节,而吕氏人甚朴实,并未带有随从服役。俟晤孙先生后,再往杨护军使处晋谒,闻因亦有要务商议云。按,以上据某访员报告,而记者以电话询振华旅社,据云并未有吕督驻节云。

（原载《民国日报》一九一六年七月十八日,十版,本埠新闻）

浙江督军莅沪

浙江督军吕公望因有要事,须与孙中山先生商议,特于昨日由杭乘坐三号快车来沪。抵站后即乘汽车往北,暂驻英租界振华旅社。闻俟往晤中山先生后,尚须至杨护军使处会商要务云。

（原载《申报》一九一六年七月十八日,十版,本埠新闻）

吕督昨日回杭

浙督吕公望君前日即十七号,由杭于午刻抵沪,面谒孙中山先生等商议政策等情,已志昨报。兹悉吕督军昨晨又至龙华拜会杨护军使,并在使署午炊,嗣于午后三点半时,即就龙华车站乘坐火车返杭。而上海防守司令王如见君,因悉吕督军言旋,故饬步兵三十八团第三营拨兵二十名、军乐队八名,特至南市车站恭送行旌。旋悉吕督军已在龙华上车,是以即行归队云。

（原载《民国日报》一九一六年七月十九日,十版,本埠新闻）

浙江督军回杭

浙江督军吕公望前日（十七号）由杭来沪,与孙中山先生等商议要政,已志昨报。兹悉吕督军昨晨又至龙华谒见护军使,即在署午膳,嗣于午后三点半遂即就龙华车站乘车返杭。上海防守司令王如见,因悉吕督军起程旋浙,故饬步兵三十八团第三营拨兵二十名、军乐队八名,特至南市车站送行。旋悉吕督军已在龙华乘车,是以即行归队。

（原载《申报》一九一六年七月十九日,十版,本埠新闻）

吕都督提倡国货

吕都督以吾国日用品多由外国输入,而本国自造各货之不能与外货争衡者,或限于资本,或拙于技术。故提倡之道,首在探本穷源,着手之方,须择轻而易举,否则空言无补,徒失提倡时机。现特决定提倡办法二条,昨饬民政厅通饬各属知事实力提倡,以期推广国货而收实效。兹将提倡办法如下:（一）凡各属制造国货厂、所,其资本不敷周转时,可将货物得商会之介绍,商请中、交二银行抵押活动,俾得推陈出新;（二）凡官署局所以及各法定团体、公私立各学校所用各项仪器品，如各属厂所已制有出品者，均须劝谕购用，藉广推销，以资观感云。

（原载《民国日报》一九一六年七月二十三日，八版，地方新闻·杭县）

通告召集省议会

吕督军兼省长顷通告全省省议员云，案查《省议会暂行法》第二十二条，常年会每年一次，由省行政长官召集。兹定于民国五年九月一日为本年常会召集之期，合行通告各议员查照。特此通告。

（原载《申报》一九一六年七月二十三日，七版，地方通信·杭州）

殷汝熊任高检厅长

高检厅长王天木辞职，遗缺以殷汝熊接充一节，已志昨报。兹悉殷厅长，字叔祥，温州人，为参议员殷汝骊之兄，毕业于日本法政大学，曾任江苏高审厅民庭长暨浙江私立法校宪法教员。此次庄厅长莅苏，殷君辞职旋里，甫欲北上，为吕督军挽留，任以高检厅长之职，业定于八月一日履新。

（原载《申报》一九一六年七月二十六日，七版，地方通信·杭州）

通饬结束临时军费

浙省自举义以来，各项军需用费，支出繁多，前因军务倥偬，未遑内政，现在大局敉平，关于此项军用款目，亟应一一清厘，以免久悬。顷闻吕督军昨已通饬各军队，令将临时支出各费分四类详报，一开办费、二出防费、三征兵费、四恩饷，凡以前未经结束者统限于八月二十日以前，分别种类列册造报。

（原载《申报》一九一六年七月二十七日，七版，地方通信·杭州）

杭州电

吕督军兼省长就职后,拟将内部、军事、民政办公人员权限划分,定八月一号改组。

（原载《申报》一九一六年七月二十八日,第二版,专电）

吕督军禁止赌博

吕督军兼省长以赌博一项为害最烈,小之废时失业,大之荡产倾家者,已不可以数计。兹因访闻现役军人竟有沾染此项恶习,擅入人家,恣意赌博。值此军兴时代,首重军人,恪遵纪律,方且不遑,岂容有此不规则之举动,自失其资格。兹闻吕督军昨已通饬各军队官长,嗣后务须认真查禁,严加约策,如再有出外聚赌情事,应即按律严惩,以肃军纪而保名誉。

（原载《民国日报》一九一六年七月三十一日,八版,地方新闻·杭县）

绸业大起恐慌

自欧洲开战以来,意、比等国产丝之区均受战事影响,无丝出售,是以我国江、浙、皖等省所产之丝茧,自上年迄今,销数较前约增二倍,业此者皆大获其利。今岁春夏间之头二蚕茧,现已收买一空,惜收成不佳,统盘只有六分上下,以致丝价频涨,绸价亦因之增昂。近闻杭嘉湖等处,拟于明年添开茧行七十余家,刻正设法领取执照。旅沪各绸商闻之,以如再添开茧行数十家,则蚕茧必被收尽,绸业无丝可织,虽对外贸易固急于对内贸易,而以生货易彼熟货,出入必不能相抵。况倚此为生者,统计不下数百万人,将何以堪? 故已纷纷将情诉知钱江会馆、云锦公所、绪纶公所、盛经公所、湖濮绸业、南京绸业及七襄公所、国货维持会等,于前日邀集绸业同人假中旺街钱江会馆集议。旋即公禀浙江督军吕公望,请为设法阻止发给茧行执照,以维绸业生计云。

（原载《申报》一九一六年七月三十一日，十版，本埠新闻）

南京快信

浙江吕督军昨复齐省长电云，浙省当票印花曾于独立时间，由商会禀请，饬厅议复，未满十元者暂免贴在案，现仍照案办理。

（原载《申报》一九一六年八月一日，三版，要闻一）

江苏地方维持会要电

召集省议会◇恢复自治制◇截留地方税

北京大总统、国务院、财政部，南京省长、财政厅钧鉴：佳日电京，恳复地方自治，召集省议会。待命两旬，未奉明令，群情失望。窃念自民意机关非法停止，地方苦痛，呼吁无门。兹值再奠共和，人心望治。浙江省议会已由吕督军定期召集，相形之下，盼望愈殷。敬再沥恳，迅饬克期召集省议会并恢复地方各级自治，庶符法治而伸民意。再，苏省自民国三年地方税归省支配后，各县应办之事业多致停顿，应请迅饬查照民国元二年办法，归各县自行支配，从民国五年上忙起，将各地方税截留各县，毋庸解省。苏省幸甚。江苏地方维持会叩。卅一。

（原载《申报》一九一六年八月一日，十版，本埠新闻）

取消军务厅之通饬

军务厅系前都督府之编制，依据浙江护国军政府而设。现《浙江护国军组织法》业经宣告废止，该军务厅名目亦应取消。吕督军顷已通饬文武各机关，略谓"本署仅仍分设参谋、副官两处，并军务、军需、军法、军医四课，各按原有职掌分别办事"云云。

（原载《申报》一九一六年八月二日，七版，地方通信·杭州）

诰诫军官崇俭

宁波军事各机关,昨接吕督军通饬云,照得军人应戒浮华,力崇俭约,既以专心职务,亦免有玷官箴。乃近访闻各军队职员朋辈往来,动辄征逐于酒食,不惜以有尽之财力作无谓之酬应,消磨有用之精神。长此勿戒,非惟旷时废事,亦且有损声名。本督军杜预防微,特申诰诫,凡我军人,应体念时局之艰危,屏绝奢靡之习俗。嗣后除典礼公宴及正式交际外,概不得广征游宴。除分饬外,合亟饬仰各该军官一体遵照。

(原载《申报》一九一六年八月二日,七版,地方通信·宁波)

请求恢复省会之公函

江苏省议会议员昨致齐省长公函,云:敬启者。国会召集令下,全国人民即一致主张恢复省会,湖南早经开会,浙江亦既召集。元炳等受人民委托,义无可缓。而以敝会同人风流云散,深恐召集令下,或致不足法定人数。爰于上海设通信处,函致各县议员来沪会商,并筹备一切进行事宜。未及两旬,报到者已逾三分之二。查《省议会暂行法》第二十二条,常年会每年一次,由省行政长官召集之;临时会,因特别紧要事件发生,由省行政或议员半数以上之请求时召集之。《省议会暂行法》当然有效,不经过回复之手续,诚如浙江吕省长复国务院通电所陈,应请省长即行依法召集,克期开会。苏、浙比邻,元炳等之爱苏,无异浙议员之爱浙。省长夙以尊重民意、厉行法治为职志,亦必不让浙省长专美东南也。(后略)沙元炳、钱崇固、朱绍文、陈伯盟、张相、沈周、戴思恭、陆家骈、王树榛、唐人杰(下略)等谨启。

(原载《申报》一九一六年八月二日,十版,本埠新闻)

北京电

晤徐树铮谓,浙省长仍吕兼,报载周树模未确。又,农工商曾拟分部,因政费搁置,且须国会解决。

（原载《申报》一九一六年八月五日,二版,专电）

北京电（两则）

元首特制狮头宝刀,作名誉奖励,分九头、七头、五头三等,自蔡、陆、唐、岑、刘、吕、李、刘、罗、陈,皆获此荣典,即日授与。

浙督请裁道尹,院议官制未决,暂难照准。

（原载《申报》一九一六年八月六日,二版）

顾问谘议将裁减

浙省自独立以后,顾问、谘议达百余名,每月约薪九千五百元。此项人员虽大半有功之人,但坐领巨薪,未免太过。况近来中央日催解款,兹闻吕省长拟渐行裁减顾问、谘议各官,以补财政。除国会议员杜师业等、省议员毛雍详等,各有其职务,当然停发外,馀如陆勉哉、吴钫、张志纯、叶遇春、刘同度、潘秀敏、赵志戎等,均于本月起概行停发薪水矣。

（原载《申报》一九一六年八月六日,七版,地方通信·杭州）

杭州快信（四则）

吕督军昨致长电于殷财政次长,请其将浙省独立以来财政困难情形转达政府,以求缓解协款。

杭商会总理顾松庆,曾充国民代表,并电请中央派兵征滇。现绅商学各界公推代表,呈请吕督军按法严办。

军官考试委员会已组织就绪,委员长一席,经吕督军委任参谋长周凤岐兼充。

国务院电吕省长,令造送财政厅长、烟酒公卖副局长履历。

(原载《申报》一九一六年八月七日,三版,要闻一)

朱瑞死于北方

前浙江将军朱介人,于浙江独立之时,潜遁无踪,后至沪上寄居同族寓所。旋以反对者多,风声紧急,又遁往北方。兹闻督军吕君昨接津电,知朱已于本月三日夜在津病殁,定五日大殓。吕君即发电致唁云。

(原载《申报》一九一六年八月七日,七版,地方通信·浙江)

烟酒联合会欢宴童亦翰

浙江政务参议会议员童亦翰,当袁政府时代,避居沪上,杜门谢客,近因政治刷新,由吕督军任为政务参议员。童君热心公益,痛恨苛税病民,曾在杭垣与王廷扬、沈定一联名电请政府撤销烟酒公卖及清理官产处,颇受各界欢迎。本埠烟酒联合会因童君现尚在沪,特于前日午刻在四马路美德利设宴欢迎。该会正、副干事陈良玉、赖汉滨,法律顾问秦待如、金鉴之及张让三、黄辑虞、裘予怡等,亦均在座云。

(原载《申报》一九一六年八月七日,十一版,本埠新闻)

杭州快信(三则)

吕省长接江苏省长来咨,为老公茂小轮被水警巡船强迫附拖致遭倾覆事,现已令饬警政厅严行查办。

吕省长据定海县绅商各界电呈,新任知事张寅,恐与人地不宣,请另行饬委。

临海县议员谢芝翰等电控知事张兰挟嫌逮捕张驷群,喝跪钉镣、锢禁虐待,乞撤查办。现吕省长已饬高检厅委员查复矣。

(原载《申报》一九一六年八月八日,三版,要闻一)

新任司法总长莅沪三志

新任司法总长张耀曾,由滇来沪,假寓孟渊旅社,已两志前报。兹悉前晚,由沪海道尹周金箴、警察厅长徐国樑及地方审检两厅长,假座四马路大观楼番菜馆,请张君暨各随员会宴,宾主尽欢而散。昨晨张君乘坐火车赴杭,与吕督军面商要公,闻不日即须返沪云。

（原载《申报》一九一六年八月八日,十版,本埠新闻）

浙司法界欢迎张耀曾

新任司法总长张耀曾于昨日下午乘车来杭,吕督军特派员在艮山站接待。本省司法界中人于昨日下午假座省议会议场开欢迎会,各机关长官及各界来宾,到者约一百余人。先由范仰乔厅长致欢迎词,即由张君就席演说。首述云南自起义至今经过之情形,大致皆归功于蔡松坡与唐蓂赓两君,而于浙省之上下同心,亦深赞许。复谓司法独立为今日最要之务,近十数年来,外人每藉口于我国裁判之不良,干涉权限,今后欲巩固中国法权,必先自立定脚跟始。至于欲杜行政之干涉,亦必自司法界中人,事事确守法律始,不畏强御,不徇情面,使司法真正独立,一洗从前号为独立而实未独立之弊。鄙人自勉,尤愿诸君子共勉云云。旋由范、殷两厅长相继演说,互相励勉,时已四下半钟,即摇铃散会。

（原载《申报》一九一六年八月九日,七版,要闻二）

新任司法总长莅沪五志

新任司法总长张耀曾由沪赴杭,已志前报。兹悉张君业已公毕,于昨晨由杭乘坐火车返沪。抵站时,本埠军警、司法、行政各官咸在车站迎迓,仍以孟渊旅社为行台,不日离沪晋京。

另一访函云:新任司法总长张耀曾,奉命赴京就职,由滇来沪,假寓湖北路孟渊旅社。因有要公，偕滇督军唐君之正代表陈和庭，副代表王铁珊、王竹村（即王竹林）等，赴杭谒见吕督军，面商一切。昨已事毕返沪。闻张君现寓南成都路英法交界处三十一号洋房。

（原载《申报》一九一六年八月十日，十版，本埠新闻）

杭州近信（四则）

屈映光长函吕督军，为巡按使任内交代案中款项，业经派员交接清楚，并声明自己心迹。

吕都督据民妇吕胡氏禀请，将前军署没收伊夫吕东升之款项发还，现批厅候查明再行核办。

吕省长昨特布告全省军民，以民、刑诉讼及行政诉讼诉愿事件，均应按法向主管衙门呈控，不得越级。其控告官吏违法，亦应详列事实证据，亲自呈递，如邮递禀件，概作无效。

吕省长昨日（八日）特在西湖杨庄设筵请张耀曾，同席者范、殷两厅长，王民政长，张羽生，周参谋长等，并闻张总长准于今日（九日）起程北上。

（原载《申报》一九一六年八月十一日，六版，要闻二）

杭州近信（两则）

吕督军昨在公署款宴外宾，赴席者日领事、梅医士、交涉署长等多人。

吕督军接中央电，陈英士在沪遇害，抚恤银五千元，营葬费一千八百元，应即照给。现军署已饬财政厅照数发给。

（原载《申报》一九一六年八月十一日，七版，要闻二）

张谭联袂离杭

司法总长张耀曾于七号乘特别快车莅杭，军政法各界要人开会欢迎，已志本报。顷悉张总长因司法独立正在积极进行，亟欲赴京就职，是以仅勾留一天，即于昨晨（九号）乘头等花车往沪，同来之叶全、陈钧、张璞、耿觐文、萧仲祁、林赞侯、袁嘉毅等人，亦随同赴沪。吕督军，范、殷二厅长等，届时咸至车站恭送如仪。吕督军又特派专员送至上海。

再者，湖南督军谭延闿氏前日（七号）早车到杭，暂寓于新市场清泰第二旅馆，省中当道已后先晋谒。谭督军此次来杭，系承张总长之约，张总长既亟须北上，谭君亦拟即日到湘。故又于昨日离杭，乘坐早车偕张总长同赴沪滨，再行分道起程，各赴新任。

（原载《申报》一九一六年八月十一日，七版，地方通信·杭州）

陈英士之介弟

陈英士在沪遇害，详情迭纪前报。兹由旅沪同志订于八月十三日在尚贤堂开会追悼，其弟蔼士少将现已由籍来沪，料理一切，并闻浙江吕督军除赙赠陈宅五千元外，复因蔼士富有军事学识、历充要职，特聘为高等军事顾问，已迭次来电催促蔼士克日赴浙，藉备咨询。大约蔼士拟俟追悼事毕，即行赴浙就职云。

（原载《申报》一九一六年八月十一日，十一版，本埠新闻）

杭垣近闻

浙省自独立以来，顾问、谘议，栉比如林，督军府内每月需洋万元，以财政之支绌与舆论之反对，吕公亦知裁减之必要。顷已减去大半，下月以后尚须陆续减省。顾问中以蒋观云、章太炎两公为最负人望，又有甬人庄之盘，以财政艰难，辞不受职，亦佼佼者也。

省城贵客近日庥止者颇多，如司法总长张镕西、湖南督军谭延闿，均来杭与官厅接洽一切，并游览风景。闻孙中山黄克强两君于十四日亦到杭。西子湖头，得此名人，颇能添色。官厅连日欢宴，殊忙碌也。

财政厅长莫伯恒君，日前有事赴沪，顷已得中央委状，可无更动矣。惟省长问题尚未解决，王文庆也、沈衡山也、褚慧僧也，纷传不一。最近谓将属诸陈季衡。陈素爱名誉，于去就大义持之有素，去年帝制论起，即拂袖而辞谘议之职，故舆论重之。（静眼）

（原载《申报》一九一六年八月十二日，六版转七版，要闻二）

杭州快信（四则）

司法张总长、湖南谭督军均于昨日乘车还沪，吕督军，范、殷两厅长等咸集车站恭送。

省公署传出消息，谓现正刷新吏治，嘉善、海盐等十一县知事均不称职，业由民政厅开单呈荐。

财政殷次复电致吕省长，谓派周大钧来浙会商协济办法。现已令行财政厅长接洽。

高审厅长范仰乔，因各县司法黑暗颇多，所有审检所万不能缓，特于昨日详呈吕省长，定于本月内一律成立，以清界限而免弊端。

（原载《申报》一九一六年八月十二日，七版，要闻二）

公文程式删繁就简

吕省长以各公署往来文件均于来文"内开"之下，每每全叙原文，不特缮写者苦其冗长，即阅览者亦病其繁复。现当刷新政治之际，公文尤宜简明，不得再从旧习。昨特令饬各厅、署，嗣后办理文稿，除转呈、转饬不能删除者外，余均摘要叙列，毋庸将原文全录，以期敏捷。

（原载《申报》一九一六年八月十二日，七版，地方通信·杭州）

杭州快信（八则）

吕督军请康南海于今日（十二日）下午，在陆军同袍社演说，所有少尉以上各级军官,均饬到社旁听。

吕督军因孙中山准于十四日来杭,特布置省议会为行台,业委斯烈、张镜如等速行筹备欢迎事宜。

吕省长以浙省国会议员赴京川资前曾发给五万五千元,今据驻沪国会议员通信处张岳军呈报,仅三万余元,数目不符,业饬财政厅查报,以重库款。

省公署接财政部来电,谓本部前颁征收地价税,与共和政体抵触,请饬停征,现已令饬财政厅照办。

长兴公民钦乃宪及桐乡张延康,先后向省长呈请恢复各级自治,日昨已由吕省长据情转咨内务部核办。

两浙节孝祠业已落成,吕省长捐三百元补助。

上海竞雄女校董事蔡元培等,呈请当道每年请拨经费四千元,以资补助。现吕省长已准所请。

二十五师师长张载阳昨奉吕督军令,出巡检阅军队,已定下旬先往甬、绍检阅。

（原载《申报》一九一六年八月十三日,三版,要闻一）

请复自治之禀稿

温岭县议会副议长蔡宗黄,日前曾具禀吕省长,请为电达中央,恢复地方自治。其原禀云:"为禀请准予迅电中央,以明令恢复地方自治,藉符宪法而复民权事。窃维县议会为代议县地方行政及监督县知事机关,对于人民权利有直接关系。孙中山有言,'县自治与民国政治关系最巨,县会机关一日未复,即宪政基础一日不立。所谓《约法》、宪法均废纸耳。'诚笃论也。查前清预备立宪时,其代议制之组织,县会先于省会、国会,光复后见诸事实者亦然。今国会业已开会,我省省会亦成立有期,独县会之恢复尚迟迟未决,宪政形式既未完全,法治精神更何足语? 为此禀请省长准予迅电中央,迅以明令恢复,藉符宪法而复民权,实为公便。再,城、镇、乡自治会,对于人民权利亦有直接关系,应请一并电达,合并声明。"

（原载《申报》一九一六年八月十三日,七版,地方通信·杭州）

杭州快信（六则）

各县知事被人控告,于审案时每有滥用非刑情事。吕省长以此事如确实,大伤人道,昨特饬民政厅,速派干员,迅往密查。

吕督军委二十五师司令部参谋长周亚卫赴京公干,已于今日乘车北上。

交涉署长张嘉森辞职已批准,继任者为林鹍翔氏。

美人姚史德来等往浙游历,由外部来咨,请给照饬保护,省公署已饬警政厅转饬所属严加保护矣。

吕督军昨委项燃、张化习为军署少校署附。

吕省长委任汤寿铭为本署财政顾问。

（原载《申报》一九一六年八月十四日,三版,要闻一）

康南海在杭之演说

吕督军邀请康南海于昨日下二时,在陆军同袍社演说,届时军官到者约四百余人。二点余钟康氏到会,全体起立致敬。先由周参谋长主席报告,略谓南海先生为吾国变法自强之第一人,惟因清廷不容,以教出亡海外,环游地球者三次,吾辈军人久已熟知南海先生之名,而得见先生者甚少。今日特敦请演说,一以使诸君瞻望丰采,一以使诸君亲聆伟论。次由康氏就席,略谓:"今日与浙中诸军官相见,非常欢喜。大凡一国之强盛,全赖武力,故武力实为文明之本。国之有军官,犹鸟之有翼,鱼之有鳞,不可一日离。今日中国之生命,全系于诸公之手。近来欧洲战争,其谁胜谁败,不必赘言。但鄙人曾到过德国十一次、法国七次、英国八次,观其兵士平日之操练,有秩序极为严整者,有随意休息偃卧者,则其结果之谁胜谁败,亦不待言而知,此犹就兵士言之。至就军官而言,鄙人所愿为诸公告者。第一,要爱国。须知身与国为一体,国亡则身家无所托丽。安南亡国之惨状,固不必言。今且举世界诸强国以证,如德之大飞廉,初止普鲁士一邦之地,其地不过中国杭州一府,大至一省而止。初时练兵止二千,后渐练至七千,卒能与法、奥等三国苦战七年之久,获全胜,称强国。罗马之汉尼巴,经战事十七年之久,卒能统一意大利,为世界强国。又如中国古来名将,如汉朝之班超,以立功异域,皆爱国之明效也。故为将官者,不要单看见富贵权利,须以立功成名为主,功名皆由爱国而起,有真正功名,然后富可恃。此虽老生常谈,务须切记不忘。第二,要奉法。兵官要约束兵士,不要任兵士扰乱民间,致将民心逼怨。鄙人在广西见陆荣廷之兵士,能不越所住之地点,买物皆照值给价,深为佩服,故各方面皆敬重之。凡为军官者,务须自己严守纪律,不侵人民一草一木,方为称职。否则纵兵抢掠,军纪荡然,不待交绥,而已为外国人所窃笑矣。第三,要知耻。同一人也,何以外国人能战,而我国人不能战;何以古人能成名将,而我不能成名将。如仅仅以目前安乐为得意,可谓无耻。必须讲求兵法,勤练战术,如外国新发明之飞行艇、潜水艇、战壕等等,必思所以及之,且必思所以胜之。必有比较,而后耻心生。彼不知与外国人比较者,只知日日打麻雀,饱酒作乐,可谓无耻之尤者也。第四,要有勇。'有勇'二字,公等所习闻,但言之非难,行之实难。鄙人窃谓死生有命,即如此次广东海珠之变,门生徐勤在乱枪之中身受重伤,伏居尸底,同辈皆死,而彼独不死。反而观之,命苟当死,虽安坐在家,亦必死也。故死与不死,与勇不勇无关。知此,则临阵之时,不必怕死,尽管当生。鄙人再举小事以明之。曩在广东,经过市廛,适有抛砖者掷在身上,并未致死;又尝居小屋中,上面屋坍,床已被压,高呼救命而亦竟不死。鄙人生平濒死者,不知凡几。大者不必论,即此四端以观,可见死有定数,不必怕,又须知体魄虽死,灵魂不死,知灵魄之可贵。则体魄之死,不过如剔去一个指甲,拔去一根头发而已,无甚紧要。古来真英雄,死后灵魂常在,如世俗所传关帝显灵之说,并非全属诬妄。况诸公皆为兵士之表率,一旦有事,须身先士卒,蹈死不避。一夫有勇,万夫向前;一夫怕死,万夫退后。故军官无勇,即可以亡国。拿坡仑无他,有勇而已。鄙人且说一笑话,公等如无勇,不必出来当将官,尽可安坐在家享清福也。鄙人出亡在外十九年,近甫归国,亲见中国之事,几有日渐不如之势。此后振兴之责,全赖诸公。故特以此数言为诸公告,非但为国家计,亦为诸公身家性命计也。公等果信我言,则即此数言,已终身用之而有余,如不信我言,虽日日相聚无益也。诸公勉之"云云。演毕,复起立,鞠躬致谢。旋由参谋长宣告散会,时已四下钟矣。

（原载《申报》一九一六年八月十四日,六版转七版,要闻二）

浙省长为民请命

浙省长吕公望前因中央迭次电催协款,曾致电财政部殷次长,详陈浙省为难情形,请暂从缓报解。已得电允转圜。昨接财政部来电,对于浙省验契费、印花税,仍催速解,且因浙省商店账票十元以上、当票四元以下,均免贴用印花,颇不以为然。吕省长接电后,立即电复,沥言浙省辛亥以还,元气未复,苏息之不暇,何忍重累吾民,再加苛细之担负。至账票、当票两事,业已实行,断难失信于浙人云云。

（原载《申报》一九一六年八月十四日,七版,地方通信·杭州）

杭州快信（四则）

闻吕督军以陆军运动大会久未举办,业令童、张二师长克日举行,并令嘉湖王镇守使选派军队来省,定本月十五号在梅东高桥大营操场举行。

余杭、临安、黄岩、温岭、天台等县商民,呈控知事隐匿屯田之事,现已田吕省长令行财政厅派员清查矣。

吕省长预防烟酒公卖流弊起见，昨特训令烟酒公卖局莫局长，略云：第一区各大烟栈存货，竟有未贴印照之说，如果属实，应即严密派员澈查，并通令各区监督支栈慎密巡查，照章办理。

吕督军于前日接孙中山电，谓胃病复发，缓日到杭。

（原载《申报》一九一六年八月十五日，三版，要闻一）

孙中山先生改期赴杭

孙中山先生原定昨日追悼大会事毕后，于今日前往杭州游历。浙督吕戴之君已早筹备欢迎，前日并电委驻沪通信所主任张群君代为迎迓。乃孙先生近日忽患感冒，昨日追悼会亦未能亲莅，以致杭州之行亦须稍缓，已由张群君代为电达吕督矣。

（原载《民国日报》一九一六年八月十四日，十版，本埠新闻）

孙中山改期赴杭

孙中山君因有要政赴杭与吕督军磋商，原定十四号清晨由沪起行。昨日届期驻扎制造局之步兵第三十八团马团长，特派步兵一连及军乐队一班在车站排队恭送。嗣悉孙君因另有要公，尚须改期，乃回营归队。

（原载《申报》一九一六年八月十五日，十一版，本埠新闻）

北京电

浙议员十一人徇某请，保某参谋为浙省长，多数极反对，电吕督另举。

（原载《申报》一九一六年八月十六日，二版，专电）

杭州快信（五则）

吕省长以丁祭日期已届，旧时拜跪礼制当不适用，特电内务部请示。

财政部派委周大钧来浙协商财政事宜,现周已电致浙当道,准今日来杭。

吕督军特委陈步棠、吴茂林、汤伯勋三人为本署谘议官。

新任外交署长林鹍翔氏,定本月二十一日接篆视事。

吕督军昨接国务院来咨,以奉天有扶国军都招讨邵荣勋宣言,语多悖谬,请分饬严禁。现已转饬所属遵照矣。

（原载《申报》一九一六年八月十六日,三版,要闻一）

周部员来杭

财政部前因浙江协款未能照解,特派部员周大钧来浙协商财政,疏通意见。兹悉周部员奉委后,于本月八号束装出都,昨已抵沪,定期今日（十五）来杭。吕省长接有来电,业经令饬莫厅长知照,俟该员到杭后,妥为招待,共同筹议一切。

（原载《申报》一九一六年八月十六日,七版,地方通信·杭州）

国会声中之总长与省长

▲程璧光之笔误（略）

▲浙省长之纠葛

浙江之省长问题,拟议者多矣,要皆道听而涂说,无价值之可言。兹昨日又发生一种有趣之新闻,有某君者,浙江军界中有名人物也,前日忽派某某到京,与浙籍议员疏通意见,联络感情,示意其致电于吕公望督军,请吕君电达中央,保为省长。未几,而议员某某等十一人竟如所请而致电。事非公决,闻者不平。其他某某议员等又随发一电,力保褚辅成,褚如不能,则不如以王文庆维持现状。此电之精神,其针锋与十一人之电相对,乃一种消极之反对也。所以反对之理由:（一）未谋及于多数之人,稍涉于感情作用;（二）某为军人,揆诸军民分治之初意,省长不应以军人任之。如必须军人,则何如吕督兼

任？其说颇为有力。又有陈某者，关于此事，亦自发一电，反对十一人之主张。该问题今后之纠葛，恐尚不少云。（飘萍）

（原载《申报》一九一六年八月十七日，三版，要闻一）

杭州快信（四则）

吕省长以省议会停止后，所颁各项单行章程甚多，现在省议会开会在即，应即提交议会。昨特令民政、财政、警政各厅长，饬各科将前项各种单行条例细查档卷，一律录出，送署复核，以便补行交议。

吕督军昨通令所属师、旅、团、营，每晚加演军事学说，以二小时为限。

财政部特派员周大钧昨日来杭，往谒吕督军，发表中央意见，拟弃去厘金，改订税法，凡各货产地出口，均一次征足，以免商人负担重叠。闻须调查浙省厘金收数，分别出口、落地、过境详细情形，再议办理。

民政厅长王文庆，近以各县知事造送月报往往任意迟延，特拟定惩戒条款数则，呈候吕省长核夺。

（原载《申报》一九一六年八月十七日，三版，要闻一）

孙中山乘车赴杭

孙中山先生因有要公，须与浙省吕督军磋商。故于昨日（十六号）清晨八点钟，偕同胡汉民君由沪乘坐火车赴杭。步兵三十八团马团长特派步兵一连，整队荷枪至车站护送；杨护军使亦派军乐队一班，守候龙华车站，于火车经过时，音乐迎送。

（原载《申报》一九一六年八月十七日，十版，本埠新闻）

浙省政界之内幕

省长问题，日来喧传于耳鼓。以现有地位论之，吕公所应保荐，以民政厅长王文庆为最近。其人自黄花岗革命以来，百折不回，自足令人起敬，顾于政治上，实少经验。闻警政厅长夏超，亦颇有得省长之望，然夏于政治智识若何，亦未敢悬断。因此颇有主张广义者，如财政厅长莫永贞、高等审判厅长范贤方、秘书长陈时夏，论其革命关系与政治常识，皆足胜任者。故吕督军颇视为难题，不敢轻于下笔矣。（下略）（静眼）

（原载《申报》一九一六年八月十八日，六版，要闻一）

康南海离杭

康南海君于上月来杭，避暑养疴于西湖。兹以时渐秋凉，拟欲赴京一行。今午至军署辞别，吕督军兼省长留宴。午餐后即乘舆至车站，乘下午特别快车返沪。吕督军暨民、警各高级厅并各要人送别后，一同至清泰第二旅馆拜谒孙中山。

（原载《申报》一九一六年八月十八日，七版，地方通信·杭州）

孙中山莅杭

昨日（十六号）孙中山君偕同胡汉民、冯自由、邓永彦、周佩箴、戴天仇、但焘、朱卓文诸君，乘早班快车莅杭。吕督军即派参谋长暨各师长、旅长、各厅长，至城站欢迎。孙中山下车后，即与军、政、警、学、绅、商各界脱帽行相见礼，遂乘舆至新市场清泰第二旅馆会客厅休息，由军署招待员指定楼上第二十六号房间为孙君侨寓之所。浙江铁道协会总干事阮石麟君往谒孙君，畅谈中国路事。闻须开讲演会，以表示欢迎之意。

（原载《申报》一九一六年八月十八日，七版，地方通信·杭州）

杭州快信（三则）

瓯海道署裁撤，所有案卷共三大箱，昨由省长发交民政厅保管。

吕省长昨令各知事,谓知事为亲民之官,如有擅作威福、蹂躏法权情事,一经察觉,定予严惩不贷云。

第二十五师张师长呈报,差遣康昉未待准假,擅自离营,请予撤差。吕督军批准后,并咨行各省勿予录用。

(原载《民国日报》一九一六年八月十八日,三版)

孙中山先生游杭记(一)

▲孙中山先生未赴杭时,吕督军闻得浙江驻沪通信处电,称先生偕胡君汉民、冯君自由、邓君家彦、朱君卓文、戴君季陶、周君佩箴、但君值之等,于十六晨快车赴杭,当即电嘱通信处张鹤君为引导,一面饬招待员择定清泰第二旅馆第二十六号等室,为先生及胡、邓诸君下榻之所。

▲快车到站。有周公选、张羽生两君及吕督军所派参谋张镜如、副官马燮廷两君,至车站招待恭迎至清泰第二旅馆。一时财政厅长莫伯衡、警政厅长夏定侯、军署参谋长周公选、高等审判厅长范贤方、检察厅长殷汝熊相继来谒,孙先生当即在该旅馆客厅接见,极宾主联欢之盛。酬应既毕,又有铁道协会干事阮石麟君晋谒,畅谈中国路政,并拟择日开演讲大会,发抒改良路政之意见。至五时后,先生乃偕随员鼓棹西湖,游览名胜,并携有快镜,各摄一影而归,时已钟鸣七下矣。

(原载《民国日报》一九一六年八月十八日,三版)

孙中山先生游杭记(二)

▲风雨亭联翩凭吊　　▲酒仙岭健步攀悬
▲宾主联欢刚酒半　　▲江头日落看潮回
▲祝民国如出泥之莲　　▲祝浙江为全国之模
▲孙先生抵杭后,吕督军即戎装往访。小憩片时,由督军陪同孙

先生游览湖滨一周而散。吕君知先生逸兴未已,归署后即派参谋长周君凤岐暨警察厅长夏君定侯、民政厅秘书陈君去病随行,过湖至公园游览。孙先生自采荷花,笑曰:"中华民国当如此花。"旋至纪念碑,孙先生摩挲读之,顾为同行诸君曰:"辛亥之役,可为纪念者,大抵为袁氏毁灭无遗,而此碑矻然独存,可见浙人士保障民国之功矣。"又至秋墓,孙先生唏嘘凭吊曰:光复以前,浙人之首先入同盟会者,秋女士也。今秋女士不再生,而"秋雨秋风愁煞人"之句,则传诵不忘。今日又风雨凄其,得勿犹有令人愁煞者,抑亦秋女士之灵爽未昧耶?同人咸感慨不置。旋以西湖名产醋鱼、莼菜饮孙先生于风雨亭。饮罢,复乘舟玩月。孙先生兴致逸如,掬水行乐,宾主尽欢。归时已钟鸣十一下矣。

▲十七日早八时,吕督军便衣往访,旋即别去。孙先生偕胡、戴诸君步行出钱塘门,至葛岭,登楚云台,凭高远眺,慨然有四海澄清之想。步入山后,乱山丛莽中,孙先生攀援而过,见有削壁临空,奇峰突屹,同人以为奇。孙先生曰:"皆人工所致,想浙省在昔不知为何种建筑,用石至多,故凿山为石,而山成壁,未必天然也。"复以千里镜四顾省垣附近之形势。又至葛仙翁庙,败堵当前,高约六尺许。孙先生一跃过之,同人咸绕道而行。归寓已十二时矣。适王民政厅长来访,纵谈半时许,即偕行至督军署赴宴。

▲孙先生暨同行诸君于午后一时许至督军署,吕督军倍极欢迎,坐谈约二十分,即请入席。与宴者皆各界要人、两浙名士,跄跻一堂,极一时之盛。吕督军亲为孙先生把盏,先生辞以病不能饮,复遍劝同人。邓家彦君、戴天仇君,饮最豪,尽数巨觥。督军不胜酒,则倩人代。酒酣耳热,逸兴遄飞。宾主已微醺矣。孙先生则时时莞尔而笑,顾而乐之。督军起立致辞,以表敬意。孙先生亦起而演说云,略谓:兄弟今日承吕督军宠招,获此机会与诸君聚首一堂,良深忻幸。兄弟于四年前曾到杭州,今日重来,见道路修治,气象一新,足见浙江之进

步。至于此次独立省分共有五省，而云、贵、广西均贫瘠之区，广东经此战祸，亦糜烂不堪。惟浙江屹然不动，于财政上所受影响亦尠，故在独立各省中为最有希望，而日后所负责任亦甚重大。以诸君之力，竭力整理，必能使浙江为全国之模范。此兄弟所希望于诸君者也。若就全国而论，则中华民国成立，于今五年。此五年中，若至建设，正大有可为。乃因人民智识未尽开通，遂为野心家所利用，非但不能建设，且并立国之基础，亦遭动摇，殊堪痛惜。今者共和再造，建设之事，不容再缓。惟兹事千头万绪，从何做起，而要以交通便利为第一要着。欲交通便利，必先修治道路，觇国者于其国之文明发达与否，可于其道路卜之。盖道路不修，则交通不便，百业因之而俱废。欲求文明进步，岂可得哉？至于道路修治以后，尤以通行迅速为要。吾国昔年有以火车为危险者，今则已无此观念。然以自动车与火车较，则自动车之速力，优于火车远甚。余昔游伦敦，仅一处有自动车，观者颇以为奇。今则到处皆有，且可以自动车之多寡卜其文明之程度。吾国若能赶造铁路并整理道路，则相离较近之地，可使用自动车以代火车，往来尤为迅速。或虑中国贫穷，造路无费，不知中国非真穷者。若系真穷，则外人亦不肯投资于我国，何以政府借用外债，动辄千万，而外人曾无吝色也。故论吾国今日境象，譬如一富户中落，藏金于楶，而子孙不知，反日日忧贫，日日借债，岂不可笑。余每遇西人，谈次辄艳羡中国之富。而吾国乃以贫穷为虑，异哉！回忆四年前，因蒙古问题，几与俄国启衅。余当时曾谓与俄战非练兵五百万不可，闻者或以为空谈，或以为无费。不知以人口论，英国人口仅四千余万，而二年间练兵四百万；以面积论，德意志仅抵浙江二省，而天下莫强焉。以吾国人民之众，面积之广，二年间练兵五百万，亦非难事。若云无费，则可发行纸币。余此说在当时颇为世人所怀疑。逮至今日欧战发生，饷额之巨，为亘古所未有。若一一使用现银，国内安得有如许现银以备应用。所恃以救济者，纸币耳。故发行纸币非不可能之事，在办理者善为之而已。至于一国之中，土地不论大小，人口不论多寡，其生产力强者国常富。中国地大物博，货物山积，乌得言贫。即就浙江而论，为产丝最富区域，如能联合邻省，若江苏、若安徽，自办工厂，以所产之丝，制成绸缎，以供全国之用，则挽回利权，实非浅鲜。余今尚有一语奉告，凡职业无论大小，官阶无论高卑，若不能立志，虽做皇帝、做总统，亦无事可做，若能立志，则虽做一小官，做一工人，亦足以成大事。余尝见一西人日记，言杭州在五百年前之文明为当时欧洲所不及。吾甚希望诸君不论职业大小、官阶尊卑，各尽其力，以保守固有之文明，并日图进步，为全国之模范。诸君处此最有希望之浙江，必能共负责任，以慰全国之希望云云。（中山先生演说词甚长，兹仅述其大意）。说毕。在席者均鼓掌如雷。散席时已钟鸣三下。先生即赴江头观潮，至傍晚乃归。

（原载《民国日报》一九一六年八月十九日，三版，要闻）

孙中山先生游杭记（三）

▲吊伍子胥　　　　▲饮虎跑泉

▲谒苍水墓　　　　▲登南高峰

▲饱餐烟霞　　　　▲征诗纪念

▲完满三民主义　　▲主张五权分立

　　▲十七日午后三时，孙先生由军署宴罢，即偕同行诸人至江干。在某茶店小憩，时潮犹未至也。旋至六和塔，登极顶，则潮已大来。银涛雪浪，开荡胸襟。先生谓同人曰："子胥实死于钱江，人谓其怒气所凭，故钱塘之潮，甲于江海，为一大观。余意人之精神不死，虽躯体不存，而精神犹能弥漫天地，此即浩然之气也。"徘徊久之。嘱陈去病君，赋诗以记之。又曰："余昔在欧洲，曾游一塔，值薄暮闭门，几不得出。"乃下塔，由南山后趋别径，至虎跑寺。先生亲掬泉水饮之，曰："味甚甘美，天之待浙人，何其厚耶？"旋游高庄，乃循雷峰塔，入清波门归寓。

　　▲十八日午前八时,孙先生偕同人出清波门,至净慈寺,观览书画,摩挲碑碣。又谒张苍水墓,叹曰:"张公乃吾人之先觉者。"入石屋洞,纵观造像,登其高处,历览乾坤、青龙等洞。笑曰:"天地之间,乃设此许多幽雅之境,以供吾人休养,而无暇消受之,不亦辜负造化耶?"旋入烟霞洞,甫抵山麓,而雨已至。冒雨径达寺中,稍憩。又命陈君赋诗为记。雨亦微止,凡奋勇登南高峰,骋望山水,而雨大至,遂冒雨入寺。寺僧设素餐,以飨同人。某君曰:"相传乾隆南巡,曾至此寺,不知当时寺僧如何供奉?"孙先生粲然。寺僧固不识开创民国一代伟人之孙先生也。相与纵谈。旋即归寓。途次虽大雨淋漓,而先生容态自如。

　　▲下午三时,前参议会长张羽生君等,假省议会请孙中山先生演说地方自治,浙人士到者甚众。由张羽生君代表全体致欢迎词,词云:"中山先生,命世豪杰。革命功成,游行自适。重来西湖,载瞻颜色。意态弥闲,仁慈犹昔。高谈雄辩,焕发精神。振聋觉聩,用牖斯民。民权既植,民生义殷。煌煌大计,敢以书绅。"读颂辞毕。并谓中山先生□造民国,故中山先生与民国之关系至为密切。幸今共和回复,先生归国。浙省人士屡请先生来浙,今复邀莅斯会,讲演地方自治,其裨益于吾浙省,实非浅鲜云。

　　张君退。中山先生起立云:兄弟今日在西湖遇雨,故来会较迟。到会诸君,定能原谅。兄弟自民国二年离国,至今日共和复活,乃得重返祖国。吾国自推翻专制,建议共和,五年以来,尚鲜进步。盖建设国家,譬如造屋,必先将旧料拆去,然后可建造新屋,而建造新屋,首重基础,地方自治乃建设国家之基础。民国建设后,政治尚未完善。政治之所以不完善,实地方自治未达。若地方自治既完备,国家即可巩固。兄弟此次返国,即注意于此。诸君试披览地图,西半球几无一非共和国,东半球仅法兰西、瑞士、葡萄牙及中华民国为共和国。而法、美两国能日臻强盛,要以注意地方自治为根本。回忆欧洲人初至美洲,即先在大西洋沿岸组织自治团体,建设自治机关。如现在之侨寓上海者,亦有各种自治之局所。迨脱离英国范围后,即组织联邦国家。法国自拿破崙被放圣希列拿岛后,几经破坏。建筑共和国家后,亦极注意地方自治。可见人民欲巩固国家,须先将地方自治建设完备。现在吾国中央政府,不论其为真意的共和,或系表面的共和,人民总认政府为好意,希望建设真真的共和国家。然政府有政府之责任,人民有人民之责任。人民所当引为责任者,当先从办理地方自治着手。不论何县或一地方,面积有大小,户口有多寡,人民有贫富,总以量地方之财力,尽力建设。吾国人民有数十万、数百万资产者,已属罕见。若外国则有数千万资产者,亦所在皆有。人民既贫,则地方自治事业即难举办。宜先开放土地,使地价日增。如西湖之滨,南北高峰之麓,每亩地不过数十元或数百元。若照浙省所计画,环湖建筑马路,则地价必自数十元增至数百元或数千元。故现在若英国土地缴价抽税的办法,吾国一时尚难办到,宜先从报价抽税办起。如人民有土地若干亩,须先呈报。每亩百元者抽税一二元,价千元者抽税一二十元。将来若收为公有,即照此给价。人民领地,须纳地税,不领地耕种者,尽力于工、商、矿、航各业,则国家地方,两有裨益。兄弟素提倡三民主义,现在民族、民权已达到目的,民生主义即拟从此土地问题着手。此虽兄弟所主张,亦所希望于诸君者也。(中山先生演讲甚长,此仅述其概略)旋由胡汉民君演说毕,即振铃散会。已钟鸣七下矣。

　　▲孙先生出省议会后,即赴陆军同袍社,受军政二界要人公宴。席间先生演说,云:现今世界各文明国,大都三权鼎立。其实三权鼎立,虽有利益,亦有许多弊害。故鄙人于十年前即主张五权分立。何谓五权分立?盖除立法、司法、行政外,加入弹劾、考试二种是已。此二种制度,在我国并非新法,古时已有此制,良法美意,实足为近世各国模范。古时弹劾之制,不独行之官吏,即君上有过,犯颜谏净,亦不

容丝毫假借。设行诸近世，实足以救三权鼎立之弊。至于考试之法，尤为良善。稽诸古昔，泰西各国大都系贵族制度，非贵族不能作官。我国昔时，虽亦有此弊，然自世禄之制废，考试之制行，无论平民贵族，一经考试合格，即可作官。备位卿相，亦不为僭。此制最为平允，为泰西各国所无。厥后英人首倡文官考试，实取法于我，而法、德诸国继之。美国以共和政体，其大权常为政党所把持，真才反致埋没。故自华盛顿后，除林肯外，均不能大有所设施。至罗斯福，始力矫此弊，故继任之总统，如塔夫脱、威尔逊，均一时之选，各能有所树立。然而共和国家，首重选举，所选之人，真实学问如何，易为世人所忽。故黠者得乘时取势，以售其欺。今若实行考试制度，一省则之内，应取得高等文官资格者几人，普通文官资格者几人，议员资格者几人，就此资格中再加以选举，则选举资格不妨从宽，而被选资格甚严，自能真才辈出。且吾国人最喜作官，不问其所学如何，群趋于官之一途，所学非所用。是犹以庖人治衣，安能尽职？华人向以官为利薮，不知西人之业工商者，岁入数十万乃至数百万，亦寻常之事。若作官，虽位至总统，亦不过十余万而已。故若工商发达，则求富即不必为官，为官即不能致富。而要之有考试制度，以限制之。则国人之幸进心，亦可以稍稍敛抑。吾国动言复古，独于数千年前有此弹劾、考试二种良善制度，而不能实力奉行，宁不可惜。吾今主张五权分立制度，以救三权鼎立之弊。论其理由，非立谈可罄。假以岁月，当博考西籍，汇为一编，以资贡献。异□吾国果能实行此制，当为世界各国所效法焉。

（原载《民国日报》一九一六年八月二十日，三版，要闻）

孙中山先生游杭记（四）

▲江干话别　　▲去游禹陵兰亭

▲十九日早七时三十分许，孙先生如其预定行期，由清泰寓庐偕同行诸公，直赴江干。政界自督军以下，各界如省议会、教育会、商会

及各团体领袖,咸往恭送如仪。临行有嘉兴政学各界派代表顾君企先等,欢迎孙先生过禾时,小驻行旌,以伸忱悃。先生婉辞,谓已约游绍而宁,苟无特别原因,未便衍期,致失彼处人士之盛意云。

▲孙先生行后,记者以事往晤清泰主人。谈次,该主人曰:孙先生以民国总统,一代伟人,来寓敝馆,荣幸已极。且孙先生行李简单,不随一仆,无事供张。普通旅客,亦未如是之和易近人,今而后吾侪商人,亦知共和国家,真正平等,真有幸福。犹忆去岁袁皇帝派一授勋使者至杭,满街军警,辟易行人,如防大敌。以视孙先生,曾为总统,而和蔼可亲如常人,有若天渊,奈何孙先生而不为民国总统耶?先生之系人去思,有如此者。

（原载《民国日报》一九一六年八月廿二日,三版,要闻）

苏浙协订水警保护航商之办法

江苏水警第二厅长赵会鹏及浙江内河水警厅长俞肇桐,前以上海、湖州两处往来之小轮拖船,屡被水盗劫掠搭客财物,曾经通饬各该水警官兵密查水盗巢穴,以便两省水警会剿在案。兹又经赵、俞二厅长拟订办法五条,详经苏省冯督军、齐省长,浙省吕督军兼省长核准。昨特通饬各该所属水警官兵,实力奉行。所有两省联合保护小轮办法五条,照录如下:(一)上海湖州航线,由上海经松江以及洋桥、俞汇、芦墟、黎里、平望、梅堰、震泽、南湾等处,以至湖州,在浙省界内者由浙派船警保护,在苏界者由苏派船警保护,互相联络,以靖航路;(二)前条应派船警若干,苏、浙两厅各自定之;(三)苏浙航线交界之处,平时应由两省驻近各队长或分队长,择定紧要地点,每月带领船警举行会哨二次,事毕当将会哨情形各详本管厅长查核;(四)苏浙航线交界之处,港汊纷歧,盗匪最易潜匿,应责成附近所驻二省水警随时侦查的确,互相知会,协力缉捕;如事机紧迫不及知会时,得不分界域先行逮捕,仍一面知照;若遇大帮盗匪,必须巡船会剿者,得就近径行会同巡舰剿捕之;(五)本办法经厅认可,双方饬属认真实行,不得视为具文。

(原载《申报》一九一六年八月十八日,十一版,本埠新闻)

北京政局之旁观(三)(节选)

吾昨函曾述浙江省长问题之纠葛,今则已由调解而销灭无形。此事因十一人之电举惹起,浙议员内部之意见,褚辅成在浙江似居领袖之地位,而十一人署名之电,彼亦与焉。惟彼无成见,故事后深以有伤信用为憾,爰于昨日在浙江议员公寓开一会议,聚意见不同者于一室,褚君深自引咎,反对者亦以和平之言互相解释。于是再论入省长问题,主张举军人者言,浙江之警察推有军人为省长,庶几可使统一于省长之下。又有人言,王文庆(现民政厅长)道德品行甚好,但政治知识究嫌简单。反对者则期期以军人为不可。议归无效,最后惟思一消灭无形之办法,公同致一函于吕督军兼省长言,仍请兼摄云云。吕督军今固兼摄省长者也,何必诸君之再加以任命,亦不失为滑稽之事矣。(八月十五日)(飘萍)

(原载《申报》一九一六年八月十九日,三版,要闻一)

浙督军欢宴孙中山

昨日午刻,吕督军在督署内欢宴孙中山君,政界、学界、报界、商界到者七十余人,觥筹交错,情意交欢。旋经吕督军敦请,孙君即席演说。孙君略云:鄙人此次来杭,得与诸君握手,欣幸良深。民国成立,忽忽五年,当时对于建设问题种种计画,依然不能实行,穷其原因,多数人民智识未齐,易为野心家所利用,致有变动之发生。方今大局尚在动摇之中,以浙江较之他省,其希望为最多,其责任亦为尤重。独立各省,滇、黔、桂,皆系边方,素苦贫瘠,广东向称富庶,但经此次糜烂,回复杳不可期。惟浙江秩序安全,元气未损,故建设尚不甚难。以建设之万绪千端，无从说起，且空言，但凭理想，何从实地证明。顾建设必先资文明，地方之是否文明，莫如道路之显著。浙江改良道路，迥异数年以前，可知既有建设之根基，并有建设之能力。欲地方进富强之域，首重道路交通。欧洲二十年来，进步可骇，此次大战，尤利用道路之交通，以交通进步而言，从前反对铁路者，今已无此问题，人人以乘火车为当然之事。将前例后，必有更精于火车者，即摩托车，是已欧美惟长距离之往来仍资铁路，而短距离则多用摩托车往来，行人究以短距离为众。假使由杭以至上海，铁路外别有敏速之摩托车，其裨益不尤大乎？交通发达，工艺即可以振兴。论者每以基本金之难筹，遂抱消极主义，不知富力非全关实币，富国金银不必增多额数，转移频繁，一万可作十万之用。鄙人前年议俄蒙事，谓五年内必须练兵五百万人，方可言战，尤必推广纸币，方可练多数之兵。谈者咸以理想少之。今欧战之开，得以证实鄙人之说。英国人口四千万，而二年内练兵四百万，我以十倍之户口，五年期限，何难练一百万人乎？至于纸币之流弊，患在行之不得其宜。今日欧战期中，俄、德全用纸币，是岂理想空谈乎？财政困穷，因其不得方法，而非由实币之稀。地方生产力既繁，何患不能致富。如浙江丝之出产，名著全球，倘能利用此生产力，不使生丝出洋，而织成以致用，所增富力不可计，且能养活多数工人。然生产物之流通，仍以道路灵捷为贵。浙江既有如许根基、如许机会，诸君同心协力，先致力于道路一事，次及工艺问题，将文明为他省之模范，全国实仰赖之。大凡事业成功之大小，与地位之大小无关。民国成立之初，鄙人等竭力赞助袁氏，满愿其能成就事功，而结果乃至于此。人苟有正确之志识，地位虽小，未尝无大事业之成功。所望诸君人人尽其责任心，则浙江大有可为。如道路一事，乃建设着手之第一端，由此着着进行，前途正未有艾也。演说既毕，时已三点半钟，遂各尽欢而散。

（原载《申报》一九一六年八月十九日，六版转七版，要闻二）

杭州快信

吕督军以省长一席不遑兼顾，电请另任。昨得复电，谓责任重大，未便遽易生手，请勉为其难，共维时局。

（原载《民国日报》一九一六年八月十九日，三版）

杭州快信（五则）

日前吕督军电呈北京陆军部，以省长一席不遑兼任，请转呈大总统另委贤能。现得回电云，省长一职，责任重大，未便遽易生手，尚请勉为其难，照旧兼任，共维时局。

民政厅长以实业为当今急务，曾说明理由，并将需款数目列摺陈请省长筹解，以应需用，现已饬财政厅先予筹拨若干，以资开办。

众议院议员张浩、童杭时等电致吕督军，请释钱竹安，谓系民党份子。

吕督军任命吕挹清为台州镇守使署参谋。

省公署会计兼庶务朱国霖，久病未痊，吕省长改委郭梓熙补充。

（原载《申报》一九一六年八月十九日，七版，要闻二）

杭州快信（两则）

吕省长以吴兴县知事张嘉树人地不宜，调省候用，遗缺以吕舜恺署理。又以玉环知事秦联元劣迹多端，应即撤任，遗缺以吕衡署理。

吕省长委任罗根、袁钟钰为本署工程谘议官，月支薪银各一百元六十元。

（原载《民国日报》一九一六年八月二十日，三版）

时事日记·一◇本国之部·七月十四日

《约法》恢复之第三日，浙江吕公望首倡撤消军务院之说，由梁任公表示赞同。嗣是而蔡锷、陆荣廷、陈炳焜等迭次商榷，由唐抚军长继尧领衔通电内外,将军务院于今日宣告撤废,其抚军及政务委员长、外交专使、军事代表均一并解除,国家一切政务,静听元首、政府、国会主持。而海军李鼎新电告中央,陈请派员接洽,湖南刘人熙通电各处,与滇、黔、桂同一步趋,形式上之统一完全成立矣。

（原载上海《大中华杂志》月刊,第二卷第八期,一九一六年八月二十日,一〇页）

杭州快信（四则）

省公署令饬民政厅,以县议会关系地方制度,拟取划一办法,未奉明令,未便率行召集。

吕省长通饬各县知事及水陆警厅,严申烟禁,访拿有获,即按律治罪。

省公署昨接国务院电,谓农、财两部派员清理上海殖边银行,不日开市,浙省支行应请设法维持。

吕省长接财政部电,谓官产处系特设机关,未便归并,应由部委莫财政厅长兼理,当即饬知遵照。

（原载《申报》一九一六年八月二十一日,三版,要闻一）

杭州快信（两则）

吕省长前据私立法政学校校长阮荀伯禀请添设法政别科,刻已咨请司法部核办。

吕省长兹据海宁茶商泰顺昌等行代表陈鹤呈称,海盐统捐局廖司事因索诈不遂,反诬船户殴辱等情,请乞派员密查。现已令财政厅迅速遴选公正人员,前往确切查明具复。

（原载《申报》一九一六年八月二十二日,三版,要闻一）

杭州快信（两则）

省议会刘议长昨日启用关防，咨请省长饬财厅发给筹备事务费。

省长昨饬民厅长，调查各属地方自治停办后余款如何支销，曾否拨充他用，饬即切实查复。

（原载《民国日报》一九一六年八月廿二日，三版）

浙江省议会近事

省议会开会已迩，议长刘治襄君将筹备事务所改为办事处，各情已志报端。兹又探悉该会近情如下：议会议场，原有官长席，除左右两行分设各署审查委员席外，其中座为省长席，然督军为全省军事长官，倘遇案咨询，亦应照章设席。惟现在吕督军兼任省长，只须合并一席，其位设在议长席之左首。

议会向有速记四名，专司议事纪录。前年省议会开会，延用孙菊人等四员，系北京速记学校毕业，该会解散后，各员散处他方。此次开会，当由书记课另行选聘。

省议会事务所洪、刘两委员，业准民政厅委员何公旦送交关防一颗，文曰"浙江省议会之关防"，又图记一方，文曰"浙江省议会之图记"，备印选举票之用。当禀承刘议长于昨日启用关防，并咨请省长饬下财政厅发给筹备事务员经费，以资办公。

（原载《申报》一九一六年八月二十二日，七版，要闻二）

杭州快信（四则）

吕督军拟再开讲武堂，并委傅其永为堂长。

吕省长以所设师范讲习所经费应即取消，已训令民政厅悉心妥议，具复核夺。

吕省长训令各厅长严禁各县，审讯匪盗等案仍用鞭打、棍责等非刑。

吕督军委任鲁指南为四十九旅参谋。

（原载《申报》一九一六年八月二十三日，三版，要闻一）

宁波快信

此间得省中消息，浙省长一缺，闻吕督有密保参谋长周公恭先堪膺斯任之说。

（原载《申报》一九一六年八月二十三日，七版，要闻二）

杭州快信

浙省陆军今年骤增一师，预计棉衣、被毯需款三万六千八百余元。吕督军以刻已秋初，特令财政厅克日核发该款，一面限令被服厂长于九月十五号以前如数制办。

（原载《申报》一九一六年八月二十四日，七版，要闻二）

杭州快信（六则）

吕督军因浙省独立后军需甚巨，财政支绌万分，早经商同财政厅，特制军用钞票二百万元，分一元、五元、十元三种，呈准财政部在案。闻即日发交各银行通用。

吕省长接财政部电，谓前官产委员预算解部六十万元，除已解外，尚短五十三万元，应由莫厅长认真接解云云。业已饬令财厅查照矣。

吕省长近查各县知事保荐属员，滥请优奖，殊属非是，特训令政、警两厅长转饬各属遵照。

军署接陆军部来咨，谓本年四月以后军职时有迁调，浙江现役人员已叙职者已有若干，希查明具报。

要塞总司令金富有，因现在大局已定，前临时招募之兵士，一律裁撤，已呈请军署核示。

南田县议会李志成等，呈控该县知事吕耀钤饮酒赌博，溺职殃民，请吕省长从严惩治。

（原载《申报》一九一六年八月二十五日，三版，要闻一）

杭州快信（五则）

吕督军顷准江苏冯、齐两当道会咨，拟江浙两省会剿枭匪办法，划分三大区域，互相防剿。昨已分别训令民、警两厅长及嘉湖镇守使一体遵照。

台州镇守使顾乃斌偕同游击队帮统吴茂林来省，晋谒督军，面陈一切。

督军署机要秘书沈衡山，前因奉公赴京，于昨日回杭。

吕省长特派本署军需课员王、陆、薛三人，往军装总局及宁、温两分局查验军装。

吕省长据乐清、建德两县士民呈控钱沐华、夏曰璬知事浮收钱漕，贿赂公行，现已严令民政厅澈底密查。

（原载《申报》一九一六年八月二十六日，三版，要闻一）

杭州快信（七则）

省公署昨接镇海、象山、余姚、平阳等各知事暨外海水警王厅长来电，俱称敬夜（二十四）沿海飓风骤起，失事商船不计其数，潮水汹涌，海水未退等情，省长当令行民政厅设法妥办。

吕督军昨电段总理，京电传来，总理一席已经国会同意，为国为民，同深庆幸云云。

闽督军李厚基复吕督军电，谓祃电悉，公劝李司令息争，粤民蒙福，无任欣佩等语。

交通部昨电致吕省长，谓在逃之梁士诒等，前次盘踞要津，于铁路商办之时曾否附股，祈即查明核办。

吕省长接内务部来电,谓地方自治,现内部呈请恢复,俟国务会议通过后,当有明令发表。

闻吕省长以撙节费用之故,所有学务委员一职,拟指令取消。

吕督军准北京参谋部咨开,所有陆军大学校学员行将毕业,亟应速招新生,今将招考办法咨行查办云。

（原载《申报》一九一六年八月二十七日,三版,要闻一）

杭州快信（三则）

吕省长迭接各县电请取消联合师范讲习所,昨已训令民政厅,谓现届暑假期满,究竟应否即予归并或俟毕业停办,亟应分别决定,以资办理云云。

孝丰县知事芮钧被公民鲁馨禀控违法渎职等多端,吕省长令民政厅派员澈查。

驻沪第四师军费,向由中央拨给,现在部中无款应付,电请浙省当道就近汇解十万元。闻财政厅昨已商承省长,电复中央,谓浙省同一困难,应请另饬改拨。

（原载《申报》一九一六年八月二十八日,三版,要闻一）

台州犯官过沪

浙省台州县知事署兹有下级军官张鸿杰一名,因向商民诈扰,获案讯明,判处二等有期徒刑,奉吕督军饬解省垣核办。故由该县将张鸿杰一名,派差解沪,已于昨晨押乘四等火车解杭,送请吕督军讯办。

（原载《申报》一九一六年八月二十七日,十一版,本埠新闻）

杭州快信（三则）

高等审、检两厅长特委王焰往宁波,监审省议员张驷群与临海知事张兰互控案,以昭郑重。

吕省长以省议会开时,应有政务委员出席议会,以备咨询。昨令各厅长速选精通法律人员,开单呈报,以便转咨议会。

国务院电致吕省长,谓郑家屯一案,政府自当负责严重交涉,决不致丧失国权,仰即切实诰诫,禁止人民不得妄谭,致起外交变端。

(原载《申报》一九一六年八月三十一日,三版,要闻一)

北京电

闻吕督军电辞兼职,词极恳切。

(原载《申报》一九一六年九月一日,二版,专电)

举行祀孔典礼之公函

上海教育款产经理处昨致学务委员函云:"旧历八月初十日黎明举行秋丁祀孔,并于初九日下午二句钟先行演祭,届期恭请驾临学宫执事。惟昨奉县公署训令,转奉省公署训令开,准内务部电开,准浙江吕省长真电内开,'原订祀孔典礼,如拜跪及祭服等项,均与现例不合。拟除去拜跪,行三鞠躬,改祭服为礼服'等语,因时制宜,极为同意。现订为迎、送神,各三鞠躬;读祝、受胙,各一鞠躬;正献、分献,服大礼服;陪祭各员,服常礼服。本届秋祭期近,即行照此办理。将来此项礼典仍须提出国务会议,俟议决后再行公布。除电复浙江外,特此通行等因,合行遵照办理到处,相应附达台端,敬希察照为荷。"

(原载《申报》一九一六年九月三日,十版,本埠新闻)

北京特别通信(七)(节选)

记者于前次通信曾述浙江省长问题之纠葛矣。自某某运动失败,受同乡深痛巨创而去,一时并无消息。然周参谋长与王民政厅长,均有人为之极力斡旋,吕督军左右为难,乃有电保陈时夏君之举。然今日议员与政府间又接浙江来电,财政厅长莫永贞等皆署名,请仍

由吕督军兼摄,以保持现象而免纷争云云。将来此问题不知如何了局也。(飘萍)

(原载《申报》一九一六年九月四日,三版,要闻一)

杭州快信(五则)

民政厅长以省会开议在即,昨将关于教育、实业议案十七件呈送省长察核。

吕省长接农商部来电,谓六年度标算急待编制,贵处关于本部所管岁出岁入各款标算,请即造册,限九月内送部核编。

交通部行咨浙当道,云本部特派张杏林调查江浙两省河海航路及各商轮营业状况。第六师司令部参谋魏旭初,因事呈请督军署销差,已批准。

遂安县屏山国民学校校长汪祥等,电控该县知事陈与椿纵匪殃民、弛禁花会、浮收地丁、私扣学款等八大款,请省长严办。

吕督军接陆军部电,谓斯烈等已更正为副官长,登载三十一(号)《公报》。

(原载《申报》一九一六年九月四日,三版,要闻一)

杭州快信(三则)

吕省长令民政厅,谓现在外官制未经国会议定颁布,县佐一职,将来应否设置,尚难预定,仰即转饬各员知照。

吕督军现定于本月十四、十五、十六三日,假前讲武堂讲堂考试陆军大学学生。

嘉兴县知事袁庆萱辞职,闻已批准,督军署谘议官张梦魁有继任消息。

(原载《申报》一九一六年九月五日,三版,要闻一)

浙海政潮(节选)

钱江八月潮汛独著,政海波涛,乃若与之相应。近数日间省长问题之暗潮,波谲云诡,令当局者穷于措置,旁观者亦相顾惊愕。甚矣吾国人之爱作官也。

(中略)顾今日之纷纷者仍未已。民政厅长王文庆,在顺序上有当然可得之资格。然与之对峙者,则有参谋长周恭显。周军人也,其背后森列多数之武器,隐然有一鸣惊人之态度。双方各不相让,而督军于是苦矣。

督军既苦,乃思得一第三者以调剂之。闻前都督汤蛰老颇为调停其间,于是有秘书长陈时夏(前谘议局副议长)继任之说。督军尚未正式宣言,而军人留任之电已达于中央矣。

吕督军兼省长,事实上果能长久与否,此有常识者所共见也。军界之联电挽留,果别有深意存乎其间与否,殊不可知。而一般神经过敏之士,因是又发生一种危论,恐省长问题不以中央之力而遂解决也。

又有一说,谓吕公将卸其督军之任,而自为省长。然督军将以何人任之,苟中央贸然派出,于吾浙军界能否呵成一气,此则所关甚大,非记者所敢妄揣矣。

吾浙军界向以识大体、爱秩序著称,余甚望保斯荣誉,守其应尽之职责,而移目光于对外。际此世局纷纭,宜如何努力自效乎?行政官之委任,听诸中央可也。(静眼)

(原载《申报》一九一六年九月五日,六版,要闻二)

杭州快信(三则)

吕督军接沪电,知阙麟书病死,深为惋惜。特派何志诚前往吊唁[①],

---

① 何志诚,浙江吕督军致孙中山电,作何志城,见正文卷五。

并以六百金为赙仪。

四川蔡督军在沪就医,闻因慕西湖山水之胜,有来杭养疴之说。

省公署秘书长陈时夏,有辞职消息。

（原载《申报》一九一六年九月六日,三版,要闻一）

浙省议会开幕纪

昨日（四日）为浙江省会议员重行召集之期,实到议员一百零二人。吕省长、王民政厅长、殷检察厅长、督军秘书千秋鉴、杭县知事姚应泰均先后莅会,财政、警政、高等审判各厅长皆未到。杭县知事不设专席,姚君只得在旁听席中。惟是日为恢复省会之第一日,各界人士甚为注意,故旁听席坐为之满。女宾到者有六七人。二时十分,振铃开会,议员、议长、省长、各厅长次第入议场,就席后即行起立,齐向国旗,行三鞠躬礼;次,议长、议员对省长、各厅长行一鞠躬相见礼;次,议长述开会词。毕,吕省长出席,走至演台,委千秘书代读祝词。朱益敷议长读答词;随请省长演说。吕省长又出席,登台演说,大致谓省议会被袁氏解散,已三年于兹,幸天佑民国,袁氏云亡,得以继续召集。惟议会为民意机关,公望最为注重。其所以九月一日提前召集者,实为尊崇民意,愿诸公协力同心,藉图匡济等语,说毕,仍就席。继续演说者,悉为议员沈定一、何绍韩、张宗峄、郑凝、周锡经、张廷霖、项廷桢、王廉、秦炳汉、陈钟琪、潘澄鉴、金燮诸君。虽繁简不同,主张互异,在皆以国利民福为归。沈定一氏演辞最长,又极变幻,其结果主张将预算案交付审查。张宗峄氏主张将财政、警察、教育、实业四项划归省办,并希望将来载入宪法,使地方与中央相互而生对抗之作用。何绍韩氏注重教育,于兴革利弊,言之綦详,并主张限制私立中学,纳诸师范,以免造成无数之堕落学生。张廷林氏发言最简,而最有趣味,略谓今日天时狠热,诸君不怕热,非不怕热,实因诸君自身发生之热度足以抵抗天然热,以此现象推测,将来天然热尚不怕,何况人为热。秦炳汉氏发言亦不多,略谓现在国家税与地方税合并不分,国家预算案行将送交国会付议,吾浙财政,国家与地方如何划分,敢请官厅将预算案完全交来,并非付议,不过观看云云。王廉氏注重实业,略谓浙海渔业为全国海味出产之大宗,而渔业一项仍未改良,所设渔业公司其成绩在收索渔税而止,近年来官厅所办各事,都可作渔业公司观。其余演说,亦各有主张。至四时十五分,摇铃散会。长官、会员各赴休息室少憩,旋即摄影而散。

(原载《申报》一九一六年九月六日,六版,要闻二)

杭州快信(四则)

吕督军接蔡松坡来函,准于十四日来杭,现已饬张副官筹备招待。

大总统电致吕督军,请就近劝蒋尊簋到京。

内务部长以现在全国统一,浙省未便独异,令民政厅仍改政务厅,警政厅仍改警务处。

陆军第二十四团第一营营长吕开侁另有他委,遗缺吕督军委该营第一连长杨时三暂代。

(原载《申报》一九一六年九月九日,三版,要闻一)

浙省会第四次常会

昨日(八号)省议会开第四次常会,各议员因在民政厅宴会,故出席稍迟,逾摇铃开会已二点十五分钟。议员出席者一百零二人。由沈议长主席报告,兹准吕省长交来前参议会未议决案三十余件,应如何处置,请公决。众表决,咨还省长保存。此事议毕,即依照议事日程选举。法律股审查员秦炳汉动议,已被选法律股审查员者,倘再被选他股审查员,应作无效。众赞成。投票后开瓯,检点名次与票数,只一百零一人,仅缺一人。王廉起言,谓以后书记长分票,应先将票数记明,庶不致误云云。金燮起言,议员报到,不出席者现在很多,嗣后如不出席,应先向议长请假。众赞成。余寿堃起言,今日许炳堃不到,应电话去叫他来。何绍韩动议,本日选举,既不足法定人数,不如变更议事日程,讨论本会预算问题。嗣由石书记长去招报到缺席之议员奚炯文入席,遂足法定人数,重行投票。正在检票间,张立、余寿堃同时动议,今天为时已迟,所有未选各股审查员,请议长改定明日(九号)上午九时开第五次常会,继续选举。众赞成。

兹并将法律股审查员被选姓名附录于下:陈树基、盛邦彦、秦枬、任凤冈、黄大樾、陈度、包芝洲、陈钟祺、张廷霖、唐兆庚、胡禧昌、谢钟灵、陈振椒、张锡康、余寿堃、叶景禧、徐仲伟、潘渭璜、周锡经、戴乾、倪汉波、韩泽、杨昰、李苣、吴云、张宗铎、郑凝。

　　　　　　(原载《申报》一九一六年九月十日,七版,要闻二)

杭州快信(五则)

省议员胡禧昌[①],昨日具书向吕省长质问,谓临海前巡按使屈映光家驻有八九十名之兵,为之保护。其粮饷若出公家,则公家之兵不能保护一私人;若由屈映光自备粮饷,则一私人当然不能私招官兵护卫,云云。

省议员张立,以省公署设立政务参议会,所提议之议案,均属省议会职权,现已提出质问书,向省公署质问。

民政厅长王文庆,昨将自省议会停止后所颁各种单行章程汇呈吕省长,请转交省议会追认。

吕督军令饬各军警机关,自浙省独立时,所有各机关(自四月十二起,至七月终止)一切支出款项,应编造决算,呈署汇报。

吕督军昨日(九日)在西湖宝石山庄,宴请汤、徐两老,及参谋长

───────

①　胡禧昌,底本误作吴禧昌,径改。

周凤岐、军署秘书长①、民政厅长、警政厅长、省议会两议长。

（原载《申报》一九一六年九月十一日，三版，要闻一）

杭州通信（四则）

吕省长接财政部电，所有浙省截止七月，解款、专款欠解之数，免补解，作为中央补助浙省军事费用。自八月起，解款照四年核定月额二十五万五千元报解，专款月解十四万六千六百元，希即饬厅分别解济。

芜湖电致督军署，谓前购之军米五千石，现由无锡装运到沪，请派员迎提。

海军总长行咨吕督军，谓迩来沿海各省海盗披猖，商民被劫日有数十起，令饬各舰队司令轮流检巡，仰即转令沿海地方官知照。

吕省长严令高等检察厅，以近来各县看守所滥押之弊，仰即加意整顿，并严订规则，转饬遵照。

（原载《申报》一九一六年九月十二日，三版，要闻一）

预志阙麟书追悼会

民党要人阙麟书，于本月三日积劳身故，早志本报。兹悉其同志任援道、郑亚青、张拱辰、凌季三、黄士瀛、章少良、许伯奇、王理成、叶天籁、胡抱一等三十馀人，于日昨午后集议于跑马厅泥城桥葆元医院丧葬事务所内，决定先电请政府要求在西湖举行省葬，以酬勋劳而励后进。再邀旅沪同志开会追悼。随即推定叶天籁赴杭面谒吕督，商议一切，并择定月之某日，假张园安垲第为追悼会会场。当由张拱宸提议，唐烈士继星与阙公相从患难，共谋国是，今二公先后以身殉国，

---

① 军署，设参谋长，并无秘书长，军署，当系省公署之误。汤、徐两老，指汤寿潜、徐定超。

应并入此次追悼会中,一同办理。当经全体赞同云。

（原载《申报》一九一六年九月十二日,十一版,本埠新闻）

杭州通信（两则）

众议院浙籍议员俞炜、殷汝骊先后辞职,现由民政厅长查明,应以姚桐预、傅师说二员递补,现已造册,呈报省长转报。

吕督军以浙省自举义以来,在事员绅周凤岐、汤寿潜等二十三员卓著勋劳,汇列保案,呈请中央优予给奖。

（原载《申报》一九一六年九月十五日,七版,要闻二）

梁任公莅杭纪

梁任公于日昨（十三号）十二句钟,由沪乘早车莅杭,本城文武各员暨商学界领袖咸赴城站欢迎。鼓乐悠扬,车马喧阗,两旁人瞻望丰采者,密若堵墙。梁君随行诸员共有三十馀人,暂以西湖刘庄为行辕。晚间由吕省长盛设筵宴,为之接风云。

（原载《申报》一九一六年九月十五日,七版,地方通信·杭州）

浙督欢宴梁任公

昨日（十四日）午刻,吕督特设盛馔欢宴梁任公于督军本署,在座者有刘希陶（贵州刘督军显世之弟）、蒋叔南,以及军、政、学、商、报各界,觥筹交错,颇极一时之盛。

席间,督军起言,任公先生道德高尚,学问渊博,不特为全国所钦仰,即东西各国人士亦无不闻先生之名,而私心向往。吾人欲一瞻先生丰采,一聆先生言论者久矣。今者先生不我遐弃,惠然肯来,实为我浙无上之光荣,谅先生必有崇论宏议,以贶我浙人也。谨尽一觞,为先生寿。

任公旋起立演说,略谓:鄙人于去年五月间,曾来浙一游,备承各界人士优待。濒行时，本有秋季重来之约，不谓彼时帝制论起，风云日恶。鄙人以全国存亡关系，不能不著论反对，以促夫己氏之反省，奈彼昏不悟，执迷如故。洎乎滇黔首义，桂省继起，鄙人曾参与其列。此时吾人尚冀袁氏有悔祸之心，速自引退，即不欲为十分激烈主张。不意其顽固犹昔，吾人于此甚希望各省相继独立，就中希望最深者为广东、为浙江。盖广西僻处偏隅，就地势上论，粤东不宣布独立，粤西即不能全师北向，以竟义举，故吾人甚希望其加入民军方面。惟龙氏部下军队至为复杂，意见殊不能一致。海珠会议事件，演成流血惨剧，至可痛心。然鄙人以龙氏或非出自本心，终拟与彼有所接洽，以促成其独立。用是孤身入粤，晓以大义，动以利害，龙氏亦为首肯。不意次日宴会，其部下军官竟有于席间拍桌谩骂者，鄙人当时曾诘问龙氏，昨夕所谈曾否与部下接洽，龙无词以对。鄙人即谓，海珠之役，前车可鉴，余匪不知此次孑身而来，生命已置之度外。余若畏死，宁敢来此？愿诸君思之。是日席散，鄙人知粤事终不可为，遂决然去之。此吾人对于粤省之大概情形也。至于浙江方面，吾人固有莫大希望，而又不敢十分希望者，则以浙省在北军包围之中，四面楚歌，稍一不慎，糜烂立见，是以不能不有所顾虑。乃电信传来，则浙省一声独立，震动全国，吾人于欢忻鼓舞之余，以为邻近浙江者，若江苏诸省，必当相继独立。在浙省或早有接洽，而迟之又久，消息杳然。乃知浙人竟能于四面楚歌中宣布独立，其任事之勇，安得不令人惊服！至独立以后，对于邻省，应付得宜，尤为难得。回溯数年以来，海内多故，而浙省秩序井然，绝无内乱发生。此中必有一大原因。鄙人尝推究其故，以为自宋高南渡，建都于浙江，北方诸省遭辽金元之蹂躏，典章文物荡焉无存，一时负气节、邃学问之士相率南来，咸萃于浙江一隅，遗风余韵，流传至今，犹未泯灭。故浙省不特为全国学术之中心，且崇尚气节，亦为全国之冠。鄙人环顾国中，今日最有希望者，莫浙江若。以粤省论，比年以来，亦不谓于国家无丝毫影响，然较诸浙江，辄愧弗如。此实鄙人由衷之言,绝非阿谀。诸君子既处此优胜之地位,所负责任亦甚重大。前次独立期内,诸君能负此重大责任,固为鄙人所钦佩。然此责任为暂时的,若论永久的责任,较诸独立期内,尤为重要。此后诸君能本此责任心,关于全省诸事竭力进行,必能为全国之模范。诸君勿以此模范为难能事也。我国各项事业俱在幼稚时代,故为之模范者,不必求诸高远也。譬彼习字者,若系书学专家,非颜、柳诸子,不足以为彼楷式;若系中学生,则书法稍佳者,即能胜教授之任;更降而至于小学生,则虽一中学生,亦足以教授之也。诸君子各具自觉心,以振兴庶务,若军队,则以养成国家军为先务,若教育、若实业,俱能切实振兴,则模范全国,舍浙省,其谁与归?此则诸君子此后所负之责任,亦鄙人所希望于诸君者也,云云。

演说毕,闻者咸鼓掌如雷。散席时已逾三句钟矣。

（原载《申报》一九一六年九月十六日,六版,要闻二）

杭州通讯（四则）

民政厅长以省议会所议各案,虽有省长提出,而民政一方面均与本厅有关,特组织民政政务委员会,交其研究。

吕省长特委朱章宝为全省学务调查委员。

第一师童伯吹师长,因父病请假,一切职务由吕督军派参谋长刘体乾暂行代理。

吕省长令饬民政厅,谓因利局、贫儿院均为地方要政,万难缓办,仰即转令余姚、分水、武义各县迅予成立。

（原载《申报》一九一六年九月十八日,七版,地方通信·杭州）

梁任公离杭纪

梁任公此次到杭,军政各界均为之设筵款待,早志前报。刻已公毕,于昨日（十六号）午后二时四十分钟,乘特别快车,偕刘、蒋诸人旋沪。吕督军,顾镇守使,王、范各厅长,胡运使等,及日本领事官,均赴车(站)相送。沪杭铁路局特添挂头等车一辆,车沿金色字样,均易白色,专备梁氏乘坐云。

（原载《申报》一九一六年九月十八日,七版,地方通信·杭州）

杭州快信(三则)

教育部函致省长,令将公立法政专门学校校长、教员履历,所任科目钟点、所授讲义及现有各班学生入学试卷,汇齐送部。又,私立法校,经部备案者,亦同。

吕督军以东阳县籍逃兵共有百余名,昨特训令该县俞知事,从严饬属侦获解究。

近来各捐局收数异常短绌,昨吕省长训令财政厅,以后每三个月造送一次。

（原载《申报》一九一六年九月二十一日,三版,要闻一）

杭州快信(三则)

吕省长委任袁钟瑞为招劝华侨兴办实业事务处处长。

吕都督府民国二年间所没收张静江之财产①,现经吕督军一律发还。

吕督军令饬水警第二总署长俞肇桐到苏浙交界处,迎朱瑞灵柩,并派水警厅长徐允中代赴嘉兴祭奠。

（原载《申报》一九一六年九月二十六日,七版,要闻二）

自缢遇救

浙江衢县人陈渭文,年二十一岁,日前因赴杭垣招寻堂叔,在一百零三团当副官之陈忠邦。讵陈副官已奉吕督军差往衢县,以致抵

---

① 吕,疑为衍文。

杭后不能会晤,遂回至沪上英租界咸德里,招觅父友向业漆匠之钱潮荣索取欠款,不料钱亦他迁,未能如愿。所带川资早经告匮,因此流落沪上,无所栖止。前晚十二时,步至南市新码头外滩荒僻处,将裤带自缢于竹笆上,意图自尽。适被二十四岗守望警察查见,解救得生,带回第一区署问明前情,留候资遣回里。

（原载《申报》一九一六年九月二十六日,十一版,本埠新闻）

杭州快信（四则）

吕省长答复省议会议员顾宗况质问书,略谓附收征费案,查浙省三年分所加征收费,原未经法律手续,惟此时若回复原案,仍在正税内动支,必侵及国税预算。且款关通案,不仅浙江一省,须待国会解决,方能收整齐划一之效。是项征收费,是否提交国会,已电请财政部核复。

衢、严、温、处各旧府属,均无钱庄,于工商各界之发展,颇有影响。吕省长昨特饬财政厅转令各县知事,邀集绅商筹设汇兑所。

闻吕督军拟将独立后新增之第二师,移驻余姚,以防沿海要疆。

嘉兴县议会致省长、省议会、财政厅电云,浙西漕南经临时参议院议决公布,改征抵补金,每斗三角,乃不待划一税则之制定,遽以非法命令石征五元,人民焉能担负?请速主回复原案,以苏民困。

（原载《申报》一九一六年九月二十七日,三版,要闻一）

考察柞蚕之答复

日前财政厅曾派员赴奉考察柞蚕,省议员闻之,当以柞蚕状况质问省长。兹闻吕省长昨日答复,略以柞蚕饲育,较家蚕尤易。历据考查浙东各旧府属,宜于种植柞育蚕处所计非少数,前清劝业道董元亮,虽□择地饲蚕,然中更变故,寻即中止,致未收效,非尽由土地不宜所致。民国以来,两级师范学校庶务员蔡德文、乐清大荆镇自治议事会议长陈永清及黄岩正南镇董事会董事章宪杰等,先后呈议提倡柞蚕,或请给蚕种,或询查饲蚕缫丝方法,足见人民于是项事业希望颇多,适民政厅长王文庆以派员赴奉考察柞蚕等情呈请到署,当即批准照行。此后应作何改进,须俟考察报告到后,再饬审慎拟办云云。

（原载《申报》一九一六年九月二十八日,七版,地方通信·杭州）

杭州快信

日前金燮等电京反对非浙人之运动浙省长者,系用公民名义发电,《浙江民报》登载时,有加入"省议会议员"五字,沪报据以转载。梁任公来电自辩,乃对省议会大事攻讦,有"无的注矢,有类中魔,逐影吠声,有丧价值"等语。《浙江民报》著评,谓此种不道德语,不类任公口吻。沈议长复梁电,金君燮等马电入告,纯系个人建白,未尝冠以省议会及议员名义,有电辱教,不敢拜嘉。又,闻金燮等亦电梁,中有"心苟无瑕,何必介意"之语。此间对于梁之悻悻,均以为异。

（原载《民国日报》一九一六年九月廿八日,三版）

杭州快信

吕省长通令各厅长,谓各属警佐、管狱员职任重要,未奉各该长官核准,不得擅自离任。

（原载《时报》一九一六年九月二十八日,二版）

杭州快信（三则）

省议员王廉质问吕省长,略谓本年抵补金征册编造在即,若不迅速饬令遵照法案编造,将来或有违法征收之举,人民据法案起而为正当之抗拒,万一发生有妨治安之事,贵省长能否负此责任,云云。

江南造币厂因赶造新币,机器不敷,昨特咨商吕省长,请将浙江铜元局存贮各项机器暂行借用。

吕督军委任混成旅参谋陈最为军学补习所队长。

（原载《申报》一九一六年九月三十日,三版,要闻一）

杭州快信(四则)

嘉善县议会因省议会承认县税维持联合师范,特电省反对,谓支配县税权属县会。

褚辅成昨乘特别快车抵杭,当晋谒吕督军,面谈要公,寓清泰二旅馆。

政务厅已实行改组,各科人员,概由吕省长重加委任,均不更调。

吕督军派陆军少将潘国纲赴京会议军事。

（原载《申报》一九一六年九月三十日,七版,要闻二）

杭州快信(三则)

浙省漕南法定折价,每斗仅银三角,其余二角系部令续加,未经法律手续。吕省长以此问题应否提交国会,未能擅决,昨特电请财政部核办,一面并以咨复省议会矣。

众议员褚辅成莅杭后,吕督军、沈议长等均设席公宴。现闻公务已毕,定今日乘特别快车回沪,取道北上。

辛丙俱乐部拟于双十节开庆祝会,业已商准吕督军派员莅会。

（原载《申报》一九一六年十月一日,三版,要闻一）

庆祝双十节之预备会

庆祝双十节,曾由辛丙俱乐部发起,联合各界筹备举行。昨日(三十日)午后,为预备会开会之期。五时开会,吕省长派薛君侠农代表莅会,各界代表到会者甚众。首由辛丙俱乐部干事长龚味生君宣言,谓自去秋筹安会发生,人民良好纪念之双十节几乎广陵绝响,今兹共和复活,同人等不得不发起斯会,以唤起一般人之观感。惟众擎易举,尚望各界通力合作,以襄盛举。旋由莅会诸君讨论筹备计画,决定暂借商会为临时事务所,当请商会代表转向顾、王两会长,先为道达,并请沈衡山、龚味生两君于午前亲诣商会面商,暂借筹备所地点。即于午后二时,借座商会,集议一切。闻所议决各事,大致以小校场为会场,会期为九号、十号、十一号三日,经费由官厅捐助及各界分别担负。其举行次序,计第一日为运动会、音乐会、余兴社,第二日为文明新剧、阅兵式、提灯会、烟火等,第三日为影戏社商学工各界之展览会、游艺社演说等。此其大要也。

(原载《申报》一九一六年十月二日,七版,地方通信·杭州)

杭州快信（五则）

省公署昨由军署迁至旧巡按署办公。

吕省长前请任命王文庆为政务厅长,昨已接元首电,允交院核办。

民政厅改组政务厅后,所被裁撤各秘书,均由吕省长以知事存记,尽先任用。

政务参议会议员周延初因病辞职,吕省长另委沈毓麟补任。

吕省长委任陈时夏为省公署总核秘书,阮性存、沈钧儒、程士毅为机要秘书,沈钧业为财政秘书,郑文易为司法秘书,陈簠为警政秘书。

(原载《申报》一九一六年十月三日,七版,要闻二)

杭州快信（四则）

段总理昨以私人名义电致吕省长,谓浙人屡荐省长,均置不答,善后事宜诸待整理,应仍由吾弟兼任,勿为浮言所惑。

浙江省长印信,尚未奉中央颁到,吕省长暂刊一印,于昨日启用。

辛丙俱乐部筹备双十节庆祝会,改钱唐门小校场为会场,公推吕督军为干事长。

吕督军昨将考取北京陆军大学学员钱谟、何葆森等二十人之履历，汇案送部审查，以便复试。

（原载《申报》一九一六年十月四日，七版，要闻二）

浙省民政厅实行归并

省长公署与民政厅业经实行归并。昨日上午九时，吕省长亲莅蒲场巷省长公署（即民政厅地址），由王厅长召集各职员在大礼堂与省长相见，彼此对立一鞠躬后，吕君当众演说，略谓：浙江自独立后，地方民政丝毫不紊，全赖厅长与诸君之力。各省来观者，多赞浙江政治之优美，异口一词。然就吾辈心理上观之，究竟民国五年以来浙江之政治，是否确较前有进步，实不敢信，不过从表面上论之，秩序幸而不乱耳。今日世界潮流及全国趋势，决非仅仅保守现状可以竞胜。鄙人所望于诸君者，惟在"积极进行"四字。向来中国旧说所谓良吏循吏者，不外"清、慎、勤"三字，今日之从政人员当更进一层，以"清、慎、勤"三字为立身之本，而以"积极进行"为办事之方针。省公署为政务总汇之区，凡所以提倡各县、督率各县者，胥于此是赖，愿诸君勉之云云。旋复相对一鞠躬而散。

（原载《申报》一九一六年十月五日，六版，要闻二）

杭州快信

前於潜县知事郭曾煜，因通同财政主任舞弊，被人控实。现吕省长令饬新任严加看管。

（原载《申报》一九一六年十月七日，六版，要闻二）

杭州快信（七则）

吕省长邀谓政、绅、商、学各界领袖，于国庆日在西湖迎宾馆开茶话会。

内务部致电吕省长,谓忠烈祠祭礼,岁以十月十日国庆日追祭先烈,本届应援案举行。

浙江第一苗圃,于七号正式成立,圃长楼鹤书呈请省长派员考察。

重阳日兵士在城隍山殴打宪兵一节,现悉宪兵营长傅其永昨为此事特谒督军,详禀情形,请澈查严办。

陆军军学补习所已于本月一日成立,各教官由吕督军委本署参谋张国威、陈谯及第二师参谋长汪镐基、王凯成等兼任。

财政厅接办清理官产之交代,业已清结,吕省长昨特派政务厅长前往监盘。

吕省长委任郭梓熙、张鹤、潘钜成、马式卿、何凤笙等五人为公署总务科科员。

（原载《申报》一九一六年十月八日,七版,要闻二）

台州第六中学散学风潮

台州第六中学近有散学风潮,其势甚剧。台属学界昨已有电到省,其文云:"省长、民政厅长、省议会均鉴:第六中学校学生全体散学,已成不可收拾之势。本学期光阴甚长,中途废学,殊属可惜。乞速派员主持善后方法。旧台属学界代表赵善等叩。"

又,该校校长同时亦有电,陈报一切,并自请处分。其文云:"省长、民政厅长钧鉴:敝校闹学风潮,昨陈梗概,计邀鉴察。此次事出意外,校长初意,总以劝诫兼施,冀能平复,以仰副钧长兴学育材之至意。不料愈闹愈烈,并敢哄击会计室,勒还学膳费。知事、警佐来校劝解,悉被杜门抗绝。除四年级甲、乙、丙三班照常在校,一、三年级尚有少数在校外,悉已哄闹四散。校长鲜德寡信,致生如此横暴风波。校章之效用已穷,措置之方法实绝。追溯往事,涕泪滂沱。然今日之事无论如何,责无旁贷,应请钧长严予处分,以谢台人。至校风如何维持,学生如何处置,望速电示,俾有遵循。临电不胜惶恐之至。

六中校长张炘叩。"

（原载《申报》一九一六年十月三日，七版，地方通信·杭州）

第六中学风潮尚未息

台州省立第六中校，因孔圣诞日大起风潮，曾略志前报。现悉该校风潮至今未息。在学生一方面，孔圣诞日连放两日（是日系星期），违反命令，并有校长与会计串通克扣饭食等情；在校长一方面，则谓学生要求放假两日不允之故。双方各执一词，甚至有哄闹会计室、辱骂教职员等情。现在学生除四年级及一、三两级尚有少数在堂外，其余均行出外，知事、警佐劝解无效。昨复由临海、黄岩、仙居、温岭、宁海五县教育会联名电请省署迅予维持。吕省长拟电饬临海知事查明复夺，未知究竟如何。

（原载《申报》一九一六年十月八日，七版，地方通信·杭州）

杭州快信（两则）

吕省长以王文庆、莫永贞、范贤方、徐则恂、王萼、俞肇桐、张嘉树、袁庆萱、姚应泰等，于独立时颇有劳绩，拟电保中央，优予给奖。

省公署机密电报处，业由吕省长委任黄继昌管理。

（原载《申报》一九一六年十月九日，七版，要闻二）

宁台镇守使之部署

顷闻吕督军以台州镇守使顾子才君，业奉明令改为宁台镇守使，所有台州防务已责成警备队黄统带管辖。至宁台镇守使署，拟以前清提台衙门（现驻第三旅第五团）及旧宁波府衙门（即前会稽道尹公署），择一驻扎，以便办公。并闻顾镇守使拟于今明等日，由杭起程，赴台部署一切，再行往宁。

（原载《申报》一九一六年十月九日，七版，地方通信·杭州）

杭州快信(三则)

省议员许祖谦,昨向吕省长提出质问书,略谓商人认捐,名为代表,实则包揽,设局征收,苛细更甚于官办,且所认数目不过十之一二,于财政前途,关系甚巨云云。

吕省长通令废止《浙省防务条例》。

吕督军令饬陆军第二团第三营开往湖州驻扎。

(原载《申报》一九一六年十月十日,七版,要闻二)

杭州快信(四则)

省议员林卓质问省长,谓现任吴兴知事吕俊恺、镇海知事吴万里,均系武备出身,历充营长等职,是否均系富有政治经验;永康知事张元成,曾在泰顺知事任内以贪渎不职,经法庭判处徒刑;新昌知事金城,曾在天台知事任内经高检厅呈准前巡按使停职讯办各在案;是否均系操守可信之员云云。

陆树声等反对省长民选,昨递意见书于省议会。

吕省长以省议员吴品珩等辞职,应以陶寿鸿、黄志远、姜蒋侎三人递补,已电饬各知事传知矣。

青田县张知事,闻侵吞地方公款有一万三千余元,旅杭同乡拟呈请省长查办。

(原载《申报》一九一六年十月十一日,七版,要闻二)

第一湖山双十会

▲吕督军开茶话　　▲白浪滔天演说

浙函　国庆纪念日,吕督军兼省长率同各师长、各旅长、各厅长、各会长,暨副官、参谋、秘书、科长,各银行长暨关监督,杭县知事等,于上午九钟,各着礼服至庆祝会,行二鞠躬礼,并三呼万岁。既毕,由干事员引导至二我轩照相馆休憩。又，省议会沈议长，秦、朱两副议长，偕同教育会长、商会总协理、农会会长、律师公会会长，暨各校校长、各报馆经理，于上午九时半，亦至庆祝会行礼。其时各校学生不下万余人，向会场排班行礼。宪兵警察，分站两旁，以维秩序。一时军乐悠扬，国旗飘荡，观者如山如海，诚千载一时之盛会也。

午后吕督军特招中外人士，于西湖图书馆开一茶话会，军、政、学、报、商界均列席。外宾来会者，有各国领事暨领事夫人，并教会青年会医院医士、税务司等，联袂偕来。会次惟女宾设座，男宾均立谈。吕督周旋于众宾间，谈笑融洽，满室生春。招待女宾者，一为吕督军夫人，一为林交涉员夫人。其外省来宾，有前南京二次独立时之省长蔡寅氏（号冶民），并有幻术大家李松泉氏偕其夫人来会。李氏以纸牌一副，施演种种幻术，能变更纸牌颜色，并变更纸牌点数，并能将纸牌黑点移于白巾，又任人指定纸牌三枚，置诸全副纸牌内，望空抛掷，以剑承之，着于剑尖者，适为所指定之三枚，不差累黍。又任人于全副纸牌内，拣取一页，能预言其所取者为何页，屡试不爽。中外人士，咸拍手称奇，以为得未曾有，而李君之技，亦真神妙莫测矣。是日会场设有茶菜酒肴，任人自由取食，绝无拘束。与会者皆大欢喜，以为自有开会以来，未有如今日之能尽兴者也。散会时已钟鸣五下矣。

▲又是日，督军服大礼服，偕夫人乘瓜皮小艇至图书馆登岸，脱尽官场习气，真不愧为共和国之军人也。回忆前孙中山君来杭，寓清泰旅馆，吕督仅随护兵数人，乘马往访。中山先生见之，叹服不置，至今尚向人称道云。

▲庆祝事务所副干事长龚未生，昨与全体干事员，欢迎日本民党伟人宫崎虎藏（别号白浪滔天）先生在庆祝台演说，由政务厅内务科长王真民均翻译。先生云，鄙人此次来浙游历，适逢双十节盛会，并承诸公宠招讲演，无任欣感之至。纵观浙江地势暨湖山风景，天然名胜，为东南第一。鄙人素抱平民主义，与贵省革命巨子徐锡麟先生、

秋瑾女士,交谊颇久。故中国革命历史,亦极熟悉。至前清之□不亡于亡之日,实由种种秕政所积成的。吾人要革除秕政,故利用中国留日学生一万余人,提倡革命主义,并联合孙中山、黄克强诸先生,发起一同盟会,并由同盟会同人创办一种《民报》,公推章太炎先生为主笔,鼓吹革命事业。讵为迨辛亥之秋,今大总统黎公决然起义,始告成功。今后共和政治宜如何改革进行,及帝制一切永远不发生,全在乎国民有责任心。所谓有责任心,即临难不惧,至死不变。以国家为国民共有之国家,不以国家为总统个人之国家。今见西湖之水,激俗扬清,甚为可爱。中国共和既成,苟能仿欧美、日本,改良政治,何患其不富强。如西湖之水,水远清浅。又谓,民国成立五年,如一五岁小儿,当两岁时,忽婴疾病,厥后日益加剧。及今岁始稍告痊,此后应加意调养扶持,则年年今日之庆祝会,方能较盛于今年今日,而永远弗替也。至鄙人扶辅中国革命,所以如此之切者,盖因幼时见西报载欧洲乱事,亟欲思铲除方法,徒以敝国(指日本而言)地瘠人稀,不能达我目的,故扶辅中国革命成功,欲与泰西一决胜负。鄙人希望中国之富强,比希望敝国为尤切。今将贵国革命历史演说终了,他日重来杭州,再与握手谈话。先生演说毕,听者掌声雷动,并三呼宫崎先生万岁,以表示诚敬之意云。

(原载《民国日报》一九一六年十月十二日,七版)

十月十日大总统令

又令　特授荫昌、曹锟、刘显世、王占元、吕公望、柏文蔚、吴俊陞、张敬尧、胡汉民以勋二位。此令。

(原载《申报》一九一六年十月十二日,二版,命令)

国庆节之杭垣盛况

昨日为国庆纪念日,上午九时,杭垣文武各长官暨各团体在庆祝会场举行庆祝典礼。军官,则有吕督军、周参谋长、张师长、童师长、潘旅长、李旅长,以及各团营长;文官,则有王政务厅长、代理财政厅长、夏警政厅长;团体,则有医药、法政、第一中校、第一师范,工业、农业、商业、蚕桑、体育、宗文、安定、女师、职业等各学校,以及商会总理顾竹溪君及各报经理等,不下数十人,均恭莅庆祝会场。行三鞠躬礼,三呼万岁而散。各文武长官复又至西湖将士祠,追祭先烈,而各学校则均整队返校。

午后三时,吕督军假西湖图书馆楼上开茶话会,军、政、商、学、报各界先后齐集,英、美、法、日各国领事及侨商亦相继莅止。外国女宾亦有到者,女宾由吕省长之夫人与林交涉使之夫人相与招待。女宾设有席次,男宾人数甚多。在会诸君,皆取觯立饮,熙熙怡怡,含有一种欣悦之色。

移时,有某君起,谓李君松泉新自美国归,艺术超绝,今特邀其一演,以助诸君清兴云云。李君登场,行一相见礼,操英语,颇纯熟,演牌技数种,奇巧莫名,观者无不啧啧称叹。李君演毕,已将日暮崦嵫,遂各散会归。

晚来秋高气爽,灯月交辉。各界之举行提灯会,较诸前晚更加热闹。杭县各国民学校小学生最先提灯到场,高唱校歌,绕场三周。次则第一中校、师范学校、蚕桑学校、杭县贫儿院及各中学校、体育会、甲种商校,烟业、书业等。又其次则湖墅商团、保卫团、救火会等,肩荷枪支,上缀小国旗一面,并救火洋龙等类,不一而足。又其次则杭县各义集,古白泽庙武林天福集,古菜市桥庆春集,仁和仓桥义集,绸业观成堂义集,宝善桥永济集,东街太平桥(古□功祠)广安永太义集,三元多福集,古二圣庙集,古新宫崇宁水师前咸安集等,不胜枚举。计提灯到场者不下二万余人,而游观之众,几于衢无隙地,只见万头攒动,忽东忽西,不下二三十万人,诚极一时之盛也。

(原载《申报》一九一六年十月十二日,七版,要闻二)

杭州快信(两则)

吕省长昨日上午九时,率同文武官员及省议会正副议长、教育会长暨各学校校长,在庆祝场行礼。

吕省长昨接中央来电,谓高等审判厅长范贤方业已调署广东,继任者可保何人。吕省长复电,谓应候中央任命。

(原载《申报》一九一六年十月十二日,七版,要闻二)

杭州快信(两则)

省议会议长沈定一,昨邀吕省长,顾镇守使,第一、第二两师长,政务厅长,警政厅长,审、检两厅长及辛丙俱乐部主任,省教育会长等,在该会开茶话会。

吕省长电复农商部,谓林务专员附设于公署内,不另设机关。

(原载《申报》一九一六年十月十三日,七版,要闻二)

浙省光复纪念

浙江省议会议长沈定一,副议长秦炳汉、朱益敷,于昨日(十一)上午九时至十一时,召集省会军、政、商、学各界开谈话会,并以是日为浙江光复纪念日(阴历九月十五),特备筵席公宴,以伸庆祝。惟又闻吕省长与辛丙俱乐部商议,本省光复纪念日,以阴历推算,在双十节后一日(十一号),然以阳历推算,须在十一月八号,特于昨日在省议会开会协商,闻拟届时再行庆祝。

(原载《申报》一九一六年十月十三日,七版,地方通信·杭州)

杭州快信(三则)

前鄞县知事沈祖緜[1],于癸丑之役犯有嫌疑,由朱前将军惩办有

---

[1] 沈祖緜,一作沈祖绵,见《申报》同年十月十八日第二版报道。

案。吕省长以国事犯皆应昭雪,沈既事同一律,拟为呈部核办。

督军署谘议官斯明辞职,请保送北京陆军大学肄业。闻已蒙吕督军照准。

吕省长昨令财政厅,速将浙省保送留京学习警察人员之川资半薪解部给发。

（原载《申报》一九一六年十月十四日,三版,要闻一）

查办石浦滋事渔民之省批

象山县石浦渔民前在华新茶馆滋扰情形,曾志报端。后由该处士绅电省请办,经该县知事将亲往石浦办理情形呈复省署。昨得吕省长批云:"据呈,查办石浦渔民滋扰一案情形已悉。渔民寻衅报复,激成罢市风潮,此风断不容长。仰将真正滋事要犯查拘惩办,以示儆戒,一面督饬该董事等妥为约束,不得再滋事端,是为至要。此令。"

（原载《申报》一九一六年十月十四日,七版,地方通信·宁波）

杭州快信

吕省长接南田县议会来电,谓该县吕耀钤知事溺职殃民,请即撤办。

（原载《申报》一九一六年十月十五日,七版,要闻二）

运木商船在洋遇盗

本埠各木行每届秋令,均派商船驶赴福州,装运木植来沪销售。兹有仁利、仁俊、森昌、瑞祥、瑞茂、馀盛、济安、裕新、泰隆等九船,于本月七日满载木植,从闽起程,驶至浙境温州大渔关洋面,适值风静,行驶稍迟,陡被盗匪结党驾船数十号,四面围困,劫去行李、衣服、银洋、食米等物。犹不满意,又每船掳去一人,勒令取赎。当经各木船恳由温境同乡会发电,报告沪南木商公所,即由董事会同南商会电致浙江吕督军及省长、镇守使等,请为追缉盗匪,勒交掳去之人,并乞添派水警,尽力保护。昨日,旅沪同乡会又接温州同乡会复电,照录如下:"虞洽卿、张让三、李徵五诸先生鉴:电悉。大渔关系温属平阳洋面,驻台水警章区长闻警后,已派巡舰永安号出发协缉矣,并乞转致南商会为荷。特复。"

(原载《申报》一九一六年十月十五日,十版,本埠新闻)

杭州快信(三则)

吕省长接开化全县代表电,谓专审员杨廷荣渎职殃民、逼卖妇女、引用私人、滥押殃民,乞速撤惩。

吕省长委任钮翔青为矿务技术员,陈廷维为矿务调查员。

景宁县知事秦琪,现患咯疾,呈请省长给假。

(原载《申报》一九一六年十月十六日,六版转七版、七版,要闻二)

杭州快信(两则)

前会稽道署地址将改为宁台镇守使署,吕督军已电令鄞县知事、宁波警察厅长迅行筹划。

督军署副官长斯骙卿,拟出洋游学,已呈请辞职。

(原载《申报》一九一六年十月十七日,七版,要闻二)

北京电

吕公望电请昭雪沈祖绵,并力保才堪擢用。

(原载《申报》一九一六年十月十八日,二版,专电)

杭州快信(两则)

前会稽道房屋,已由警厅借用,事实上碍难改为镇守使署,故宁波警厅长周琮拟晋省面陈。

昨日吕省长接黎总统复电,谓电请昭雪沈祖緜各节,已交院核办。

(原载《申报》一九一六年十月十八日,七版,要闻二)

运木商船在洋遇盗续志

本埠各木行船户,因在闽省装货,须过海面,故必联络多船同时行驶,彼此呼应,无如海盗恣横,时肆劫掠,且有掳人勒赎、强夺防御军火情事,其沿途保护之水警巡船不敢与敌,往往乘隙畏避,行旅受害,殊非浅鲜。本月七日又有仁利、仁骏等木船九艘,驶经浙江温州洋面大渔关地方,陡遭群盗驾船而来,阻截去路,相继上船,始则要索军火,继即搜括银钱、衣服,并将船上出海等要人掳去,迫令每名出洋一千元或千四百元取赎。又夺去护行之水警座船一艘,所备军火尽被取去。当经船户等报告温州同乡会,转电上海木业公所董事,电禀浙省吕督军及宁台镇守使、水警厅章区长等拨派永安巡舰,会同驻防宁波之超武兵轮,前往剿捕,未获一盗,仅夺回被掳之船夥两名,带回宁波。旋即来沪,向各木商报告。据云:"此事由盗魁项某等,连日与被掳各夥磋议,每船给洋四百元,约期在石浦地方过付后,准将各夥放回,双方已订有合同,签字允洽。现须预备现款如期送去即可解决,并述及当仁丰行之仁骏、济安两木船,因抵御盗匪,船上各人大半受伤,损失亦较他船为尤巨。尚有宁波各木商之木船,同时波及者约有四五艘,惟台州商行之王万兴船,各盗尚能念及同乡,得以放归,未遭蹂躏"等语。沪上各木商闻之,亦无可如何。闻已备款遣人至石浦接洽,赎回船只、各夥,以免将来再有后患云。

(原载《申报》一九一六年十月十八日,十版,本埠新闻)

杭州快信(两则)

众议员褚辅成等致电吕省长,谓浙高审判厅长,闻已由张总长电请择保,拟请仍荐王天木,以资熟手。

各县警队,吕省长通令,限本月末日一律裁撤。

(原载《申报》一九一六年十月十九日,六版转七版,要闻二)

省公署之谈话会

吕省长因署中政务殷繁,各处科或有未能接洽之件,特于本署设一茶话会,决定每星期二、四、六三日,自下午一时至四时,召集各处秘书、各科科长列席谈话,由省长躬行主席,已于昨日实行。

(原载《申报》一九一六年十月十九日,七版,地方通信·杭州)

杭州快信(三则)

昨日为黎大总统寿辰,吕督军谕令文武各职员,于上午十时在礼堂行礼遥祝。

龚宝铨等以阙麟书奔走国事,积劳病故,代请拨款营葬。吕省长以各省志士为国尽瘁者,所在皆有,应否议恤,政府必有明令,所请未能照准。

烟酒公卖局,现已另设机关办理,由吕省长电荐萧鉴为局长,业由总公卖局长电复照准。

(原载《申报》一九一六年十月二十日,三版,要闻一)

庆祝总统寿辰

昨日(十九)为黎大总统诞辰,已刻省公署接到国务院来电,是日各机关各学校□放假一天,当经吕省长遵电通告各职员放假一日,并以电话知照本城各学校及杭县知事,因电到已迟,不及行文。是日大街上各商家,亦均悬旗志庆。

(原载《申报》一九一六年十月二十一日,七版,地方通信·杭州)

杭州快信(五则)

省议员胡禧昌,以屈映光业经退职,乃于居住乡村中设置电报,若不过问,于电政前途不堪设想,特提出第二次质问书,请省长即日答复。

省议会议会长沈定一,昨向吕省长协商恢复各级自治办法。吕省长允今日由省长通电各县知事,先行预备召集,将原状恢复。正式开议日,定于星期一(二十四)再与沈议长商定日期通电。

省议员胡炳旐提出质问书,谓浙省单行条例以属于财政厅主管者为最多,现本会开会已久,因何迄未提交,请吕省长三日内答复。

吕省长因杭县统捐局九月分收数短少,恐有情弊,令饬财政厅严查。

吕省长接义乌县知事来电,谓有要公晋省面陈,所有职务委第一科长暂代。

(原载《申报》一九一六年十月二十二日,七版,要闻二)

杭州快信(五则)

内务部以浙省添设茧行有碍绸机各业,前曾咨请照章限制,省公署因检出茧行、丝厂各《条例》,咨省议会讨论,昨已咨部查照。

顷闻吕省长以两浙东西山林富饶,拟俟省议会将《森林法施行细则》议决后,即委专员组织林务处。

昨日省长咨复省议会为自治质问书云,六月二十九日大总统申令,民国三年五月一日以后各项条约继续有效,除明令废止外,一切仍旧,故自治会须明令回复,再行召集。

财政厅拟订清查绝产办法,已拟就表式,呈文省长。兹奉省长指令,所拟办法周妥,仰即通行各属遵办。

杭县城镇乡各级自治议会,经省议会咨准省长提前召集。昨省长行咨省议会,准十月二十八号召集。

(原载《申报》一九一六年十月二十四日,七版,要闻二)

杭州快信(两则)

省议员任凤岗以塘工局长舞弊,省长派委王济祖调查,而王弟光祖现在该局办事,不免有袒护情事,复提出质问书,请省长另委查办。

吕省长近聘请徐定超、张翅、龚宝铨等二十人为省公署名誉顾问员。

（原载《申报》一九一六年十月二十五日,七版,要闻二）

杭州快信（四则）

省议长沈定一昨谒吕省长,据省长云,恢复地方自治,已得北京消息,国会对于恢复自治,业已议决,咨交国务院定期召集云云。

永康县前知事吕策,贿纵重犯应春林,现已由该邑人民公呈省长及高检厅,请求严办。

宁波警察厅长周琼,因宁台镇守署址事来省面陈,现已公毕,于昨日回甬。

蚕种制造场场长姚伯和,前奉省长令,派赴奉天调查柞蚕饲养方法,业已考察完竣,闻于昨日回杭呈复。

（原载《申报》一九一六年十月二十七日,三版,要闻一）

杭州快信（三则）

省长昨咨省议会,谓抵补金照原案征收三角外,每斗带征地方税一角。

吕省长拟亲赴省城各学校视察。

政务参议会长王廷扬,现奉吕省长派往南洋各岛调查实业状况,遗缺由副会长暂代。

（原载《申报》一九一六年十月二十八日,三版,要闻一）

杭州快信（六则）

吕省长拟欲修筑全省道路,特设省道筹备处,委吴秉元参谋为处长。

塘工局长陈廷绪,因选被省议会质问,自知难安于位,昨向省长辞职。

浙省第三、第四两届免试知事,吕省长限十一月二十日以前一律赴部报到,听候考询。

嘉兴县议会致电省长及省议会,谓水警船捐既非议会议决,更且任意苛扰,乞赐取消,以除虐政。

商品陈列馆附设劝工场议案,业由议会通过。现吕省长指定新市场为馆址,定于明年七月一日正式开幕。

吕省长昨答复任凤岗议员质问书,云塘工人造石究竟有无私卖与人,现已饬海宁县知事澈底调查。

（原载《申报》一九一六年十月二十九日,七版,要闻二）

杭州快信（两则）

外交部电饬,浙交涉署长仍改为特派交涉员,所有部颁旧印,昨吕省长令饬启用。

吕督军委任吴钟镕参谋为陆军规程暂行编制处处长。

（原载《申报》一九一六年十月三十日,七版,要闻二）

杭州快信（两则）

吕省长昨将浙江地方实业银行各职员姓名,咨请农、财两部备案。

余姚县知事邢炳旦电请省长给假。

（原载《申报》一九一六年十月三十一日,七版）

浙省议会闭会纪

浙江省议会第二届常年会已满法定期间,特于昨日三号举行闭会式,敦请官长莅会。是日吕省长亲自出席,行政官长席中有财政厅长代表萧鉴及盐运使胡思义二君。上午九时,振铃开会。沈议长请假,由秦副议长代。议员就席后,由孙秘书长引省长,萧、胡二长官依次就席。先是官长与各议员,向国旗行三鞠躬礼,次为相对行一鞠躬礼。由秘书长述闭会词。

述毕,省长登台致词,略云:贵会议决各案,除复议外,均已次第公布。惟本届预算,未能提出,实深抱歉云云。次为萧代表致词。毕,秦议长登台致答词,谓:本会开会六十天,虽无如何之成绩,但对于提倡实业,如种蔗、种棉、制糖、造纸及保护森林之类;振兴教育,如考试留学生、任用校长、设立师范学校之类,莫不积极进行,悉心计画;其他关于民生者,非法增加之抵补金,已力争恢复原案,苛税亦酌量免除;关于国计者,因收支不敷,在抵补金项下暂加附税一元;即交通方面,如修浚水利案、修筑省道案,均皆不遗余力,认真讨论,庶免陨越之羞云云。次由吕省长演说,略谓贵会今日已届闭会,诸君之责任已尽,公望之责任方来。公望向以尊崇立法,顺从民意为指归,对于议决案件,当一律执行,凭良心以作事,决不稍存推诿等语。其次演说者为胡炳旒、庄景仲、孙如怡、陈振椒、金燮、王廉、陈度诸议员,亦各有所陈述。而书记长孙勤才君因省长演说中有"良心"二字,亦略演说,谓无论官长、人民,凡事能以良心为本位,所作所为,自不超出法律之外,今日省长肯出此言,真是难得。然有良心,尤赖有骨节以保护之,俾能永久不变。演说毕,振铃散会。

（原载《申报》一九一六年十一月五日,七版,要闻二）

浙省中等学校第一次联合运动大会(节选)

浙江省教育会会长经亨颐等发起中等学校联合运动大会,本拟于春间举行,嗣因军事倥偬,省城方戒严,官厅乃有延期之批。此次复呈吕省长,于地方纪念日（浙省光复日）举行,当蒙省长批准。吕公并承认为会长,政务厅长王文庆为副会长,教育科长冯学壹为干事长,许汉章君为驻会办事员,徐一冰为司令兼详判主干,叶谦为运动主干,经亨颐为招待主干,许丙塑为庶务主干,何竞明为文牍主干,厉绥之为卫生主干。又,各部复推副主干二人及干事数十人,借梅东高桥工程营操场为会场,会期定五、六、七三日。惟日前大雨地湿,三日尚未晴,故决议延期一日,自六日开始运动。

除省城男女各中等学校生徒约二千数百名之外,其自各县来者,以宁波第四师范,绍兴第五中学、第五师范为最多,均为一百五十人左右。此外如明道师范二十余人,第四中学三十余人,余如第六、七、八、九、十中学,第七、十师范各自二三十人至十余人不等。省城各旅馆生涯大进,如华兴、清华、湖滨、华英、泰安、望江、大公各旅馆皆有团体居住,每人日出资二角,特别之廉价也。旅馆之外,他种饮食店及杂物商均非常发达,而西子湖头之小舟亦颇忙碌。盖空前之创举也。五日虽未开会,而天色甚佳,各校生徒乘机至各处参观,或至湖滨游览,兴味殊佳。

第一师范学校于预定开会之前一日(四日)开音乐大会。该校长经君颇注意于美育,而音乐教师李叔同君又热心教授。李君研究美术有素,于音乐又多心得。故生徒成绩斐然。是日开会分上、下午两次,各处来宾颇多。吕省长亦亲自莅会演说。其节目分为二十四,有独唱者、有合唱者、有独奏者、有合奏者、有用风琴者、有用洋琴者,即歌曲之中,有和缓者、有激壮者,来宾闻所未闻,拍掌如雷。省立各校中注意音乐、体育者,实推该校为首云。

苏省各校,如上海体育学校、南菁中学等亦团体来杭参观以助兴。会场陈列装置,亦颇华丽。(下略)(静眼)

（原载《申报》一九一六年十一月七日,六版,要闻二）

召集临时省议会

吕省长以《省议会暂行法》第二十二条规定,"有临时会因特别紧要事件,由省行政长官或议员半数以上之请求时,召集之"各等语。本届常年省议会业已闭会,所有五年度预算案尚待交议,事关紧要,亟应依法召集临时会,以资议决。兹已定于本年十二月一日为召集期,业经分别咨行省议会暨通令各县知事转知各议员知照。

（原载《申报》一九一六年十一月八日,七版,地方通信·杭州）

中学运动会给奖纪

中等学校联合运动会于昨日下午二时,在梅东高桥会场举行给奖式,与会各校职员学生均到。由吕会长分别给以奖品清单及褒状、奖章等件,各校职员及学生咸肃立受奖,绝无争论。所有远距离之第一、第二,亦仍照评判员原判。

其给奖仪式如下:一、奏乐;二、全体学生齐集礼场,向会长行二鞠躬礼;三、会长训词;四、给奖;五、奏乐;六、全体学生向会长行二鞠躬礼;七、礼毕,退。并闻吕省长,沈议长,政务、警政两厅长,均有奖品。省教育会,教育科科长、科员,以及农校、商校、蚕校、师范学校、法政学校等均有赠品云。

（原载《申报》一九一六年十一月十三日,七版,地方通信·杭州）

杭州快信（两则）

浙省缫丝厂经省会议决,招商承办,一切事宜概归实业科办理。吕省长为节省经费起见,特将监理处裁撤。

吕督军昨将参谋陆殿魁改委为军署谘议官。

（原载《申报》一九一六年十一月十三日,七版,要闻二）

余日章在杭讲演教育

昨日（十三）下午三时,吕省长邀请青年会余日章君,假座公立法政学校开教育讲演会。政、绅、商、学、报各界,到者八十余人。首由吕省长登台说明缘起,略谓余日章先生学问经验,夙著盛名,今天特请在杭演说,实于教育前途大有光彩,请诸君静听,以广珍闻云云。即由余君登台讲演,其要旨大致首言教育为实业、财政、武备之中心点;次言各省学校学生之比较,中国与日本、英、美、德、法教育程度之比较;再次言体育、德育、智育之实验;末言各省政治应以改良教育、振兴教育为前提。演说时,各佐以仪器,指点亲切,比喻详明。闻者大为感动。迨散会,已钟鸣五下矣。

(原载《申报》一九一六年十一月十五日,七版,地方通信·杭州)

杭州快信(六则)

暂行新官制草案内,所设各司均系独立机关,省长仅有监督虚名,吕省长以有流弊,昨电中央,请仿照民国二年度颁布之省官制编订。

莫财政厅长已与吕省长商妥,将浙省官产另设机关办理,闻定于十二月一日成立。

财政厅长莫伯衡,昨晚回杭,当即晋谒吕省长,面陈在京会议情形。

警务处改组,原定经费三万元,昨因不敷,用特呈请省长再加。

吕省长昨令浙西二十县知事,谓所有加收抵补金附税项下水利费即行停止征收。

蔡元培前日来杭,闻由吕督军派副官长迎迓,现寓杭垣皮市巷其弟元康家中。

(原载《申报》一九一六年十一月十六日,六版,要闻二)

吕督军受勋之典

中央政府特派授勋专员杜持(字志远,陆军中将,浙江青田人,现在陆军部供职)于昨日(十五)下午一时,由沪乘四号快车茬杭,吕都军特派本署张副官等率同第一师军乐队、督军署卫队并混成旅步兵二连,前往车站欢迎。杜君下车后,即向各军官行鞠躬礼,一时军乐大作,步兵一律举枪,以表示欢迎之意。旋由张副官请杜君乘坐马车,自荐桥街至新市场督军公署,沿途军警拥护,鼓号悠然,观者途为之塞,并闻吕督军特着礼服,在本署大礼堂谨受勋位。

▲勋位证书　盖闻节钺东南,虎幄著金墉之望;山河带砺,麟图崇铁券之功。陆军中将吕公望,阴符著绩,昂宿秉精。夸父回戈,再驻崦嵫之景;灵胥鼓浪,力回鼋赭之潮。眷念殊勋,宜膺懋赏。本大总统依照《勋位令》第一条,特授以勋二位,用嘉乃绩。膺坐镇于北门,功资锁钥;播英声于南服,瑞叶躬桓。此证。

▲授勋礼节　(一)授勋官就位;(二)督军就位;(三)奏乐;(四)督军向上行三鞠躬礼(乐止);(五)授勋官授勋(授勋官持勋位送交督军,捧受后交副官长供设案上);(六)奏乐;(七)督军复向上行三鞠躬礼;(八)礼毕;(九)授勋官偕督军同退。

▲礼毕　吕督军特设筵款待。散席后,复派副官恭送清泰第二旅馆暂住行旌,并闻杜中将车舟劳顿,昨日即下榻于该旅馆,并不他往云。

（原载《民国日报》一九一六年十一月十七日,七版,接要闻）

杭州快信（四则）

吕省长查核桐乡统捐局所收烟捐,原比较一万三千二百元,今绌收至九千九百元之巨,恐中有别情,已令财政厅据实查复。

吕督军接俞炜、潘国纲两旅长电,谓现已到京,寓西河沿中西旅馆。

吕省长昨电复临海戚知事,谓现值冬防,地方紧要,未可擅离,如有要公,尽可呈请示遵。

金华县知事钱人龙,因有要公晋省面陈,署务委政务主任姚宽暂代,昨电省长核示。

(原载《申报》一九一六年十一月二十日,七版,要闻二)

集权分权

集权分权为关系官制之要点,吕省长电争四司直隶于中央各部,即为此问题争议之兆端也。虽然,权之分集,岂仅在此制度上解决哉。中国之言中央集权者久矣。试问有一事收集权之效果否?盖欲收集权之效果,必先有强固之政府;欲有强固之政府,必先政府中人齐心一致,有协力建设之精神。今乃人各一心,各谋权利,建设且勿论,现状之维持已不易矣。以如是之政府,而欲望其强固,岂非南行而北辙耶?政府不强固,则威信不立;威信不立,则统一无望。数月来拥护中央之声,已一变而有抗命不行之象。吾人心目间常觉有分裂之可忧者,在政府中人之自扰,而所谓政制之良否,犹其后焉者也。政府中人,盖亦进而求其本矣。(一子)

(原载《申报》一九一六年十一月二十日,七版,杂评一)

杭州快信(五则)

浙省茧行条例,经省会议决,规定二十里之限制,业由吕省长咨请内务、农商两部备案。

陆军军学补习所监督林之夏赴闽,吕督军已委前军署参谋厉尔康接办。

吕省长接海军部来电,谓此次考选海军学生,十二月十日前集沪,逾限不选。

授勋专使杜持之子杜伟,昨在陆军同袍社行结婚礼,吕督军为证婚人,礼式颇为热闹。

省公署机要秘书沈钧儒,闻有辞职消息。

(原载《申报》一九一六年十一月二十一日,七版,要闻二)

老西开案与外交次长

政府昨接江西督军李纯、浙江督军吕公望、云南督军唐继尧、福建督军李厚基、四川督军罗佩金五氏来电，略谓：天津中法交涉案，务恳元首迅与法代使严重抗争，提前结束云云。大总统接电后，当即提出四要项，分电各省军民长官转告议会及公民团体，以免发生误会，惹出意外暴动。其一、中央坚持保守国土主义，决不使其损伤丝毫；其二、政府对于此项交涉，决定谢绝第三国之调停；其三、倘该项交涉将来至难决之时，政府仍征集民意，万无私自签字承认之谬举；其四、各省要求政府宣布交涉详况，惟外交秘密最忌宣扬，且法人时有诬我政府泄漏交涉密要之藉口，实难于未决期内发令布告，并望我国民切勿显露逾越范围之举动，俾使法人无隙可乘云云。

又闻外交次长夏诒霆，因办理老西开交涉案乏术应付，颇遭国人之攻击，不得已乃二次上书辞职。闻政府拟俟伍博士到部后，即令夏氏免职。刻闻伍博士已将由上海起程，不日即可抵津。一般希望继夏地位已分投运动，有准备赴天津迎迓伍博士直接运动者，有为运动某要人保荐其才堪大用者，然此皆不足为奇也。其中有某大老以徐氏有内阁之说，竟于日昨早十点钟走谒徐氏，再三情说，大有非以外交席许之不可之势，究竟鹿死谁手，一时尚难决定也。

（原载《申报》一九一六年十一月二十三日，三版，要闻一）

锡湖铁路禀请备案之批示

民业锡湖铁路筹备处，自禀请苏皖浙三省长备案后，苏省长批示，已纪前报。兹该处得安徽倪省长批示，云："呈及附件均悉。应予备案，并候据情转咨，希即知照。此复。附件存。"（安徽省长公署批第二三八号）又奉浙江吕省长批示，云："查阅来件，核与《民业铁路条例》第二、第四条两项所列各款，尚无缺略，应仍遵照规定手续办理，经部核准给照后,再行报由本署备查可也。此批。"

（原载《申报》一九一六年十一月二十四日,十一版,本埠新闻）

杭州快信（五则）

吕省长任命邹可权为警务处参议,吴敦义为秘书,杨桂钦为总务科长,陈世渠为编制科长,朱旭夫为考核科长,夏钟树为民治科长。

督军署副官长斯烈志切求学,一再恳请辞职,并请咨送陆军大学肄业。吕督军以该员办事勤能,深资臂助,已温语慰留。

省公署总核秘书陈时夏,日前请假回甬,现于二十三日来杭,到署办公。

陆军军学补习所于昨日(二十三日)开学,吕督军,童、张两师长,均莅所观礼,并致训词。

吕督军昨咨陆军部,谓本月十五日本督军就署内恭设礼堂,遵照应行礼节,敬领勋位云云。

（原载《申报》一九一六年十一月二十五日,七版,要闻二）

回复自治之部复

吕省长昨接内务部复电,云:"真电悉。查地方自治,自经国务会议决缓议以后,迭经各省电请恢复自治制度,亟应公布。现正由部派员起草,不日脱稿。俟国务会议议决后,提交国会议决,即行呈请公布,曾于九月沁日通电各省,转行所属遵照在案。仍请查照沁电办理。内务次长代理部务。印。"观此是实行恢复尚需时日也。

（原载《申报》一九一六年十一月二十五日,七版,地方通信·杭州）

杭州快信（两则）

吕省长以统捐一项为国家岁入,流弊亦以统捐为最大。近来各局每月所报征数,核与比额,每多短绌,特令财政厅迅速将本年七月至九月先行详列比较表,务于五日内呈送察核。

留德学生李砥,因经费已罄,请假来杭,具呈省长公署,请领冬季学费。昨奉吕省长批云,应准照给,赶紧到德继续肄业。

(原载《申报》一九一六年十一月二十六日,七版,要闻二)

回复地方自治之有待

省公署据余杭县前县议会正议长章紫绶、副议长张民俊呈称,"前准省议会阳电开,'本会前年议决县自治及城乡自治章程,未经废止手续,当然继续有效。各县议会及城镇乡自治会应即依法召集。除咨省长查照外,合行通电'等因。敝会已于十一月十日正式成立,恢复原状,理合呈请察核备案"等情。兹闻吕省长以从前地方自治制度未奉明令回复,将来仍否采用,或另行他种制度之处,既难悬揣,已于昨日令行该县知事仍查照省署真电转令确遵,毋稍徇违,并饬在地方自治未实行以前,不得藉辞筹备,呈请拨给款项,以重公帑。

(原载《申报》一九一六年十一月二十六日,七版,地方通信·杭州)

杭州快信(两则)

闻王文庆、沈钧儒、周凤岐、沈定一、褚辅成等十八人,定十二月一日借座西湖迎宾馆,筹议组织政治商榷会。

财政部分电吕省长、莫财政厅长,谓浙省协款及五项新税,年内究能解部若干,希即商定确数,克日电复。

(原载《申报》一九一六年十二月一日,七版,要闻二)

杭州快信(两则)

浙省清理官产处于今日(一日)正式成立。

吕省长委任葛焕猷升充警察队总队长。

(原载《申报》一九一六年十二月二日,七版,要闻二)

杭州快信（四则）

吕省长特派黄毓材等九人为省议员临时会出席委员。

修筑省道筹备处长，以本年十一月至明年六月止，应需调查等费洋一万四千四百三十元，呈请省长转饬财政厅给发。

吕省长委任徐忍如办理疏浚西湖工程事宜。

嘉湖镇守使王桂林前因公晋省，闻昨向督军辞行，当即乘轮回署。

（原载《申报》一九一六年十二月三日，七版，要闻二）

黄蔡追悼会开会纪

昨日（一日）浙江全省各界人士，于西湖忠烈祠开追悼大会，追悼黄、蔡二君，会场内外遍悬祭文、挽联。七时起至八时半，各界陆续到会。旋于九时开会。中间恭悬二君肖像。吕督军兼省长礼服佩刀，亲自主祭，各文武官长、议员、公民团体主任等各就席次，偕同致祭，种种仪式，无烦赘述。首先演说者为耿伯钊，耿系上海特派来杭与祭者，其同行有刘崑涛、陈闾良诸人。耿所演说，大致谓蔡为争人格而战，黄正注意建设，不幸为天所夺。吾辈当承两君之意，以尽责任。褚辅成演说，略以共和复活，为出于全国人之心理而成，黄、蔡不过因势善导而已。又次为秦炳汉等语，繁不备载。吕督军、莫财政厅长、省议会、辛丙俱乐部均有祭文。其他挽联、祭额，佳作如林，美不胜收。闻该会事务所以外县来者或迟，特将会场延至三日为止，再行收拾，以便瞻仰。

（原载《申报》一九一六年十二月三日，七版，地方通信·杭州）

政治商榷会成立纪

昨日（一日）午后一时，王文庆、沈钧业等在西湖图书馆中，旧时迎宾馆地方开谈话会，筹备组织政治商榷会，到者一百余人。吕督军、顾镇守使、王政务厅长、莫财政厅长、夏警务处长，均以个人资格到会。先由褚慧僧君报告宗旨,旋推举沈剑侯君为临时主席,即将简章草案宣读,由众议决,定名为浙江政治商榷会,并公决是日之会为发起会,到会之人皆为发起人即基本会员。又将简章大纲逐条讨论、修改,付起草员整理文字后,再交大会通过。讨论毕,接开假定成立会,当场推举临时正、副会长及临时干事,并决定暂以省议会为通信处。

（原载《申报》一九一六年十二月三日,七版,地方通信·杭州）

杭州快信（三则）

现闻省公署机要秘书沈衡山就司法部秘书之职。

省道筹备处现请省议员张廷霖、张立、王倬、周宝纶、钟瀚清、劳锦魁、郑永祚、徐中伟等为第一期省道评议员。

吕督军致电岑西林,请其来杭,并嘱先示行期。

（原载《申报》一九一六年十二月四日,三版,要闻一）

省议会临时会开幕

昨日（二号）为省议会第二届第一次临时会开会之期,议员到会者八十七人,吕省长、莫财政厅长均赴会。上午九时,沈议长振铃开会,各议员鱼贯而入议场,依次就席,秘书长孙智敏引省长、财政厅长入席。沈议长读临时会开会词。吕省长登台读颂词。于是官长、议员及在场各职员咸向国旗行三鞠躬礼。毕,吕省长、莫财政厅长均有演说。议员方面,则沈定一、郑凝、孙如怡、王兆基、孙棣三、张廷霖、胡炳旒、陈度诸人亦各抒意见。说毕即散会。

（原载《申报》一九一六年十二月四日,七版,地方通信·杭州）

递解郑汝成被刺案内之汽车夫

前上海镇守使郑汝成被刺后,当时驾驶汽车之殷阿金,曾经护军使署讯判,处以二等有罪徒刑,发交上海陆军监狱执行在案。

兹因该监狱舍不敷,查得该犯殷阿金,原籍浙江,自应递回原籍监狱监禁。故于昨日将该犯提出,另备咨文一封,调派士兵二名,将殷阿金一犯押乘火车,解送杭州吕督军,请为发监执行。

（原载《申报》一九一六年十二月五日,十版转十一版,本埠新闻）

杭州快信（两则）

衢属常山,突于前日有赣匪二千余人侵犯县境之草苹关,刘凤威统带即派第一、第四两营前往追击,已稍平靖。昨由统带电呈省长、警务处长。

总统府军事顾问刘少秋,因公来杭,昨与督军接洽。

（原载《申报》一九一六年十二月五日,六版,要闻二）

杭州快信（两则）

省议员张立,于昨日提出质问书质问省长,略云缉私分统赵廷玉纵兵扰民各节,实属违法溺职,干犯刑律,请于三日内答复。

省公署定于今日下午会议修筑省道劝募捐款事宜及筹办处简章,由吕省长咨省议会,于本届临时议决见复。

（原载《申报》一九一六年十二月六日,十版,要闻二）

杭州快信（三则）

授勋专员杜中将持昨向督军辞行,北上复命。吕督军特派混成旅陈营长代送。

吕省长委张荫荣护送考取海军学生田锡永等二十七人,于今日（六日）乘特别快车至沪复试。

省道筹办处处长吴秉元呈请省长,速召集第一期经过各县知事来省会议,现悉各知事均已来省。故定今日（六日）起开始会议。

（原载《申报》一九一六年十二月七日,六版,要闻二）

杭州快信

吕省长昨在省公署设席公宴省议长沈剑侯及秦、朱两副议长暨各议员。

（原载《申报》一九一六年十二月八日，六版，要闻二）

浙省改选参议员之签定

日昨内务部电致吕省长云：查参议院议员第一班改选日期，定于本月十八日举行，业经大总统教令公布在案。请即查照依法办理。又，查国务院咨送参议院签定各省第一班应行改选各名册，贵省王正廷、张烈、陈洪道三人应行改选，合并电达。内务部。印。

（原载《申报》一九一六年十二月八日，七版，地方通信·杭州）

杭州快信（三则）

吕省长前日召集杭县等八县知事，并请省议员许祖谦等二十余人，筹议修筑省道办法。

新任宁台镇守使顾乃斌，定于十五日赴宁波新公署办公。

吕省长昨委任郑文易调充机要秘书，陈簠调充司法秘书。

（原载《申报》一九一六年十二月九日，六版，要闻二）

十一月八日大总统令

又令　内务部呈准浙江省长吕公望咨，据浙江全省警务处处长刘焜因事呈请辞职，刘焜准免本职。此令。

（原载《申报》一九一六年十二月十日，二版，命令）

杭州快信（四则）

吕省长接元首复电，谓所陈浙省县自治亟待恢复，自系实在情形，已交院部从速核办。

省道筹办处,现已将第二期所经各县道路规定,计有萧山、诸暨、东阳、永嘉、缙云、丽水、云和、龙泉、庆元、兰溪、金华、武康、永康、仙居、临海等十五县。

吕省长自认一月薪水购买公债,并饬各科办事人,凡薪水在一百元以上认购半月薪水。

吕省长昨令海盐县朱知事速办清丈事宜。

（原载《申报》一九一六年十二月十日,七版,要闻二）

杭州快信

吕省长接浦江县知事张鼎治来电,谓知事近发外症,乞假十日,在署疗治。

（原载《申报》一九一六年十二月十三日,六版,要闻二）

杭州快信（四则）

吕省长委派政务参议会全体议员为选举参议员之管理监察员。

吕省长昨饬各县知事,将该管自治经费从速清理。

吕督军以现在财政支绌,特通令各旅长速购认五年度公债,每旅只少认购四千元。

省会警察厅长夏超,呈请省长将省城住户房捐删除。

（原载《申报》一九一六年十二月十四日,三版,要闻一）

催复自治之部复

回复地方自治机关一节,迭经省公署咨部办理,并由吕省长支日电请国务院先行召集县自治,业志本报。兹闻国务院文日来电云:"支电悉。县自治草案业经编订,俟提交国会议决后颁布"云云。吕省长准电后,已咨行省议会查照。

（原载《申报》一九一六年十二月十六日,七版,地方通信·杭州）

督军署会议清乡办法

李督军于十二号在署召集豫章道尹,政务厅长,财政厅长,警务处长,水巡厅长,南昌、新建两知事,开特别会议,讨论赣东匪徒滋扰事。李督军谓玉山、铅山、上饶等县土匪滋事,查该匪等实由浙江江山县窜入。故已商请浙江吕督军,决定两省合办清乡,不分畛域,遇有匪徒出现,彼此痛剿,并拟派豫章道尹为督办。又以南、新两县境内,每届冬季抢案迭出,该两县为省会之区,防范不可不严,议决饬警备队会同警务处各派兵警两排,轮流更换,随时赴乡巡缉,茶酒费由南、新两县酌给。

(原载《申报》一九一六年十二月十八日,七版,地方通信·南昌)

浙省选举参议员初纪

▲第一次投票

浙江省议会于今日(十八)上午九时起,改选第一班参议员。除由吕省长委派投票开票管理员、监察员外,并由沈议长饬总务科制备选举票五百张,又饬庶务科在选举会场门首搭造柏枝彩牌楼,悬以五色国旗,藉壮观瞻,并悬有横匾一方,颜曰"参议院议员选举会"。闻此次省议员对于选举参议员之事非常郑重,均须到所投票,故非有五十一票不能当选。省议员共一百五十二人,实到投票者一百四十六人,吕省长亲自莅会监督。十一点钟第一次开匦,王正廷得六十一票,盛邦彦得五十四票,蔡元培得三票,夏振武得一票,钱能训得一票,黄仲威得二十五票,屈映光得一票。吕省长当宣布以王正廷、盛邦彦二君当选,一时鼓掌如雷,一般路立参观人,均额手称庆。惟改选参议员依法须选出三人,今只二人当选,尚须有第二次之投票,方能蒇事。

又闻前平阳县知事项某,此次来杭运动参议员,高等检厅因其前在乐清任内违法枪毙人民,特出票拘提,项某闻信后,当即逃避。此亦运动选举中之一段趣闻也。

(原载《申报》一九一六年十二月十九日,六版,要闻二)

杭州快信(两则)

省道办事处长吴秉元,因浙省修筑省道事属创办,一切规划均应详加研究,俾工程利于实行,拟派员赴日本调查路政,特呈请省长转咨日本公使馆。

吕省长通令所属,十二月二十三日为云南起义纪念日,应一律悬旗庆祝。

(原载《申报》一九一六年十二月十九日,六版,要闻二)

杭州快信(两则)

修筑省道筹办处,奉省长令,改为省道办事处。

宁台镇守使顾乃斌电呈吕督军,谓准于今日移驻新署办公。

(原载《申报》一九一六年十二月二十日,六版,要闻二)

浙省续选候补参议员

浙省议会选举候补参议员,前日因不足法定人数宣告延会。昨日(二十日)上午九时继续举行选举,监督、杭地检察厅长均莅会。议员到会者一百四十人。吕监督因选举候补参议员名数问题尚未奉到电复,遂当场宣告,前奉内务部命令,候补参议员仅有三人,选举十人之说,虽有此言,究未正式宣布,现在只能选举三名,第四名作为无效,如果中央来电选举十人,将来再行补选七名云云。于是分票选举。各议员投票后,旋即开票,计黄崇威(临海人)八十二票,赵之任(鄞县人)五十四票,秦炳汉、范贤方、周季纶、徐蔚均一票,以黄崇威、赵之任得票均满三分之一以上当选。是时已正午,暂行休息,午膳。

午后到会议员一百十四人。各议员入场后，即由管理员分票，各席填就投匦。迨开票，以王兆基（永康人）得四十四票，满三分之一以上，遂当选。选举毕，依次散会，时仅一句余钟。

又，闻昨日内务部有电到浙，云："吕省长、省议会鉴：此次改选参议员，候补名额，请查照佳日部电办理可也。内务部。哿。印。"特未知国会一方面解释条文究竟如何也。

（原载《申报》一九一六年十二月二十二日，六版转七版，要闻二）

杭州快信（五则）

国务院昨电吕省长云，恢复各级自治，应俟新章交国会议决，不得先行回复，以碍统一。

财政部因年关在即，政费无着，急电来浙，催解款项。昨吕省长已传财政莫永贞厅长筹解。

吕省长因浙省行政经费不敷分配，决意将旧宁、温、台三属水产讲习所停办。

桐乡烟捐，上月份仍短收甚巨，吕省长特令财政厅严行查复。

吕省长昨据平阳县公民呈控该县知事张朝辅侵蚀公款、纵子敲诈。

（原载《申报》一九一六年十二月二十二日，七版，要闻二）

杭州快信

参议院议员选举监督吕公望通知各当选人，于二十日内答复，倘逾期不答，以不愿当选论。

（原载《申报》一九一六年十二月二十三日，七版，要闻二）

黄克强先生灵柩由沪回湘之盛况_{（节录）}

昨日为黄克强先生灵柩返湘之期，各处代表，本埠行政、司法、军警各机关及商学各团体之随枢执绋者异常拥挤。兹将种种情形录后。

送枢之人物　昨日送枢者,除孙文、唐绍仪、李烈钧、柏文蔚、蔡元培、谭人凤外,则有黎大总统代表耿觐文、李书城、何成濬,冯副总统兼苏督军代表师景云,陆军部代表曲同丰,参谋部代表袁华选,财政部代表姚家驹,交通部代表周宗泽,黔省刘督军代表王文华,湘省谭督军代表张孝准、刘建藩,川省罗督军代表杨友棠,浙省吕督军代表朱寿同,晋省阎督军兼孔镇守使代表张华辅,本埠杨护军使代表赵禅、副护军使代表李景泌等。

（原载《申报》一九一六年十二月二十四日,十版,本埠新闻）

杭州快信（三则）

省议会议员应补领公费银六万二千二百七十四元,现已由吕省长令财政厅长饬省金库照数核发。

吕省长拟将海宁县知事刘蔚仁调省,遗缺闻委前嘉兴县知事袁寅舫前往署理。省议员许祖谦函致省长反对。现闻已有暂不更动之说。

闻新任省（会）警厅长傅其永,定于来年一月一日接任。

（原载《申报》一九一六年十二月二十五日,六版,要闻二）

杭州快信（两则）

吕督军接院咨,象山添设快炮及过山炮五十尊,以资防范。

吕督军定十二月二十八日上午,考试投效军官。

（原载《申报》一九一六年十二月二十六日,三版,要闻一）

杭州电（三则）

浙江军警各界,以吕公望与曲同丰等密谋推翻各重要人物,全体愤怒。现张师长、参谋长及俞、来、李、韩四旅长,均电京辞职。

浙绅汤寿潜、徐定超等电陈吕公望罪状,请中央撤换。

本日(二十六)下午四时,警察全城罢岗,秩序仍如常。

(原载《申报》一九一六年十二月二十七日,二版,专电)

杭州快信(两则)

总统府机要秘书危和庭煦,奉委来浙,与吕督军商议要公,闻为常山匪警善后、两省联防办法、浙赣常玉铁路重建各问题。

新任省会警厅长傅其永,于今日(二十六)接任,警界暗潮甚烈。

(原载《申报》一九一六年十二月二十七日,三版,要闻一)

浙省军警界之暗潮

杭垣警界二十六日下午四时,忽全体罢岗,已见昨报专电。兹闻此种暗潮酝酿已久,缘军警两界有一部分人对于吕督军素不甚满意。盖浙省前此脱离袁政府宣告独立时,其主动力多在省垣之军警界重要人物,而事定之后,吕督军乃坐享其成,故不免有多少觖望之意。现警务处长夏超氏,本起义时之中心人物,警界对之感情甚好。省垣警察厅长,本夏氏所兼,自警厅一席传有更调消息,警界中多因之引起恐慌。故沪上浙人某机关,曾为之电请中央,准以夏氏明令兼任。乃未几中央命令发表,竟以傅其永氏接任厅长。傅为吕之心腹,乃愈疑吕督军于警界有拔赵立汉之意。盖论名义,警务处固为全省机关,而实际则警厅对于警界有直接指挥之权,固远胜于徒拥虚名之警务处。加以傅氏不善处置,下车之日即将属员任意撤换,益触动警界之恶感。而曲同丰来浙,更换军界重要人物之说,又同时发露。于是警界一方,则以全体罢岗对付傅氏(昨日罢岗后,所有各机关及银行等均有警察守卫,市上秩序亦未紊乱,惟行人于要路口出入颇感不便);军界一面,则周参谋长,张师长,来、李、韩三旅长,及混成俞旅长,均同日提出辞职,而宁波顾镇守使,亦由甬电请辞职,以对付吕氏,风潮骤形剧烈。闻吕督军已有自请退避以息争潮之说,未知果实现否。

又闻二十六日下午一时,傅其永在警厅会宴时,突来形似军人者数人,将傅扭住攒殴,经人救护,得免重伤,殴者从容逸去。昨日又传傅又被警察侦探队长林文忠狙击,枪中一子,现第六分署署员吴嘉宾已因嫌疑被拘,亦可见警界对于傅氏之感情矣。

又据《之江日报》云,日昨省会警察厅长傅其永氏,于午前十时接事,前夏警厅长当即交卸,警厅各科员届时均站队欢迎致敬尽礼。前厅长夏氏即将任内应行交卸各项,如法移交,旋即别去。正午后,由各科员设筵,恭宴新厅长于署内,杯酒言欢,颇极一时之盛。不意此轰轰烈烈大风潮即由此而起。当下午一时许,筵宴未终,傅氏不知如何,被类似军人者数人胁之以出,拳足交下,受伤甚重,不知生命如何(闻已毙命,不知确否)。当决裂时,各科员均在席陪宴。以来势兀突,且不知动手者为何如人。因傅接任时,随带卫兵甚多,此几个打手为傅某部属,抑非为傅某部属,正何从辨别也。此事起因,外间传说不一,但究其真因,确为政治作用,与寻常暴动不同。故问此风潮之何自来,当先问夏定侯氏之因何去职,夏氏在任时之成绩如何。吾人且置勿论,但问今度改革主动者,究为何许人(见前将军朱介人致西友梅藤更君书)。当独立说盛行时,夏氏冒艰险犯大难,竭尽心力,排斥朱氏以去,屈映光取而代之。屈于事前与吕公望订结密约,事成之后,戴屈都督,吕则主持军务,率师北伐。及屈即事,吕以嘉湖镇守使所辖各地宣告独立,与屈断绝关系,且声言率师进攻省垣。逐去屈氏手段之辣,用心之险,以四面玲珑之屈映光,亦不能不落其圈套。屈固贪婪,临去之际,尚余现洋六十余万,至此亦不能丝毫沾染,以畀吕。吕目的既达,肆所欲为,自独立至今,滥用公款至百余万,并将屈氏前日移交之六十余万一并挥霍尽净,并无报消。至屈氏亦无以自白,屈氏亦冤矣。吕既以隐忍残狠之手段夺取督军,并兼省长,大权在握,无所不为,日以纵酒狎娼为唯一任务,又恐同寅僚属均有独立之人,猜忌之深,即由此起。日与秘书陈时夏、张浩辈秘密计议,必要将重要人物一齐推翻,为一网打尽之计,而藉以巩固其地位。一面则请其老师曲同丰秘密来浙,匿居吕氏公馆,请命中央督理浙江军务,即以速成派军人积极输入,将浙江现有各师、旅、团、营上级军官一律更换,以巩固彼派之势力。群情愤激,酿成军警界反对之大风潮。此其由来也。夏氏升任处长,名为升职,其实为消灭其实力,夏固无成见,但其部下则愤不能平。傅其永本系吕之私人,出长警务,暗幕中别有举动,所谓密布爪牙,盘踞腹地者是也。傅视事后,各署长警即拟一律罢岗,夏氏为地方治安计,为中央威信计,再三慰喻,再三开导,始则照常服务,已无事矣。自曲同丰督浙之说传出后,军警两界愤慨之气趋于极端,致各师旅长相率辞职。傅到任后,不及两小时,又将各区署警官全行撤换,一触而发,不可收拾,不可谓非自作孽也。闻吕知己有不容于人,苦请辞职并有荐贤自代之说,为下台计,舍此已无他法。闻至迟明早即须成事实。吕之能否即去,与去时之有无周折,中间尚有许多变动。读者诸君,至此不能不告一段落矣。

附各高级军官辞职文电:

参谋长辞职电　北京大总统、段总理、参谋部王总长钧鉴:国家多故,浙事维难。凤岐每于纠纷扰攘之时,谬任军署参谋长之职,材轻责重,罣漏滋多。此次恢复共和,势尤危迫,竭蹶维持,心力交瘁。幸能撑拄,实托德威。惟是来日大难,微才已尽,不即引退,恐误乡邦,亟应辞职,以让贤能。除呈督军外,谨此电呈,伏乞俯准,祷企无任。浙江督军公署参谋长周凤岐叩。宥。印。

又呈吕督军文云:凤岐猥以轻材,谬当重任,徒负赞襄之责,绝无策画之能。且每膺艰巨,辄值纠纷,仁苦停辛,材穷力尽,得免陨越,端赖群谋,不敢贪天,曷容自诩。此次独立,事尤危迫,经营惨淡,思之怆然。当此来日大难,百端待理之时,军署参谋长一职,关系既极重要;军学补习所所长一差,责任亦甚重大。凤岐心神交瘁,实难胜任。设犹恋栈,直类滥竽,亟应避贤,藉资藏拙。除电呈大总统暨国务总理、参谋总长请予辞职外,所有请辞参谋长一职暨军学补习所所长兼差各缘由,理合沥诚陈请督军迅予核准施行。

第二师长辞职电　北京大总统、国务总理钧鉴:窃载阳从军十余载,朝夕兢兢,惟在职守。本年当干戈扰攘之秋,正摄镇嘉湖之际,怆怀风雨,勉竭驽骀。迨我大总统暨我总理,出而奠定邦家,杞忧得以稍释。方思息肩,复荷宠命,舍身许国,义不容辞。嗣因连月检阅各处分驻军队,值寒暑之不时感冒致疾,自恃年力尚强,初本不以为意,故亦未敢言病。讵意近来事多棘手,现虽竭力支持,无如力弱神疲,致患咯血之症。病不足惜,第恐与事,仍属无济,重增咎戾。惟有洁身引退,以让贤能。所有区区下情,伏乞准免载阳本职,俯赐另简贤员,以重军寄而免陨越。临电不胜冒昧悚惶之至。暂编浙江陆军第二师师长张载阳谨叩。宥。

又呈吕督军文云:师长猥以菲材,洊历军职,时虞陨越,幸荷裁成。得于交卸嘉湖兼篆之后,奉大总统特任本职之命。自愧庸愚,难胜重要,祗以舍身许国,义不容辞,抑亦奉令承教,方期有所自效。乃因连月分赴宁、绍、严属等处检阅军队,值寒暑之不时感冒致疾,初犹自问年力尚强,不以为意,故亦未敢言病。讵意近来力弱神疲,忽患咯血之症,药治未见奏功,医言急须静养,无如率师职重,欲养无从,抱病日深,误公是惧。再四思维,惟有乞退,庶免咎戾。除肃电陈明大总统暨国务总理外,理合备文沥情具呈,仰祈察鉴,俯赐转呈准免师长本职,另简贤员接替,以重职守,实为公便。

第一旅长辞职电　北京大总统、国务总理、陆军总长钧鉴:窃伟良厕身军籍,夙抱愚诚。前蒙任命斯职,仰赖德威,幸免陨越。近因大局已定,理当避贤。拟请辞职,简员接替,无任盼切。除另呈师长核转外,伏乞照准。暂编浙江第一旅旅长来伟良叩。宥。印。

第二旅长辞职电　北京大总统、段总理、陆军部钧鉴:炜章薄植轻材,谬任旅长。窃自奋勉,冀效驰驱,无如隐患潜滋,殷忧弥切,若昧滥竽之戒,必贻折鼎之愆。谨祈免去本职,以重军旅而免疏虞。除呈师长核转外,专此电呈,伏希俯准。浙江暂编第一师第二旅旅长李炜章叩。印。

混成旅长辞职电　北京大总统、段总理、陆军部钧鉴:炜以菲材,荷蒙重任。数月以来,虽兢业自矢,陨越时虞。当兹国事方艰,军旅重寄,与其贻误于将来,何如退让于今日。除呈请浙江督军转呈开缺外,谨电呈辞职,伏乞俯准。暂编浙江混成旅旅长俞炜叩。宥。印。

又呈吕督军文云:炜自本年六月四日奉命充任旅长,自问菲才,俄膺重任,方期勉效驽骀,以供驱策,毋负钧督之恩遇,聊答涓埃于万一。数月以来,兢业自矢,虽尚不致陨越,然时虑绠短汲深,或未能胜任愉快。与其贻误于将来,何如退让于今日。恳请另简贤员,接替混成旅旅长职务,俾卸仔肩而偿夙愿。不胜惶悚待命之至。为此谨将辞职缘由备文呈请,仰祈鉴核,迅赐照准,实为公便。

又警务处长辞职电　大总统、国务总理、内务部总长钧鉴:窃超为警政厅长,时方独立,不忍固辞。现又蒙任命为浙江全省警务处长,自顾庸材,悚惕不遑,且数月以来,维持治安,改编警队,心力交瘁,于国家、地方两无裨补。兹值国事多艰,时届冬防,更非驽骀所能胜任。业已呈请省长准予辞职,以重警务。谨电呈钧座,伏乞照准。浙江全省警务处处长夏超叩。宥。印。

（原载《申报》一九一六年十二月二十八日,六版,要闻二）

杭州快信（两则）

政界风潮仍极剧烈,省会警厅事务今日由督察长林映清主持。

夏警长去职,省会议员等曾多数挽留,吕兼省长皆置不理。此次风潮起后,省会议员密议调和方法,颇难着手。

（原载《民国日报》一九一六年十二月廿八日,三版,要闻二）

杭州来电一

各报馆均鉴：窃载扬、凤岐服务乡土,惟以保持乡土治安为应尽之职务,他非所知,此为邦人君子、父老昆弟所能共谅。且国政统一,地方官吏首应服从中央政府之任命。顷闻督军吕公因病辞职,乃原电有"所有督军事宜即日交载扬代理,所有省长事宜即日交凤岐代理"等情。载扬、凤岐万不敢承此重任。即使以利害相迫,亦绝对不敢担任。总之,载扬、凤岐对于浙事,惟有视力所及,以维持治安为惟一目的,其余不敢闻命。掬诚通告,诸希公察。张载扬、周凤岐同叩。俭。

（原载《申报》一九一六年十二月二十九日,二版,公电）

杭州来电二

各报馆鉴：张、周二公誓不受督军、省长代职,各界协劝无效。现省议会、总商会、教育会联电北京同乡京官汪伯唐诸公,力请蒋前都督出山,一面速向政府疏通,准予任命督军兼省长,以安浙局。

（原载《申报》一九一六年十二月二十九日,二版,公电）

南京快信

蒋尊簋昨日出京过宁转通车,赴杭调和吕督军与张师长意见。

（原载《申报》一九一六年十二月二十九日,三版）

浙省军警大风潮续纪

浙省军警两界因反对督军吕公望氏,演出绝大风潮,军界要人除第一师外,余均联翩辞职,警界则新任省会厅长傅其永接事未及半日,即饱受老拳,奄奄垂毙,而城内外警士复同时相约罢岗。昨报已将大略情形撮纪。兹又得驻杭通信员报告,特汇录如下。

静眼君通信云：《易》曰：履霜坚冰，非一朝一夕之故，其所由来者渐矣。杭城寒冬水涸，前日忽来阴雨，北风日劲，温度骤然下降，今晨（二十六日）寒感尤烈，点滴成冰，居民手足萎缩，方虑无以御寒。而午后情景变幻，倏忽间兵警戒严，大有对抗之势，天时、人事殆相逼而至矣。

省会警察厅长夏定侯，自升任警务处长后，昔日所管辖之警备队及省会警察两职，在势须另觅接管之人。督军吕戴之遂保荐副官傅其永为省会警察厅长，前数日中央已有任命，而道路传闻，兹事必将冲突。岁事方阑，居民方为卒岁之谋，市中有虑，则□讶为不祥。记者虽有所闻，亦惟愿其为谣言而已。

昨日记者晤商会中要人，谈及此事。因商会于前数日，曾有向中央留任之电。此电之发生，果由商会自动与否，抑商会不知其中之曲折而贸然出此。然商会发电后，夏厅长又忽向商会宣言，极愿交卸，故商界皆信夏为可恃，于交卸之时必不发生问题也。

今日为新旧厅长交卸之期，清晨即有洋箱自警察厅扛抬而出，络绎于途。至午未已，其数殆累万，均入中国银行之内。至午后四时，忽有一队警察负枪及弹，麇集于中国银行，将招牌卸去，且紧闭其门，市民相与骇怪，而银行似失其自由矣。

柴木巷一带，居民出入均不自由，交通阻隔，兵队持枪站立。盖吕督军居此巷也。督军向极脱略，今日之严防，必非无故而至。

电报局在金芝麻巷，离巷左近，均有军队守护，行人不能过，似临大敌然。

政务厅长王文庆，居银枪班巷，巷口左右亦禁行人，但所站立之人，则为警察。

此纷纷扰扰，果何为乎，为公乎，为私乎？又孰为主动乎？其结果将何人胜利乎？记者不敏，未敢预为揣测。谨述所见闻于此，以观其后。

续函云：杭垣自昨日午后，因新旧警察厅长冲突问题，牵及于吕公望，局外人纷纷揣测，兹复从各方面探得消息如下。

吕君虽由军事发迹，且尝握兵权，近乃倾心民事，对于省长之职务非常注意，雅欲以文治表见，盖渠系前清廪生也。而对于督军署，则常不过问，且与周参谋、张师长不合，故军务上之权力日消。根据地既不稳固，故此次事起，即以寡助蹉跌。

傅其永实为吕之腹心，吕愿为省长而辞督军，但省长必握警权，故以傅易夏，在吕实有不得不然之势。傅颇畏难，而吕则谓夏自催交卸，不至另生变故。外间议论纷纷，吕方处之泰然，不为设防。及傅在警厅被殴，而电报局即另有军队守护，督军不能发电。惟周参谋、张师长、俞旅长、来旅长、夏处长等辞职之电，则纷纷拍发。吕之疏于防御，亦取败之道也。

昨晚吕在政务厅长家商谈数小时，单骑往返，胆量尚豪。今日各公署照常办公，警察亦照常供职。闻各军官会议，推张师长为督军，周参谋为省长，然两人犹不欲。显然出斯举动，将觅一过渡之船，来了斯案，然后趁此渡船，以达彼岸，彼撑渡船之人，或不嫌此迎送之劳，而就斯范围也。

此渡船果何属乎？若以非本省人充之，则又非有力者之所愿，本省人中尤须资望相当，而为各派所不忌者。盖吾浙军界分为三派：陆师一派，自朱、叶走后，即失势；吕为北洋派，援手者寡；现武备派，方欲取而代之。然北洋派在中央及各省尚占优势，武备派不敢尽揽之，或拥一实力较少之日本派，以调和其间。合此资格者，惟蒋伯器乎？蒋在元年曾任都督，此次由京南下，在中央及浙省方面，或藉此可以通过。

自光复以来，各省政变纷纷，或罹战祸。惟吾浙从未被兵，军警长官颇能维持地方秩序，为他省人所称道。然政局之转移，亦可谓愈出愈奇。汤、蒋之嬗代，最合公理。厥后朱之代蒋，已含有许多作用。

至屈之代朱，则更变幻离奇，出于意想之外。然从未若今日之吕，事出仓卒，有如斯者。政海波澜，虽常有之，而风俗日漓，波谲云诡，瞬息变换，以一省最高之官吏，其更动如奕枰，然亦可慨矣。

省议会之临时会方兴高彩烈，冀以法律之力巩固一省之地位，而省长问题乃纷扰如斯。记者察吾国现象，去法治之程尚遥，固不独吾浙为然。然可以浙省概他省矣。

又一飞君通信云：前浙江省会警察厅长夏超，原为军界出身，以任警察厅长，本属用违其当。任事以来，仅仅三载，滥用职权之举，屈指难数。犹忆民国二年秋，羊市街之江旅馆之寓客某（夏氏之友）以失窃银洋，由警厅逮捕该馆账房何元亮，竟敢私行毒打，至体无完肤，始行送往杭县检厅起诉。当由检厅验明鳞伤甚重，不予受理，遂毙于检厅门外。此某滥用职权彰明较著者。惟对于此次独立，不得谓非有功，盖事前一切进行手续，均假夏氏公馆为集议场所，夏氏亦从中勷助一切。故独立之后，即由夏氏兼任警务处长，以酬其劳。近吕省长以其以一人而统握全浙警务大权，在夏氏未免过劳，而于行政上又诸多妨碍，乃有以傅其永任省会警察厅长，夏氏则升任警务处长之举。夏氏以警务处长名为升任，实不能直辖巡官、巡士，毫无实权可言，极不满意。而其属下亦多谓，省会警察厅长一席，非夏氏莫办，设若另易他人，断难威服，警界不免滋生事端。杭州人士得此风闻，一如惊弓之鸟，惊惶失措。故商会一面则电请政府准以夏氏兼任，旅沪浙人某团体亦同时有此请愿，事均无效。迨至昨日，果有极大之风潮发现于杭垣矣。傅其永于昨午至厅，接篆未毕，正与掾属作无谓之清谈，其时在座有科长熊某（即夏氏之妻舅）等十余人，岂知清谈未竟，忽来身穿军服、脚着巡士皮鞋者数人，蜂涌而入，将傅氏扭打甚力，在旁各科长、巡士均作壁上观。该形如军警者，遂将傅氏一拥而去，迄今生死未知。同时，全城及附郭湖墅一带，警察全行罢岗。傍晚始由省公署令保安警察分头守住街口，而中国、殖边、兴业各银行及军、民两署,第一、二师司令部,电报局,警察厅,并各要人住宅,均有军警保护。市上秩序虽未紊乱,而人心则惊惶恐惧,几若祸至。幸当夜即由军、政、绅、商各界领袖会议决定,仍请夏定侯出而维持。故今日(二十七)清晨,城厢内外警察已一律照常站岗。今日杭城各报,均以此事罪吕,谓夏氏于改革有功,不宜撤换。说者谓各报馆处警察范围之下,实有不得不然之势。至傅为吕之私人,确切无疑。吕畀以厅长,原不无植党营私之意,然在吕为营私,而在夏亦不免要挟其中,固有间也。详情容俟续报。

又据《全浙公报》云:吕公望平日办理军民事务,因种种关系不满人意,适值省会警察厅更换厅长之际,因而爆发风潮。前夜警务夏处长徇各界之请求,已莅厅维持一切,首令各区署长警照常服务。以故昨晨(二十七日)省城警察已照常站岗,人心大定。然因各军警长官纷纷辞职,政海潮流,正未有艾。杭总商会顾、王两会长,省教育会经会长,特电大总统、副总统、国务院谓,军警官长纷电辞职,商民惶恐,请速妥筹办法,以维地方,免致意外。闻此电已于午刻拍发。下午各会长均赴第二师陈商一切。闻吕公望已决计辞去督军兼省长之职,所有遗缺已由沈剑侯议长会同各界代表集议,公推某某两君分担军、民两长职务,一面电请中央任命。至昨日盛传蒋尊簋君有代吕君担任督军之说,惟尚有一部分人未甚允洽。故吕氏致中央电内,有以督军事务交与张载扬、省长事务交与周凤岐代理等语。惟二君尚未允就。至吕氏则定于今日离省云。

附吕公望辞职电　(参见卷八,此处从略)

又省议会沈议长等请留各要人电　北京大总统、国务院,南京副总统钧鉴:吕督军兼省长因病去职,荐贤自代。地方秩序,安宁如常。惟浙江累经政变,如张载扬、周凤岐、童保暄、夏超、顾乃斌、潘国纲、来伟良、李炜章、俞炜、韩绍基、董绍祺诸公,保全尤多,军民所戴。闻有引嫌辞职之举,群情惶恐。金以全省安危所系,谨电挽留,不胜迫切待命之至。浙江省议会议长沈定一,总商会会长顾松庆、王锡荣,省教育会会长经亨颐同叩。沁。印。

按,从各方面观察,浙省政潮自屈映光去后,即已日渐酝酿,积之愈深,则发之愈骤。此偌大风云,掀动者,固不只夏氏一人,亦不仅为更动警察厅长一事。平心论之,吕氏举动,诚不满人意,致有此寡助之失败。然浙省秩序大定已久,最高级长官之去留,自有轨道可寻,正不必谋之于示威运动及同盟罢工也。呜呼!数年维持之不足,一旦溃之而有余。我不能不为浙省之政轨惜矣。

（原载《申报》一九一六年十二月二十九日,六版,要闻二）

吕公望辞职

当吕公望之继屈为都督也,舆论一致推戴,非若屈受任时即有异议也。今何以忽又一致推翻,军警界对吕之愤懑不平,一若甚于当日之对屈。是诚吾人所不解者也!

吕自受任以来,未闻有若何之大失德与不可恕之过举。且其独立时,维持地方之功,今尚有留于浙人士之齿颊间者,而何以军警界之恶感,至于如是之甚?以平日情形论,吕之地位似甚稳固,非若他省督军之或遭反对,或被攻击,时有摇摇欲堕之势也。而何以今日之去,又如是其易?据报纸所述原因,或为警长,或为省长,然皆无关于军界方面。何至顿起军界全体之不平,意者必尚有关于军界要人之更动,而为军界万不能承认者在乎?

今吕氏决然去职矣。吕去之后,必有一篇敬告父老文,以声明其所以去之理由者。吾则谓一人之去留不足重,而全浙之安危为第一义,去者留者,皆宜以此为前提,而不必断断争无谓之口舌,以生事外之枝节。此则吕氏与浙军警均负其责焉者也。是非听之公论可也。（一子）

（原载《申报》一九一六年十二月二十九日,七版,杂评一）

论浙军逐吕公望事

悍将骄兵动辄杀逐主帅而自拥立首领,始于唐代之藩镇。司马温公论之曰:"由是为下者常盼盼焉伺其上,苟得间则攻而族之;为上者常惴惴焉畏其下,苟得间则掩而屠之。争务先发,以逞其志。如是而求天下之安,其可得乎?"

痛哉!军界此种现象,今又观之于浙江。

吕公望治浙,其于军政、民政,能否称职,今未能知。使其不称职也,由省议会弹劾之,可也;由人民控诉于政府,亦可也。吕非北洋将系,非元首、总理私人,使浙人而一致反对,中央未必不徇浙人之请,而别为浙择人。即不然,而吕之罪状既彰,有全国舆论以为浙人助,欲去吕,亦不患无其途也。今事前不闻有议会之弹劾,人民之控诉,吕之罪状何在,举国莫得而闻。忽焉霹雳一声,始以殴辱警察厅长,继以同盟罢工,逼吕去职,国法何在?军纪何在?循此行之,则温公所谓"为下者常盼盼焉伺其上,苟得间则攻而族之;为上者常惴惴焉畏其下,苟得间则掩而屠之",其事必常演于浙江军界,上下之间,各思求逞,则军队尚复何用,地方尚得安宁乎?

使所牺牲者而仅一吕公望也,则既属成事,夫亦可以不说。虽然,吕公望去矣,而今后继吕而督浙者,能否不蹈吕之覆辙,谁能为之保?订排吕者岂曰,朱瑞、屈映光可逐,则吕公望亦可逐。不知朱、屈为帝制罪人,其逐之名正言顺,此国人所共赞同也。若吕公望之罪名,果将安在,何逐者不为发表乎?且今既议逐,何为数月以前乃一致欢迎之。既出乎尔,旋反乎尔,不亦儿戏之甚耶?

呜乎!政府对于兹事,犹为姑息之措置,吾见浙江将成为唐代之平卢,而悍将变置主帅之恶剧,将相寻不绝也。(愁余)

(原载《时事新报》一九一六年十二月三十日,二版)

北京电(四则)

政府昨电向冯副座询浙事。

浙事,电冯副座就近查办,一面仍责军警长官维持秩序。

政府对浙事尚未定办法,须俟冯复电。

吕公望由金华来电,声明举代各节,由某捏名拍电,不负责任。

(原载《申报》一九一六年十二月三十日,二版,专电)

章太炎致浙省会电

杭州浙省议会、军界警界同鉴:吕督既退,张、周义当担任,不应引嫌退让,使阴谋派入室,害甚于吕。章炳麟。

(原载《申报》一九一六年十二月三十日,三版,公电)

电令浙江军官案

此事但据所闻,未得详细情形。浙江自省会警察厅长夏超被任命为浙江全省警务处处长后,其遗省会警察厅长缺,拟以傅其永补充,曾迭志本报。前数日该令发表,闻浙江军官颇有人反对之,又不明言反对,而来电自请辞职。今日国务会议决定,请总统电令着不准行。至省会警察厅长,今已不成问题。盖傅其永虽经任命,而前次国务会议讨论内务行政经费,已决定以各省省会警察厅长由警务处处长兼摄,浙江当亦同此办法,遂无所用其反对矣。

(原载《申报》一九一六年十二月三十日,三版,北京特别通信)

浙军警风潮中之文电一束

浙省军警风潮种种情形,已两志本报。现在吕公望既迫于情势,不得不去。而继任者究为何人,吕氏辞职之电虽声明以军事交张载扬,民政交周凤岐,然张、周二人此时必不愿遽出担任。军界一方,现又推及蒋伯器氏,蒋氏果肯为冯妇与否,尚不无多少之疑问。日来杭垣人心非常震动,对于风潮内幕,则又言人人殊,即报界亦以某种关系,不敢多所论列。兹将关于此事文电编列如次,阅者亦可得其梗概矣。

(一) 政府方面

(甲)大总统电 陆军第二师张师长、周参谋长、混成旅俞旅长、第一旅来旅长、第二旅李旅长、宁波第三旅韩旅长,探送宁台顾镇守使:宥电悉。浙省重要,数月以来,幸赖各军警长官热忱卫国,保全地方,劳苦功高,正资倚畀。现值年关,冬防吃紧,何能稍萌退志,遽卸仔肩?倘有困难情形,亦可随时电告,自当酌办,万勿以高蹈为怀,置桑梓于不顾也。大总统。俭。印。

(乙)国务院电 张师长、周参谋长、来旅长、李旅长、俞旅长、夏警务处长、董局长,宁波韩旅长、顾镇守使:奉大总统谕,"宥各电均悉。全浙地方重要,该师长等维持保护,安堵无惊。同日电请辞职,殊堪诧异。现在大局甫定,方期同心戮力,共济艰难,岂宜纷纷求去。该师长等深明大义,务各以地方为重,以责任为心,勉力任事,毋得率请辞职"等因。特达。院。沁。印。

(丙)段总理电 周参谋长、张师长鉴:华密。诸弟因小有意见,相率辞职,其于大局何,尤非所以维持桑梓之意。现因财政艰窘,警务厅长经国务会议裁去,由处长兼摄,已本此意告知之,仍由夏超兼之。望转告俞、来、李、韩四旅长及顾镇守使、董局长,毋得固辞。瑞。感。印。

(二) 人民方面

(甲)汤寿潜电 北京大总统钧鉴:沁电悉。前以省中长吏上下不洽,军警离心,民情惶惧,奔走相告,而迁延顾忌,莫敢以闻。潜平日于国之大事，曾未越言，徒以近在乡里，恐有仓卒之虞，不敢不告。旋闻诸人俱各陈词待命，地方秩序，亦幸粗安。中央绥御有方，其变自弭。但使闾阎不惊，下民岂有馀望。至察宜举错，系于执政，平亭予夺，贵在有司，固非野人所能预也。汤寿潜。勘。

（乙）虞和德电　北京大总统、段总理、陆军部钧鉴：浙江张师长，周参谋长，夏处长，俞、来、李、韩四旅长，有功民国，革命一二次，我浙毫无损失，人民久深爱戴。今报载一体辞职，于地方安危大有关系。探厥原因，谅由吕督军宅心忠厚，易受蒙蔽，难免用人失当。事关浙江大局，乞主持，以保地方。虞和德叩。

（三）军界方面

（甲）宁波顾镇守使电　督军署参谋长周转师、旅长，各军官，各局长，省议会，教育会，商会，各报馆诸公鉴：闻蒋伯器先生来浙维持，敝署全体人员及商民极端赞成。全浙幸甚，大局幸甚。宁台镇守使顾乃斌。俭。印。

（乙）宁波盛参谋长电　督军署周参谋长转军、警、政、绅、商、学各团体暨各报馆诸公鉴：俭电谅达。浙事一日不定，人心一日不安。维持现状，非蒋公伯器莫属，万望极端主持，以救危局。盼复。顾乃斌、盛开第。勘。印。

（丙）宁波韩旅长电　督军署周参谋长转师长、各旅长暨各军官、各局长，省议会，教育会，商会，各报馆诸公鉴：此间闻蒋伯器先生来浙维持大局，本旅全体极端赞成。伏乞诸公主持一切，以慰民望。旅长韩绍基。俭。印。

（丁）宁波刘团长电　督军署周参谋长转师长，各旅、团长，各局长，省议会，教育会，商会，各报馆诸公鉴：维持浙局，非蒋公伯器莫属，恳速一致敦促出任艰巨，以定人心。祷切。团长刘炳枢。印。勘。

（戊）嘉兴钱团长电　张师长、周参谋长、夏处长诸公钧鉴：此间极端欢迎蒋公主浙,乞诸公极力主张。钱皋等。俭。

（己）湖州陈团长等电　张师长,周参谋长,夏处长,李、俞两旅长钧鉴:本团各军官公推蒋伯器先生督浙,并兼管民政,请极端主张,以慰人望。陈璠、谢鼎等叩。俭。

（庚）杭州周参谋长电　宁波顾镇守使、韩旅长、盛参谋长、刘团长均鉴:俭电悉。蒋公为众望所归,自当会合各界,陈请中央,以安浙事。先此电复。凤岐。

附蒋伯器致浙军界电　杭州张暄初师长暨周、顾、俞、来、李、韩、夏诸君鉴:篪以母丧,于长至前遄归沪寓,拜祭甫毕,方拟来杭,与诸君一图良晤。讵连日读报及杭垣递来函电,详述省垣情形,至切悬念。吾浙自光复以来,虽叠经改革,而军民同德,各界和衷,不独诸君之光荣,即凤共袍泽如篪者,亦引为私幸。今者警察有相率罢岗之事,诸君有联袂辞职之书,私心彷徨,莫知所届。在诸君之意,或洁身以明志;故补救之道,岂无术以融和? 篪深知诸君,平日眷眷为公,热心职务。值国家多故,非时贤高蹈之时。如忱悃莫伸,则中央鉴衡可及。尚冀保持秩序,循慰商民。君等不负桑梓,浙人亦必重念君等。区区之意,幸加察焉。蒋尊篪。勘。

（原载《申报》一九一六年十二月三十日,六版,要闻二）

缉私骚扰案之近讯

两浙缉私分统赵廷玉,日前纵兵至嘉兴塘汇北乡一带,挨户搜查民间菜盐,以致群情不服。经就地公民相继具禀省长澈查,并由省议员张立等提起质问书,请求省长查办。兹悉赵分统于前日具呈省署,陈明原委。兹奉吕省长令开,以此案前据嘉兴公民潘保才、张鸿洲等一再禀探,暨嘉兴县知事呈报情形,并准省议会咨送张议员质问书到署。当经函致两浙盐运使查办,并准两浙盐运使先后函报,已派两浙缉私统领查复,再行核办各在案。如果该分统专为缉私起见,实无骚扰情事,应静候查明确情,秉公究办。所请令嘉兴、嘉善两县知事出示布告一节,暂无庸议。

（原载《申报》一九一六年十二月三十日,七版,地方通信·嘉兴）

浙省军警大风潮近讯

▲吕公望依然署名　　▲省议会请愿分治

杭垣自二十六日下午警界发生大风潮后,瞬已四日,秩序如常,以故社会尚不十分震恐。惟督军兼省长吕戴之虽已辞职,而中央尚无回电,商、学各界公推张暄初、周公选暂行代理,张、周二人仅允担任维持治安,不肯承认代理。故日来军、政两方之公文,按照当然之程序,由周参谋长及王政务厅长代行,以免政务停滞。惟对外名义,仍以吕公望之名义行之。盖吕虽辞职,而继任无人,当然仍用吕之名义也。

至省垣秩序,仍由军警长官维持。每日查街,上城责成第一师卫兵,中城责成第一旅卫兵,下城责成混成旅卫兵,复有宪兵为之梭巡。迨至夜间,改由保安队分段出巡,且各区警察均站双岗。虽大雪纷纷,时有稽查,军士彻夜往来云。

省议会二十九日开会时,沈议长报告近日政局发生非常变故,与地方大有关系,幸各界竭力维持,得以保全安宁。惟吕督军已电京辞职,荐贤自代。王廉、徐汝蒙、毛蒙正诸人对于挽留军官及主张蒋督两电,有用省议会名义者,以沈议长之擅专,不经全体通过相质问。沈议长即声明,并无假用省议会名义擅发电报,可以更正。即第一次电上列名,亦因事出紧急,不及召集讨论,且为个人名义。并云此次政局之变,侦查原因,实由军民合治所致。王廉君云,议会能力薄弱,毫无主张,祗知为人民求太平、谋幸福,但种种祸患,既由军民合治而来,自应要求中央实行分治,以弭后患。众赞成。即刻由秘书拟电稿,文曰:"北京大总统、国务院钧鉴:军民合治,流弊滋多。此次浙中军政要职纷纷辞退,秩序虽仍如常,而人民已恐惶无措,想中央绥御有方,何敢多渎。第前车既覆,殷鉴忧深。本会为顾全大局起见,主张军民勿再兼摄,免贻后虑。浙江省议会。印"云云。议长命秘书朗诵一过。众无异议,遂拍发。依日程接议他案。

(原载《申报》一九一六年十二月三十一日,三版,要闻一)

嘉兴兵星夜赴杭

新任浙江省垣警察厅长傅其永,于本月二十六日号接受厅长职务之后,突然被人殴击受伤,致浙省政界骤起风潮,势甚剧烈。督军兼省长吕公望电京辞职,推举第二师长张载扬为督军,又以军署参谋长周凤岐为省长。嗣因张、周二人力辞不就,一时未能解决。而驻扎嘉兴之嘉湖镇守使童保暄,因恐酿成巨患,特于前晚(二十九号)三点钟,派令所部步兵四百余名,迅即开往杭省镇慑。乃该军驰抵嘉兴车站之时,天尚未明,声请该站立备专车开往杭站。当由站长答以开驶专车须奉路局长命令,否则不能擅专。嗣因该军官等告以此系紧急出军,务须速开。始由该站长发出路签(以备经过各站验放),派令司机载兵赴杭,并即报告钟局长查照。昨日南市沪杭车站警务长王巡官,亦派侦探前往嘉兴调查是晚军队赴杭之实情,以凭报明局长查核。又据昨日由杭来沪之旅客陈述,谓浙省城内秩序如常,表面上并无动静云。

(原载《申报》一九一六年十二月三十一日,十版,本埠新闻)

杭垣政局趋势之别报

大陆报二十九日杭州通讯云,顷闻张师长、周参谋皆力拒省议会、商会与教育会之请求,不肯担任督军与省长之职,惟允维持秩序。盖鉴于政潮所以发生之情势,未便允其请也。吕督决计辞职,沈议长与参议院副议长王正廷及当地绅士开会议决,暂请周参谋为督军,王文庆为省长。众意此种办法，当可得公共之同意。同时，军界中人以为督军一席，宜请前都督蒋尊簋担任，高级军长大半希望政府任蒋督浙，以继吕公望之后。北京顷有电来，此不准军界八要人辞职，并以保全大局相勉。想吕去而诸人皆留，浙省当可睹衮衮诸公，和衷共济，力图进步之政治矣。此外情势如常，并无因此政潮将有变乱之气象。当此纷扰时日，军警能保全治安，诚可贺也。

　　以浙江政潮如是之剧烈，而能地方安谧，秩序井然，诚不可谓非军警维持之功。虽然自此风潮之起忽忽已五日矣，而吕氏是否去职，吕去而军民两职究竟何人继任，迄未确定。且据昨日消息，近忽又格外戒严，则其内幕中之商榷，必尚未妥洽，人心自不免于惶恐。当此新历岁首之际，人民无穷希望，方由此起。而时局摇摇不定，险象迭生，甚非所以爱护桑梓之意也。浙之各方面，其速屏除成见，解决大局，勿使迁延而酿意外之变可也。

　　　　　（原载《申报》一九一七年一月一日，第六版，要闻二）

北京电（三则）

浙事冯副座查办尚未复，段总理意，仍维持吕督，冯意中亦颇有人，但浙人反对，一部分正为蒋尊簋运动，似将成熟。

浙人联电保蒋代吕，昨国务院议决，俟冯副座复到再定。闻公府主张督军、省长不能再兼，其一须用非本省人。

浙前第六师长周某昨亦驰回，引人注意。

　　　　　（原载《申报》一九一七年一月一日，三版，专电）

杭州快信

被殴警察厅长傅其永，三十日已回金华。

　　　　　（原载《申报》一九一七年一月一日，三版，要闻一）

北京电

浙军第一师童师长电告政府,谓秩序渐见恢复,此次变乱为野心阴谋家造成,彼等运动军队,谓督军不能胜任,必须逼其辞职,并强迫商会发电,请以张载扬为督军,周凤岐为省长。政府宜速设法奠定大局,否则将愈趋重大云云。闻政府已谕冯督军相机办理,并饬上海杨善德防维一切。(三十一日)

(原载《申报》一九一七年一月三日,三版,外电)

正月一日大总统令

又令 浙江督军兼署省长吕公望电请辞职。吕公望准免本职。此令。

又令 特任杨善德为浙江督军。此令。

又令 特任齐耀珊为浙江省长。此令。

(原载《申报》一九一七年一月三日,二版,命令)

北京电(三则)

吕公望开缺,以杨善德督浙,闻系冯副座推荐。(一日下午五点五十分发)

浙督、省长杨、齐之命令,于三十一晚盖印。昨浙人曾谒当道,已无商榷余地。今日省议会有电来反对,但必无效。(二日下午三点五分发)

浙江师旅长等又来电,维持吕公望。吕亦任不辞职,愿勉为其难,而杨督浙之令已发表。(二日下午四点四十五分发)

(原载《申报》一九一七年一月三日,二版,专电)

杭城年关之状态

杭城自军警风潮起后,报界对于吕君颇有过分之词,如私攫巨款等。一般舆论，亦但以吕君不善处置，激成斯变为词，不明事实之真相。省议会长沈定一及商会协理王湘泉，但以息事宁人为前提，亦颇受一方面之主张，劝吕君早退。此初起时一二日间之情形也。

洎乎近日，情势忽变。各官长辞职后，中央来电，均予慰留；而厅长问题，亦允由处长兼任。是在反对一方，已无词可以藉口。而吕督辞职，中央未有答复。张、周两人，亦自觉承受之为难，遂在各报宣言，不认接受之事实，且言无论如何动以利害，决不承认云云。是劝进者已无所施其术矣。

第一师师长童伯吹、嘉湖镇守使王桂林，于吕素无恶感。当风潮陡起之时，独持镇定，不效他人之辞职。迨是非渐明，大有仗义执言之势。王镇守使特自嘉兴调兵一营来杭，以拥护省城，军至临平，被人劝阻，而省中风声鹤唳，形势益紧迫矣。

第一师司令部周围栅门尽闭，即日中住民进出，亦甚困难，夜间尤甚。紧要处且多置沙袋，以防御非常，口令各处不同，机关中人，亦不易行动。省城以此等现象度岁，了却民国之五年，亦可谓不幸也矣。

省议会于星期六之晚，由沈议长催开紧急会议，并拟就函电，照吕督军前电辞职办法，请中央以命令委任周、张。各议员均反对之。王廉等力主静听中央解决，不必有所主张，且前以议长名义电致政府，议员已不承认，此次宁可再蹈覆辙，沈君所拟函电遂废弃。而议会对此次风潮，除主张军民分治外，遂不复有所表示矣。其表面虽守中立，实则以吕君热心任事，对于省长之职务，均认为适当也。

人事之纠纷如斯，彼苍者天，亦大示警戒之象。阳历年终及元旦，雨雪纷飞，道涂泞滑，居民方以营业结账期近，中心惴惴，忽遭斯变，无不动色相惊，遂使全城气象黯淡，过此寒冬。呜呼苦矣！

当斯时也，问最后之胜利将属于何方乎？此固至难答之问题也。然苟除去势力与机诈之关系而论，则事实上之是非，至易能答。傅其永之委任,其命令固发自中央,殴傅者不啻殴政府也。使其不当在吕督,虽负妄举之责,在中央亦有偏听之嫌。必欲去之,亦自有正当方法。新旧交卸之际,樽酒未罢,刀光四起,是亦政界之创闻矣。就令两方势力平均,中央亦不复论列是非,暂以敷衍了局。然殴人有罪,国有常刑,傅亦国民之一,独不可向法庭控告乎?人证既集,则教唆之犯,自无可避匿。以刑事犯而安居高位,恐中央威力虽弱,亦未能默认此事也。

至各军长官,职有专责,本属不相干涉,即情有不平,相率引去,则来日方长,何必同日要挟,陷本省于无政府状态?以民政上一部分之关系,而牵及全省军政,小题大做,而针锋亦稍偏矣。(下略)(静眼)

(原载《申报》一九一七年一月三日,三版,要闻一)

南京快信(两则)

冯副总统昨又派王参谋赴浙,谒吕公望,接洽一切。

陈其采奉冯副总统派赴浙江公干,今日早车已回宁。

(原载《申报》一九一七年一月四日,三版,要闻一)

军警两长官果均调浙耶

松沪护军使杨善德调任浙江督军,已见明令。兹调查杨君简历如下。(下略,配有杨善德君肖像)

探闻浙江督军吕公望已于昨晨趁沪杭火车到沪,即诣松沪护军使署谒见杨护军使,会商浙事及交接办法。吕督军即寓护军使署,并不另外借寓,以便就近与杨君筹商一切。(下略)

(原载《申报》一九一七年一月四日,十版,本埠新闻)

杨使之赴浙问题(庸)

杨护军使之督浙,中央相需之殷,无论矣。即浙督吕公望氏,昨亦以准备交卸，电催赴任为言。今浙军官公民等又多来电，钦迟欣旧雨之重逢，盼旌旗之戾止，惓怀旧治，是杨使此行当亦有不忍须臾缓者，何珊珊其迟而以延缓闻耶？

（原载《申报》一九一七年一月四日，十一版，杂评二）

西报论中央处置浙事

字林报社评曰：吕公望准免职，浙督任杨善德，省长任齐耀珊，已见明令矣。西谚有曰，出油锅而入烈火，其浙江之谓欤？浙省此次内讧，内容颇涉暧昧。惟有一事皎然无疑者，则争权夺位，是已争者连吕氏在内，悉为浙人。以本省人而服官本省，其制不能无害。若浙事者，仅此制之第一结果耳。总统毅然别任新人，其常识之正当，已可灼见。盖杨善德与齐耀珊，以记者所知，皆非浙人也。浙之觊觎禄位者，至此当为之失望，而继起效尤者，当可无人。中国之治安，其庶几乎？记者闻杨护军使之升任浙督，为之致贺，而睹其启节离沪，则又为之怅然。杨办理党人善后事宜，颇能措置裕然，党人之得回里，多赖其力，而镇静地方之功，尤为沪人所称道焉。

（原载《申报》一九一七年一月五日，三版，要闻一）

杭州公民大会预记

昨晚由公民等发起大会，定明日在第一舞台讨论办法。今日省中各机关亦得有上海旅沪学会与章炳麟等来电，力主以浙人治浙之说，劝各界万勿承认。

兹将公民大会之通告登录如左。

吾浙自光复以来，已历五稔。凡对于中央，对于地方，莫不成绩昭然，未始非浙人治浙之明效也。此次军警各界，因双方误会，致激风潮，然闾阎秩序迄无骚动，自经地方代表出而调和，军警各长官亦俱言归于好。公民等方庆转危为安，乃闻中央已任命杨善德为浙江督军、齐耀珊为浙江省长，群情转形惶恐。公民等桑梓所关，利害切肤，拟开公民大会，商议善后办法。兹定于元月五日下午一时，用特借座城站第一舞台开会讨论。凡我浙民，务望贲临，不胜盼切之至。

发起人汤寿潜、徐定超、沈定一、秦炳汉、庄景仲、经亨颐、王赞尧、丁再生、黄真民、王锡荣、吴忠怀、顾松庆、何悲夫、封德三、郑亚青、任凤冈、龚葭生、徐原白、蒋鹿珊、丁斐章、王清夫、龚宝铨、张伟文、陆右之、叶天籁、周华昌、李乾荪、陶文波、庄之盘、陈澹、张翅、吴文禧同启。

▲附致北京上海等处电

（其一）北京大总统、国务院钧鉴：浙督兼省长吕公望任职以来，维持地方，治绩昭著。去年反对帝制，拥护共和，厥功尤伟。此次病中，适值少数官长偏听误会，稍有冲突，因以辞职。此由吕公谦让逾分，致起各界惊疑。现在军警当轴已融和意见，全体挽留，吕公亦允力疾任事，民心大慰。忽奉明令，准吕辞职，另任督、长。全浙人民，惶骇万状。当此大局粗定，设再酿成事变，实非国家幸福。震等为全浙人民安宁起见，恳请俯念舆情，收回成命。迫切沥陈，毋任惶惧之至。浙民公会丁震、沈协文、黄悦、潘蛰起、杨定宇、陈灏、许灼照、王章、陈赞修。

（其二）浙江旅沪学会转同乡会诸公鉴：省城军警长官，为全浙计，业已消除意见，相见以诚。闻院电以杨善德督浙，齐耀珊省长，各界转形惶恐。除开公民大会电拒外，务请合电坚持。全浙公民叩。

（其三）各报馆均鉴：浙省军警初缘小嫌，略启争端，一经排解，即就平定。方期同心同德，力盖前隙而示国人。不料谣诼繁兴，各缘党私，横肆鼓簧，而更动长吏之命令遂下。在我大总统、总理救济之毅力，暨我副总统维持之苦心，实为浙人所共仰。在浙人夙主服从，敢有异词？惟自命下以来，浙状益形不安，实因隔阂已甚，扞格遂多，而原状不复，终难图治。长吏更动，益滋纠纷。伏望早徇民意，收回成命,恢复原状,以安全浙。想我总统、总理痌瘝在抱,当弗过拂舆情,以示专断。迫切陈词,伏乞亮鉴。浙江公民会叩。支。(静眼)

(原载《申报》一九一七年一月五日,三版,要闻一)

北京电(三则)

杨善德电告,已作种种准备,惟丧假未满,请以周凤岐暂代,齐耀珊昨已来京,未到任前,以王文庆代行。

闻浙军王桂林等,已与杨督军有所接洽。政府对于浙省此次扰事之人,须候督军省长到任后,再定相当处分。

中央召吕公望来京,拟予将军府一职。吕复电,允即北上。

(原载《申报》一九一七年一月六日,二版,专电·北京电)

京津间之政局警闻

昨晚十二时又接天津电话云,昨日总参谋处开成立大会,首由雷震春发言,略谓,吾人此次大举,其最终之目的在推翻《临时约法》,组织强有力之政府,以救国家于危亡,一面保全治安,以安人心云云。次由叶恭绰质问朱家宝之态度,竟究如何。杨以德代表答复,谓与独立各省取一致之行动,无异志云云。最后推举段芝贵、傅良佐、徐树铮、曲同丰、吕公望、刘文锦、刘世均、黄群、蓝公武、寿褆、曹汝霖、陆宗舆、阮忠枢、朱启钤、陆锦、叶公绰等为总参谋处办事员。

(原载《申报》一九一七年一月六日,三版,要闻一)

北京电(四则)

政府对浙事已具决心,一面催杨、齐迅速赴任,而松沪护军卢使,即于昨晚发表。

齐浙长尚在京,行期未定。

吕公望将令来京,授以要职。

王桂林电告,首祸夏超畏罪潜逃。段意主下令通缉,并谕齐到任后澈查有无卷款情事。

（原载《申报》一九一七年一月八日,二版,专电）

浙公民会之继续进行

（前略）又闻新任杨督军于昨日（六号）下午一时,已派代表陈振声等二员,由沪乘车来杭,至柴木巷吕公馆,谒见吕督军,商议善后办法矣。

兹再录公民会致北京两电如下。

致总统总理电

北京大总统、国务总理钧鉴:歌电恳请收回成命。同日,举定章炳麟、蔡元培、沈定一、王锡荣、经亨颐代表赴京面陈,以抒下情,已于本日启程。全浙公民大会叩陈。鱼。

致蔡鹤庼电

北京大学校校长蔡鹤庼先生鉴:杨督浙、齐长浙,非浙人所愿。已公举章太炎、沈剑侯、王湘泉、经子渊诸君为代表,请中央收回成命,已于今日起程。恳公亦加入,务乞共同主持,为浙造福。浙江公民大会干事等同叩。麻。

（原载《申报》一九一七年一月八日,三版,要闻一）

杭州电

吕公望知中央迭次电催杨善德,酌带所部,赴浙就任。特于昨晚（七日晚）乘专车到龙华,与杨会面。商议四十分钟后,即于本日（八日）一点钟回杭,预备交代。

（原载《申报》一九一七年一月九日,二版,专电）

北京电（四则）

今日十钟，政府得上海杨吕会电云："窃公望因善德克期酌带所部赴杭接替，今晨到龙华与善德接洽。现已商定，四师军队即于今晨起开拔，混成一旅分乘三等车先赴杭垣附近之临平车站驻扎。公望即于本日早九钟专车回杭，预备腾挪驻扎地点，以便交代。谨先合词电闻。吕公望、杨善德"云云。

政府昨晚有紧急军令致杨督：（一）此次入浙，不宜多带军队；（二）应将第四师之一部驻吴淞；（三）又一部分驻上海及龙华。

顷晤齐浙长，谈话大要：（一）黎、段均催速赴浙，专待五弟自保定回京，交以家务，即南下；（二）用人取就地取材主义，将来之政务厅长，即从彼办事多年之某浙人；（三）对于财政，主国家地方并重；（四）除委一二秘书外，随行者甚少。

浙籍议员因接杭电反对齐省长，昨特开谈话会，再与政府接洽，但闻政府意已决采用他省人主义。

（原载《申报》一九一七年一月九日，二版转三版，专电）

前任浙督返杭

前任浙省督军吕公望君，因有要公，曾于八号亲至龙华，与杨善德君晤商一切，业于昨晨乘坐杭路之大班车返浙。

（原载《申报》一九一七年一月九日，十版，本埠新闻·再志浙沪间之消息）

北京电（两则）

国务院昨接杨善德、吕公望会电称，杨之卫队今日开赴浙江，吕回浙先为布置周妥，杨日内亦即赴任。

齐耀珊因浙人反对，意存观望。顷派高继宗代表赴沪，与杨督军商定行止。

（原载《申报》一九一七年一月十日，二版，专电）

浙事杂讯

蒋伯器君奉命调查军警风潮，已于昨日六号下午乘特别快车到杭，寓新市场清华旅馆。抵杭后，当即赴吕督军公馆拜谒，晤谈一切。

（原载《申报》一九一七年一月十日，六版，要闻二）

杨氏即日赴任

杨氏自奉大总统任命为浙省督军后，因母丧假期尚未届满，本拟请前任督军吕公望氏暂行维持，俟来岁旧历正月间假期届满，再行赴浙。现因政府电促到任，故已定于本月十号（即今日）将松沪护军使篆务交卸，即行起程，赴杭接任。沪署参谋长等亦偕同前往，襄理一切。所有开吊事宜，拟俟接任后再行定期来沪择地举行。

另一访函云，杨氏于昨日下午一时在署特开军事大会，上海防守司令王宾、旅长陈乐山及军署各员均到，卢氏已先期到署。当由杨氏将松沪护军使印信交与卢氏，卢即于二时正式接任。杨氏即乘预备之专车赴浙。又有一说，谓杨氏早于昨晨天明时起程云。

（原载《申报》一九一七年一月十日，十版，本埠新闻）

杭州快信（三则）

新任督军杨善德，将松沪护军使任内军装、文卷各件于前日移交新任卢护军使接收。特于昨日九号乘车到杭。闻吕督军即饬第一师童师长、第二师张师长及周参谋长、俞旅长等分别前往迎迓，其余如军官连长以上、警官署长以上，暨政务王厅长、财政莫厅长，并高等审检各厅长，杭县姚知事，于午刻齐往艮山站迎接，并有军乐队往迎。闻杨督军暂驻梅东高桥大营，定于十日（即今日）接受督军印信，于十一日接受省长印信。昨日督军公署及省长公署各科人员均已预备移交。另有一说，谓杨督军自与吕公望接洽一切后，当于前晚（八号）十二时由龙华站乘坐花车来杭，携有随员五人，于昨日抵杭暂住梅东高桥大营。各机关长官均往谒见。现由周参谋长督同各课员赶办移交，定于十日上午行正式受任礼。又有谓，杨督定于今日（十日）来杭者。关于此点，机关方面言人人殊，总之，不外严守秘密，以防意外而已。

军械局长张国威辞职，吕督军现委混成旅参谋蔡鼎彝接事。

军署副官处全体辞职，周参谋长经吕督军坚留，一时不致再辞。

（原载《申报》一九一七年一月十一日，三版，要闻一）

杨善德抵杭之西讯

大陆报八日杭州通讯云，杨督部下之北兵三千余人，顷已抵杭，驻扎距城约五十里之临平，军纪颇严，内有半数定于明日入城。军界中人刻方布置招待事宜。闻杨督另率北兵五千，将于明日抵省，暂以武林门附近军营为司令部。此间曾有谣言，谓将有反对北兵之重大举动。但可恃方面则谓，浙军对于北兵决不表示反对之恶感。杨督下车伊始，即可有安宁和睦之气象，是诚令人见之而喜者也。许多要人拟设法请政府任吕公望为省长，日发电数次，开会数起，能否达到浙人治浙之目的，今尚未能逆知。暂时杨督将兼理民政。

（原载《申报》一九一七年一月十一日，六版，要闻一）

浙事杂讯

杭报昨日载，七号之夜吕公望亲至龙华，与新任督军杨善德谈话云。督军吕公望于前晚（七号）十二时，由杭州城站开专车赴龙华，谒见新任杨督军，谓吾公骤派军队来浙屯驻，人民惶恐万状，可否暂缓。杨云："我系奉中央命令，如不遵行，即系逾抗政府。且军令已出，断难收回。"吕云："我亦军人出身，以服从命令为天职，但须先事知照，俾得布告人民,勿生疑虑。今突如其来,将来滋生事端,我不负责。"杨答云:"我军队到何处,即我管辖治安权到何处,如阻止我军队,即阻止我督浙。"吕云:"我印信未交,对于浙江军政,当然有统辖权。今公既无转圜余地,我惟有在贵署电告浙人,脱离关系。"杨至此意气稍平,当与吕君商定,汇衔电致中央(电文已录九日本报专电栏)。军队先至长安临平为驻扎地,暂不直入省城,以免惶惑。吕君即于昨日(八号)下午三时专车回杭云云。

(原载《申报》一九一七年一月十一日,六版转七版,要闻二)

松沪护军使之交替

(前略)又一访函云,杨氏定于昨晚(十日)三时乘沪杭专车起程赴浙,随带参谋长赵禅、军法课长王吉擅、秘书金济时、张副官与录事四人,以及护卫、兵士甚众,先期知照沪杭路钟局长,预备花车三节,在龙华站迎候。闻已与吕公望预约今日(十一日)即行接篆。而新简之卢护军使虽已接印,现尚驻节吴淞,拟在淞部署妥贴,即行暂驻高昌庙第八旅旅部,一俟第四师军队开拔,再行迁入龙华军署。

(原载《申报》一九一七年一月十一日,十版,本埠新闻)

杨善德抵浙接印

即于下午一时在行辕正式接受督军印信,由吕督军将浙江都督之印(新印未到,暂用旧印)送至行辕,所有各课案卷仍在军署,另行派员移交。闻杨督军因在丧假期间,暂不延谒宾客,已派代表赴总商会并各机关转达意旨。

(中略)军督印信已由吕公望君于上午十一时派斯副官长赍送交代,省公署内一切文件,亦由吕君传知四科五处人员,自十一日起专办结束,以便杨君定期接收。

(原载《申报》一九一七年一月十三日,七版,要闻二)

北京电

浙籍国会议员仍有反对齐、杨之举动。昨日开会时,有激烈派十二人因此事联名上书政府,并决定逐日至总统府,以期达到收回成命之目的。昨有浙籍国会议员数人往见段总理,段称已谕杨督率领较少军队入浙,以防主客军冲突,但收回成命一层,断难办到。且杨督实无可以拒绝之理由。议员等则谓,同时更换督军、省长,于浙省政治颇多窒碍,请留吕公望为省长。(十二日)

（原载《申报》一九一七年一月十四日,三版,外电）

杭州快信

周凤岐、斯烈已辞职,闻将出洋游学。

（原载《申报》一九一七年一月十四日,三版,要闻一）

浙省新旧督军之意思表示

新任浙江督军杨善德氏接印视事后,即分电京内外,报告到任日期。而旧督军吕公望亦同时以同样之方法,通电声明交卸篆务之完毕。此施之于官场者,其对于地方之表白,则有如左之两事。

▲杨善德之谈话　昨有杭报界某记者于下午一时访问杨善德氏于梅东高桥行署。(中略)该记者续问何时接省长印,答云尚无日期。言至此,遂兴辞而出。

▲吕公望之宣言　吕公望留别全浙父老暨僚友书云(略,参见正文卷九)。

（原载《申报》一九一七年一月十四日,七版,要闻二）

丙辰年沪滨大事记(二)

六月初四日　杨护军使接吕浙督主张撤消军务院电。
六月十八日　浙江吕督军来沪,住居新闸路。

六月十九日　吕督军回杭。

（原载《申报》一九一七年一月十六日，十版，本埠新闻）

北京电

吕公望到京住金台馆，今日（二十五）上午十一时往谒段总理。（二十五日到）

（原载《申报》一九一七年一月二十六日，三版，专电）

一月二十日大总统令

又令　浙江省长吕公望电称，浙江政务厅厅长王文庆呈请辞职，王文庆准免本职。此令。

（原载《申报》一九一七年一月二十七日，三版，命令）

燕市见闻纪要（二）

浙江前督军兼省长吕公望于阴历元旦之晚到京，即住西河沿金台旅馆第十一号，随行者有前政务厅科长黄真民及秘书程秋士。昨日上午已谒见元首及段总理。吕君由浙起程之时，其怀威将军之命令并未发表，故住京与否，尚未确定。现闻已拟在京租赁房屋，不作归田之思。怀威将军之禄，殆足以代其耕也。（燕生）

（原载《申报》一九一七年一月二十九日，六版，要闻）

北京电

吕公望到京，闻因交代纠葛，有所陈述。

（原载《申报》一九一七年一月三十日，三版，专电）

杭州快信

此间盛传，前督军吕公望有简任山东省长之说。

（原载《申报》一九一七年一月三十日，七版，要闻二）

北京电

吕公望将被聘为公府高等军事顾问。

（原载《申报》一九一七年二月一日，三版，专电）

一月二十九日大总统令

又令　陆军总长段祺瑞呈准前浙江督军吕公望电称，浙江督军署副官长斯烈恳请辞职。斯烈准免本职。此令。

（原载《申报》一九一七年二月五日，十一版，补录命令）

北京电（两则）

昨在华侨选场哄殴之李炎一名，连同起获之浙地方银行二万存折，交警拘送地检厅时，讵李党又在警区争殴，致伤二警，由张警佐拿获为首三人，并送法庭，定今日预审。

昨日华侨选举所殴斗之李炎，系为吕公望买票，已由谷总长以监督名义向法庭起诉。

（原载《申报》一九一七年三月二十一日，三版，专电）

北京电

吕公望因华侨选举事，有交军事裁判说。

（原载《申报》一九一七年三月三十日，二版，专电）

北京电

中国司法制度中之困难，今因海外华侨选举舞弊案而益显明。三月二十日所捕之李某，闻仅属傀儡，其主要者为前浙督吕公望。据反对吕氏者云，已获有若干证据。吕为军人，自称当在军法处就审。然军法中并无选举行贿之条文，故当道对于此事颇费踌躇。（二日）

（原载《申报》一九一七年四月四日，二版，外电）

北京电（三则）

浙江省长，政府即拟撤换，运动者颇众，某派鼓吹许世英，以求腾出交通之席。

许世英愿就外任，段总理意，即令长浙。

前浙省督军吕公望，闻与此次公民暴动事有关，近呈请将军府发给一年薪俸，俾得出洋游学。将军府批复谓，经费支绌，不能核准。（十八日）

（原载《申报》一九一七年五月二十日，二版，外电）

十月九日大总统令

又令 江朝宗，晋给二等大绶宝光嘉禾章；蒋雁行、田中玉、张弧、潘矩楹、曾兆麟、赵玉珂、徐世章、马玉仁，均给予二等宝光嘉禾章；吕公望、刘杰绶、齐燮元、田树勋、吴新田、杜锡珪、赵戴文、田应璜、赵景德、梅馨、徐华清、任凤苞、沈郁、文□钰，均给予三等宝光嘉禾章。此令。

（原载《申报》一九一七年十月十一日，三版，命令）

北军入川时之状况（成都通信）

（前略）至于吴查办使之军，早即时言，克日入川。然一月余，毫无动静。至十月初，吴使因见熊氏已向中央疏通，又悉熊并未阻拦，始渐渐入川。然其入川犹非常慎重，最初派鄂军防守巴东口等处，以观动静。后闻熊电令向团以客礼待吴军，吴始派鄂军为其掩护，先行到万县。复派其汪参谋长，同前浙督、现国防委员干事吕公望于九月二十八晚二更时抵渝，在涪陵时颇受危险。到渝后，住大江东旅馆，汪、吕随即将渝中情形电达吴使，促其速派兵入川。十月四号，北军十三混成旅旅长李炳之又乘"蜀亨"上驶，并率军两营。李氏到渝后，即将其军分扎两处，一营扎重庆对岸之江北县城，旅部驻于县城之萧曹庙，一营扎渝城要隘之浮图关。而渝中风潮，自北军到后又稍息。

吕公望到渝，本系调查军事情形，实即调查熊使之态度也。吕到渝后，知熊使无何等举动。除一面电吴外，于十四号早搭蜀通轮船东下，面见吴使。并闻吕见吴后，尚须晋京，将渝中情形陈报政府。此次"蜀通"东下，亦系专载北兵入川。惟该轮接有无名恫吓之信函多件，皆谓载兵入川，遗祸非浅，为川人公敌。现下游一带之险滩要隘，防堵异常周密云云。而投此无名信函者之为何如人，未能查出。又闻忠、涪一带沿岸，确有股匪麇集，日前击"蜀通"上驶，死九人、伤十七人，即其明证也。

此次汪、吕等到渝时，前川东宣慰使黄金鳌亦同到渝，襄助一切。万县刻间已到有北军两团左右，一团由水道日内将到渝，一团又由万起陆，并绕道西上，有谓系开赴成都者，是否尚不可知。然其为保护水道上驶者无疑，大概此番北兵入川，颇为稳健，轮船往返系一段运一段，不似上年北兵之长驱直入也。周代督见北援纷到，刻已不似前日之恐慌。其第一师川军，亦已集中永川，听候进攻矣。至滇军方面，如唐继赓、黄毓成，现正严防荣威，以守自井云。

（原载《申报》一九一七年十月二十五日，七版，要闻二）

杭州快信

此间官场得北京消息，吕公望、屈映光均将起用。

（原载《申报》一九一八年三月二十九日，七版，要闻二）

出兵声中之内争

近日出兵西伯利亚之声浪虽急，然政局中人则仍急急于争总统，而对于攻粤一举，亦仍力主进行，声言决不可为议和派所动，盖其意必欲贯澈初志。而主战之反对者，亦欲乘机活动，以示旗鼓相当之意。兹据某京报所载情形,可以窥见一斑矣。其言云:国会选举,冯派失败之结果,将使冯、段两派益相反目,或致长江一带之空气渐形不稳。此原为世人所预想之现象。

现闻主战派之反对派已着手进行,务期破坏现政府之计画。因现政府之计画,欲用全力攻粤,故反对派破坏之计画约分为三方面:

(一)前浙江都督吕公望,已携巨资南下,谋在浙闽两省活动。假使此计画若果成功,则现攻潮汕之闽浙援军以后路可忧,将不战自退,则粤军可用全力对付第一路援粤军队,并可进窥江西。

(二)前陕南镇守使张钫,亦携巨资赴陕,在潼关附近活动,以牵制北军之南下,更以饷械接济熊克武,俾其进窥陕甘。

(三)更有刘某等,携资南下,以上海为策源地,并向长江下游各省分头运动,以谋长江形势之变迁。

闻此三方面之活动,殆因在北京既已失败,故特出此急策。然果能收效几何,则殊难预料也。按此殆为段派方面之言,而冯派方面亦必有一种攻段之说矣。

(原载《申报》一九一八年七月二十二日,六版,要闻二)

南京快信

前浙督吕公望昨过宁,乘车赴沪。

(原载《申报》一九一八年七月二十四日,七版,要闻二)

吕公望过沪往浙

前浙江督军吕公望,于前晚由京来沪,因杨督军寿辰期近,赶往祝嘏,故并未勾留,即乘沪杭火车赴浙。闻此次南下,系奉段总理委任祝寿,带有寿礼多种,并与攻粤计画有关云。

(原载《申报》一九一八年八月十三日,十版,本埠新闻)

广东电

军政府任命前浙江督军吕公望为投降南军之浙江军司令官。（二十八日）

（原载《申报》一九一八年八月三十日，三版，外电）

香港电

吕公望偕陈肇英率浙兵一队抵潮降南，粤政府即派代表前往安抚。（二十九日下午五钟）

（原载《申报》一九一八年八月三十一日，三版，专电）

北京电

李闽督电，浙陈肇英团投南，系吕公望诱惑，携去大炮四、机枪五。（三十日下午七钟）

（原载《申报》一九一八年九月一日，二版，专电）

香港电

军政府任吕公望为浙军司令，驻闽助战。（三十一日下午二钟）

（原载《申报》一九一八年九月一日，二版，专电）

北京电

童葆暄部下之陈肇英与吕公望投入南方，陈通缉令已发表。（二日下午六钟）

（原载《申报》一九一八年九月四日，三版，专电）

纪浙军附南之详情

二十五日，此间接汕头消息，谓浙军某部已派员来汕，与我军将领磋商响应,不日即当实现云云。其时未敢深信,旋从各方面调查,始知确有此事。所谓某部者,乃驻扎诏安之浙军第一支队,其队长陈肇英,乃前浙江督军吕公望之旧部。月前吕曾派代表来粤,与当道接洽,自愿效忠。西南当道以吕热诚可佩,极表示欢迎。一面派宣慰使蒋尊簋赴汕,与吕之旧部联络,蒋亦兼(曾)任浙江都督,且负重望。故陈肇英久拟响应。前午督署曾接有汕头吕道尹及蒋宣慰使来电报告,陈已于日昨宣布附义。查陈部为一混成团,器械精利,自陈支队长向义后,童保暄所部亦极摇动,且恐被我军包围,特下令退却。现在黄冈之敌退向分水关,饶平之敌则退向老虎关,粤军正节节进取。

又,滇军第八旅来电,亦云:伍文蔚所部自与我军接洽后,暂由饶平退却,意志所在,不轻告人,惟誓与西南,终归一致。吕公旧部全数来潮,童部来归者,尚源源不绝。吕公之裨益西南,功实不小云云。观此则浙军之趋向,已大明白矣。

又一函云:陈支队长向义后,南靖、龙溪两属所驻浙军第三支队两营,其中官长为吕公望、陈肇英旧部者甚多,现闻与陈有密约,将来我军由龙岩进攻,当亦可以响应也。

又一函云:昨日军署消息,伍部一团,经我军卓副司令贵廷派员与之接洽,现有两营业已来归,其余亦约定俟我军进攻时即行响应。童保暄急收退,前敌军队退回原防,我军现正极力反攻,大约日内当有激战。

军府续接攻闽总指挥处参谋长高尔登来电,云:伍文蔚所部五营中,已有一连来归,其余各营颇多倾向我军者,并闻黄冈一带之敌军大为摇动。蒋宣慰使、吕戴之、王文庆及陈支队长,拟与滇、粤两军商定攻闽计画,即日进行。预料我军进攻后,浙军之响应者,至少当有半数以上云云。

军府各总裁以浙军陈支队长举兵向义,加入护法团体,特于日前政务会议提出优待办法。兹闻各总裁之意,以浙军来归者尚络绎不绝,拟按照政务会议之规定,准其派代表一人参加会议。又一访函云:浙军附义,军政府各总裁除去电嘉奖外,并拟委派专员驰赴军前抚慰,以昭激励。兹将各电附后:

吕公望等宣布附南电 （参见正文卷十,略）

蒋宣慰使报告浙军响应电 广州莫督军并转岑、伍、林各总裁,李参谋总长鉴:密。浙军第一支队长陈肇英首先响应义军,计步兵一团、机关枪一连、山炮四门,本日率队入口（电码不明）,地方安谧。详情续报,先此奉闻。宣慰使蒋尊簋叩。有。印。

蒋尊簋荐吕王自代电 潮州来电云:浙军第一支队来归日期暨兵力额数,略陈座右。此次酝酿数月之久,各动员奔走劳苦,往返闽粤,出生制死,奋勇可嘉。自吕公望、王文庆两君到后,声援益壮。浙军将士多明大义,第一支队长陈肇英情谊素通,意极坚决,更得王、吕两君亲赴前敌,与之磋议,各动员同共艰难,亦有先期投入浙军,联络声气,所有部曲多表同情。第一支队遂于有日首先响义,余部闻音而应,日有来附。目前虽未竟厥全功,当此寇氛方炽之日,得此一团军力,加我义师,似于西南大局不无影响。尊簋奉职无状,绠短汲深,聊效棉薄。对于宣慰事宜,未能完满解决。所幸吕、王两君智勇兼备,必能继续进行,使浙军渐为一致。此后宣慰事宜,应请统由吕、王两君合力主持,端恳军政府酌予相当名义。尊簋莅此告一结束,藉息仔肩,略事清理,频当返省,面聆训示,务乞准如所请,不胜迫切待命之至。浙军宣慰使蒋尊簋叩。寝。印。（下略）

（原载《申报》一九一八年九月四日,六版,要闻二）

闽省危急之现状

▲浙军附南续闻　　▲粤军进逼漳泉

粤省军情,向守秘密,然苟调兵运械,昕夕惶急,则必有一方面战事发生,为敌人所压迫。故虽秘之又秘,然亦讳无可讳也。近来当局要人态度颇为逸豫,绝无惶遽形象。此由于湘省局面,已与吴佩孚缔结停战之约,无虑其侵迫桂境。而赣省方面,闻统兵要人亦有暗约,彼此守境,不相侵犯。故军政府成立后,北江军务督办李根源,能亲自上省磋商进行事宜,则军情并不吃重。可知援赣滇军,自克复南雄、九渡水各要隘后,而赣军王庆馀、丁效兰等亦在仙人岭附近一带设险抵拒。乃近则李司令据前锋探报,赣督陈光远顷已下令前敌各军实行休战,恐前锋部队与粤军接触过近,易生冲突。为休息兵力起见,特令王、丁两部暂向后阵退却。现仙人岭附近已无敌踪。观此则赣省亦趋于平和,无努力侵粤之患矣。

惟闽省李厚基,则与龙济光联络,战事进行,绝不稍懈。龙在北省所招之新兵,源源输运到厦门,在粤之重要龙党,亦多赴闽协助。故军政府下次政务会议已预定首先提出援闽问题。然闽省所恃以攻粤者,北军之外,厥惟浙军,又有闽省旧日之警卫军,南军自得孙道仁协助,而攻闽之许崇智,又为前时之福建都督,故秘密运动闽之旧警卫军,已多响应。日前南军之屡得福建各地,其得力即关乎此。惟浙军曾经训练,亦属一劲敌。日前蒋尊簋到粤,与军府有重要之磋商。其后吕公望继之,粤军、滇军保护,极为周至。故前次通函已言,此举关系于潮汕军事甚大。及至八月二十五号,得悉驻扎诏安之浙军第一支队长陈肇英已自愿效忠,西南当局一面派宣慰使蒋尊簋赴汕,与吕之旧部联络。昨午督署接汕头吕道尹及蒋宣慰使来电报告,谓陈已于日昨宣布附义,一切电文已录昨报。

兹再将高电录下:

浙军与我义师本属一气,只缘柄檑之人执迷,遽至一家成为秦越。叠经蒋伯器、吕戴之、王文庆诸公派员劝谕,复经吕公亲往陈说,往返数次,备尝劳苦。该军第一团长陈肇英,慷慨热诚,深明大义,已与我军表示同情。本日并由吕公率带该团全部来潮,加入我军作战。该团为浙军锋锐,久经训练,将士勇敢,炮械精利,增我势力,殊为不浅,且尤足以张义师之气而摇闽敌之心。馀团亦经吕公竭力劝谕,惟童葆暄、伍文蔚等尚恃强未晓。闻仍与臧联合,仍图进攻。现正一面筹划攻剿,一面设法招抚。谨电奉闻。高尔登叩。径。印。

观此则知,浙军之与西南联合确切不疑矣。闻浙军中有多人联合,现在设法进逼童保暄,倘童一赞成,则浙军全部可以掣李厚基之肘。故当道要人近对于潮汕方面颇抱乐观,而陈炯明在潮所发来之捷报,亦络绎不绝(均登前报)。近又有极得意之捷报来矣。其文云:

各报馆鉴:捷报。顷据叶参谋举报告,我军自攻破龙岩州,即分兵追蹑敌踪,并略取漳平、宁洋两县。现前敌报告,漳、宁两城已完全占领。查我军先后略定汀州八属、永春三属,他如永安、尤溪、安溪等属,均确实占领。惟中间久为龙岩隔断,现既特定十有七属呵成一气,安溪之军追至溪尾,龙头之军侵入施洋,高岩之军占领适中,长围之势已成。漳、泉去敌,自在囊中。石、童两寇,跳梁饶、黄,实不足虑,聚而歼之,为期不远也。特此奉闻。炯明。皓。印。

历来潮汕南军,其对付闽军分为两路,一为大埔,一为饶平黄冈。大埔一路,近既胜利,进攻各县,已非常得手;饶平一路,亦有进步,昨日已电告,克复平和。此为军事必争之要地,漳、泉之下,当在旦夕间也。(据今日港电,粤军已于三十日占领漳州。)(平生)

(原载《申报》一九一八年九月五日,六版,要闻二)

童军附南之浙闻

杭垣近日因浙军附南一事，未得真相，谣诼甚多。今将官署所传消息录下。

三日，军署接童师长径电云：吕公望由粤来书，以种种悖谬之言相诱，暄当复书，晓以国家大义，劝其急速回京。乃吕见暄不为所动，复运动部队，幸多深明大义，未被诱惑。不料团长陈肇英，因与同乡关系，深入其说，竟于二十五日率所部五百余人反降南军，并携去山炮四门、机枪五枝云云。又，军署方面，据陈团所部连附杨丙壬由潮州逃回，报称我军正当攻潮得手之时，忽于八月十九日晨，有吕公望、张雨樵、王文庆等由潮州经过战线，同到团部密谈良久，下午即回。二十一日，彼等复在我团步哨前方民房徘徊。当奉团令，连日陆续前进，直至距潮州三十里许之石坑地方，始行停止。二十四日，童师长在坪溪招集会议，陈团长即派参谋赵南为代表，赵当日未回。乃陈团长于是夜当众宣言，童师长已不要我团，只得暂至潮州，遂即率队起行。经过敌人战线，并无阻拦，行至距潮城五里许，即有南军前来欢迎。二十五日上午进潮州城，驻扎金山，连附即欲脱逃，因无路费不能成行。至二十六日夜间，借得川资，托辞赴汕头购物，乘间登轮到沪。查陈团所部降附者约五六百人，机枪、山炮各一连，而陈团之三位营长，惟吴伯廉、朱维瀚两营长，因与陈谊属同乡，颇为亲密。至陈炳扬营长与步兵连长金袿、炮兵连长谢杰钧，被胁迫，其心实不愿附，将来必须设法逃回。现逃回之连附杨丙壬，已奉杨督军饬令，仍回第一师差遣，并支原薪，以示奖励。

（原载《申报》一九一八年九月五日，六版转七版，要闻二）

浙军附南之前后观

闽省方面连日战事方剧，潮城空虚，浙军忽响应到潮。此中底蕴,人未尽知。兹将详情志之如下。

自本年一月杨善德调选浙军之精壮者,特给多数子弹,使第一师师长童保暄统率入闽。浙军之被选者,陈肇英所部之第一团,李全义所部之第三团,伍文渊所部之第四团,以及炮团、机关枪连、工辎各营是也。该军一至闽南,虽富战斗力而无战斗心,驻于中途,因循不进。浙党人之联袂偕来者,即组织侨汕俱乐部于汕头,为集合场所。六七月间,吕、王二氏虽未莅汕,其同侣早经云集于汕头,或徒步陟山,或冒险渡海,奔走于闽省浙军之间。八月中,吕、王二氏偕浙议员张浩、傅孟豪等到汕,十一日晨即赴潮城会议。其时,闽督李厚基正下总攻击令,童保暄以副司令名迫浙军协攻。其第一支队长陈肇英,率浙军第一团全团由饶平南驱,与滇军战,滇军退却,陈军遂占凤凰墟,地离潮城只三十里。吕、王二氏闻讯后,偕同浙省陆军生六人及浙议员张浩等,赴浙军阵地,陆行未十里,舆夫怯敌遁去,改作步行。越山陟险,至大水溪,与退回之各滇军遇,询以凤凰墟情形,滇军答称敌军系臧致平所部,盖出于误会也。吕氏闻讯后不愿空返,同行者以徒死无益,再三力阻,始徒步返潮城。十七日,吕派保定陆军生徐培根赴滇军前线探讯凤凰墟实情,再三考察,知该兵确为浙军第一团陈肇英所部。徐培根乃伪充滇军军使,冒险入浙军阵地。陈氏素有南向之心,平生素服吕氏,又与徐同学。闻言离座欢跃,即表示决心于徐前,并力促徐氏速返潮城邀吕氏,亲送诸野,叮宁速来。十八日,吕公望等二十余人群赴凤凰墟,众俱草履徒步,往与陈聚谈。陈心愈决,而志愈坚。吕等复向陈询童之志向,陈以同属浙军,无论如何,当先尽忠告。爰以电话告知童氏。童即嘱陈请吕等到饶商议。十九日,吕氏偕王文庆同赴饶平,见童于浙军司令部。童当吕面极口赞成。据称浙军所存饷银、枪械、子弹均在厦门,须事前取回,否则被李截留,终资敌用。一俟诸事办妥,始可发动云云。不料阅数日,童忽云予已下令进攻,决无磋商余地,非取潮州城不可。吕、王二氏询陈团长以办法,陈乃复打电话致童,诘以失信,并谓如不回心,予惟辞去职务,请明日派员来接斯职云云。童谓予宗旨始终不变。二十三日,探悉浙军伍文渊已率其第四团步兵及所部占贵坑,滇军已尽赴樟林御之。其第八营兵站已落闽军手。贵坑离潮城只十四里,途无险要可守,且已无应守之兵,城中异常危急。吕氏乃偕陈肇英即将所部移驻石坑,监视伍文渊。晚间陈团长又打电话查询最后决心,童终迁延其辞,答称限予一夜,明晨回复。二十四日晨,童氏来电话云,请陈团长肇英至平溪会议办法。陈恐一经前去,决难脱身,因派赵参谋赴平溪与会,己仍留守石坑。至下午探悉平溪会议之结果,童氏仍主进据潮城,所派之参谋已为童所扣留。是夜,吕公望与陈肇英、王文庆等诸浙人及滇军参谋林子渊商议办法,于是决将陈团所部加入潮城防守,遂于二十五清晨赶先入城。此陈团匆促入潮经过之实情也。

浙军第一支队长陈肇英决定附南后,即于二十四夜十二时率所属步兵三营、山炮四门、水机关枪六挺、工程电信一连暨官佐等二千余人,由前浙督吕公望、滇军参谋林之渊引导,拔队由凤凰墟起程,二十五晨八时进潮安城,驻扎金山。即出布告,并通电各处宣布。是日午后,复有驻贵溪浙军伍支队长所部步兵一连,由连长刘某率赴潮安,一同加入该军,已定日间开赴前敌。顷接潮州来电,云:"急。浙军陈团长肇英响义西南,昨率所部由蒋百器、吕戴之两公带同来潮,一夔、寄生妥为接洽,军民相安,秩序如常。谨闻。一夔、寄生呈。宥。印。"

又一消息云,浙军第一支队自宣布附义后,所部各营业由团长陈肇英率赴潮汕驻扎,听候命令。昨闻陈司令特因该军饷械事电商,当道以"浙军附南,义声大振,我义师方面亟须力予优待。查该军应需一切饷械,嗣后应即由军政府担任发给,源源接济,以固军心"等语,闻已转商各总裁,核准所请,电复知照矣。

吕道尹布告云:"为布告事。照得浙军陈团长肇英,此次率师来潮,原系赞助西南,一致护法,先经联络妥协,陈明军政府暨督军,同深嘉许。本道尹昨奉命前往犒劳,确见其举动光明,纪律整肃,地方各界,共表欢迎。诚恐外属不明真相,或有疑虑,合行布告,仰所属各界人等一体知悉,务须各安营业,毋自惊扰。倘有奸徒造谣,希图煽惑人心,定即饬县督警拿究不贷。此布。"

二十九日,军政府又举行军事会议。午后一时开会,岑、伍、林各总裁及各代表均列席会议。结果特任吕公望为援闽浙军总司令,王文庆为参谋长,陈肇英为第一混成旅旅长。会议至四时许始散会。兹录吕公望就总司令职之通电如下(参见卷十,略)。

（原载《申报》一九一八年九月八日,七版）

浙军附南后之各方消息(节选)

浙军第一支队自宣布附南后,经由政务会议决定,委任吕公望总领浙军,参加攻闽战事。顷据最近传闻,当道以援闽大军系联合滇、粤、浙三部军队共同作战,于战守方略,不可无统一军令者居中指挥,以期进行趋于一致。特拟提议仿照援赣军成例,设置滇粤浙联军总司令及总指挥之职,俾各军部队得以一气联成,无顾此失彼之虑。惟闻须俟军府决议,乃克核定。

浙军经吕公望、王文庆劝诱附南后,一到潮汕,即思大振旗鼓,非达到完全护法之目的不已。然军事进行,首重人才。林氏知渊,夙长军事学,素为浙军所深识。此次由吕公望先容,特聘林为浙军参谋长,以资臂助。吕君致方总指挥电文,大致如下:"敝部草创伊始,需材孔殷。贵处林知渊学识道德,素为吾辈所推崇,请其屈就敝部参谋长。夺人所好,事属不情。乃报国情殷,借寇志切。冒昧擅行,不待得命,乞为鉴原"云云。

（原载《申报》一九一八年九月十日,七版,要闻二）

西南之军政府消息（节选）

浙军总司令吕公望、宣慰使蒋尊簋抵省之次晨，岑总裁曾遣马车前往迎迓。午间进府，与各总裁畅谈数小时。是日，岑总裁即在军府设筵为两氏洗尘，至晚始散，随用摩托车护送两公返寓。至两氏与各总裁所谈，关于军事进行者甚多，各总裁以两氏劳苦功高，待遇极隆。

（原载《申报》一九一八年九月十五日，七版，要闻）

厦门战讯与李厚基（节选）

浙军宣抚使蒋尊簋，昨由闽边抵粤，本省当道暨各方面要人纷纷设宴欢叙。席间讨论闽省战局甚详，大致以陈肇英所部第一支队附南后，李全义所部第二团现由吕公望密派干员陆翰文、朱砥等潜赴漳境，妥为接洽；伍文渊所部第四团，亦经王赞尧、王文庆等亲往磋商。李、伍两军，均经决心向南，只以时机未熟，不便发难，业将九龙江沿岸各要隘节节退让，一俟厦门攻克，浙军全体当可返戈相向云云。

（原载《申报》一九一八年九月十九日，六版，要闻二）

西南最近之局势（平生通信，节选）

迩来各省要人纷投集于军政府，其最卓者自蒋尊簋、吕公望连翩莅止后，浙军遂因而附南攻闽军，威势大震，数旬之间，克闽十七城，成绩不可谓不著矣。近更有浙人殷汝骊到粤，蓝天蔚到粤，于时局亦有关系。至于闽粤交争，海军实为命脉。驻闽海军与驻粤海军，虽平素早有夙约，彼此不相自戕，然使有力之人能令驻闽者亦趋向南方，则势力更为发展。闽绅沈琬庆亦于昨午抵省，带有随员数人。闻已到军府，与西林有所接洽。沈琬庆为沈葆桢之子，于海军中人交谊颇厚，此番来粤，大约于南北海军有所沟通，于粤局前途，亦不无关系也。

（原载《申报》一九一八年九月十九日，六版，要闻二）

广东电

据政界消息,吕公望现正在劝在闽之浙军残部投降南军。闻此项残部之浙军,已与陈炯明军通意旨,将来必至与陈军共其行动云。(十九日)

(原载《申报》一九一八年九月二十一日,二版,外电)

广东电

陈炯明为惠潮梅税务督办免职问题,甚为愤恨,声称拟暂率军队移驻广东。伍朝枢、徐谦、汪兆铭、魏斯炅、冷遹、陈策、褚辅成、方声涛,广东海关副监督施家霖(译音)及与海军、福建、浙江、广东各方面有关系之各要人,于十六日在海军俱乐部集议,决议此后由督军方面派遣惠潮梅税务监督一人,另由陈炯明、方声涛、吕公望各军各派委员一名,在该监督之下处理税务,每月依照按分率分配各军军费。此项决议,俟得莫督军之允许后,即通告有关系诸人。据一般人士之观测,此问题似已因此告一段落矣。(十八日)

(原载《申报》一九一八年十月二十日,三版,外电)

战后之厦门(厦门通信,节选)

闽粤已实行停战矣。然虽停战,两方仍筹备进兵,严阵以待。以漳州方面观之,方声涛之滇军已有一部抵漳,日昨又有刘志陆之桂军到漳州者,计有八营之数,由卓廷贵督率,刘志陆军则驻于平和。卓廷贵抵漳州后,即开往石码驻扎,恐蔡店之北军渡河袭击石码也。浙军陈肇英团长归附南军后,前浙督吕公望复派人赴浙招其旧部,以便编练。前日抵汕者已有四百余名,日昨又由西安轮船载兵五百名到汕。陈肇英已先率其团部抵漳,且开至万松关矣。其新招之兵,则由吕公望在汕亲自训练,不日亦将由吕督率来漳。此漳州方面之情形也。至于厦门方面,自停战后,复开奉军三团赴同安,连日运输枪械子弹赴同安、灌口等处,亦恐粤军背约来袭也。

（原载《申报》一九一八年十月二十一日,六版,要闻二）

关于闽局之粤讯

二十五日军政府政务会议,讨论闽局问题,当以该省渐次底定,亟应任命长官,公议以林总裁葆怿兼福建督军,以方总指挥声涛任福建军务会办,以陈总司令炯明长福建民政,业经多数赞成通过。此问题解决后,又筹及闽粤边防,众以吕公望自劝浙军归附西南后,对于闽粤军事之进行时时注意,于闽粤边防情形甚为熟悉,当即通过以吕公望为闽粤边防督办。以上任命虽已议定,但未知有无改变耳。

（原载《申报》一九一八年十二月六日,七版）

广东电

军政府于十二日发表,本月六日任命钮永建、李书城、蒋尊簋、林虎、马济、刘祖武、陈强、金永炎、张孝准、吕公望、魏士厚、魏邦平、缪嘉寿为军事委员会委员。（十三日）

（原载《申报》一九一九年一月十五日,三版,东方通讯社电）

香港电

林葆怿、莫荣新、李烈钧、吕公望、方声涛、李根源二十九日通电称,北方密使拟来离间南方领袖,故特宣誓,抱定本旨,坚守到底,以期和局。成则获公正结果,不成则可自保。（以上三十一日下午三钟）

（原载《申报》一九一九年四月二日,三版,专电）

广东电

军政府依李根源、林虎、李书城、吕公望、方声涛等之请愿,公布

前财政次长殷汝骊特赦令,大致谓殷氏于此次护法运动颇有功绩,曩日之收贿案实系被陷于党派的奸策云云。(八日)

(原载《申报》一九一九年四月十日,三版,东方通信社电)

香港电

林葆怿、莫荣新、李烈钧、吕公望、方声涛、李根源、徐谦,九日联合宣言,和议进行时双方应消除误会,以免再起内讧,将来宜设立强固之军事集中点,共谋前途之改革。(十二日下午三钟)

(原载《申报》一九一九年四月十三日,三版,专电)

童葆暄病殁

驻厦浙军师长、援粤副司令童葆暄,自饶平退回厦门以来,治军尚严。惟童上年本有呕血病,业已治愈,日前因赴白鹿洞山麓之颐园,与道尹陈培锟之宴,饮酒过度,致旧疾复发,遂请厦门医生王明良、王万朋等诊治,服药罔效,复召军医院医员调治。该院医员均系来自北方者,所施药剂与厦门气候不合,病益加剧,至五月二十三号下午遂卒,年仅三十三。其父已七十余岁,亦在厦,其母则在浙江原籍,当即电告,其母于二十七号抵厦。每日购冰百磅,贮于床下,并由军医员针以药水,使免腐变。至二十六号,始由鼓浪屿买就棺木,于二十七号下午入殓。其逝世之日,厦门各领事署及各关均为下旗志吊,所部军士不日亦将开吊。据另一消息云,驻厦门童葆暄军,向与吕公望有所接洽,因欠饷未曾索到,是以不即宣布。自童氏故后,各军借索饷为名,群起暴动。有一部分已牺牲饷项,携具军械,投奔陈肇英部下,一部分尚欲俟欠饷索到,再行南归。潘代师长闻此消息,已先电请参谋长某竭力维持。如不能恢复原状,则厦门又起一番风云矣。

(原载《申报》一九一九年六月一日,八版,国内要闻)

北京快信

李厚基电称,童师长病故后,厦防尚称安宁,奉派张载阳接任,不日可到。惟现据驻厦浙军石铎等四团长、余宪文等各营长全体来电称,主将新故,值此防务吃紧、军心皇皇之时,非派熟悉该军内容及与该军感情素洽之员,万不承认。众议拟以伍文源或潘国纲两旅长之中,任命一人为师长,恳为维持等语。查童师长出缺后,吕公望、陈肇英等均暗中派人乘机运动。今该军既有反对之意,亟宜迅筹对付方法,请速示机宜。

（原载《申报》一九一九年六月五日,七版,国内要闻）

广东电

五日林葆怿、李烈钧、莫荣新、李根源、程潜、方声涛、吕公望等联名通电军政府云,对于和战问题,誓必服从军政府命令。（六日）以上东方通讯社电

（原载《申报》一九一九年六月八日,四版,各通信社电）

粤省主客军队之概数

粤省现有主客各军队异常复杂,兹查核其总数已及十万,即除去在闽陈炯明所统之粤军,在湘南马济所统之第一军不计外,其现驻粤省内地者已有八万人左右,今将各军名称人数列后。

（一）护国第一军为马济所统,数为凡一万二千余人,原由广西武卫军改编,入湘后复招降军,始有此数,现驻湘南。

（二）护国第二军为林虎所统,数凡七千余人,原驻广属之东莞、增城、两阳,今全调三水、肇庆。

（三）护国第三军为沈鸿英所统,数凡五千余人,除原有桂军千余人外,余由龙军改编,分驻恩平、钦廉、省城,今有一部分调驻琼崖。

（四）护国第四军为刘志陆所统,数凡三千余人,现驻潮汕。

（五）护国第五军魏邦平,数凡三千余人,现分驻香山、阳江。

（六）护国第六军刘达庆,数凡一千八百余人,现驻东江。

（七）福军为李福林所统,数凡四千余人,分驻河南及东江上游,中有保商卫旅营七八百人,归其兼辖。

（八）陆军第一师为陈坤培所统,数凡三千余人,由桂军改编,现在增募中,不足一师之数,驻省城东关军府附近及分驻虎门。

（九）援闽粤军为陈炯明所统,数凡一万六千人。出发时仅三千许,余在闽陆续增募,现分驻闽南,仍有一部驻潮、惠。

（十）援闽靖国军为方声涛所统,数凡六千余人,出发时仅三千余,均新募或由民军招抚,现驻汕头及闽边诏安及赣边等处。

（十一）浙军为吕公望所统,数凡七千余人,现驻闽边潮汕。初仅陈肇英一团,余皆新募,枪枝最缺乏。

（十二）靖国联军警卫混成团,为李明扬所统,数凡二千余人,现分驻南雄、始兴及韶州、省城各地。此为李烈钧直辖,部属中有炮队一营。

（十三）滇军为李根源所统,数凡一万四千余人,现分驻北江赣边。

（十四）陆军游击营为申葆蕃所统,现分驻省城及虎门,数凡二千余人。

（十五）黄志桓所统,数凡一千余人,现驻钦廉。

（十六）黄明堂所统,数凡一千余人,现驻琼崖。

（十七）莫正聪所统之陆军游击营,数凡二千余人,内有一千余人为王传善旧部,现分驻省城、顺德。

若旧肇军之分别改编及邓文辉等所统之陆军游击等,其数又皆在数千以上。

以此观之,粤省主客各军,现时已在十万以上矣。

（原载《申报》一九一九年七月三日,七版,国内要闻）

西南之议和与制宪

北京政府委任王揖唐为议和总代表,业经军府转电征询西南各省意见,始行表示态度。兹据最近调查南方各省有力军人对于王氏意见,大略如下:已电军府主张拒绝者,李根源、赵恒惕、谭延闿、林修梅、刘显世;主张北京承认南方提出八条件,无论何人,均可认为总代表者,唐继尧;尚未答复军府表示意见者,陆荣廷、谭浩明、李烈钧、熊克武、吕公望、陈炯明等,已由军府去电催促,俾将来政务会议得从多数意见取决。

（原载《申报》一九一九年九月六日,七版,国内要闻）

北京电

靳电吕公望,径谒岑,询对和议意见及进行办法。（二日下午五钟）

（原载《申报》一九一九年十月三日,三版,专电一）

北京电

吕公望应河间召,秘密来京,闻与浙军归北极有关系。（十八日下午二钟）

（原载《申报》一九一九年十月十九日,三版,专电）

福建战机益迫

福建南北两方之备战,已志前报。厦门浙军潘国纲司令及北军高全忠司令,日来对于军事甚形忙碌,连日购备军用品,修葺军用电话,派兵往前线填防。十月十一日,由福州运来二森的大炮一架、子弹七十余箱,当即运往灌口,李厚基并调应瑞军舰游弋金门。乃日昨忽据报称,驻同安之浙军潘国纲师长所部,有两连投附南军,系漳州陈肇英派人运动,携去机关枪四架、快枪二百余杆、子弹十六箱。陈并约期派人迎接,由长泰至漳州。潘国纲接报,甚形懊丧。又闻自夏述唐到诏安后,南方之福建督军林葆怿亦来诏安。日前由诏安致电军政府谓,据前方报告李厚基电召臧致平会议备战,一面赶修沿途军用电具。复据报,李厚基日增军队,逼近前线,务恳钧府速定大计,以赴事机云云。军府复电,令前线各军一致注意,至最后计画已通电征求意见,俟各方复到,即取决进行。林接电后,即于日昨由诏安率卫队一营到漳。陈竞存、陈肇英、熊略及政学商各界出城迎接。林抵漳后,即寓于总司令部,与陈等密商机宜。十一日,吕公望由汕头抵漳,寓浙军司令部。是晚,方声涛之参谋长林知渊与前财政次长殷汝骊,均由永春经厦门抵漳,寓卫内街之福建靖国军驻漳办事处。闻南方海军次长魏子浩及夏述唐等亦将不日来漳。连日陈竞存与林、吕诸君磋商军事。闻照前定计画,以粤军长许崇智由上游进攻,以滇军会办方声涛会同闽南靖国军由下游进攻外,以浙军陈肇英会同镇使洪兆麟用全力攻厦门。十月十四号,吕公望复带其参谋陈民钟,由漳州来鼓浪屿,与各国领事接洽。十八日,即由鼓浪屿回漳。恐战端之复启即在数日间也。

（原载《申报》一九一九年十月二十八日,六版,国内要闻）

香港电

南方将领李根源、吕公望、刘显世、王天纵、唐克明、熊克武、黎天才皆主战,唐继尧、谭延闿、谭浩明、陈炯明主稳健,军府已接各员复电。（二十九日下午六钟）

（原载《申报》一九一九年十月三十日,三版,专电）

北京电

靳电召吕公望入京,会商局部谋和。（八日下午六钟）

（原载《申报》一九一九年十一月九日,三版,专电）

香港电

昨政务会授谭延闿陆军上将、赵恒惕陆军上将衔,派杨永泰为侨务局督办,韩希琦为局长,免蒋尊簋任,吕公望署参谋长,陈坤培为次长。(七日下午四钟)

（原载《申报》一九二〇年七月八日,六版,专电）

粤闻纪要

▲西南政府之新任命　昨(六)日政务会议,岑、林、温三总裁及各部长均列席,一致议决,特授谭延闿陆军上将、赵恒惕加陆军上将衔,任吕公望为参谋总长,经已分别布告矣。

（原载《申报》一九二〇年七月十二日,七版,国内要闻）

曲同丰又发两要电

（一）致段祺瑞电

北京段督办钧鉴：

辅密。同丰此次奉命出兵,本系尽军人职责。及至交战以后,实查各方情况,乃知我督办竟为徐树铮所利用。徐树铮自随从督办以来十有余年,平素对于督办进德修业之举,实无一事可述,而盗卖国权,把持党派,滥用国帑,贻误国计,则无所不为。前此吕公望在京所呈徐树铮各项劣迹手摺,句句确凿,而督办谕其改悔,迄未听从。对督办则任意欺朦,对他人则假用号令。向日此等情形,曾屡进忠告,而督办卒以同丰之言语笨拙,未肯深信,纵恶养奸,数年于兹,以致国事日非,大局破裂,丛尤聚怨,皆在我督办一人之身。此外,与为朋比者如曾毓隽、李思浩、朱深、王揖唐、丁士源等,皆属一丘之貉,直以国家大计为三五人所私主。外间均云,我督办利用树铮等,而不知我督办实为树铮等所利用。今大奸所指,全国一致,同受恩最深,不敢不进最后之忠言。即将徐树铮等六人,速请大总统令交法庭依律研讯,以治其殃民祸国之罪。各省意见,均以除去徐等六人,即为保全督办名誉,奉直各军立回原防,并请督办察明此意,此举只为铲除国蠹,对我督办仍为竭诚之推戴,并无他意。除一二日内赴京面陈一切,谨先电禀,伏乞垂鉴。学生曲同丰叩。皓。

（二）致程其祥电（略）

（原载《申报》一九二〇年七月二十九日,七版,国内要闻）

香港电

攻闽昨已下动员令,沈鸿英任总司令、刘志陆中路前敌司令、吕公望右翼、方声涛左翼,分数舰赴汕,昨出发五千余。林葆怿将率舰赴诏安。闻潮汕桂军佳（九日）与陈炯明军开衅,地点未详。因当道请陈合攻闽,陈要求先发饷械,及闽南粤军占领地盘,桂军不得进驻,当道不允,故开战。（十二日下午五钟）

（原载《申报》一九二〇年八月十三日,六版,专电）

香港电

军府令授莫荣新、谭浩明陆军上将、勋二位,林葆怿海军上将、勋二位,赵恒惕勋二位,吕公望、钮永建、冷遹一等文虎章,李根源、于右任陆军上将衔,汤廷光勋三位。另桂系将官十余,授勋三、四、五位。（十六日下午六钟）

（原载《申报》一九二〇年八月十七日,六版,专电二）

香港电

吕公望昨赴汕,马济所部武卫军调驻惠州。（十八日下午七钟）

（原载《申报》一九二〇年八月十九日,六版,专电二）

攻闽中之各面观（节选）

▲浙军方面　浙军陈师长肇英,与陈炯明感情甚好,浙军每遇火食拮据,皆陈部帮助维持。此次对闽用兵,陈有电致某方面,申明如攻李厚基,则极力赞同;如攻陈炯明,不敢奉命。因此,某方面请吕公望前往调解。吕尚未行,外传吕已起程者谣言也。

（原载《申报》一九二○年八月二十二日,七版,国内要闻）

北京电

岑电靳,接吕公望支（四日）电,泉州北军忽于本日进攻,势甚猖獗,正派员接洽,待彼复命。不料突然开枪,只得向安溪退却。李欺执事,并有王揖唐阴与决策,尊处究有无制止方法,速复。靳急电李详查,如已开进,速停止。

（原载《申报》一九二○年九月九日,六版,专电二）

北京电

岑春煊鱼（六日）电,据吕公望电,李厚基以马步云为总指挥,王揖唐为参谋长,进攻安海,致苏旅长中弹、林团长阵亡,尊处有无制止办法,乞示。靳已转李诘责,词极严厉。（八日下午四钟）

（原载《申报》一九二○年九月十日,六版,专电）

北京电

闽李电,与吕公望代表楼、王两军商妥,陈肇英部退驻惠州,不致再生误会。（十六日下午五钟）

（原载《申报》一九二○年九月十七日,三版,专电一）

吕公望行将来京

兹得府院方面消息,现驻福建诏安一带之浙军、靖国军总司令吕公望,应靳总理之急召,将于日内抵京,与政府商议一切善后之重要事件。又闻陈肇英所部浙江军队,自入靖国军后,逐渐扩充,现已成为一混成旅之数。以粤省内部混乱,该军饷项无出。最近发生一种觉悟,拟乘机投归北方,其归北之条件,已交吕司令携交来京,与中央商洽矣。

（原载《申报》一九二〇年十一月十四日,七版,京闻拾要）

北京电

吕公望谒徐,请将浙军欠饷三十余万由中央补给,并将陈肇英一团扩充为混成旅,归陆部管辖。（十六日下午三钟）

（原载《申报》一九二〇年十一月十七日,三版,专电）

南京快信

府派侍从武官萧奇斌,偕吕公望赴闽犒劳军队。昨由京抵宁,即转车赴沪。

（原载《申报》一九二〇年十一月二十六日,七版,国内要闻）

杭州快信

金、衢、严、处四郡旅京同乡吕公望、毛云鹏、袁文薮、陈榥、刘焜、杜师业、刘凤威等二十一人联电到浙,以各属选举调查仍前遗漏,同一浙省将有畛域之分,请为设法维持。闻省署昨已令各该管道尹派员会县□实查明□复①,以凭核办。

（原载《申报》一九二一年一月四日,八版,国内要闻二）

天津电

曹锟召吕公望商军事,吕于梗（二十三）晚赴保。闻曹拟委其代

---

① 底本字迹漫漶,难以辨认。

表赴浙。

（原载《申报》一九二一年二月二十五日，四版，专电）

北京电

吕公望奉命赴鄂，与王督接洽湘事，昨夜出京。（二十四日下午八钟）

（原载《申报》一九二一年二月二十六日，四版，专电）

杭州快信

前浙督吕公望，昨由沪抵浙。

（原载《申报》一九二一年六月十六日，七版，国内要闻）

山西通信

▲模范省交通事业

（正文略）记者按，吾国古代，职方司路，对于交通，本极注意。不谓今之所谓政府者，于百政废弛之际，下一道"八股式"的修路命令，其用意在欲藉整顿交通自治之美名，以减少各地方人民反对中央之分量。独夫奸猾误国，恋栈寡耻，不从实际上着手，惟以敷衍为政策，愚而可怜矣。数年以来，陈炯明在漳州提倡省道，国人始注意及之。惜其辖境过狭，仅及于汀漳建之三十七县。浙江吕公望兼省长，筹备省道，规模宏远矣。齐耀珊继吕长浙，而全部推翻。今者广东之陈炯明，与四川之刘湘，皆亟亟于筹画省道，近方着手，未若山西阎锡山之已克日程功，按照其原定计画，民国十四年，所谓省路、县路、乡路者皆一律竣工。设使方今各省之万恶督军、饭桶省长，胥发生一种觉悟，而尽如陈炯明、阎锡山、刘湘之所为，则中华民国交通行政事业，其庶有豸乎？（二月十五日）（欧沧）

（原载《申报》一九二二年二月十九日，七版，国内要闻二）

杭州快信

前浙督吕公望,癸亥年二月初旬为其父及母补祝七旬双庆,即日刊启征文,杭地当道官绅大半列名发起。

（原载《申报》一九二三年一月七日,十版,国内要闻二）

杭州快信

吕公望来浙后,连日官绅请宴甚忙,并不涉及政治。

（原载《申报》一九二三年四月十五日,十版,国内要闻三）

北京电

二十一日阁议,国事协商办法照办,政治讨论会添副委员长一员,蔡凤機闽政务厅,胡桂高闽警务处,青岛、威海监狱费,吕公望为沿海渔业专员,均交部核。（二十一日下午八钟）

（原载《申报》一九二三年四月二十二日,三版,国内专电）

北京电

浙议员四十余人函黎,保吕公望为沿海渔业督办,黎交院,昨阁议主缓办。（二十二日上午十钟）

（原载《申报》一九二三年四月二十三日,三版,国内专电）

北京电

王家襄、褚辅成等请特派大员,督办沿海渔业,编制保卫团,以为征收渔税张本,并请以吕公望简派。二十一日阁议结果,交海军、农商两部会核。（二十三日上午十二钟）

（原载《申报》一九二三年四月二十四日,三版,国内专电）

杭州快信

国会议员拟推吕公望为浙海渔业督办。现吕氏偕傅其永等莅甬，约宁台镇守使王桂林、镇海台官张伯歧等游览普陀。

（原载《申报》一九二三年四月二十六日，七版）

南京快信

吕公望、许世英前日抵宁。因闻津浦车中途拆轨，延至昨日，始乘车北上。

（原载《申报》一九二三年五月九日，十一版）

浙省之省道县道观

浙省创设省道之动机，远在民国五年间。时吕公望氏长浙，曾规划全省设三大干线，以杭州为中心，一至江西之玉山，一至安徽之广德，一至福建之浦城。另又分设支线，联络省内各县。路长数千里，需费数千万元，分年建筑，期以必成，诚一伟大事业。后以吕氏旋即去位，继任当道以省库支绌，停止进行，遂尔中心①。不然，早观厥成矣。此后乏人提倡，匿迹销声者数年于兹。迨去岁省中有兵工筑路之议，亦经分段测量，从事进行。化兵为工，诚是良策。迄今只绍萧一段工程告竣，余皆尚无成绩可言。今岁复创征收卷烟特税，以补助筑路之费，当不致因无米之炊，而再半途中止也。

若商办之汽车路，通车者仅杭馀路自杭州至留下一段。该线营业近来颇不恶，每日售票平均在百三十元左右，除去开支，大约可赢半数之谱。顷自留下至余杭一线赶工建筑，夏历五月初即可全路通车。届时拟即展长路线，兴筑自余杭至临安一段，以便运输山乡物产。

---

① 中心，疑为"中止"之误。

其他在计划中之路线,有馀武线,自余杭至武康之三桥埠,路长约五十余里,分三段进行。如他日路成,并与杭馀路联车,则中西人士往莫干山避暑者,可乘汽车直达,便利甚多。此路营业发展,当可预料。馀嵊路,自余姚之百官至嵊县,路长百二十里,需费三十万。此线亦经杭馀路发起人顾君子才派人勘测,拟有计划。广泗路,自安徽之广德至浙省长兴之泗安,此路途经界牌关,山势崎岖,运货多用驴马。虽路长仅四十里,但必经十小时可达,不便孰甚。现有严君发起建筑汽车路,以沟通之,则徽省米、纸两项出产,运输即可便利。此线获利,亦可操券。以上三线,兴筑均有动机。他如金兰路,自金华至兰溪者,馀孝路,自余杭至孝丰者,亦有人提及,不难成为事实也。

总之,从事一事,须有毅力,有决心。观顾君子才,以一军人改营商业,诚难得之觉悟。且自经营杭馀路后,成绩卓著,树各地风声,继起者有如上述。提倡之功,诚属非浅。近日有道路协会之设,鼓吹于上,此后浙省交通事业之发达,可拭目而待之也。(西湖客)

(原载《申报》一九二三年五月十九日,二十二版转二十三版,汽车增刊)

北京电

吕公望介绍孙宝琦与吴景濂接洽内阁事。支(四日)夜甘石派会议,另派员与孙宝琦接洽条件,不经吴手。歌(五日)晨又发传单,否认孙阁同意案日程,主今日改开谈话会。津派电京调停,保留吴景濂议长,请曹亲宴议员疏通,并盼早决孙阁,俾能借款度日。(五日下午三钟)

(原载《申报》一九二三年十一月六日,三版,国内专电)

北京电

吕公望昨介绍吴景濂、孙宝琦交换意见。(二十一日下午二钟)

(原载《申报》一九二三年十一月二十二日,三版,国内专电)

护法讲习医院之组织

国会议员黄元白、张大昕二人发起组织护法讲习医院，用留护法之纪念，以求幸福于健康。特聘浙江名医陈无咎为医长，及西医数人为助诊。近已征取寓沪名流孙洪伊、于右任、彭介石、时功玖及褚辅成、邵次公等同意，并有高伯谦、冯自由、黄咏台、王昆西、蒋著卿、陈寿萱等分途垫款。此外，如胡汉民、廖仲凯、汪精卫、虞洽卿、吕公望、袁礼敦等，亦正在函洽，请其相对赞助。至筹备期间，议定阳历十三年一月底为止。筹备完竣，即行正式开幕。事务所设在静安寺路新康里百零六号陈氏医馆云。

（原载《申报》一九二三年十二月二十七日，十八版，医讯并纪）

出版界消息（节选）

商学士董坚志君所编之《商人快览》一书，由张謇、蔡元培、吕公望等题字，自经棋盘街锦章图书局发售预约以来，未及一月，预约券额，早已售罄。现因初次出版，仍售特约半月，洋装二元七角半、平装售二元半云。

（原载《申报》一九二四年四月二日，十九版，本埠增刊）

潘国纲郝国玺抵沪后之行动

远东通讯社云：浙军第一师师长潘国纲、旅长郝国玺，已于三日上午由甬抵沪，遂往龙华总司令部谒卢永祥。下午在功德林晚餐后，即赴静安寺附近，与浙江旅沪各要人会晤。当时在座者有蒋尊簋、屈映光、吕公望、褚辅成、李思浩、殷汝骊等，各人对于浙局，主张自治自卫，均极坚决，惟具体办法，尚未完全解决，将于明日下午继续会议云。

（原载《申报》一九二四年十月五日，九版，本埠新闻·各通讯社之消息）

浙绅蒋屈等抵甬后情况

浙绅蒋伯器、屈映光、吕公望、虞和德等，均于七日由沪抵甬，惟潘国纲并未偕来，而一师旅长伍文渊，亦于同日下午二时由五夫乘车到甬。即日下午在一师司令部开临时会议，讨论一切重要事宜。晚间又在会稽道尹公署召集官绅紧急会议，到者除上述诸人外，并有李思浩、褚辅臣、顾子材、殷铸夫、杜志远、周佩璜、王醉卿、王文钦及当地官成黄道尹、刘厅长、江知事、郝旅长、伍旅长与孔馥初、胡叔田、赵钵尼、陈南琴等。闻席间所讨论者，系军饷及自治问题。惟议决案极守秘密，外间无从探悉。惟浙军第二师某团兵士，因恐宁波或有特别举动，昨（七日）已开抵奉化，就近监视。会稽道尹公署以时局紧急，昨亦召集僚属会议，结果未详。闻黄道尹拟于今日（八日）乘轮赴沪，王镇守使及镇署各官属家眷，昨均已离甬避沪，一切行李，亦均随同带去。甬人士睹此形状，莫不异常恐慌。当虞绅七日抵甬，暂在宁绍公司休憩时，即有当地士绅胡叔田、赵钵尼、孔馥初等往访，征询善后意见。虞谓，卢氏既称以浙还浙，孙氏莅浙，亦首先宣布军民分治之宗旨，则浙人自当体卢氏盛意，尊重自治。孙既为闽浙巡阅使，所率军队又为国军，所有军费似不能由浙江单独负担，此节应由地方人士竭力主张，并拟由地方人士组织委员会，以办理地方兵灾善后事宜。再维持固有军队，以保吾浙自治之精神云云。（八日）

（原载《申报》一九二四年十月十日，六版，国内要闻二）

杭州快信（三则）

二旅旅长伍文渊，今（十日）晨由甬电省，报告于九日就一师师长职。

省署昨电王桂林，请劝导蒋尊簋、屈映光、吕公望、褚辅成、沈钧儒、殷汝骊等俯念地方为重，顾全大局，早日离甬。

潘国纲青日通电，报告去职情形，对于第一师完全脱离。

（原载《申报》一九二四年十月十三日，五版，国内要闻二）

蒋尊簋昨已返沪

国闻通信社云：旅沪浙人前拟在宁波设立自治政府，嗣以内部意见不一，省中反对尤力，故遂告中止。现闻前为此事赴甬之蒋尊簋、褚辅成、吕公望、屈映光等，均已于昨日搭轮返沪云。

（原载《申报》一九二四年十月十五日，九版，本埠新闻）

宁波自治军备战

自浙江自治军成立以后，宁波战事，万难幸免。总司令吕公望于十六日抵甬后，即行就职。民政厅长王文卿，亦于同日布告就职。鄞县知事，已由王厅长另委李蕙人充任。而军队之调遣，如驻海门一师二团，于今日（十七）开拔五夫前线，由前敌副指挥王尊带领。宁波红十字会救护队第一队队长何和德、副队长李子坚、理事杨槐堂、交际主任叶云峰、队员贺凤翔等，均于十七日上午乘专车赴前线视察。据此情形，战机一触即发，前途诚不堪设想。

镇海炮台司令为自卫计，已添招自卫队八十名，暂驻江南沙湾头。总司令部新编士兵，人数颇众，军容亦盛。并组有敢死队，以备冲锋之用。吕总司令满拟一鼓作气，直捣杭州，驱逐客军，豪爽诚足惊人。然商民依然怀疑，惊魂依然不定。加以警察厅、巡防局枪械，均为司令部所收用，警巡因无枪械，不得已空手站巡，治安叵叵可虑。

各商店已闭门三日，虽商会派员劝令开门，依然旋开旋闭。一种凄惨景象，实令人目不忍睹。闽籍难民，连日纷纷过境，逃来逃去，尚不及故乡安逸，多引为浩叹。商会人士近日纷纷设立妇孺收容所，成立者已十余所，妇孺前往避难者满坑满谷，逃难之声，处处皆是，实为

近数十年所未有也。（十七日）

（《申报》一九二四年十月十九日，五版，国内要闻二）

浙省缉捕自治军要人

国闻通信社云：甬事变化后，夏超、孙传芳等闻已密令缉捕郝国玺、吕公望、王萼、王文庆等六人，一面令宁、绍、温、台各军队，以后再有人图谋活动，准即就地正法，再行呈报云。

（原载《申报》一九二四年十月二十二日，十版，本埠新闻）

吕公望前晚赴津

中国新闻社云：吕公望氏自宁波取消独立后，即避往来沪。兹悉吕氏于前（二十一）晚乘轮赴津。

（原载《申报》一九二四年十月二十三日，九版，本埠新闻·各要人之行踪）

第一次天津会议

十三日津讯　段祺瑞于十一日，在其本宅招待在津军政界各要人，开第一次之天津会议。宫岛街段宅门前停汽车数十辆，情形非常热闹。会议至下午二时半闭幕，始各自退出。列席者约四十余人，主要人物为张作霖（张学良代表）、冯玉祥、卢永祥、李景林、吴光新、张宗昌、杨化昭、鲍贵卿、吕公望、贾德耀、陆宗舆、张树元、宋子扬、郭宗熙、丁鹏九、王芝祥、朱深、陈宧、田中玉、林长民、姚震、许世英、罗开榜、龚心湛、庄景珂、丁士源、袁良、陈国栋、章士钊、段芝贵、段永彬、马良等。

闻善后会议之议题共有六项：（一）将来政府之组织，采用何种制度；（二）第一次国会之存废问题；（三）东北东南两战事之善后办法；（四）中央及各省政治进行方法；（五）清室优待条件改订及实施问题；（六）吴佩孚今后行动之处置。闻对于将来之国民会议议案，亦有所规定,大要如次:(一)裁兵及废督问题;(二)国会解散问题;(三)省会停止问题;(四)清室优待条件决取消问题;(五)旧宪法之取消及新宪法之制定;(六)地方分权之划定;(七)中央税及地方税之划分;(八)今后政治问题及治国大本之确定。并闻对于国是会议之开会地点,有所讨论,有主张在天津者,有主张在北京者,迄未决定。

(原载《申报》一九二四年十一月十九日,五版,国内要闻)

浙江长途汽车事业之近况

浙江自吕公望督浙时代,已有开筑全省省道,行驶长途汽车,以便行旅之议。草图绘就,而吕氏去浙,遂尔中止。卢永祥督浙,欲化兵为工,乃特设省道局,举办卷烟特税,以为经费。复就浙江省道四大干线中(浙闽、浙皖、浙赣、浙苏),择定浙闽线先行试筑,沿路桥梁因须工程家计划建筑,非兵士所能,故另招商投标承筑。沿路路基分段筑成者,有已完工,有未完工。迨江浙军兴,兵士尽数抽调,而此项路基,既无桥梁联络,不能行车,又被乡民任意蹧蹋,已属无用,将来非再行修补不可。(下略)

(原载《申报》一九二四年十二月十三日,十九版,本埠增刊·汽车新闻)

吕公望偕王桂林由津来沪

浙江自治军总司令吕公望,自甬事失败后,即寄迹津门。现因政局变化,吕氏已偕前宁台镇守使王桂林来沪。

(原载《申报》一九二四年十二月十八日,十三版,本埠新闻)

宁波同乡会昨晚开紧急会议

▲因浙自治军赴甬独立事

东南通信社云:连日旅沪浙人之驱孙运动,进行不遗余力,除推代表北上请愿免孙外,并电邀浙江自治军领袖吕公望、王悦山、王醉卿、王文庆等来沪。兹悉吕、王等已于前晚到沪,当夜在本埠某处开会。结果先由王悦山、王文庆等会同陈乐山赴甬宣布独立,然后再分路进兵,驱逐孙传芳。此项消息昨晨传出,为宁波旅沪同乡会所悉,恐蹂躏地方,涂炭生命,立即召集全体理事开紧急会议。议至夜深,尚未竣事。闻今日续议,并有宣言发表。又闻陈乐山等,已于昨日下午乘新江天轮赴甬云。

（原载《申报》一九二四年十二月十八日,十三版,本埠新闻）

浙长问题之酝酿

浙江省长一职,自张载阳去后,警务处长夏超由代理而真除。当卢、齐用兵时,维持地方秩序,颇为出力。惟于宁波事变,惩办党人,未免太严。近来苏局解决,浙事善后,正在酝酿。闻卢永祥对浙,仍主张载阳回任,而久居段氏门下、曾任浙长之吕公望,亦思于军民两长中位置一席。因其在浙潜势力不敌屈映光,故旅居京沪浙人,多迎屈而拒吕,且彭寿莘一师改编为两混成旅,第一旅长郝国玺、第二旅长王莩,均为屈所提拔,尤足备南下之需。但因农商杨庶堪表示不就,段属意屈使之继任,以故浙长一席,拟请孙宝琦担任,以孙之声望,足以解决浙局而无烦兵力。第未知孙果肯承认否耳。又传另一消息,近日浙长一席,业已发生竞争,以朱庆澜呼声最高。朱为浙江绍兴人,离乡已久,于奉于粤,均通声气,想不难□诸事实也。

（原载《申报》一九二四年十二月十九日,十版,国内要闻二）

屈映光声明自治军无赴甬独立事

国闻通信社云:日前本埠盛传自治军赴甬独立,人心颇见恐慌。嗣吕公望、王文庆、王桂林等相继声明,始悉全系谣言。昨日本埠某君又接屈映光自京来函云:①(上略)宁波之事,不过一时认为重要,

---

① （上略）（下略）,原报如此。

尽力赴之。事过情迁，何足置意。至于当时戴兄返沪，亦以卢公下野，大势已去。当时弟与蒋、褚二公在沪，种种计划，欲为援助，已均不成。戴兄洁身远引，亦岂得已？外面流言，或不知当时局势者。不负责任之言论，吾辈与同患难，何忍出此？悠悠之口，无非奸人播弄挑拨，不久自明，听之可也。惟谓近又有人赴甬动作之事，则决非事实，讹言朋兴，殊摇人心，似不可不为之声明也。（下略）

（原载《申报》一九二四年十二月二十四日，十三版，本埠新闻）

浙江军民两长将暂时不动

▲屈文六说已成过去

▲新派出之四位代表

▲吕公望对浙事消极

▲合肥最初用意甚佳

（本报特讯）浙江问题，曾经过若干阶段，至于今因种种关系，孙传芳与夏超皆可暂不更动。浙江各团体前既派顾子才等为代表来京，昨日接浙江来电，又派出在浙之沈钧业、王湘泉，在京之王幼山、张咏霓四人为代表，会同向执政方面有所陈述，其主旨惟求地方之和平，诸事可以逐渐解决，与孙、夏两长暂时不更动之消息，亦有几分关系。至从前之经过，则当吴佩孚未失败时，因扣得孙传芳与吴往来之电，对孙甚为怀疑。吴既失败，有某氏致电孙氏，责其就近驱齐，将功赎罪，此事并无结果。而屈映光长浙之说，则因屈谓欲使孙传芳就范，非彼去不可。而又有毛某在沪用沈钧业名义致电北京，谓浙江各界皆赞成屈氏长浙。此电嘱金城氏送与王幼山。而其时北京浙人方面适拟以幼山长浙，遂致揭穿。沈钧业乃否认发此电。浙代表顾子才等谒段执政，段谓凡事须一步一步做，不能躐等。又言浙事乃浙人自坏，各省亦然。有人遂于此时面陈段执政，谓上海方面，有高白老（白叔，高子白之父）、朱宝山、虞洽卿等推举，孙宝琦、朱庆澜、屈映光三人皆可为浙长。段言孙慕韩笃实君子,恐干不了;朱紫桥稍嫌峻刻;屈映光颇为"活动",云云。而各团体如许行彬等一起一起反对之电如雪片飞来,益以各代表证明沈钧业之电为伪托,事以打消。

至在京之吕公望,其本人甚为消极,对浙事声明决不干与。因前次有人谓其秘密南下赴甬,乃再三致电声明,以浙事今既可望和平,与东南战前大不相同,岂肯重启干戈,贻害桑梓,指天誓□,决不与闻。现在所以向和平方面进行者,吕亦有维持之力。据合肥左右所言,段最初对于浙事,用意甚佳。盖欲解决军制,将各军置于边境,主张浙江无须驻兵。此固浙人所馨香祷祝者①,今虽一时未能实现,仍望政府始终确守和平之旨也。

屈映光之长浙虽已取消,而浙人反对未已。兹复觅得孙慕韩方面接到一电,为志如下,可知浙人心理。"孙慕老,汪伯老,吕戴之、沈研斋、陈仲恕、汤尔和先生公鉴:屈映光不学无术,久为浙人所共弃,亦公等所深悉。顷闻屈又钻营长浙,群情至为惶恐,已电请执政取消拟议。久钦公等关怀桑梓,务乞一致吁请,毋使浙人重罹水火,幸甚盼甚。贾巙、许国桢、陈邦达、梅雨清、谢谭、叶蔚、王润等叩。"②

(原载《京报》一九二五年一月九号,二版)

北京通电一

各省衙门均鉴:

临时执政令。

派赵尔巽、汤漪、王家襄、徐绍桢、周学熙、江朝宗、屈映光、王印川、张广建、陆宗舆、吕公望、言敦源、彭养光、黄书霖、王伯群、杨士聪、治

---

① 固,底本误作因,径改。

② 梅雨清、谢谭、叶蔚、王润等,底本误作"梅雨清、谢谭叶、蔚五润等",梅雨清、谢谭、王润等,一九二一年均在浙江第十选举区(温州)当选第三届省议会议员(叶蔚第几选举区当选,待考),径改。

格、刘骥、刘传绥、凌毅、陈汉第、邵瑞彭、乌泽声、邓汉祥、刘振生、金鼎勋、金兆棪、何葆华、李国凤、周肇祥为临时参政院参政。此令。

（原载《申报》一九二五年五月四日,四版,公电）

开封电

吕公望昨来汴,夏国桢本午由汉来汴,闻衔有某方使命。（以上四日下午八钟）

（原载《申报》一九二五年七月五日,七版,国内专电）

北京电

吕公望接孙岳电,称艳（二十九）晨六时由华山乘汽车前往西安,预计今晨十时可到西安。（三十日下午十钟）

（原载《申报》一九二五年八月一日,五版,国内专电）

开封

吕公望等专车来汴,寓省银行。（十二日下午三钟）

（原载《申报》一九二五年九月十三日,七版,国内专电二）

开封

刘骥元（十三）日来汴,昨赴京。岳督昨晚专车赴郑。吕公望昨离汴。（十六日上午十二钟）

（原载《申报》一九二五年九月十七日,五版,国内专电二）

郑州

自孙岳督陕命令发表后,豫西三军大部已陆续西拔,何遂已赴西安。孙委吕公望为驻洛后方总司令,以节制暂留洛、潼之军队。（以上二十二日上午十一钟）

（原载《申报》一九二五年九月二十三日,六版,国内专电）

开封

陕讯　孙岳电保叶荃为三省剿匪总司令,又委吕公望为驻洛后方总司令。(以上十三日下午五钟)

(原载《申报》一九二五年十月十四日,四版,国内专电)

段尚无意于退

北京　府院为临时政府联任运动,颇费周章。局中人言,外交上,某国同情于拥段,且劝段与奉军接洽和平。贾拟让陆长于吕公望,使阁员多一席;农长决任金鼎勋。府中防止法统论,比防联军尤为注重。段政味甚浓,谓张宗昌、张作霖拥吾在前,吾去年绝对不允下免两张令,他们当知道吾者。(二日)

(原载《申报》一九二六年四月四日,四版,本馆要电)

天津退督一览

合黎元洪计算,凡二十六人。

十五年来失意之武人政客,大多数现均蛰居天津。兹据津方确实调查,民国以来,曾任各省都督、督军之居该地者如下:

王占元(鄂)刘冠雄(闽)陈光远(赣)王芝祥(桂)

鲍贵卿(吉)孟恩远(吉)田中玉(鲁)陆洪涛(甘)

王揖唐(皖)蒲殿俊(川)张树元(鲁)陈　宧(川)

蔡成勋(赣)孙道仁(闽)靳云鹏(鲁)段祺瑞(鄂)

许兰洲(黑)陈树藩(陕)卢永祥(浙)张怀芝(鲁)

张文生(皖)吕公望(浙)李厚基(闽)张镇芳(豫)

朱庆澜(黑)黎元洪(鄂)

(原载《申报》一九二六年五月二十四日,十七版,自由谈)

北京

吕公望宅，有军人夺其汽车而去。

（原载《申报》一九二六年五月二十八日，五版，本馆要电二）

电□社十八日上海消息

据汉口方面消息，吕公望、萧其煊、李书城三氏，为联络夏超与蒋介石起见，于十六日乘南阳丸赴汉口活动。

（原载《申报》一九二六年十月十九日，四版，各社要电）

杭州快讯

前浙江都督吕公望有昨日到杭说。

（原载《申报》一九二六年十月十九日，四版，国内要闻）

夏超出走后之花花絮絮

夏超，字定侯，浙之青田人。当就学浙江武备学堂时，犹一领青衿，度其措大生活。及光复，朱介人督浙，夏遂一跃而为警察厅长。浙局屡变，夏氏始终安如磐石。虽吕公望督浙时，夏之厅长，几为摇动，而打走中央任命之厅长傅其永①，仍安保其禄位，其雄心亦足见一斑也。

由厅长而处长而省长，其幸运不可谓不厚。奈沉迷武力，昧然遽动。其十五年博得之资财，悉购置枪械，而在三小时嘉兴之战，一败涂地，亦可慨也夫。

夏氏出师之日，其帅旗别开生面，盖用白绫为底，而绣以五公团□，中绣黑绒"夏"字，随风飘扬，大类舞台上之大纛旗。当前方溃退

---

① 傅其永，底本误作"傅其荣"，径改。

时,夏犹在战线指挥。保安队第二统带章佩,以联军已至,亟掖之登车,夏神志颓丧,以手枪自戕,为章所夺下。至城站,因一日未进饮食,在待车室进小有天蛋炒饭一盈。回至公馆,犹接见日领事等客。始率残部乘机车出走。

夏所置之军械,均为最新德国式,其价亦殊昂,惜使用者均不之知,未经临阵,遽尔图遁,致三小时儿戏战争,乃一蹶不振,殊为夏氏个人惜也。

夏氏不自知足而失败,今则私邸被抄,浙人唾骂,联军且出十万元赏格以求其首级。是亦可为不知足者下一当头棒喝也。

夏氏出走之夕,印铸局颁发十五年历史之"浙江省长之印"[①],当由省警厅长冯光宇送至前省长张载扬处,张以本人无名义接受,乃请转送至法团。时适省议会副议长祝绍箕在座,乃以浙江三千万人民代表之资格,权为保管,并由冯加以封条。

省长出走,省署阒寂无人。平日为之守卫之保安队,实行其监守自盗,二十三日上午,竟入内大肆掳掠,凡职员之衣服、什物,取之殆尽,始弃械席卷而去。养兵自卫之下场如是,亦夏氏初料所不及也。(雨苍)

(原载《申报》一九二六年十月二十九日,十七版,自由谈)

粤鄂政闻

汉口 吕公望自沪来汉。李宗仁因事暂缓来鄂。(二十五日下午三钟)

(原载《申报》一九二六年十二月二十六日,五版,本馆要电二)

---

① 十五年,当作十年。民国建立之初,浙江省行政主官为民政长、巡按使。直至民国五年七月六日,大总统任命吕公望兼署浙江省长,组建省长公署,才有省长名义。吕公望由此成为浙江历史上第一任省长。

党军对苏皖之策略（节选）

杭州　屈映光、吕公望均已由沪返浙。

（原载《申报》一九二七年三月十一日，四版，本馆要电）

吕公望赴通扬收抚军队

前浙江督军兼省长吕公望，自国民革命军出师北伐时，即赴天津联合同志，向各实力派互相结合。迨北伐军克复湘岳，联袂南下，即前往汉口转赴河南，与靳云鹗等切实接洽。奈当时豫局十分纷乱，经数月之工作，始克完成。嗣偕上海海军代表徐君赴南昌，与蒋总司令面洽，当由蒋总司令派来上海接洽一切。现蒋已来沪，即命吕赴通、扬一带收抚军队，并委为军事政治高等顾问。现吕正部署一切，不日前往云。

（原载《申报》一九二七年四月一日，十四版，本埠新闻）

建设讨论会第二次筹备会纪

本埠各团体共组上海建设讨论会，业于本月十日成立筹备处，详情曾纪本报。昨日下午四时，该会在筹备处开筹备委员与起草委员联席会议。江政卿主席，开会情形如下：

（甲）议决本会讨论上海建设事宜，谋民众福利。际此人心不安之时，进行既须迅速，征求尤应普遍，非分科实行办事，不足以专责任。经公推临时分科办事各委员如下：（一）总务科，江政卿、陈勇三、王彬彦、程祝荪、高鉴青、邬志豪六人；（二）建议科，蒋百器、吕公望、袁履登、徐春荣、沈润挹、张心抚、陈奎棠、陈慰农八人；（三）文书科，朱赓石、周震光、俞□曦、严谔声、姜怀素、张振远、蒋梦芸、张横海八人；（四）审查科，钱龙章、蔡伯弢、朱生、沈仲俊、周麟峰五人；（五）会计科，朱静庵、杜月笙、鲁廷建、李维良、范回春五人；（六）庶务科,陆星庄、凌建南、王子炎、吴大廷、余仰圣五人;(七) 宣传科,王肇成、许云辉、龚静岩、尚荣周、陆子廉、侯三阳、顾惠民、申梦世八人;(八) 交际科,盛植人、陆文中、顾翕周、顾竹轩、尹邨夫、朱树桢、张啸林、余化龙、王晓莱、黄金荣十人;(九) 征求科,潘冬林、陈翊庭、范和笙、陆端甫、祝厚甫、顾竹君、江宣甫、钱剑石、贝在荣、冯秋心、虞仲咸、陈志康、韦伯成等共三十三人。并议决,凡不属各科者,均推入征求科委员。以上九科临时委员,于本会成立日终止职务。

(乙) 主席请众发表对起草员注意事项及其他立言意见。经周霁光、张心抚等相继发言,大致本会根据第一次会议主席发表之宗旨,共同讨论上海各项建设事宜,应以三民主义为根据,从《建国大纲》《建国方略》上着意贡献,俾一切措施,不逾范围。中国现状,惟实行三民主义,足救垂亡。对于其他主义,均当排斥,使民众有所适从,不为他方所煽动。至征求方面,固采普遍广大主义,但对份子之人格,须严宁注意,勿使反革命份子及阳藉三民主义之名、阴谋有利他党地位者在其间,请众注意云云。

(丙) 决定本月十二日(今日)下午二时,在筹备处开起草委员会。议毕散会。

(原载《申报》一九二七年四月十二日,十三版,本埠新闻)

陈仪被任为江北宣抚使

革命军总司令蒋介石,以江北淮扬一带孙军节节溃败,地方元气大损,亟待绥谋善后。在沪时,曾委浙江政务委员陈仪为江北宣抚使。刻蒋总司令以江北战事进行顺利,电促陈氏迅速启程,前往着手抚慰。陈氏拟与白总指挥商定计画后即行离沪。又,蒋总司令委吕公望为通扬宣慰使,会同办理收编溃军一切事宜。

(原载《申报》一九二七年四月十五日,十四版,本埠新闻)

第六支队改编通扬收抚使基本队

补充队第六支队，原系别动队改编，形势、精神，尚称完整。今该队正副司令白芝芗、戴良舟，复受通扬收抚使吕公望氏编为基本队伍，业经吕使分别加委就职。凡以前第六支队名义即日取销，并闻稍为整理，即行开往通扬一带，再事扩充师旅，以符军制云。

（原载《申报》一九二七年四月二十三日，十三版，本埠新闻·军事消息汇志）

南京国民军进攻浦口

镇江 扬讯 孙传芳、孟昭月自动下野，所部将总附南成三军，由吕公望收编。

（原载《申报》一九二七年四月二十三日，十三版，本馆要电）

吕公望改委江北招抚使

总司令部军事高等顾问吕公望氏，前由蒋总司令派委通扬一带收抚事宜，曾志前报。兹悉蒋总司令特改委吕公望为江北招抚使，并颁给关防一颗，文曰"江北招抚使之关防"。闻吕氏奉委后，已呈报就任云。

（原载《申报》一九二七年四月二十五日，九版，本埠新闻）

时人行踪录·吕公望

江北宣抚使吕公望，于昨日上午六时五十八分，由龙华站乘坐沪杭格专车一列，计挂二等客车一辆、三等车一辆，专车驶宁，与蒋总司令有所接洽。

（原载《申报》一九二七年四月二十九日，十四版，本埠新闻）

江北招抚使署近事

▲特务团开往崇明　江北招抚使署特务团奉令出发,于前日乘大连、朝阳二轮,至夜间九时开抵崇明,约计官佐士兵共有二千余名,枪械子弹充足,纪律严明。该地各团体及民众异常欢迎。

▲先遣队司令委定　国民革命军江北招抚使吕公望氏,于本月三日委王愚为先遣队司令,孙培塈为该队副司令,闻二氏业已就职出发。

（原载《申报》一九二七年五月六日,十四版,本埠新闻）

仇鸾燮着手进行招抚事宜

革命军江北招抚使吕公望、全权招抚委员仇鸾燮,刻已着手积极进行江北招抚事宜,业经委任于登云为江北别动队司令,吴绣为江北第二支队正司令、尹国纲为副司令,均已布置一切,不日即将出发。

（原载《申报》一九二七年五月九日,十一版,本埠新闻二）

淮扬招抚委员徐森甫工作之进行

徐森甫君奉江北招抚使吕公望委为江北淮扬招抚委员,业已布置完善,已赴江北淮扬一带着手进行招抚事宜。闻业已委定魏鼎贵为江北别动队队长,周志臣为第一队支队长,王子静为第二队(支)队长,张鸿江为稽查长等,均已出发,从事招抚工作。沪办公处在闸北南林里西八弄九十三号云。

（原载《申报》一九二七年五月十四日,十四版,本埠新闻）

江北招抚委员之进行

▲王屏障　国民革命军江北招抚使吕公望,已派特务团及招抚军一、二两团,于前日由崇明进展海门,该署招抚委员并别动队司令王屏障,为促孙军早日肃清起见,业已奉命组织就绪,分头派人向淮

安一带工作。昨日复派大批人员,由海道向江北出发云。

▲陈云鹏　江北招抚使吕公望,昨委任陈云鹏为纵队司令。闻侯筹备就绪,司令部即须移设崇明,着手编练,从事北伐工作。

▲俞凤翔　江北招抚使吕公望、全权收编委员仇鸾燮,昨又委别动队第二团团长俞凤翔,定于明日出发,驰赴该地一带,积极进行收编一切工作云。

（原载《申报》一九二七年五月十六日,十一版,本埠新闻二）

南京快信

江北招抚使吕公望,委李钧为先遣队第三支队长。

（原载《申报》一九二七年五月二十三日,五版,国内要闻二）

镇江杂讯

江北招抚使吕公望,前曾委张鼎为盐埠淮北一带全权委员,预派第二支队司令郁韩卿、副司令马潜斋,于盐埠淮泗一带集合所部,以期截断孙军后路,与前方将士相策应。现郁、马两司令业于二十七日率部抵镇,日内即可渡江工作。

（原载《申报》一九二七年五月三十日,七版,国内要闻二）

唐思明任第三纵队司令

江北招抚使吕公望委任唐思明为第三纵队司令,前往镇江设立办事处,召集队伍,立即出发徐、海一带,加入前方工作。按,唐君随侍先总理多年,曾任中山舰舰长暨大本营参军,资格经验均极宏富云。

（原载《申报》一九二七年六月二日,十四版,本埠新闻）

敖振翔奉委为淮海先遣队司令

江北招抚使吕公望,刻委敖振翔为淮海先遣队司令,并颁发抚字第一百五十号印证关防一颗,嘱令克日率队出发工作。敖司令奉委后,已呈报在沪就职,其办公处组织在上海城内邑庙街。

(原载《申报》一九二七年六月三日,十五版,本埠新闻二)

江北招抚委员即行出发

江北招抚使吕公望,前委金玉振君为全权收抚委员,命从淮海一带进行工作。该处驻军,已有四团派人到金委员处输诚,请求转呈收抚改编。现已定有妥实办法,刻正准备一切,即行出发前方,以便接洽而事收抚。按,金君前在浙江曾同吕招抚使组织自治军,作驱孙运动,后又独自成立讨孙军。乙丑夏,与陈果夫等代黄埔征兵,适值五卅惨案发生,种种牺牲,备尝艰险,犹重节气、励志操。此次东南革命,秘密奔走,不为势屈。正月间在宜兴,曾说程其祥以第十师队伍全速退江北,勿事顽抗。沪宁路肃清之速,实由于此。此次出发,随带参谋、副官等,闻多系前自治军旧袍泽,皆富有革命之思想云。

(原载《申报》一九二七年六月五日,十四版,本埠新闻)

杭州快信

▲现任淮扬宣抚使吕公望,有改就某军军长希望,其遗缺将以前江浙渔税局局长莫永贞充任。

(原载《申报》一九二七年六月六日,六版,国内要闻)

金玉振今日出发

江北招抚使署全权收抚委员金君玉振,前日接吕公望招抚使自海州来电,令即出发前方,俾便实行收抚。金君定于今日乘早车,随带参谋、副官、差弁等先赴扬州,接洽预定方针后,再行转往淮海一带云。

(原载《申报》一九二七年六月六日,十版,本埠新闻)

江北招抚先遣队报捷

江北招抚使吕公望,前委唐肇澜为第四路先遣队司令。该司令当即分派九支队,亲率前往江北,实行招抚工作并指挥一切。该部驻沪办公处昨接前方来电,谓第六支队金春林部,于一日占领益林;第七支队丁延甲部,于五日占领阜宁;其他各支队已在灌云、海州等处,招抚敌军残余,正式成立支部。昨由吕招抚使指令即行派员点编。现在赶制军装,接济饷弹等事,则由驻沪办公处副司令吴家熊主持。并闻不日将开拔前线工作云。

(原载《申报》一九二七年六月十二日,十五版,本埠新闻二)

清江:江北招抚使署成立

江北招抚使吕公望,前委收抚委员张佑来淮办理招抚事宜,并就淮阴旧镇署设立招抚使署,七日成立。兹录张致吕招抚使电文如下:"江都、泰县、南通县县长据转江北招抚使吕钧鉴:窃张佑前奉命令,任为收抚委员。现在浦中敌军业已扫数退净。除由委员组设办公处,执行职务,办理一切收抚事项,并为钧座筹备使署外,理合先行呈报。再,淮海一带,土匪猖獗,此间士绅急盼使节速临。何日由何路启节,请速电示。江北招抚使署收抚委员张佑叩。鱼。"

(原载《申报》一九二七年六月十四日,十版,地方通信)

阜宁:释放招抚使官佐

前日陆续捕获江北招抚使司令冯淦臣及官佐兵士百余人,经杨县长讯押一节,已详本报。今(十九)早县署奉招抚使总司令吕公望来电,令将所获之各官佐一律释放。县署奉电后,旋即一一开释。杨县长并派代表送至河干,各官佐遂乘轮而去。

(原载《申报》一九二七年六月三十日,十版,地方通信)

新都军政要人消息

南京　吕公望到宁，报告江北军事。

（原载《申报》一九二七年七月二日，四版，本馆要电）

模范戒烟药片

王晓籁、王栋、刘觉民、田桐、梅光培、高冠吾、蒋尊簋、陈继承、彭无恙、吕公望、沈卓吾、王鲲徙、曾镛、陈希豪、李俊夫介绍。有志戒烟者，请速行购服。

此项药片，系江苏戒烟医院院长顾泽民君所发明，依医药原理，用递减方法配置妥善，功效卓著。服此药片而戒绝烟瘾者，不胜枚举。当此全国合力拒毒之时，有此良药，足为苦海同胞额庆。因乐为介绍，有志戒烟者，请速试服为幸。

（原载《申报》一九二八年十一月六号，一版）

国货银行第二次发起人会纪

▲推孔祥熙宋渊源等五人为上海总行筹备员

中国国货银行，于十六晚假东亚酒楼开第二次发起人会。到有宋渊源、吴铁城、赵锡恩、穆藕初、吕公望、蒋伯器、周雍能、冯少山、王晓籁、王一亭、陈翊廷等四十余人。由宋委员渊源报告，孔部长因同时款宴西人，不克列席，代向诸君道歉。本行招股，承诸发起人赞助，并三商会努力劝募，至深感幸。并报告最近募股情况及各项重要问题，付众议决。

一关于收股者，奉天三十万，来电已缴交官银号，俟总行开业定期，即行汇沪；广西财政厅来电，已收股款二十余万元；各省市提倡股、各发起股及海外华侨，截至昨日止，已收四十余万元；安徽提倡股二十万，陈主席调元已电促汇沪；尚有苏、沪、闽、浙、桂、鄂等省提倡股,亦均允缴,不日可到。二股款已缴到百余万,总行应即推负责人员筹备。三新加坡华侨胡文虎、李俊承、陈延谦、大中局等认股二十五万,意欲请在新加坡设立分行。应如何答复。四优先股,可否延期半个月或一个月。五股东创立大会,应俟华侨代表到沪,然后定期云云。

后经各发起人详细讨论,议决如下:一公推陈炳谦、叶琢堂、叶明斋、孔祥熙、宋渊源五人为总行筹备员,互选一人为主任;二发起人未缴之股款,应速缴交,以资表率;三新加坡分行问题及优先股与股东创立大会延期问题,均由总行筹备员商定云。

（原载《申报》一九二八年十二月十八日,十四版,本埠新闻）

各同乡会消息

▲宁波(略)

▲金华　金华八县旅沪同乡会,前日下午一时,在广西路报本堂开第七届理事大会,到陈希豪、吕公望、葛之覃、何德奎、吕启祥、陈伟绩、葛绥成等。主席陈希豪,纪录许晓楼。开会如仪。首由主席报告前届议决,请浙江省政府加聘本会蔡忠笏、何德奎、陈德徵、盛灼三、陈伟绩五位,为浙江赈务会驻沪办事处委员,兹接到浙江省政府函复加聘在案,并由浙江赈务会寄到聘函及徽章、捐册计五份,由本会备函聘请,从速报到。主席陈希豪报告,东阳陆宝华助特别捐一百元,已由本人备函给据,此款当会交陈考廷收管。

提议事项。（一）催收募捐定期汇缴案,议决,通函各募捐员,无论所捐多寡,一律限四月底将捐册据齐缴到会;（二）纳税华人会同乡会代表人选问题案,议决,推唐乃安、詹志良为代表;（三）直接征收会员费案,议决,派许晓楼与经查理事接洽,直接向各会员收缴,随给证章及收据。议毕散会。

（原载《申报》一九二九年三月十四日,十六版,本埠新闻二）

吕公望鬻书助振

北平吕公望少将,迭据灾区友函,痛述匪旱惨况,寝馈不安。屡次叩募,迄皆无效,情思难忍,乃誓将珍爱之品,悉贱沽脱售,倩友分振,而为数尚微。遂复拟提润资五十件,全数续汇各区,俾得略稣。写件请交各大笺扇店,苏州韵松堂,杭州九华堂,或直交法租界太平桥受福里十二号,总收件处英租界湖北路福来电器总公司。特约处润格,函索即寄。

(原载《申报》一九二九年五月十二日,十六版,本埠新闻二)

金华八县同乡会理事会议

金华八县旅沪同乡会,昨日下午三时开第十届理事会议。主席陈希豪。开会如仪。首由主席提议:(一)拟将以前募捐之款,即日清算,登报露布,以昭信用,请公决案。议决,定本月十日登报露布。(二)拟将临时承捐之款,自即日起,至九月二十日以前缴交会计主任,以便汇集应用,请公决案。议决,通过。(三)请推定三人为基金保管委员案。议决,推定吕公望、刘同律、蔡伯元三人为基金保管委员。(四)请推定三人为负责办理馆址馆舍案。议决,推定楼中立、姚聚财、蔡伯元三人担任①。(五)请规定本年常年大会日期案。议决,定九月二十九日在丽园路八婺公所,除登报通告外,并印传单散发各同乡。(六)主席提称,本日因不日即须出发各省视察政治,本会主席理事一职势难兼顾,拟大会推人代理,以便交代案。通过,公推刘同律代理主席。

(原载《申报》一九二九年九月七日,十六版,本埠新闻二)

---

① 蔡伯元,底本脱"元"字,径补。

王正廷王广圻吕公望徐祖善介绍严大之牙医生

严医生学识经验两俱丰富,凡同志患有牙病而经医治痊愈者,屈指不胜其数。同人等知之有素,用敢登报介绍。诊所在南京路云南路转角。

（原载《申报》一九二九年十月二日,三版）

吕公望写字总收件处迁移

北平吕公望写字总收件处,现因增加人员,原有地址不敷应用,已于十一月一日迁移法界西门路茄勒路口,向西沿马路一百二十九号内,照常办公。业专函暨登报通知本外埠,此后凡有信函写件,均须转投该处。又,以前送交之写件,亦须改向新址领取云。

（原载《申报》一九二九年十一月六日,七版,本埠增刊）

于右任及沪绅公祭明觉法师

普陀山之寺院,庄严甲全国,香火甚盛。普济寺方丈明觉老和尚,俗氏相,本洛阳望族,素性慈慧,各地名山古刹,恒留其印迹,故交游甚广,相识者多名士缙绅。民九卓锡普陀,皈依了馀上人,披薙为徒。旋任锡麟堂主持。其独立募化之建设,不胜枚举,如创修如意寮、重修短姑街头、建造化身塔等善举,久为物望所归。十八年春,合山僧众公推为普济寺方丈①。禅师虽任方丈,依然不惮劳苦,奔走募化,以致集劳成疾,竟于一月十日扶坐圆寂。全山僧众及亲友均不胜悲痛。

沪上缙绅,于昨日假报本堂下院设坐公祭,来宾有党国要人于右任及于夫人,沪绅王一亭、虞洽卿、关炯、黄庆澜、吕公望等五十余人。僧界有杭州佛教会代表慈云,上海市佛教会代表可成长老,普陀山佛

① 普济寺,底本误作"普修寺",径改。

教会代表化杲法师,普陀山各寺方丈,到谛闲老法师、志德法师及方丈十余人。各居士及皈依弟子四十余人。明觉师之俗家子相国庆、国琛,均由洛阳携眷来沪奔丧。当由报本堂主持莹照法师担任招待。素车白马,颇极一时之盛。

（原载《申报》一九三〇年二月二十四日,十六版,本埠新闻二）

书画讯

北平吕公望写字间总收件处宣称,北平吕公望先生,以武人而精深翰墨。自在沪鬻书,久受推崇。深鉴年来各地凶荒匪慊,满目疮痍,胞与有责,极深痛悼。虽曾竭其私润,实如苍海一粟。迩拟提倡全国书画慈善会,联合国内书画名流,共匡义举。各输作品,遍设分会,互相售销,庶使源源有继,拯彼灾黎,想亦为仁者之所同情。刻正征集同志,筹备办法,发起宣言。筹备处拟设白尔路百二十九号总收件处内云。

（原载《申报》一九三〇年六月二十日,七版,本埠增刊·上海市场）

张钫救济豫灾意见

▲前晚在欢迎席上演辞

河南省政府委员兼民政厅厅长、第二十路总指挥、河南赈务会主席张钫,九日早由京抵沪。旅沪河南同乡范争波、任陶宇等,特于十一日晚六时,在东亚大楼开会欢迎。到会豫同乡二三百人,当由主席范争波致欢迎辞,张氏答辞,极端谦挚,且关心桑梓,所拟办法,均有条理。兹录其辞于下。（略）

昨日午刻,张钫假座市商会,宴请各界,到蔡子民、焦易堂、张岳军、王一亭、范争波、潘公展、王延松、许金源、许俊人、袁良、张啸林、杜月笙、虞洽卿、方椒伯、尚慕姜、吕公望、顾竹轩、王晓籁、陆伯鸿、叶惠钧等百余人。席间首由张氏致辞,次由蔡子民、张岳军、王一亭诸人相继演说,语多沉痛。三时许宾主尽欢而散。

　　　　　　（原载《申报》一九三〇年十二月十三日,十六版,本埠新闻二）

书家吕公望举行书画赠券

　　北平吕公望先生,自在沪藉书润助理慈善,三年来救济甚众。本年因金融所关,难以筹募,而寒冬又届,特愿牺牲个人精力,举行赠券办法,略㥁寒苦。闻每券只售洋五元,可得数十元裱成之屏联多件。且券额无多,每券有赠,不日即将发行。盖此纯正公益,又获赠品,定得多数之热烈赞助欢迎云。

　　　　　　（原载《申报》一九三〇年十二月十六日,十一版,广告）

浙金积善堂启事

　　本堂于本年六月十一日依法改组,当经推举吕公望等二十九人为筹备委员。同月十五日正式成立筹委会,即日开第一次筹委会议,并举吕公望、蔡忠笏、刘同律、黄同、金兆梓、杨文濬、张梦奎、千秋鉴、黄经笙九人为常务委员。又于二十日开第二次筹委会,公推黄造雄、诸葛佐卿、蔡伯元、郑镔、徐银书、何润漳、应俭甫七人接收管理。惟查本堂银钱、簿据、图章等项,均被上届经手人卷逃,所有图章另行刊用,以前之章概作无效。至银钱等项,俟清查后再行公布。特此登报声明。

　　　　　　（原载《申报》一九三一年七月四日,七版）

浙金积善堂改组成立

　　本埠斜侨丽园路浙金积善堂,为浙江旧金属旅沪同乡组织,创设于前清光绪四年。迨本年六月十一日,呈准市党部改组,即日成立改组筹委会。迄今数月,筹备完竣。于昨日在该堂开会员大会,市党部派周濂泽指导。当场议定简章,选出委员如下。监察委员:吕公望、蔡忠笏、千秋鉴、杨文濬、黄造雄、金兆梓、刘同律、孙梦奎、陈榥、黄侗、诸葛泰;候补监委:葛之覃、何瑾、何伯丞、姚福根、刘斌;执行委员:诸葛襄、应俭甫、叶宝珊、周佑霖、徐银书、楼朝阳、蔡伯元、郑镳、吴源、阙儒卿、何庆赓;候补执委:姚裕财、朱少章、徐萼芳、何开漳、虞兆夔。

(原载《申报》一九三一年十月八日,十二版,本埠新闻二)

上海第一特区地方法院刑事第一审判决

▲永豫和记纺织公司吕公望(即戴之)诉顾仲敏背信及侵占案,顾仲敏连续业务侵占一罪,处有期徒刑六月,并科罚金六百元,附带民诉移送民庭审判。

(原载《申报》一九三二年五月二十七日,十四版,本埠增刊,公布栏)

北平吕公望书法函授部助教张佩茝吴九如启事

茝等久受吕公甄陶,深钦其天资钟异,经纬文武,于国学犹能阐尽精微,格新律异。执笔选帖,质性各殊,逐步有法,因材而教。自创两届书法函授,速效显著,远近来归。尚恐朽年遗误,因嘱助理。义不敢辞,惟承意者以竭庸愚,敬祈国内外贤士教之。此启。

上海西门路辑五坊十八号。索章,附邮五分。

(原载《申报》一九三二年九月五日,十版,并见于《申报》九月七日,十六版)

北平吕公望卖字特照老例廉润千件助捐

对联、堂幅、立轴,每尺一元;五挂屏,每条每尺五角;榜书、寿屏,英尺三元;册、扇,各三元;墨费加一。本外埠笺庄代收,上海西门路辑五坊十八号总收件处。

(原载《申报》一九三二年十二月二十一日,十三版;并见于《申报》十二月二十三日十四版、十二月二十五日十三版)

绸业银行与吕公望押款涉讼

永豫和记纺织厂经理浙人吕戴之,又名叔尚,即前任浙江嘉湖镇守使、代理浙江督军吕公望,寓居法租界西蒲石路钱家宅弄三号。于本年二月二十三日,将永豫和记公司二十支三羊牌棉纱一百件之栈单一纸,挽开滦煤矿营业部主任戴子彬作保,向绸业银行抵押银九千两。经该行经理骆清华往永豫和记公司查明,确实有货在堆栈内,乃即订立合同,成交过户。迨至四月二十三日到期不赎,经绸业银行向堆栈提货无着,向保人催理不睬。至此,债权人绸业银行由骆清华出面,延董俞律师代理,具状第二特院提起刑事自诉,以《刑法》三六三条,控吕、戴两人共同诈欺,请求讯究,并附带民诉,追债押款九千两及自抵押日起至执行终了日止,按月一分利息等情。

法院据状,两度传讯,因被告吕戴之不到改期。昨日又奉孙彭衔推事在刑二庭传讯,自诉人骆清华偕律师到案,声诉前情,并将契约呈案;被告吕戴之偕辩护律师到案,保人戴子彬由律师代到。讯据吕供认,向自诉人抵借,为因永豫纱厂于三月六日停工,所有棉纱三千余包,被债权人中国银行潘姓一并提去,抵与自诉人之一百件,亦在三千包内,当时商人曾向潘姓说明,潘应许代为料理等语。被告律师称,本案事实上既属有货,根本是民事性质,绝对不能以刑事起诉,应请庭上饬传潘姓到案质讯。又据自诉人律师称,既云有货,何以自诉人往提无着? 当初既已抵与自诉人,何以被中国银行提去? 一货岂能两抵,显见诈欺无疑云云。结果庭谕改期,候传中国银行潘姓到案再讯。

(原载《申报》一九三三年七月二十二日,十四版)

吕公望被控后提出军人管辖问题

前浙江代理督军、嘉湖镇守使浙江人吕公望,字戴之,近来在沪经商,于本年二月廿三日,将自己经理之永豫和记纺织公司三羊牌棉纱一百件之栈单一纸,向三马路绸业银行抵借银九千两。因到期不赎,债权人向堆栈提货无着,向保人开滦煤矿营业部主任戴子彬催理不睬,乃由绸业银行经理骆清华,延董俞律师代理,具状第二特区法院刑庭,提起自诉,控吕、戴两人共同诈欺等情。其讯供详情,已志前报。

兹于前日上午,由吴方廉推事在刑二庭传集两造续审。据被告吕戴之称,余现任陆军五十五师(师长吴遂)师部参议,是现役军人,依照《陆军审判法》第十条解释,军人应受军法审判,普通法院不能受理。请求将案移送军事法庭审讯云云。继据自诉人代理律师称,被告吕戴之,确是正式商人,前次庭讯时,并未提出军人资格,至今日始行提出,显见事实上确实犯罪,欲图卸职,提出此军人资格,以朦蔽庭上,应请注意等语。中国银行之潘姓奉传到庭,因被告提出军人管辖问题,故未讯问。官谕改期八月四日查明再讯。

(原载《申报》一九三三年七月三十一日,十一版)

吕门同学会启[①]

国内外同志注意,能有一笔好字,于社会上地位确似不同。但秘法无传,练之极难。自北平吕公望书法函授开办,同人似信似疑,冒险参加后,始知方法简速及指导负责,实为独见,确可短期成效,足破写字难关。因组学会,俾长受教。此次第三届招生,乃同人觉此为社会急需,一致请作格外普及。每新创法,自多疑猜。特将两届名录、成绩附于简章,以凭考证,函索附邮五分,交上海西门路辑五坊十八号即寄。普通科学费十八元,速成科、隶专科各四十元。现将额满截止,故以诚告,但同人决不肯被动为作虚夸,受诸君异日之责怨。吕

---

① 原广告无题,编校者依据内容拟题。

门同学会启。

（原载《申报》一九三三年八月一日，十四版；八月二日、八月三日，十七版）

绸业银行控吕公望案
——法官希望双方在外和解

上海绸业银行经理骆清华，前延董俞律师代理，在第二特院刑庭自诉吕戴之，即前浙江代理督军、嘉湖镇守使吕公望，不理抵押货款，实犯诈欺罪，请求讯究等情。被告由章士钊律师辩护，提出异议，略谓被告是现任五十五师参议，应移归军法处审理。奉谕改期续讯各情，已志报端。昨又传讯，被告辩护律师称，今查五十五师军队已经移动，因此被告之委任状，尚未领到，被告方面有电报可证。讯之吕戴之称，五十五师军队即汤玉麟之部队改编，因内部复杂，何军长尚未呈报国民政府，对戴之委任状，不日可以领到。自诉人骆清华即驳称，查五十五师主体既未呈报政府，此军队名义，即不能成立，乃何军长之军人资格亦未正式，彼更无参议之可言。今既不能交出委任状，应请将被告之请求驳斥，此诉实因被告意图卸去诈欺之罪，故临时想出此种滑稽言词，朦蔽庭上，请求注意。被告律师又称，请庭上将案改期，俾得被告交出证据，一方设法，以便与自诉人有和解希望。吴方廉推事谕准予改期，候查明再讯，一面谕令被告在外向自诉人和解而退。

（原载《申报》一九三三年八月五日，十四版）

北平吕公望通告

各员均览：余办书法函授，为补济国粹，只知尽心竭力，实地做去。所阐各法，既认确有特效，宜努力到底，以求实证。同学会盛意固佳，但机遇各有天缘。现在最后一届，又将超额，相信则来，不重夸扬也。两届名录、成绩、简章，索寄附邮五分。普通科十八元，速成科、隶专科各四十元。报名附寸楷两张，近即截止。上海西门路辑五坊总务科附告。

（原载《申报》一九三三年八月二十五日，十六版；并见八月二十七日，十九版，八月二十九日，十六版）

北平吕公望通告

人人抱有写字困难心理，偶见书法函授负责、速效，自难相信。但各术倘经两届数百名练后，无功未必均肯忍受无哗。惟社会判认力，每重于鼓吹。乃余所不敏，只知以集验把握，竭力贡献，以尽寸心。所有事实，布于简章，附邮五分即寄，真伪自核。现最后已满额，是恐国外远道邮迟，故略展限，以完普及之愿。普通科十八元，速、隶科各四十元。上海西门路辑五坊北平吕公望书法函授部。

（原载《申报》一九三三年九月二十三日，九版；并见九月二十四日，十七版，九月二十五日，十四版）

北平吕公望紧启

凡事创始最难，况书法均抱有天才心理。欲普及简术，又是函授，苟非亲历，自易猜疑。余于生平搜研试验，小儿以殉，始得确证。今此四年，复经约七百名之实习，真伪毁誉，自有后论。朽腐实难久作亲授。惟就此扩充班，以竭心力，得之失之，各凭其缘。过此恕难应命。谨以通告。索章附邮五分。普通科十八元，速、隶科各四十元。上海西门路辑五坊书法函授部谨启。

（原载《申报》一九三三年十二月二十日，十四版；并见十二月二十一日，十七版，十二月二十二日，十二版）

上海至诚书法函授学校招生学员

本社系采取北平吕氏教材，为一般笃志书法、不得导师、苦练不成者,开简捷途径,使得于三个月短期中保证成功。报名即日起,详章附邮四分即寄。

上海北西藏路安宜邨73号本社总务科蔡之虹启。

（原载《申报》一九三四年十一月四日,二十版）

书法函授福音

本社系采取北平吕公望先生阐明简诀秘法,公开为一般笃志书法苦练不成者开简捷途径,使将于三个月短期中保证成功。详章附邮四分,寄上海北西藏路安宜邨73至诚书法函授学社总务科。蔡之虹启。

（原载《申报》一九三四年十一月九日,十六版）

有志书法者鉴

本社系采取北平吕公望先生阐明简诀秘法,公开为一般笃志书法苦练不成者开简捷途径,使得于三个月短期中保证成功。详章附邮四分,寄上海北西藏路安宜邨至诚书法函授学社。

（原载《申报》一九三四年十二月三日,十九版）

九福公司补力多又得名流题奖

九福公司补力多疗肺治咳,大补身体,以特效之新药,作健康之保障。曾经国府主席及各院部、各界名流、各大医师题奖,已志前报。兹闻又得徐绍桢氏题"力可回天",前浙省长张载扬氏题"补益气元",邓泽如氏题"远胜舶来",吕公望氏题"健身之宝",王伯龄氏题"功能补偏",王桂林氏题"延年益寿",张伯歧氏题"功夺造化",陈佣三氏题"琼浆玉液",张啸林氏题"强国之本"。其他题字者,有本市市长吴铁城氏及张耀曾、张定璠、陈藻龙、杨天骥、彭养光、曾道、沈钧儒、陶百川、黄金荣、杜月笙、李元鼎、谢无量、戴石浮、江一平诸名流。

（原载《申报》一九三五年八月三十一日,十三版）

吕公望捐资纪念阵亡将士

◇为永康建碑经费

（永康通讯）　本县抗卫会委员吕公望，以国难方殷，近移节余治丧费五百元，交该县抗卫会，以为建筑本县抗战阵亡将士纪念碑之经费云。（国民社）

（原载《东南日报》一九三九年三月四日，三版）

浙省参议会成立

张强吕公望当选为正副议长

本报杭州一日电　浙省参议会一日举行成立典礼，并选举正副议长。大会报到参议中七十六人，出席各机关首长共二百余人，沈鸿烈主席，行礼后，即席报告筹备省参议会经过情形，并勉各参议员反映民意、表达政令。继国民参政员褚辅成致词，谓政府应与民意机关打成一片。省党部主委张强致词，列举奉行法治精神并安定民生两点后，由吴望伋、朱惠清等先后致词，末由参议员代表方、答词，历述民财教建保之实际残破情形，希望政府尽量设法解决。典礼后复举行选举大会，仍由沈鸿烈主持，至下午二时半开票结果，张强以四十一票当选为议长，吕公望当选为副议长。

下午浙江旅沪同乡褚辅成等在市商会茶话，讨论浙省田赋问题，二日起续开大会。

（原载《申报》一九四六年九月二日，二版）

永康人质问二事　要请吕公望答复

（一）查民二十九年间，永康各乡镇为求免食盐中断起见，组织永、武、缙、磐食盐常平仓，其股款由各乡镇以大口每人二元筹集，经由先生负责主持。至三十年，因敌寇流窜，中途停顿，所有收支，尚未公布,难免人言啧啧。敢请在最短期内,翔实公布,以昭大信。

(二)在三十年间,先生建造慎旃别墅,为求基路放宽计,将全县名胜之上封寺古刹前殿拆退,并将上封寺水闸改造,当时颇滋异议。先生允以上封寺恢复庄严,上封寺水闸仍照原旧建筑,保持水利为词。距今为时已久,恢复名胜,虽非急要,而上封寺畈,与后窑畈数千田亩,顿失灌溉,殊为目前严重问题。究竟如何实践诺言,以维信用,敢请具体见示,以慰众望。

永康公民王式康谨启。

(原载上海《东南日报》一九四六年十一月二十五日,七版)

杭光复纪念 白云庵改为革命纪念馆

〔本报杭州廿日电〕 廿六日(阴历九月十三日)为杭州光复纪念日,浙省参议会副议长吕公望,邀阮厅长、周市长等发起①,是日将西湖白云庵改为辛亥革命纪念馆,藉以纪念。

(原载《申报》一九四七年十月二十一日,二版)

杭市民调节会 决暂不管制米价

〔本报杭州廿七日电〕 杭市民食调节会今日紧急会议,商讨沈主席曾急电管制粮价之问题,市内米价已叩二百五十万关,惟人心均颇安定,供售亦颇正常。民调会决议:(一)米价暂不管制,以恐影响粮源;(二)防止奸商将杭市食粮倒流输沪贸利;(三)请吕公望赴江西,请开放粮禁,以疏粮源。

(原载《申报》一九四八年二月二十八日,二版)

杭放弃食米限价

〔本报杭州二日电〕 连日米市波动甚剧,沈主席返杭后,对此至

---

① 阮厅长、周市长,分别指浙江省政府委员兼民政厅长阮毅成、杭州市长周象贤。

为关怀,数度与周市长商谈对策,决定放弃限价,由粮业公会自行议价。今已低落十万,门售米最高二三〇万,最低一八〇万。杭市现有存米十五万七千石,其中六万余石存市内,另在江西定购四万石,因受禁粮影响,沈主席决派方青儒、吕公望等前往交涉。

（原载《申报》一九四八年三月三日,二版）

浙省派代表访赣　商两省经济交流

〔本报杭州三日电〕　浙赣路通车后,沈主席为具体计划浙赣两省之物资交流,特请方青儒、吕公望、林竞等十人为代表,定明日访问江西,商洽浙盐、火腿、棉绸等特产运赣,将赣米、煤、豆油等特产运浙,以互济有无。

（原载《申报》一九四八年三月四日,二版）

浙省参会选出驻会委员九人

〔本报杭州十七日电〕　浙省参会今选举省银行董监事及驻会委员,后者当选徐杰等九人,省银行董事周剑云等十人,监察吕公望等三人。

（原载《申报》一九四八年七月十八日,二版）

要闻简报

▲本报杭州电　光复会总部廿五日发表对时事意见书,其主张为全民公平建国。该会系由周亚卫、吕公望主持。

（原载《申报》一九四八年十一月二十六日,二版）

对中共广播和平条件　潘议长发表意见

又市参议会发起于二月十日在沪召开全国和平促进会,昨日续获各地民意机关及全国性职业团体之热烈响应。据悉,浙江省参议会议长张强、副议长吕公望,山东省临时参议会议长裴鸣宇,山西省参议会,全国医师公会,山东省商联会等五单位,昨已分别致电该会,表示一致拥护,届时决定推派代表来沪参加大会,共商国是,发挥人民力量,促使全国翘望之和平早日实现。

（原载《申报》一九四九年一月十六日,四版）

浙和平促进会成立

不日将发表通电呼吁停战　参会分电国共提供和平建议

〔本报杭州廿一日电〕　浙江和平促进会今正式成立,由农工商学自由职业等法团代表及社会贤达组成,推竺可桢、刘湘女、周仰松、鲍祥龄、余绍宋、吕公望、张强等七人为常务委员,并推社会贤达余绍宋为主任委员,不日将发通电,呼吁停战恢复和谈。

（原载《申报》一九四九年一月二十二日,二版）

省参会重提翁柽贪污案　决交青田县自己清算

（省讯）　此次省参大会中,由于廖参议员提出翁柽旧案,引起一场"清算贪污"的高潮。廖参议员以翁案拖延二年半之久,每会必提,始终没有结果,积愤填膺,要求陈厅长当场答复,令饬现任县长邀同地方公正士绅,予以清算。陈厅长为避免嫌疑,坚决主张由法院办理。后经金林、叶向阳、余绍宋、吕公望等参议员先后发表意见,决定：交县组织清算团,予以清算。一场风波,才算解决。

（原载《温州日报》一九四九年二月三日,三版）

全国和平促进会加紧筹备工作

本市参议会发起之全国和平促进会,八日经筹备会议决定,延期至本月十二日举行后,除已致电汉口七省市人民和平促进会,请即推派代表携带决议案来沪,会同商讨,共策进行外,并加紧各项筹备工作,决于十二日如期召开大会。据大会秘书处悉：陕西省参议会代表邓统、杜衡,昨已办妥报到手续,浙江省参议会代表张强、吕公望,亦已启程,即可抵达。北平市参议会代表副议长唐嗣尧,昨亦致电该会,表示决于大会召开前,设法来沪。并悉:此次大会举行时,为集思广益,共商国是,本市参议员均得自由列席,提供意见。至大会会场,决定设于塘沽路市参议会三楼大礼堂,以座位限制,新闻记者列席旁听者,规定每报(或通讯社)至多两人,即日起由大会秘书处办理登记手续,发给入场证。

(原载《申报》一九四九年二月十日,四版)

杭市应变委员会更名临时救济委会

吕公望张衡程心锦任正副主委

本报讯 本市应变委员会之组织成立,原为适应当前局势,以举办救济事业,维护地方秩序及公共安宁为职旨。该会常务委员吕公望、竺可桢、张衡、程心锦及地方耆绅金润泉、王邈达等,二十八日上下午两度在市商会集议,认为上项组织名称,易滋外界误会,殊有更改必要。几经研讨结果,决改称为临时救济委员会,以举办各项救济为主要任务,并推举吕公望为主任委员,张衡、程心锦为副主任委员,下设常务委员二十一人至二十五人,其名称俟提市参议会讨论通过后,即可正式成立。(倩)

市讯 市参议会维护地方应变委员会,原定二十八日下午举行常务委员会,为接受各方意见及目前实际需要,决定改组为杭州各界紧急救济委员会,并以市商会为主体,定二十九日下午在市商会举行会议,商讨工作进行步骤。(中央)

本报讯 本市第五区市民因时局动荡,特组织救济会,由陈子范、王鼎铭及在乡军官会赵组长等主持,下分纠察、财务两组。纠察方面,由在乡军官及江边脚夫、柁木工人、光华厂工人共同担任;财务组,由陈瑞芝、凌水心、杨耀文等担任。昨日下午假之江戏院开会,到一百余人,即日正式成立,开始工作。

（原载《东南日报》一九四九年四月二十五日,七版）

中共浙江省委昨邀各民主党派各界人士座谈

马寅初吕公望先生等五十人出席
通电新政协筹备会表示竭诚拥护

（本报讯） 昨日为"七一"中国共产党二十八周年纪念。中共浙江省委特于是日上午,设宴招待杭市各民主党派及各界人士,并举行座谈会。应邀出席的各民主党派及各界人士,有马寅初、何燮侯、吕公望、姜震中（中国民主同盟）、马文车（国民党革命委员会,因病未到,另有代表）、蔡一鸣（农工民主党）、刘建中（杭州市总工会筹委会）、周力行（杭州市青联筹委会）、桑文澜、俞子夷、洪鲲、沈思岩、张君川、邵裴子、蔡竞平、魏颂唐、高维魏、郭人全、伍正诚、陈立、唐巽泽、胡海秋、蒋仲怡、陈礼节、王历畊、范绪箕、查良铿、严仁赓、葛正林、孟宪成、周薇林、魏猛克、刘潇然、杨建、胡君美、韩雁门、周建新、刘元瓒、龚荫三、胡发南、张丹如、陶秉珍、姚梦涛、袁心灿、谢汉曾、安楚屿、庆承达、叶奇峰、潘鸿鼎、汤元炳等五十人。中共浙江省委书记谭震林同志、副书记谭启龙同志,省委宣传部长张登同志,秘书长吴宪同志,组织部副部长杨思一同志,杭州市委副书记林枫同志,杭州市府市长张劲夫同志,市府劳动局长陈雨笠同志,交际处长胡成放同志,工务局副局长余森文同志,浙江日报社社长陈冰同志、副总编辑唐为平同志等,均出席作陪。

座谈会于愉快的气氛中开始进行,首先交际处长胡成放同志介绍宾主一一相识,继即由谭震林同志致词。谭震林同志简要地叙述了中共廿八年斗争的历史后,着重指出:中国革命已达到基本胜利,全国人民正在中共领导下开始建设新民主主义的人民共和国,浙江人民也正在开始建设人民的新浙江,前途异常光明。但在目前,浙江人民也和全中国人民一样,必须克服严重的困难,必须提高对于帝国主义者的警惕,必须和城市的投机奸商、农村的封建势力以及国民党匪特的反革命活动作坚决的斗争。谭震林同志说:人民的敌人希望把我们吓倒,但中国人民、浙江人民是吓不倒的!他号召杭州各民主党派和各界人士,与中共通力合作,共同完成建设新浙江的任务。最后,他希望到会人士,对杭市解放后两个月来的工作与今后建设,提出意见。谭震林同志在热烈的掌声中结束了他的讲话。继即进行座谈,各界人士先后起立发言,对今后杭州工作建设,提供了许多宝贵的意见。马寅初先生两度起立发言,介绍了他在老解放区、在苏联、在捷克所见所闻的许多事情之后,着重地指出:过去中国政权的变动,只有中国要求外国政府承认,而现在英、美等帝国主义着急想承认我们,我们反而不大要了,这不但说明中国已确独立,而且也说明了美帝国主义者纸老虎的外强中干,现在蒋介石这个流氓还想以第三次世界大战来恐吓中国人民,其实美帝国主义者这只纸老虎还根本没有能够进行第三次世界战争的政治条件,今后世界形势的发展,恐怕明天美帝国主义者反而只会被人民革命的力量所推翻的。继之吕公望先生发言中,更指出,现在的中国正是在新生,他把人民解放军的严明纪律、革命干部的刻苦精神、与中共的虚心态度等,与国民党反动统治者的情形一一相比后,而特别强调了新生的中国其前途的远大光明。

座谈结束前,为表示对新政协筹委会竭诚的拥护,决以参加座谈的全体来宾的名义,通电向新政协筹委会致敬,散会时已下午二时。(白怀)

杭州各民主党派各界人士纪念"七一"
座谈会给新政协筹备会的通电

毛主席并转新政治协商会议筹备会全体委员:

在杭州解放不久,全国人民及民主党派所殷切期盼的新政协筹委会,在中共毛泽东主席领导下,业已正式成立,我们感到无限的兴奋。杭州各民主党派及各界人士,全心全意拥护新政协的一切决定,并在中国共产党的领导之下,以无比的热情,竭尽一切力量,克服一切困难,恢复发展生产,肃清残余反动势力,巩固全浙革命秩序,支援解放军,解放全中国,用以迎接新政治协商会议的开幕,与人民民主共和国的成立。

谨此通电。

杭州各民主党派各界人士纪念"七一"座谈会

(原载《浙江日报》一九四九年七月二日,二版)

杭市各界隆重纪念"七七"

谭政委号召工人、知识分子、工商业界、军队努力本位工作

援助农民恢复生产　建设新浙江

(本报讯)　本市党政军民各界于昨日假国际大戏院隆重举行纪念"七七"大会,到有各界代表一千余人。谭震林、王建安、谭启龙、姬鹏飞、张劲夫、林枫、马寅初、吕公望、马文车(中国国民党革命委员会杭州市负责人)、姜震中(民主同盟杭州市负责人)、蔡一鸣(中国农工民主党浙江负责人)、桑文兰(儿童教育家)、徐香桃(解放军二○七团三营营长、战斗英雄)、刘建中(杭州总工会筹备会主任)、李代耕(杭州总工会筹备会副主任)、周力行(杭州民主青联筹备会主任)、邵浩然(杭州学联筹备会主席)、裘颂兰(杭州教协主席)、任雨吉(中国科协杭州分会理事)等十九人荣任了大会主席团。

大会开始后,全体代表首先肃立向毛主席、朱总司令致敬,并向在抗日战争与人民解放战争中的牺牲烈士致默哀。大会主席——浙江军区副政委姬鹏飞同志在致开幕词中,以极兴奋的口吻称:今天纪念"七七"这一伟大的节日,是在中国革命已经取得基本胜利,中国人民已经开始自己管理、建设自己的国家,与中国人民已经在帝国主义

面前站起来了的情况下举行的,这一点与过去是完全不同的。但帝国主义和国内反动派是不会自己死亡的,美帝正在积极准备新的侵略战争,如企图扶植日本军国主义复活,与继续支持蒋介石反动集团作垂死的挣扎。因此,姬政委提出,现在纪念"七七",必须不断的揭露和战胜帝国主义各种破坏阴谋,澈底肃清国内反动派的残余力量,这就需要全国各阶层人民紧紧的团结起来,为建设新的人民民主共和国而坚决奋斗。接着是中共浙江省委书记、杭州市军管会主任谭震林同志讲话,他除指出为反对美帝扶助日本侵略势力,援助日本人民争取独立、自由的斗争是保障远东和平的关键与巩固世界和平的重要因素外,又号召工人、青年学生与知识分子到农村去,帮助农民恢复农业生产,改善生活,并逐步恢复城市生产。谭政委最后向杭市的工人、劳动者、工商业者,以及驻在浙江的人民解放军与各机关的工作者、职员们分别提出,在各个不同的岗位上,为恢复、发展生产,而应肩负的光荣职责(演词详见专文)。

接着,马寅初先生讲话。他说:"二十六年七月七日夜间十时,日军一中队在卢沟桥附近夜间演习,集中归队时,突然扬言有日兵一名失踪,正在调查如何失踪,丰台日军已武装出动。当时国人的爱国情绪高涨,战争正式开始。当时全国青年学生、共产党员满腔热忱,而士兵的战斗情绪亦十分高昂,武器虽不齐全,而他们的战斗精神是不可藐视的。中共以解放中华民族为职责,舍弃成见,与国民党携手合作,实现民族联合阵线,以抵抗侵略。但这样的团结被蒋介石破坏了。到抗战中途,简直分成两条路线。用毛主席的说法,一条是能够打败日本侵略者的;一条是不但不能打败日本侵略者,而且在某些方面看来,他是在实际上帮助日本侵略者的,危害抗日战争的,竟构成了一条反人民的、失败主义的、保存实力准备内战的路线。"马先生继又谈到经八路军新四军的英雄杀敌光荣的牺牲所得的结果,是使得日军受到牵制,深陷于中国的泥淖中。他兴奋的说:"日本终于溃败了!"接着,他又指出国民党反动派在接收中"官吏变成强盗"的种种罪行后,马先生又愤慨地说:"我们已把日本帝国主义打出去,但反动派又把美国帝国主义引进来,我们此后要加紧努力,非把美帝澈底赶出中国去不可。"

在自由演讲中,吕公望先生热烈赞成谭政委的"到农村去"的号召,他并举例说明农村需要城市人民的各种的帮助。马文车先生充满着信心地说:"中国人民经过八年抗日战争、三年解放战争的锻炼,已做了国家的主人,人民的力量是不可抗拒的。各界人民今后应紧紧团结在中共周围,举起民主统一战线的旗帜,在人民领袖毛主席的领导下,全心全意的建设一个独立、自由、繁盛的新中国。"徐香桃同志才站到麦克风前,全场升起了一阵热烈的掌声,他说:"我们军队是在毛主席、党中央正确领导下与上级首长英明的指挥下,以及广大人民积极支援下,获得了辉煌的胜利,今后我们要更努力,和全国人民团结一致,担负起战斗队和工作队的任务,将革命进行到底。"

讲话毕,全体到会代表通过了致毛主席、朱总司令暨新政协筹备会、全国各界同胞的通电。至此。大会在铿锵的军乐声中举行了献旗典礼。(下略)

大会通电

中国共产党中央委员会毛主席、中国人民解放军朱总司令、新政协筹备会、全国各界同胞:

八年抗日战争和三年人民解放战争,在中国共产党的英明领导和人民解放军的艰苦奋战之下,已经获得了伟大的胜利,际此"七七"十二周年纪念之时,向中国人民的伟大领袖中国共产党毛主席致敬,向人民解放军朱总司令及人民解放军全体指战员致敬!

抗日战争和解放战争的胜利,已使中华民族与中国人民从帝国主义与中国反动势力统治之下,获得解放,站起来了!

但是我们清醒的知道：过去的工作只不过像万里长征走完了第一步，中国革命依然任重道远，目前美帝国主义正在竭力扶植日本侵略势力和国民党反动残余势力，还正在千方百计地破坏中国的革命，但是我们相信中国人民在共产党领之下，必能克服困难；我们决不允许美帝国主义扶植日本侵略势力，我们要求在新中国及苏联的参加与同意之下，迅速签定对日和约；要求日本赔偿我们在抗日战争中的损失，我们还将劳力支援解放军，继续澈底消灭国民党反动派残余力量，肃清匪特活动，最后完成全中国的解放，并在中国共产党毛主席和即将成立的民主联合政府的领导下，建设人民的新中国。

我们杭市各界在纪念"七七"抗日战争十二周年时，举行了盛大的庆祝大会和示威游行，庆祝杭州的解放，检阅了自己的力量。我们深信以我们的决心与团结的力量，在您们的英明领导下，不但新的杭州必能建设成功，并且一个独立的、自由的、和平的、统一的、富强的新中国也必能建成，在共产党的旗帜之下，让我们奋勇前进，迈向新的更大的胜利！

杭州市各界纪念"七七"大会

一九四九年七月七日

（原载《浙江日报》一九四九年七月八日，一版）

杭市各界团体及民主党派民主人士 昨成立各界劳军运动总会

大会通过总会组织大纲九条 推选马寅初先生为总会主任委员

（本报二十八日讯）　杭市职工界、工商界、文教界、青年界、妇女界、自由职业者及各民主党派与地方民主人士，于昨日下午五时假市商会集议，正式成立杭市各界劳军运动总会。会中首先讨论与通过总会组织大纲九条，继推选出马寅初，总工会代表李代耕、胡天民，民主人士吕公望、唐巽泽、何燮侯、杨建，中国国民党革命委员会马文车、江天蔚，中国民主同盟姜震中、查南强，中国农工民主党蔡一鸣、宣季荪，工商界金润泉、程心锦、胡海秋、陈盈科、胡庆荣、丁鉴廷、金文雄、何创夏、姚顺甫，青联周力行，学联邵浩然，教联裘颂兰，文协曹湘渠，科协朱帼英，妇女界刘苇、钟雯娟，文教陈冰、刘潇然等三十一人为委员，又复选推马寅初、吕公望、马文车、姜震中、蔡一鸣、李代耕、金润泉、程心锦、胡海秋、周力行、陈冰、邵浩然、裘颂兰、曹湘渠、刘苇等十五人为常务委员，并互推马寅初为主任委员。继根据组织大纲第五、六、七、八条，推选胡庆荣为秘书长，沈文为文书组主任，蔡一鸣为总务组主任，陈冰为宣传组主任，马文车为交际组主任，金润泉为筹募组主任，程心锦为保管组主任，金文雄为财务组主任，刘苇为游艺组主任；并以李代耕兼第一分会（职工）主任，程心锦兼第二分会（工商）主任，刘潇然兼第三分会（文教）主任，周力行兼第四分会（青联）主任，邵浩然兼第五分会（学联）主任，周师洛任第六分会（自由职业者）主任，吕公望兼第七分会（不属以上各单位者）主任。最后，会议经讨论后，决定于明日召开第一次常务委员会，详尽研讨工作。

（原载《浙江日报》一九四九年七月二十九日，一版）

杭市教育工作者创办聋哑工艺学校

省立高工招收新生

（杭州二十日讯）　本市热心聋哑教育工作者，为使聋哑者也能服务于社会，发起创办华东聋哑工艺学校。由吕公望、马寅初等担任校董，设有工艺美术科、普通科、打字科、缝纫科，以后还要增设印刷装订科。校舍已经觅定清泰门凯旋路六号，现正呈报文教部备案，开始招生，预备本月廿二日开学。

（原载《浙江日报》一九四九年八月二十二日，二版）

杭市公债推销第五分会昨举行成立会

决设八个支会推进工作

总会副主委吴宪特莅会讲话　勉以发动竞赛不落他人之后

（本报讯）杭州市人民胜利折实公债推销委员会第五分会①，昨（八）日下午二时假市工商联筹委会礼堂举行成立大会，到有该分会委员吕公望、马文车、杜伟、桑文澜、张忍甫、徐立民、洪隆等七十余人。总会副主任委员吴宪副市长及金润泉亦莅会指导。主席吕公望宣布开会后，首由马文车报告该分会筹备经过，略称：本会筹备会依据总会组织章则，经过两次筹备会议，决定全体委员人选共计八十八人，业已报经总会同意，第二次筹备会议中并决定在分会下设立八个支会，支会下并得酌视工作需要分别设立小组。在执行推销方针上，务须做到公平合理。为了完成一九五〇年的光荣任务，我们必须坚决响应政府号召，全力推销公债，使国家有条件顺利转向和平建设工作，正如马寅初先生所说：这是全体人民的"公债"。同时，这也可以说是一种"公积"，因为折实公债无异于储蓄，而且是最可靠的储蓄。相信本会及各支会定能完成任务。报告毕，吴副市长应邀讲话。他首先指出中央人民政府决定发行人民胜利折实公债的意义，其主要目的是弥补财政赤字，第一期全国发行总额为一万万分，全数销出，还不过是在全部赤字百分之十八点七中解决了百分之七点二，但比不解决终究好得多了。以前国民党反动统治时期，它有了困难不敢暴露，因为暴露了困难，也正是揭穿了它搜括的内幕；人民政府则有了困难一定敢公布出来，公布了才能让人民共同来谋得解决。同时，解放战争尚未结束，也需要我们在各方面予以支援，另一方面，政府要负责维

---

①　据《杭市折实公债推销委员会总会及各分会办公地点》报道，第五分会设长生路六十三号人民福利社内，电话一〇二七号，负责人吕公望（《浙江日报》一九五〇年一月九日，二版）。邻近吕公望寓所长生路三号。

持大量起义和被解放的国民党军政人员的生活，这些浩大的支出，也是需要我们来共同解决的。《共同纲领》的基本精神是反帝、反封建、反官僚资本，大家都是赞同的，但赞同要用实际行动来表现，现在认购公债，也就是具体的一种表现。为了全体人民的目前利益和长远利益，我们也一定要坚决完成这个任务，超过这个任务。这是我们的责任，也是我们的义务。这是对我们人民的政治觉悟和爱国精神的考验。杭州职工界截至今天已经认购了十万分左右了，青年学生界、妇女界、供给制工作人员、公安警备部队，也都以高度的热情掀起了认购的浪潮，现在要看工商界和殷实富户、公共社团等的行动了，希望五分会发动竞赛，不要落人之后。吴副市长继就浙省及杭市分配额加以说明，他说：只要大家有信心，负责任，相信一定会完成任务并超过任务的。（下略）

大会至四时二十分始散。

附五分会常务委员会名单：吕公望（主任委员），洪隆、马文车、杜伟、高维巍、张忍甫、吴振华（以上均为副主任委员），罗云、斯烈、桑文澜、张西林、朱坚白、宋子亢、邵天纯、江天一，总干事马文车（兼），副总干事张西林（兼）、朱坚白（兼）、张乃恭、郏青。（吟）

（原载《浙江日报》一九五〇年一月九日，二版）

杭市公债推购又一热潮

昨五分会扩大会议上展开竞购运动

胡秘书长勉励勿以初步成绩自满
根据既定方针继续努力推进工作

（本报讯） 杭州市人民胜利折实公债委员会第五分会昨日（廿二日）下午二时假基督教青年会大礼堂举行分、支会委员扩大会议，传达第三次各界代表会议精神，并由各支会汇报工作情况。到会委员一百八十余人，总会胡成放秘书长及副秘书长唐巽泽、蔡一鸣等亦莅会指导。会上当场展开认购竞赛，情绪热烈，掌声不绝。

会议首由主席吕公望报告开会意义后,总会蔡一鸣副秘书长应邀讲话。他说:"由于五分会不像其他分会有组织基础,因此工作开始时颇有困难,但经过各负责人的积极努力,现在不仅各级组织已经建立起来,而且可以预信一定会完成并超过推销的配额任务。"嗣即由分会副主任马文车传达各界代表会议精神,他宣读了谭主席、江市长及胡秘书长的关于目前本省情况、杭州市政设施概况和今后四大任务及推销公债等三个报告后,着重指出:"全体代表在听了这三个报告并经反复讨论后,认识上已更明确起来。"为了克服困难,实现四大任务,一致认为在目前就得首先完成推购公债;胡秘书长报告中提出,今后推销公债的几点意见是很宝贵的,而今天在座各位又都是推销工作的负责者,因此尤须切实记取,俾在工作中正确掌握方针和重心。最后他说:"我们要清楚认识购买公债的重要意义,和要有明确的态度,尤其要有实际行动表现,在自己的亲戚朋友间发动起来,进而使个人与个人、团体与团体之间争相竞购,普遍进行挑战,争取超额完成任务。"

马副主任传达毕,即由各支会汇报工作情况。

第一支会(上城区)主任贡沛诚说:"由于本支会全体委员四十余人及百余位推销员的共同努力,工作进行极为顺利,预计本月廿四日以前,可将认购数在一百分以上者一百余户的最后统计送至分会,在一百分以下者,亦可在二十九日以前认购完成。全区认购总数至少在五万分以上,保证超过分会原分配额。"

第二支会(中城区)主任陈天伦说:"我们不但要保证超过分会方面的原分配额,而且一定提前完成任务。工作上坚持把握重点的原则,紧紧依靠群众,并乐于与其他支会竞赛。"他又说本区退职官吏尹锡和,自动多方设法,认购了一千分,他说为了争取做一个人民,他必须尽力认购公债;又如思鑫坊属企业主已不在杭州,代理人查南强也代为认购了一千分;又有钱老太太,平日生活极为俭朴,她说□□是为了使生活获得保障，并且国家有了前途，将来生活不用忧虑，现在为了帮助自己的国家克服困难，还不乐于买公债吗？她认了二千分。

一、二□□支会的报告博得了全场热烈的掌声。

第三支会（下城区）主任徐青甫报告，他说三支会由于人事的变动，工作进行略较缓慢，现在组织工作已经基本完成，认购工作即将全面展开。初步认购，渠本人和姚永安、高维巍两先生都已先行认了各一千分。他最后也保证一定完成任务。

接着第四支会（西湖区）主任沈剑卿、第五支会（江干区）副主任凌水心、第六支会（拱墅区）代表周刘祺等，也分别就组织推销进行情况作了报告，一致保证完成并超过任务。其他第七、第八（艮山、笕桥）两支会因地处郊区，情况特殊，组织工作尚在进行，未作报告。

会议至此，在掌声不绝中当场进行挑战。

上城区程祖英首先发动，他代表他的父亲程君瑞除已向二分会认购五千分外，又在此当场认购二千分。中城区吴老太太的二千分立刻给了他答复。湖南同乡会代表曹家驹急起宣布，该同乡会已决定认购一万分。立即掌声雷动。徐青甫再度表示：看到上、中城两区的踊跃，下城区也一定不落人后。接着，上城区支会委员汪绍功宣布，该区有某先生不愿在此宣布姓名，已决定认购一万分以上；贡沛诚主任对此作了补充说明后，又提出保证：上城区对刚才报告的数字已自觉不够，经过大家商量，决定达到六万分，亦即超过原分配额的三分之一弱。中城区支会不甘示弱，急起直追，坚决保证完成六万分。这样，其超过原分配额已较上城为多，即以此又向上城区挑战；上城区奋战到底，又增至六万六千分。至此，中城区支会又宣布徐立民已认八千分，但这是初步数字，以后还将大大增加。竞购场面，至此告一段落。

嗣由市推销委会胡成放秘书长讲话。他首先就会上热烈认购与竞赛的情形指出这是爱国精神的表现，也说明了五分会的许多先生们政治上的进步与提高,这种新爱国主义的精神当为政府所鼓励,为人民所欢迎。第三次各界代表会议以前,五分会虽致力于调查研究和宣传组织工作,但显得比较沉寂,第三次各界代表会后,经过进一步酝酿和准备,整个推销工作已迅速发展和深入,足见已将第三次各界代表会议的精神初步贯澈到实际行动中,希望加以发扬,并与其它分会竞赛。是的,五分会的工作获得了一定的成绩,这是大家努力的结果。但在工作中仍须注意几点:(1)我们高兴的事,反动派、特务分子则要破坏,如散播谣言是其惯技,我们必须提高警惕,不要相信谣言,随时随地揭破并追查无耻的谣言,予特务分子以严重的打击;(2)继续深入宣传调查工作,打破不必要的顾虑,并注意对重点面的努力扩展。最后他希望五分会不以获得初步成绩而自满,应脚踏实地,根据既定方针,继续有计划、有步骤、有重点的努力推进工作,并希望能超过任务。

接着分会副主任洪隆局长也讲了话,着重指出工作进行中必须审慎深入,贯澈民主精神,做到真正公平合理,对避重就轻的推销对象及逃避推诿者要加强教育,支会中地区具有有利条件者,不应以骄而疏,条件不利地区则不可气馁,而应努力推进工作。

市推销委会副秘书长唐巽泽也应邀讲话,他说,他将把五分会今天的精神带到二分会去,使二分会的工作做得更好起来。并就今后宣传工作中应注意的几点提供了具体的意见,对打破顾虑、人民政府和国民党反动政府的基本不同、胜利形势、个人利益与国家利益等,都作了说明。

最后,由马文车宣布今日当场认购的数字为上城二万二千分,中城一万二千分,下城三千分。他坚决表示接受胡秘书长等的指示,并保证五分会一定会完成并超过配额任务。

会议于五时正在热烈的掌声中结束。(左吟)

(原载《浙江日报》一九五〇年一月二十三日,四版)

杭市防空善后救济工作开展　善后救济委员会成立

下设救济抢救等四组　推定专人负责
订出具体工作计划立即策划进行

（杭州讯）　杭州市人民救济事业委员会于上月廿八日下午一时召集该会常务委员暨协商会议救济委员会委员讨论关于匪机空袭后善后救济工作问题。由市民政局洪隆局长报告开会意义后，即行提名成立"防空治安委员会善后救济委员会"，以洪隆局长为主任委员，姜震中、马文车为副主任委员，高维巍等十八人为委员，下设救济、抢救、掩埋、总务四组，专责办事，立即开展工作，并结合反轰炸、宣传动员、积极防空各项工作，会议继对善救工作加以讨论，作出如下决议：

（一）工作范围：处理被轰炸区的灾民。

（二）工作要求：1. 要有高度负责的精神，为受灾人民服务；2. 要真正做到救急、救灾、救难，使灾民能迅速得到适当的安置；3. 积极发动社会互济。

（三）处置方法：1. 死亡而有亲属者由亲属自行料理，无亲属者由善救会处理，就本市施材掩埋；2. 受伤者由救护总队部负责处理；3. 因受炸无家可归者由善救会进行临时救济，酌情分别处理。

（四）经费来源：1. 原有各慈善救济事业机构应为善救工作服务；2. 政府从救济经费中拨助之。

（五）分工负责：1. 救济组由马文车、高维巍、汤元炳负责；2. 抢救组由周师洛及学联代表负责；3. 掩埋组由杜伟、应梦卿负责；4. 总务组由金仲椿、斯烈负责。以上各组负责人，应即行策划工作的进行。

（六）会址设长生路杭州市人民救济事业委员会内，电话为一〇二七号。（通讯员金绅良）

附各委员名单如下：

姜震中、马文车、高维巍、史烈青、王芳、邹青、蔡一鸣、汤元炳、金仲椿、唐巽泽、周师洛、斯烈、金润泉、吕公望、桑文澜、杜伟、洪隆、总工会代表、学联代表、妇联代表。

（原载《浙江日报》一九五〇年三月四日，一版）

杭市各界代表分别座谈

广泛吸取意见　迎接五次代表会
对防止盲目生产等均提出具体意见

（本报讯）　杭市第一届第五次各界人民代表会议召开在即，根据协商委员会决定的中心内容，各界代表为广泛集中反映广大人民群众的意见，以便提交正式会议讨论，分别于十六、十七两日举行座谈会。

（中略）烈军工属、宗教慈善界、居民、特别邀请人士等代表共二十余人，十六日下午在人民福利社举行座谈会，环绕此次会议的重点，纷纷表示意见，并着重对如何展开劝募寒衣，救济皖北、苏北灾胞，进行热烈讨论。为了把劝募工作做得更好，他们建议各界代表会议成立支援苏北、皖北灾民寒衣劝募委员会，并对组织办法及开展步骤等交换了意见，居民代表并以今春劝募款物救济皖南皖北灾荒的事实，说明杭州市人民具有高度的友爱互助精神，此次劝募寒衣，只要各方面重视配合努力，是有信心可以如期完成任务的。

代表们继就今冬浙江将劝募展开土改问题纷纷表示意见，吕公望代表说："我在家乡也有一些土地，所以也有地主身份，可是我坚决拥护土改，并将建议出席各界代表会议的代表，分别向亲友宣传土改的正义性与必要性。"居民代表建议动员逃亡在本市的地主回乡生产，并动员全市居民，引起警惕，揭破不法地主造谣破坏。座谈会于二时开始，五时许结束。（下略）（新闻组）

（原载《浙江日报》一九五〇年十月十八日，一版）

杭市五次各界代表会议协商委员会委员名单

（以姓氏笔划多少为序）

（本报讯）　杭州市第一届第五次各界人民代表会议协商委员会名单如下：

主　席　吴　宪

副主席　李代耕　　胡海秋

委　员　方琦德　王阿松　王远道　王历耕　王平夷

　　　　江　华　杜　伟　沈九如　吕公望　牟建华

　　　　宋德甫　吴贤哲　孟泉源　金仲椿　金润庠

　　　　金润泉　金怀清　周　正　周　峰　林　枫

　　　　林风眠　胡天民　胡成放　洪传炯　俞绣章

　　　　姚方伯　姚顺甫　袁心粲　马文车　桑文澜（女）

　　　　唐巽泽　姜振中①　张忍甫　张星文　陈子谷

　　　　陈友三　曹文英（女）　　冯萌东　斯　烈

　　　　汤元炳　程心锦　孙文成　童泉如　宁奇生

　　　　刘　苇（女）　　蔡一鸣　蔡邦华　苏步青

（原载《浙江日报》一九五〇年十月二十五日，一版）

杭宗教界暨福救团体代表等集会
坚决拥护政务院决定

保证以实际行动贯澈执行澈底肃清美帝文化侵略毒素

（本报讯）　中国人民救济总会杭州市分会于三日上午举行临时全体执监委会议，商讨执行政务院发布的"处理接受美国津贴的文化教育救济机关及宗教团体方针的决定"等问题。出席全体执监委暨

---

①　姜振中，疑为"姜震中"之误。

宗教、救济等团体代表江华、冯萌东、吕公望、马文车、鲍哲庆、邱金陵、钮志芳、钟文娟、胡海秋等三十余人。

主席冯萌东报告开会的意义,并阐释此决定的正义性及其在目前抗美援朝的爱国斗争中的重要作用与意义。市人民政府市长、市救分会主席江华,在报告中强调指出此决定是实施抗美爱国运动的具体步骤和具体表现,希望各界人民尤其是宗教界暨救济团体人士,发扬新爱国主义精神,坚决割断与美帝国主义的联系,用中国人民自己的力量办好中国人民自己的宗教与救济事业。市救分会副主席马文车当即代表市救分会向大会代表保证,市救分会要坚决贯澈与执行政务院的决定和宋庆龄主席的声明,愿与各界人民一道来完成这一个伟大而光荣的任务。

基督教浙沪浸礼议会总干事鲍哲庆代表杭州市基督教向大会表示,杭州市基督教人士竭诚的拥护政务院所发布的此项处理方针的决定,并决在人民政府正确的领导下,以实际行动来完成这个光荣任务。他说:"我们已号召全体教会人士来学习政务院这个决定,并号召各单位作好一切有关各项登记工作。另外,我们并拟进一步协助政府做好对美帝在杭州教会中财产的了解和调查、登记工作。"他最后并坚决向大会表示和保证:杭州暨浙江省基督教人士自本年起,坚决地、干脆地、澈底地在经济上与美帝国主义割断关系,达到自力更生的目的。并要发扬教徒的爱国主义精神,同心协力在今年一年内改革旧教会,建立起真正属于中国人民自己的新教会。杭州市基督教协进会副会长、杭州青年会代总干事钮志芳在谈话中指出这个自力更生的工作是基督教的脱胎换骨,前面虽有许多困难,但我们抱有坚定的信心来完成它,希望人民政府及各界人民在各方面予以协助,以期早日完成与实现这个光荣任务。杭州基督教协进会会长邱金陵牧师,对政府及市救济分会关心基督教的革新运动,表示衷心感激,并代表杭市基督徒说:"我们基督徒是有志气和有信心来摆脱对美帝国主义的依赖,而实行自治、自养、自传的革新运动。"

天主教代表胡海秋也发表了拥护政务院决定的意见,并代表杭州教区的天主教徒向大会表示:决站在中国人民的立场,与帝国主义断绝关系。

会议最后并一致通过"中国人民救济总会杭州市分会关于坚决贯澈执行政务院发布的处理接受美国津贴的文化教育救济机关及宗教团体方针的决定的执行决议"。全文如下:

中国人民救济总会杭州市分会全体执监委员临时联席会议为坚决拥护和坚决执行中央人民政府政务院"关于处理接受美国津贴的文化教育救济机关及宗教团体的方针的决定"的决议:

中国人民救济总会杭州市分会全体执监委员临时联席会议,在研究、讨论了中央人民政府政务院"关于处理接受美国津贴的文化教育救济机关及宗教团体的方针的决定"以后,认为这是肃清美帝国主义在中国的影响,维护中国人民文化、教育、宗教等的自主权利,以及澈底制止美帝国主义分子利用文化教育救济机关及宗教团体来进行反动活动,巩固人民祖国国防的有力措施。在此全国人民广泛开展抗美援朝保家卫国运动的时候,是完全正确与必要的,中国人民是完全有信心和力量来办好自己的文化教育救济及宗教事业的! 兹一致决议:坚决拥护和执行上述决定,对杭州市接受美国津贴的救济机关,根据各种不同的情况,分别予以处理;对宗教团体方面,协助基督教、天主教推行"三自"运动,达到自力更生,为澈底实现上述决定中的光荣任务,永远地、全部地结束一百余年来美帝国主义对中国人民的文化侵略而奋斗!

(原载《浙江日报》一九五一年一月五日,一版)

杭州市各区临时军事法庭公审大会
审判长、公诉人、陪审员名单

中城区

审判长：张世祥　　代表公安分局公诉人：张清勤

陪审员：王微如　　刘毓湘　　田　井　　唐巽泽　　胡海秋　　孟宪承

　　　　宁奇生　　钱景鑫　　吕公望　　苏步青　　金松甫　　张义为

　　　　李知权　　张起达　　周锡铭　　林志毅　　杜金林

（上城区、下城区、西湖区、江干区、艮山区、笕桥区、拱墅区名单略）

（原载《浙江日报》一九五一年五月一日，二版）

杭镇压反革命案件审委会二次会议

正确贯澈镇压与宽大相结合政策
根据罪恶轻重分别审议判处死刑徒刑或管制保释

（本报讯）五月三日下午，杭州市镇压反革命审查委员会在中共市委统战部会议室，召开第二次审查会议，到委员斯烈、沈揆、苏步青、王历耕、吕公望、刘中、袁雪道、桑文澜、姚方伯、丁零、陈友三、胡海秋、周正、邵裴子、胡天民、孟泉源、刘苇、张忍甫、金润泉、袁心粲、金仲椿、刘开渠、金福林、胡成放、刘季青等廿五人。会议由副主任委员胡海秋主持，他简单说明审查方法，要求大家认真进行审查后，即开始逐一审查。

会议共审查了九个反革命案件，内有五个案件，均系罪大恶极，一致意见判处极刑；另一案件，原判处十年以上徒刑，经审查讨论，补充材料、分析犯罪事实后，一致主张建议改判死刑；其余三案，两个判处徒刑，一个建议人民政府公安局继续搜集材料，再行研究管制或保释。

审查完毕后，苏步青委员很激动地说：今天会议给我极大的感动，校中有人惶惶不安，过去参加三青团者都很害怕，也有怀疑被捕的反革命分子都是要杀的,我自己也将信将疑,今天我亲自参加审查工作,九个案件中,判处死刑的六个,都是罪大恶极的分子,我也认为该杀;其余三人也是恶迹昭彰的,但两个判处徒刑,一个管制或保释,使我进一步认识政府对镇压反革命工作,确是认真执行镇压与宽大相结合的政策的,我回去一定要向他们传达和解释。接着,陈友三委员介绍他在镇压反革命中如何劝导与帮助其朋友自动向公安局进行坦白的经过,激动了全体到会委员,纷纷提出通过各自系统向群众说明政府认真执行政策的真实情况,动员说服自己所知道的有过反革命罪恶而未坦白的自动向政府坦白,以及进一步改善下一次审查反革命案件的方法等具体意见。至六时余散会。

（原载《浙江日报》一九五一年五月六日,一版）

省市协商委员会暨抗美援朝分会举行联席会议

号召全省人民开展爱国增产捐献运动

（本报讯）省、市各界人民代表会议协商委员会暨省、市抗美援朝分会,为具体讨论如何响应中国人民抗美援朝总会及贯澈省抗美援朝分会的通告(见六月六日本报一版),在全省范围内开展爱国增产捐献运动的问题,特于十五日下午在人民大会堂举行联席会议。出席省协商委员会主席谭震林,副主席谭启龙、吴宪、汤元炳;市协商委员会副主席李代耕、胡海秋;省抗美援朝分会副主席林乎加、刘开渠;市抗美援朝分会副主席姜震中;及省市协商委员会委员,省、市抗美援朝分会理事等共一百廿一人。

（中略）继即进行讨论。在各界人士发言中,大家都热烈的拥护总会号召及省抗美援朝分会的通告,并一致同意谭震林主席所提出的具体贯澈执行总会号召的意见。在讨论捐献武器、具体推行爱国公约、作好优抚工作时,大家纷纷反映:自抗美援朝总会发出号召之后,各地工人、农民、知识分子、工商界及其他各界人民,即自觉地掀起了捐献运动。

接着汤元炳报告了杭州市工商界现正在提出改善经营、增加收入、贯澈爱国公约,为捐献飞机大炮而努力的情况。此后,唐巽泽、李士豪、吕公望、姜震中、黎照寰、王阿松、马文车、金仲椿等纷纷发言,一致指出自从抗美援朝总会发出号召之后,各民主党派、人民团体及广大群众都在自觉的捐献,发挥了高度的爱国热忱。农工民主党最近并号召该党全体党员要在居民中进行关于捐献的宣传教育工作。民盟现已发动全体盟员参加该盟总会发起的捐献"民盟号"飞机的运动,该会并已号召在杭盟员检查修改个人爱国公约,作到切合、有利于实际。民建为了推动这一运动,已召开了专门会议。民革正在按照该会中央的指示推动捐献。全省文艺工作者也已提出了保证贯澈爱国公约、搞好抗美援朝的创作而努力的号召。华东美术分院同学并已响应号召,提出要在暑假中多创作,争取更多的稿酬捐献购买飞机大炮。

会议最后通过了省各界人民代表会议协商委员会致本省各市、县协商委员会的通知(另发)。会议于五时结束。

(原载《浙江日报》一九五一年六月十七日,一版)

省协商委员会举行第五次委员会扩大会议

(本报讯) 浙江省各界人民代表会议协商委员会,在本月十七、十八两天举行第五次委员会扩大会议。到会委员三十九人,列席会议的有:杭州市各界人民代表会议协商委员会全体委员,嘉兴、宁波、绍兴、湖州、金华等市市长,文教界代表、工商界代表共五十五人,杭县代表三十人,此外,有省、市机关科长以上干部一千余人。

这次会议的中心内容,是讨论如何在全省范围内发动各界人民,特别是工商界参加目前正在国家机关、企业、学校、团体、军队和党的机关中所进行的反对贪污、反对浪费、反对官僚主义的运动。

(前略)会议在十七日下午听取张主任报告后,即进行小组讨论。

经过十七日下午、十八日上午的热烈讨论,十八日下午大会上即有汤元炳、胡海秋、李士豪、姜震中、吕公望、蔡邦华、王贶甫诸委员,及列席代表宋云彬、姚顺甫、朱家祥、黄亮曾、喻承毫、冯梯云、胡思明、江天蔚、何仲凯、金汤侯、俞刘清、姚教杏、盛钦远、章卯清、吴俊康、沈九如、袁正纲等相继发言,一致认为有必要将反对贪污、反对浪费、反对官僚主义的斗争推向社会各界去,特别要在工商界开展一个反对行贿、反对偷税漏税、反对偷工减料、反对盗窃国家资财、反对偷窃国家经济情报的斗争。同时并有许多委员和代表在会上联系自己的错误思想和违法行为,作了检讨和交代。(下略)

(原载《浙江日报》一九五二年一月十九日,一版)

浙江省第一届各界人民代表会议
协商委员会主席副主席及委员名单

主　席　谭震林

副主席　谭启龙　吴　宪　何燮侯(缺席)　汤元炳

委　员　(以姓氏笔划为序)

丁文瑞	王国松	王历耕	王贶甫	吕公望	吕志先
余森文	何思诚	何茂钟	吴又新	金　铃	金臻庠
邵裴子	姜震中	胡成放	胡海秋	唐巽泽	马　青
徐　瑾	张劲夫	张忍甫	陈　冰	陈周文	程孝刚
赵克明	刘　丹	刘建中	刘天香	蔡一鸣	龙　跃
苏步青					

(以下委员因事缺席)

蔡邦华	黎照寰	雷振声	裘颂兰	郭静唐	张子敬
张　蓬	邱清华	吴仲廉	吴山民	李子青	王　中
丁秋生	李士豪				

(原载《浙江日报》一九五二年五月二十九日,一版)

省协商委员会常委会召开扩大会议

讨论关于开展反官僚主义学习问题

（本报讯） 浙江省第二届各界人民代表会议协商委员会常务委员会，于二月廿一日下午一时半举行第二次扩大会议。这次会议的召开，是为了商讨协商委员会如何协助政府开展反官僚主义、反对命令主义、反对违法乱纪斗争及协商委员会本身如何进行反对官僚主义的学习问题。出席会议的有谭启龙主席，汤元炳副主席，及该会在杭的常务委员、协商委员，浙江省人民政府委员等，并有民主党派省、市组织代表参加。

会议由汤元炳副主席主持。谭启龙主席在会上对于目前正在开展的反对官僚主义、反对命令主义、反对违法乱纪的斗争的意义、政策、方针和具体作法，作了详细的说明，并号召省协商委员会各委员、全省各民主党派地方组织和各人民团体大家协助政府，结合当前工作展开反官僚主义的斗争。

谭启龙主席讲话后，会议即对这一问题进行了讨论。在讨论中发言的，有常务委员宋云彬、唐巽泽、陈立、俞佐宸、王国松，协商委员吕公望、钱祖恩，民主党派地方组织代表王化均等。一致认为目前展开这一问题的学习极为适时和重要。会议并讨论解决了今后学习中的一些具体问题。

（原载《浙江日报》一九五三年二月二十二日，一版）

中国人民救济总会杭州市分会召开市
第二届人民救济代表会议

（前略）

又：中国人民救济总会杭州市分会第二届执行委员会和监察委员会，于三月六日召开第一次执、监委员联席会议。会议一致推选刘季青委员为执行委员会主席，牛福地、张忍甫、吕公望、钮志芳、马文

车五委员为副主席,胡奎委员兼秘书长;推选何燮侯委员为监察委员会主任,叶南帆委员为副主任。(胡 铠)

（原载《浙江日报》一九五三年三月十四日,三版）

杭州市第一届人民代表大会代表名单

上城区

王子达	王玉琴	王美云	王芸轩	方志高
史列青	石胜玉	任 焕	仲道存	朱裕土
何文德	吴克刚	李长秀	李炳忠	周 峰
周 祥	周时遐	周湘云	金锦章	金谭宝
金丽娟	范金林	祝其乐	胡敏如	俞浩鸣
俞笑飞	马清肇	娄月娟	梁自修	乌雪门
徐 欣	郭成冠	陈泉有	陈柳燕	陈瑞炘
陈穗芬	陈礼节	张 奇	张世祥	张英臣
张根弟	张振藩	曹湘渠	程 浩	傅奉钦
叶耀南	裘光焘	杨淑环	赵彩英	郑志新
郑培均	郑锦璋	邓小奶	刘 琦	刘凤容
蒋德贤	罗冢禧	诸葛秀	顾春林	

中城区

丁绛霞	王 曼	王 勋	王炳如	石炳龙
李士俊	李天助	李竹萍	李挺宜	李耕耘
李寿恒	余步卿	吴 宪	吴仲翔	吴顺钊
宋有来	邵阿虎	周芝山	林如云	宣美亚
胡水珍	胡国栓	封月生	纪桂芳	孙文成
孙根福	孙汉忠	孙圣宝	马寄萍	徐祖潮
高霞楼	陈 钟	陈士怡	张世诚	张建文
张新华	张佩芝	瞿梅亭	陶 然	黄仙华

黄怀仁	汤元炳	裘阿才	冯曼如	杨竞秋
董来月	詹国宝	裴尚行	蔡一鸣	翟林仙
赵伯林	赵祖传	赵 骧	葛节体	郑汉杰
楼子良	楼子隽	刘仁义	潘吉堂	应皎罗
萧信木	融 慧	缪雪梅	苏梁玑	顾长富

下城区

丁芬美	丁经五	王平夷	王以钊	王长明
王冥鸿	王贵娥	王霓仙	王鸿礼	王维松
田奎荣	朱德尧	吕公望	李自洪	李伯诚
李阿巧	李 容	李华鉴	宋永基	汪吉生
汪碧莲	沈阿元	余芝华	求良儒	吴 寅
吴 群	吴 灿	金才观	金仲椿	金有根
金宝花	来勤达	孟益斋	林岳正	胡士铎
胡海秋	姚铭鼎	姜礼钧	幽建坤	唐巽泽
徐立祥	徐仙玲	徐壁英	徐 陬	袁心粲
孙筱祥	陈阿四	陈瀛初	陈金爱	郭幽韵
张先辰	张 清	商向前	章炳堂	屠笑飞
黄铁汉	汤书芬	汤传圻	钮志芳	傅翠玉
童友三	过兴先	叶南帆	杨景川	杨荣华
赵 兰	寿维奎	郑月华	楼品和	楼炳法
厉裔华	邓 鄂	潘 韵	刘先明	骆 可
冀 汸	魏肖亲	边芙蓉	罗永法	顾学裘

江干区

丁吉甫	丁美珍	王阿义	王福根	方 超
戈 德	白春生	朱新予	李性高	吴少典
吴以撤	杜振华	沈阿彩	何荣章	季不易
金士成	周永年	胡景城	胡天民	姜震中

段润奎　郭人全　高来宾　高金水　高宝金
孙晋灼　陈昌龄　陈　鸥　陈傅英　梁连根
张日德　张殿臣　黄修本　华有弟　曾永源
温玉明　万进东　郑文友　蔡茂富　刘季青
刘明奎　钟雯娟　韩文炎　罗汉正

　　　拱墅区

王小妹　王宝裕　朱幼泉　吴贤哲　沈野莉
周正渭　孟宪礼　姚方伯　袁啸吟　徐　钊
徐秀如　孙延年　陈根荣　陈炳桂　夏王树
秦德辉　张悦义　许　超　虞明霞　翟东平
刘开渠　潘子明　蒋坤观　骆春才　罗应生

　　　西湖区

大　悲　王曰玮　方志根　李益中　李云萍
余森文　周　竞　胡雪康　施泉根　张世昌
舒　鸿　蒋伯潜　刘　苇　顾松林

　　　艮山区

沈六斤　高阿龙　高毛银　夏冀舟　许宏生
汤妙青　薛德臣　严秀花

　　　笕桥区

田小姑　周桂林　俞阿钊　陈罗英　莫显耀
曹连生　曹品顺　董连荣

　　　上塘区

祁耀华　冯文瑄　董阿虎　刘玉甫　罗彩凤

　　　古荡区

王昭菊　许世八　蒋思海

　　　人民武装部队

金旭亚　宋新华　胡开德　席伦则　夏玉华

康玉山　杨　行　赵　俊

（原载《浙江日报》一九五四年七月八日，一版）

吕公望先生逝世

浙江省协商委员会委员吕公望，因肺扩张症复发，医治无效，于七月二十二日早晨三时许在杭寓逝世，年七十六岁。

（原载《浙江日报》一九五四年七月三十一日，三版）

附录五　日　记

童保暄日记(一八〇则)

(光绪三十四年)戊申元月十五日　阴,有小雪

余素不工诗,是夜以前所录送校友东渡诗求政于吕君戴之,吕君指诗中词句音韵未妥处以示余,且论绝律二体之词韵结构要领,余稍有心得。(宁海县政协科教文卫体和文史资料委员会编《童保暄日记》,宁波出版社二〇〇六年十二月版,五页)

四月十八日　星期　晴

下午同林达生、吕戴之、傅右泉进城,缴路股五元。后至会馆阅报,买车回堂时已五下矣。(《童保暄日记》,二一页)

八月十一日　星期　晴

晚大雷雨。与吕君戴之谈话约二点钟。(《童保暄日记》,三七页)

十八日　星期　晴

夜与吕君戴之、王君醉青论及人自壮年以后,每至易壮年以前志气,而其原因有数端:一、事界上之挫折;二、利禄心之动摇;三、利害大分明;四、家人儿女之顾恋;五、老而无闲,因生自弃心;六、物相皆空,因生厌世心;七、血气渐衰,无竞进心。

上所举乃普通壮年以后退化之原因,余亦以是惧将来之易志,盖普通人其在少年时代每有不可名言之志气,一出而与世(见)战,即换一人,皆余所熟闻屡见者也。故志之以勉将来。(《童保暄日记》,三八页)

十月初九日 阴,雾,后晴

本堂放假演戏,因万寿也。夜与吕戴之、王醉青谈谈。(《童保喧日记》,四四页)

二十一日 晴

下午野操,演习退却动作,吕君戴之为队官。(《童保喧日记》,四五页)

十一月初六日 星期 晴

上午同戴之、醉青、云卿、达生、普香诸君邀同杨、张、马、阮、高、钱、徐、黄、吴诸位至珏丰馆饮谈,至下午三点回堂。(《童保喧日记》,四七页)

初八日 晴

晚同钱君定三、曹君及云卿、醉青、戴之诸位谈谈,并论及交友,并做事之概要。(《童保喧日记》,四七页)

十三日 晴

同陈列新、林达生、张云卿至会馆,是余四人值日故也。回时与钱君定三途谈一切。晚与杨君莘哉、吕君戴之、王君醉青、张君浩然等在大园里谈谈。(《童保喧日记》,四八页)

二十日 星期 晴

午膳后与戴之谈,晚接家信第十五号及京华楚池函。(《童保喧日记》,四八至四九页)

二十八日 星期(一) 晴

下午与杨君莘哉谈谈。晚与戴之谈及一事,而有慎于交友者。(《童保喧日记》,四九页)

十二月初五日 星期 晴

上午同陈君守谦、潘君子和进保城。余与子和至会馆,醉青、普香、戴之三君亦在焉。后同至天津饭庄午膳,普香辞去。(《童保喧日记》,五〇页)

二十四日　晴

　　夜同醉青、戴之至第一队访友,均不值,转访张浩然、倪普香,继同访阮绍文、高蕴华,黄秋恒亦至。王、黄二君相与下棋,张、阮、吕、倪诸君观局。(《童保暄日记》,五五页)

三十日　晴

　　湖南瞿湘衡来访,与戴之、守谦坐谈少许,同至大庭中谈谈。(《童保暄日记》,五八页)

宣统二年三月二十八日　晴,天气转热

　　发戴之、宣涛缄,发醉青缄。(《童保暄日记》,六一页)

四月二十七日　晴

　　接刘崑涛函,接吕戴之函,发王萼函。(《童保暄日记》,六六至六七页)

二十九日　晴

　　接戴之函,接中吉函,发家信第七号。(《童保暄日记》,六七页)

五月十六日　晴

　　发醉青缄,发戴之缄。(《童保暄日记》,六九页)

六月初五日　晴

　　接陈铭缄,接吕公望缄,发王醉青缄。(《童保暄日记》,七三页)

十五日　晴

　　发吕公望缄,发陈守谦片,发家信第十一号,接王悦山片。(《童保暄日记》,七四页)

七月初十日　星期　晴

　　发吕戴之缄,发华用九缄。(《童保暄日记》,七八页)

八月初八日　阴

　　下午同韩尧臣步行出东直门,参观自来水公司。绕京城东北角进安定门,经鼓楼进地安门,仰观景山古松森森,想是明遗物也。出东安门买车回堂,已六下钟。收湘衡缄,收戴之缄,收昆涛缄,收一秋缄。(《童保暄日记》,八四页)

九月二十一日　星期日　晴

接戴之缄,接醉青缄,发戴之缄。(《童保喧日记》,九〇页)

宣统三年正月初五日　晴

下午陈箫梅君来访,子英、伯龄君来访,悦山回府,同陈、林、陈三君在鼓楼前阅报处吃茶。晚同子英访戴之君夫人于公馆不值,夜留子英在栈内谈。(《童保喧日记》,一〇二页)

二十九日　晴

上午达生同叶朋西、姚味辛来访,吕戴之君来访。午后同戴之及悦山、右泉、星伍登吴山,在四景园吃茶,循途出涌金门,买棹游文澜阁、朱公祠、西泠桥、岳王坟诸处,回途过湖心亭。虽阔别数年,然湖山如旧,而壁上题诗亦未见增多,可见近年游人之疏。回棹时晚景甚好。往戴之公馆,续往聚丰园晚膳,醉青亦同席。夜往怡园洗澡。(《童保喧日记》,一〇五页)

三十日　晴

早戴之来,同悦山、右泉谒袁参议不值,同赴督练公所访普香又不值,回同戴之租屋数处,均不合。(《童保喧日记》,一〇五页)

二月初一日　晴

上午同悦山、右泉、浩然赴督练公所访普香,谒参议不见,与教练处帮办张国成君谈,戴之亦来,在普香处午膳。午后同浩然、戴之在涌金门西湖头品茶,大风,湖波甚厚。夜饮于戴之家,同席者约有雄霄、普香、醉青数人焉。(《童保喧日记》,一〇五页)

初二日　晴

午后同浩然、戴之乘火车赴拱宸观棉纱厂,内工人含男女约三百人,以工代赈,行政之良者。(《童保喧日记》,一〇五至一〇六页)

初三日　晴

午前买舟至西湖头,步行至平湖秋月,湖光山色绝妙也。游左公祠、岳坟诸处,买棹回城,过戴之家,夜元善君邀饮于聚丰园,同席者浩然、戴之、醉青、焕侯、植夫及王冶令君八人。(《童保喧日记》,一○六页)

初五日　星期　雨

午后霁,同戴之、浩然乘马赴西湖杨梅岭,访盛笔谭于其家,林密山深,颇有逸趣。同游烟霞洞,夹道梅花香透骨,三椽僧舍断山腰,洞上小亭墙壁绘有关公像,苍老有神,可敬可爱。佛堂品茶,石亭望潮,怡然忘返。回途经虎跑寺出钱江沿岸回城。(《童保喧日记》,一○六页)

初六日　阴

午后谒杨协统、方管带均不值。回栈,邀戴之、浩然赴江干夜宴船中,同席者尚有星伍、悦山、右泉数人,膳后作叶子戏,兰仙君代余焉。夜宿船中。(《童保喧日记》,一○六页)

初七日　晴,晚雨

早同戴之、浩然回栈,心叟叔来访,普香、柳汀来访。(《童保喧日记》,一○六页)

初八日　阴雨

晚访普香、戴之均不值,是日为余从公之第一日,故特记之。(《童保喧日记》,一○七页)

初十日　阴雨

戴之来访,慕斋表叔来访。(《童保喧日记》,一○七页)

十一日　晴

下午悦山来营、戴之来访,同戴之赴公所访方旭初、子英、普香诸友。(《童保喧日记》,一○七页)

十三日　晴

夜同戴之、普香、悦山、右泉看租房,遇醉青,同过谒普香令尊大人,坐少许时,同醉、戴二公来营谈话,子英先在焉,九下半钟散。(《童保喧日记》,一○七页)

十五日　雨

午后严乐三君来访。晚戴之、子英同来,遂留晚膳。(《童保喧日记》,一〇七页)

十六日　雨

晚赴公所访戴之、植夫诸君,遇心殳叔及陈继韵君于方旭初处,醉青亦来,夜与戴之同榻。(《童保喧日记》,一〇八页)

十八日　晴

晚醉青、戴之、俊卿诸君来访,夜会饮于聚丰园,遇植夫、旭初诸君。(《童保喧日记》,一〇八页)

十九日　星期日　晴

晚风甚好,买舟还涌金门,遇蒋叔升君,同进戴之公馆少住,戴之亦回,谱香及其令尊大人亦来,夜与叔升、戴之谈至一点钟,与叔升同榻。(《童保喧日记》,一〇八页)

二十日　晴

晚普香及戴之过访,同赴白马巷租屋。夜雨。(《童保喧日记》,一〇八页)

二十一日　雨

晚访醉青,戴之、达生均在焉,同戴之在吴山脚一带租屋数处,至太庙巷某宅,颇合意,遂决租焉。(《童保喧日记》,一〇八页)

二十二日　晴

上午访醉青,普香、戴之亦继来午膳,后偕薛星若一同往太庙巷看房屋,当付洋五元。(《童保喧日记》,一〇九页)

二十三日　晴

午后往第二队授课,晚访醉青,戴之、谱香及项云舫、徐聘耕诸君均来,夜同戴之、醉青在怡园洗澡。(《童保喧日记》,一〇九页)

二十四日　晴

晚访戴之、子英均不值。(《童保喧日记》,一〇九页)

二十五日 晴

夜访醉青、戴之、谱香。(《童保喧日记》,一〇九页)

民国二年二月二十三日(十八日)星期 雪

上午同乡叶某、邬某君过访,戴之过访,并闻杭垣近日事。傍午访戴、醉,与文卿、刘强夫、洪宗卿、项霈诸君谭。夜与醉青弈。(《童保喧日记》,一一三页)

二十七日(二十二日) 晴

午后一时赴都督府,谒都督,适值公宴,留字焉。回途过访悦山于宪兵司令部,旋同往悦山寓,戴之亦来谭。晚返寓。(《童保喧日记》,一一四页)

三月七日(卅日) 晴

上午九时半来堂,在将校团授国际公法,午后戴之过访。(《童保喧日记》,一一五页)

十二日(初五) 霁

午后王悦山及戴之过访,为伯康知东阳事也。并与弈,稍胜。(《童保喧日记》,一一五页)

十六日(初九) 雨

午前何公旦过访。午后戴之、醉青过寓谭。(《童保喧日记》,一一六页)

二十九日(二十二日) 晴

午后尹锐志及惟俊过访,即赴寓,戴之、醉青来谈。夜周琼君过访。(《童保喧日记》,一一七页)

卅一日(二十四日) 雨

午后赴屈文六寓。周六介及戴之、佩〔尹〕锐志姊妹均在焉。后同戴之回寓,四时仍返堂,六时返寓。(《童保喧日记》,一一七页)

四月初一日(二十五日)　雨

上午八时赴屈文六寓,戴之、六介相继来。十时来堂。(《童保喧日记,一一七页)

初三日(二十七日)　晴

上午早八时半应都督之订,赴钱塘门外,遇金梁元,盖湖船已开矣,同梁元乘马赴公园纵谭。后朱都督、姚雨平上将、叶楚伧、吕师长、叶旅长等来公园相见,后登天文台纵览西湖,遥瞻天竺,息少许时,游览图书馆。余同梁元先乘马往廉庄,都督及姚上将等则船游秋坟、岳墓。傍午莅廉庄,午膳后,余同梁元、戴之先回,都督等尚游刘庄也。(《童保喧日记》,一一七页)

初四日(二十八日)　晴

傍午醉青即乘马同赴烟霞洞,姚雨平、叶楚伧、叶子布、吕戴之诸君子已先在矣。午膳由僧备素菜,酒后身热,叶楚伧君首唱五言律一首,姚雨平君首唱五绝一首,戴之、子布、醉青均和作,余亦口和一首如下:

同姚雨平、叶楚伧、吕戴之、叶子布、王醉青诸君游烟霞洞,和叶楚伧原唱韵

军人与文士,俱从生死来。千言讨贼檄,一剑治边才。莫笑烟霞客,原为栋柱材。长城将饮马,塞外凯歌回。

和姚雨平原唱韵

酒后见人性,天涯是我家。江潮高万丈,赤血染烟霞。

诗成由叶子布笔录,字亦飞舞可观。约四时,同乘马走六和塔,遥望钱江潮平岸,澜涛涌健,极壮观。走马亦迅疾如飞,甚快也。马过寓即辞归。(《童保喧日记》,一一八页)

初十日(初四日)　晴

午后五时赴都督寓,戴之、子布、兰波、恭先等先后均来,杂话时局,并据各方面报告及观察,南北恐有分裂之兆云。晚膳后约十时回寓。(《童保喧日记》,一一九页)

十二日(初六日)　晴

午后一时,姚永悦及王季高二君过访,谭及宋案,恐牵及政府云。晚访戴之于师司令部,赵正平君(厚生)亦在焉,醉青、子布、文六均来。晚膳后回寓,与醉青谭。(《童保喧日记》,一一九页)

六月廿七日(廿三日)　晴

上午赴都督府会议,徐聘耕集中陆军人事之建议案,并议退伍检阅成绩各件。傍午同聘耕赴运河司下访醉青,为购马事也。午后返堂。《游虎跑即事》诗成,即录寄戴之。诗录于左。夜大风雨。

新晴试马着先鞭,不访红尘访石泉。夹路迎来苍欲滴,一峰胜似一峰妍。

山村几处护篱笆,村下青禾村上茶。茶已采成禾插了,清闲到底属农家。

下马中途缓步行,闲留余力待归程。山门云峤虚遮日,古树重重不胜清。

禅关叩证宿缘根,古寺闲凉犬应门。怒目金刚谁主客,观颜弥勒袖乾坤。

老僧茶后说真传,话虎跑泉五百年。是是非非今古事,此间消息费猜研。

盈盈杯水试添钱,消长个中识此泉。南北两岸明月夜,佛家留借净尘缘。

济公塔在虎跑西,瞻仰尤闻猿鸟啼。打破禅门诸法相,众僧空自念菩提。

兴余返辔走江头,无限潮声日夜流。极目片帆山远近,春晖无处不悠悠。

(《童保喧日记》,一二二至一二三页)

廿九日(廿五日)　晴

午后二时赴同乡会,杨绍庭及任禹玉诸君均来会,会议公推赤城公会职员,后会商会中善后事件。时天雨,过访戴之于寓中,相与推敲前作。后悦山来,出某党暗杀名单,余名亦在图,余者为刘□□、林□□,即□□二君。归作诗二首寄赠之。(《童保喧日记》,一二三页)

民国三年二月十号(旧历元月十六日) 晴

中午接都督府电话,都督请余午膳,即赴都督府,盖因余同吕戴之师长、金梁元参谋长晋京觐见,介仁都督特设席饯行也。席间训示一切,并略述京中状况,因决定行期为十三号。席散后与梁元参谋长计划一切,决定共须时间约二十天,归途过武昌云。(《童保喧日记》,一二五页)

十一号(十七日) 晴

上午同普香赴戴之师长寓,筹划行程中一切准备,复赴都督府与梁元接洽。(《童保喧日记》,一二五页)

十二号(十八日) 晴

是日为南北统一纪念日,休假一天。午后一时,同梁元赴都(督府)谒见都督,介仁都督面嘱一切。叶子布旅长过访,吕戴之师长过访。夜间整理行装,计铺盖一个,皮箱一只,网篮一只,大皮匣一个,并致施调梅教务长一缄,接洽一切公务。(《童保喧日记》,一二五页)

十三号(十九日) 晴

七时同倪谱香赴城站,吕戴之师长、金梁元参谋长均相继来,张暄初旅〔长〕、潘介宗参谋长、王承化来站送行。七时半车开行,傍午抵嘉兴。陆殿魁署长候于站,同往步廿一团本部傅右泉团长处午膳,续往警总署拜望陆魁殿署长,同游鸳鸯湖,约四时下浅水兵轮,即时开驶。约十二时抵苏州阊门,即雇车往沪宁车站乘夜车,是夜宿于睡车中。(《童保喧日记》,一二五至一二六页)

十四号(二十日) 晴

早车抵南京江口,过渡买乘津浦路车,上午九时半开行,中午过临淮关,遥望淮水冷如昨日。因有感作一绝:"多少征人今日情,关前马迹尚分明。淮河血浪高千尺,谁是输来谁是赢。"过徐州天已向晚,临淮以北迄徐州满目荒凉,菜色饥民哀号之声,闻之惨然,仍是北伐时情况也。伊尹曰:"一夫不获,是予之过。"今为政者,政不及民,何相反也? 余私心自许,如余所(?)为政,必以民为先。是夜头等车人多车少,不能睡眠,余与戴之移入三等车中睡焉。(《童保喧日记》,一二六页)

十五号(廿一日)　晴

早抵山东之济南府,停车约有五十分钟。人民生计较徐州以南为佳,而野中亦稍有青色。车开行未久,即过黄河桥,桥长不及京汉黄河桥远甚,且水流亦狭,上流阔而下流狭,此黄河之所以为中原患也。中午过德州,午后四时抵天津总站,沿津浦路所见军队军纪风纪极坏,不及浙军多多,徐、宿附近尤不堪言。车抵济南时,有多数兵士乘车勒逐客民,广占地位,客民多敢怒而不敢言。且头等车中多数为张军统所发免票,尤损营业。余尝谓中国此后军队难于整顿,信然也。余等连日在车中,身体颇疲倦。是夜即寓天津金台旅馆,并去洗澡、看戏,约十时返寓就寝。(《童保喧日记》,一二六页)

十六号(廿二日)　上午阴,下午雨

早八时乘京津快车晋京,中午抵京,寓西河沿金台旅馆。初拟寓陆军大学校,先派吴光晋京接洽,是日抵京,不见吴光,遂觅寓焉。午后往拜赵康侯谘议,尚随段总长芝泉于外,遂返寓。晚,王永清君烈生(陆军大学校副官)及吴光、赵□□、黄公略、徐士毅、陈绍龙及楚池等过访,杂话京中近情。(《童保喧日记》,一二六至一二七页)

十七号(廿三日)　雨

上午八时同梁元赴昔大观楼茶点,午后一时同梁元及戴之师长戎服赴陆军部拜会蒋作宾次长不值,继询各司长,均回未到部,据说每日午后二三点钟方能到部办公云。赴陆军大学校拜会吴伯诚校

长,坐谭约一时许。赴参谋部拜会陈二厂次长,坐谭约一时许。续会罗局长、史久光局长等。复赴陆军部拜会蒋作宾次长,坐谭一时许。陆军部每日四五时散班,各司长已早归寓,未及会也。晚,同在醉琼林夜膳,访花数家,返寓已十一时。姚味辛过访,坐谭数时,遂就寝。(《童保喧日记》,一二七页)

十八号(廿四日) 晴

上午同戴之师长拜访蒋百器上将、孙叔仁司长、林赞侯司长于寓所,均不值。午后访蒋百里、张承礼诸君,与百里坐谭约一小时,遂辞出,赴陆军部访陈立性、陶制治诸同学,于军校学习同学集约十余人,甚快也。拜访海楼司长、林赞侯司长、翁□□司长、徐有进厅长,均接谭数语,其他各司长未及见。归途访同学于陆军学会本部,遇陶成、杨莘〔哉〕、顾浩诸君。夜同访花于乐户。(《童保喧日记》,一二七页)

十九日(廿五日) 晴

管寄青过访,自述总统府嘱其与贾焜庭二君招待余等三人。午后同学诸友陆续过访,韩郁堂君亦过访。(《童保喧日记》,一二七页)

二十号(廿六日)

上午赴总统府,谒军事处荫午楼总长、唐在礼次长。荫午楼总长谈话约时许。谒黎副总统,适值会议未见,遂往参、陆两部办公处。遇蓝天蔚、花照绩诸君。傍午拜谒赵康侯老师,坐谭甚欢。拜访江朝宗统领,遂留午膳。晚六时赴长安饭店,贾、管二公招饮也,同席者约十余人。续赴泰丰楼,玉(?)永清招饮也,同席者有参、陆两部人员约十余人。(《童保喧日记》,一二七至一二八页)

廿一号(廿七日) 晴

午前,杨子明、庄麟、林知渊、汤子宽诸君过访,续回访熊景奇,并拜会崔需老师于徐州馆,访张宝麟于东南院寓所,访刘竹波、林知渊诸君,拜访李燮和中将。午后约三时许返寓,稍为休息。(《童保喧日记》,一二八页)

廿二号(廿八日)　晴

午前炮科第一班同学集于余寓约数人,傍午同赴泰丰楼,赵、崔两老师及查灵、庄麟、李廷松、杨明远、汤愔、熊景奇、陈最、林绍祺及余与吕戴之十余人。同科同学共五十六人,而能集五分之一,亦难逢也。饮叙后同赴照相馆共摄一影,后同诸友游青莲阁,并在集云楼打地球,余独胜焉。晚胡伯诚招饮于泰丰楼,同席约三十余人。续赴醉琼林张仲仁君之招饮。(《童保喧日记》,一二八页)

廿三号(廿九日)　晴

傍午访陈公侠参议、陈仲恕秘书长,均与接谭,并访王庚于武德社不值。晚赴长安客店,蒋百器、蒋百里、林赞侯、陈公侠四君之招饮也。参、陆两部次长、各司局长均集,约二十余人,亦盛宴也。续赴醉琼林陆军学会之公宴,并陈最、柏香诸君之招饮,均开怀痛饮,戴之师长大醉。(《童保喧日记》,一二八页)

廿四号(卅日)　晴

上午赴总统府谒黎副总统,电召也,接见时一种和蔼之气,令人激感。杂话鄂浙经过。副总统所居为瀛台,即前清景皇帝幽闭地也,瀛台居南海之中,一桥通岸,宫殿嵯峨,极雄壮,而海中冰尚未解冻。副总统前数日称染病,近已复原,精神甚好,我辈不及也。谭约一小时,即告辞而出。顺途拜谒唐在礼次长,坐谭三十分钟返寓午膳。晚赴东安市场福寿堂,赵康侯老师招筵也。回赴醉琼林刘一清、邓汉祥二君之筵,则已散席矣。吕戴之复设筵于四海,飞笺召名花数枝,且饮且歌,约十二时散席,遂返寓。(《童保喧日记》,一二八至一二九页)

廿五号(二月初一日)　晴

接大总统府电,订明早九时觐见云。夜与诸友谭,九时就寝。(《童保喧日记》,一二九页)

廿六号(初二日)　晴

上午六时起床,八时大礼服,同金梁元参谋长、吕戴之师长赴总统府。在接待室少坐,张仲仁少将及庆少将(自江西来)、蒋百器上将、徐宝珍中将均集接待室,盖蒋、徐二公及蓝天蔚于是日授勋,而余等五人则觐见。约十时,由蒋作宾次长领余等至颐年堂少待。堂在礼堂之前,共七间,中三间为堂,两旁四间则四房也。房楼甚低,四壁则贴前清各大臣字画,字极规正,一笔不敢苟,题名均称臣,而现将"臣"字贴以纸焉,亦少矣哉。房中陈设古器甚珍奇,器用亦佳。堂中陈列古珍器甚多,无能名焉。堂前为池,又前为高楼,堂后为廊,直达礼〔堂〕。各门皆站武士,服装红缨戎服,如德国骑兵装服,周总长带领,蒋、徐、蓝三君先行授勋礼。礼毕由蒋次〔长〕带领觐见,依吕、金、童、张、庆次序鱼贯而入。廊两侧武士荷枪成列,极雄壮。入礼堂门成一字列,北向袁大总统行三鞠躬礼,总统还礼如之。蒋次长依次介绍询答毕,行一鞠躬而退总统之后。侍卫武官成八字成列站立,均大礼服,亦雄壮。总统询训均通套语,如问余学堂学员若干人,余答二百三十人;问是何资格,余答兵退伍后之官长为多;即云官长年岁甚大,应教以粗浅军事学识云。退出,仍还颐年堂,返军事处少坐,时蒋次长有事与金梁元接洽,遂坐谭时半,方动身返寓。傍午,万宗石顾问招饮于醉琼林。夜同戴之在中和看戏。(《童保喧日记》,一二九至一三〇页)

廿七日(初三日) 晴

中午同戴之师长拜访陈琪(兰薰)君,晤谭少许时。访章宗祥总长不值,拜谒曲伟青老师又不值。拜访殷学璜于宪兵学校,晤谭约二小时,并参观讲堂、宿舍。王子甄教务长亦晤会。续访奎星王于京畿宪兵学校不值,遂返寓,同杨子明访兰芬,晚赴范照绩及雷保康二君之招饮。续赴天然居,陈兰薰招饮也,同席者虞洽卿等六七人,并召花侍酒,续访花数处。返寓已十二时。(《童保喧日记》,一三〇页)

廿八号(初四日) 晴

上午王振华、孙世伟及萧星垣诸君过访。午后访丁剑秋。午后五时,黎副总统赐饮,四时半同吕师长、金参谋长赴总统府瀛台副总统会客室,约待半时,客陆续来,五时半开席。同席者有山东高民政长及陈兰薰君、参部人员共十人。席为西菜,席间开怀畅谭,毫无芥蒂,黎公真神圣哉!席间并谈及黎公起居有〔序〕,足为军人模范者,录之借以自警。(下略)黎公真神圣哉!续谭及在武昌一切经历,调北兵电报自拟自拍,遇有危难时以死自矢,当起义时命令某将前进,某将不从,公以手枪向之云,今日如果不服从命令,惟尔我互相击耳,某将卒从命。又因某事愤而自击,藉左右救以免。乱离之时不可不如此也。公凤眼虎须,可威可亲。黎公真神圣哉!余自光复以来,遇危难时每以死自矢,与黎公同,而公之雅度耐劳,则余不敢望万一也,惟以后要自励耳。约十时散食,而返寓就寝。(《童保喧日记》,一三〇页)

三月初一号(初五日) 晴

八时起床,同戴之、柳汀、任禹玉等六七人为颐和园万寿山之游。九时起身出西直门,约二十余里即抵该园。(中略)园门东向,形式如午门前门两侧,外交部及步军统领衙门均有公所招待游宾,余等抵门即有步军统领衙门招待人员前来招待,盖江朝宗上将预为知照也。持票入门,司阍在验票,并持票请示清官允准,然后放行。(下略)山尽为清晏舫,舫以石成,大可容百数人,上下两层,余与诸友游甚倦,遂在舫椅休息啜茶。(中略)玉泉山在颐和园西南数里,两塔高耸,颇能助园生色,而筑园者反弃之,亦少矣哉!游毕出门,约下午二时许,在步军统领衙门公所茶点,坐约半时许,即乘车言归。归途便游农事试验场,在幽风堂午膳,膳毕返寓。晚赴胡鸿逵君之招饮,同席有三人焉,散席后访花数处。(《童保喧日记》,一三一至一三二页)

初二号(初六日) 晴

午后三时,大总统传见戴之,同梁元去焉。袁大总统赐军刀各一把,黎副总统赐像各一纸,并亲题焉。(《童保喧日记》,一三二页)

初三号（初七日）　晴

午后赴陆军部谒魏海楼司长，询求浙江讲武堂学员咨部考试事，蒙许派员考试，送部拨各军见习，则早日筹妥缄告云。辞出后访徐方震、王彦夫、胡梦诸君，并交涉护照及乘车价半票事，并会谒叶乐平处，遂辞行。晚赴后门大街庆和堂林奎福君之招饮，同席者四五人，席间谭及浙江光复时林君逃难事，对于余颇觉亲切。散席后即返寓修整行装，决定行李交柳汀携带，由津浦路南下，而余同戴之、梁元则由京汉路南下也。（《童保喧日记》，一三三页）

初四号（初八日）　晴

八时同戴之、梁元赴西车站，乘京汉车南下，约十二时过保定，约下午二时许过石家庄，远眺坟塔高耸，想吴绶卿先生墓也。十二（时）过黄河桥，桥上电灯光明，俯视河流迅速，烟雾笼河，丝毫无所见。天雨。（《童保喧日记》，一三三页）

初五号（初九日）　雨

上午三时车抵郑州，同戴之下车，寓大金台旅馆，展衾就寝。约八时起床，十一时乘沛洛火车赴开封府，过白河、中牟县两车站，十二时抵开封府。沿途沙地居多，间有水田，黄河迁徙无常，所见沙邱想河患所成也。下车雇骡车进城，寓金台旅馆。一时许赴都督府拜谒段芝泉兼督，有事未见。转拜谒赵康侯老师，接谭甚久。并访同学郝柏良、徐进武等诸人，畅谈竟日。晚仍在赵老师处谈，并在会议厅介绍傅良佐参谋等四五人。是日竟值段芝泉总长五秩寿辰，遂留夜膳，并闻李秀山都督等各派代表进呈寿礼，均辞以因戎事在身不敢自寿等语。却哉！真正直哉！膳后蒙段芝泉老师接见，戴之师长及余均秉陈一切，段公亦加训示，谭约二小时，甚欢洽，并嘱余等在府住云。余等均以事辞，并告明日南返，遂起辞行。赵公领余等出，遂返寓就寝。（《童保喧日记》，一三三页）

初六号（初十日） 晴

上午八时起床，张鼎、实庭诸君过访，同游宋故宫。返寓午膳，白武招饮。午后一时赴南门外沛洛车站，乘车返郑州，二时开驶，三时许抵郑州，仍寓大金台饭〔店〕。膳后散步市街，见所售皆洋货，可哀也。（《童保喧日记》，一三三至一三四页）

初七号（十一日） 晴

上午三时半，仍乘京汉直达快车南行。时月色甚好，车上仍以看说部为消遣。抵堰城，天色大明，方稍就睡。抵信阳州，北军搜查间房，有妇女两人，故为留难，可哀也！过武胜关已傍午，沿途见眉柳牙草，绿水青山，甚快也。北方尚在解冻，南北天气不同如此。午后五时抵汉口口岸车站，即刘家庙车站，附近有北军速造兵房，官兵服装、行动觉毫无纪律，战胜之军所不免也。抵大智车站约五时半，寓福昌旅馆。夜在大汉舞台看戏，约十一时返寓。是夜大风。（《童保喧日记》，一三四页）

初八号（十二日） 雨

未能出门游览，在寓间与戴之弈，胜负互半。午后得梁元手书，江面风未便过江。武昌城中泥泞，交通不便，汉阳尤非天晴不能游云云，于是决计先归。晚魏贤光副官及千照古记室均到，遂买船票冒雨下船，夜十时开驶。是夜宿船中，大雷雨。（《童保喧日记》，一三四页）

初九号（十三日） 雨

午前抵九江，在九江停泊约三时许开驶，夜仍宿船中。（《童保喧日记》，一三四页）

初十号（十四日） 雨

早抵芜湖，停泊时许。午后一时许抵南京下关，同戴之师长登岸，赴都督府拜谒冯华甫都督，接谭二时许。续访刘润田旅长不值，访王廷桢镇守使，谭半时许，回下关寓中西旅馆，晚召盖月楼等侍酒。夜十一时，趁宁沪夜车，遇张公权于车中，谭甚欢，就寝卧车中。（《童保喧日记》，一三四至一三五页）

十一号（十五日） 雨

早抵上海，即过车乘沪杭早车，八时开驶，午后一时许抵杭州，同戴之谒朱都督谭回途情况，并说明星元约十五六可返杭也。遂返寓。自去杭至还杭共廿八日。（《童保暄日记》，一三五页）

七月初二号（初十日） 晴

政务厅长吴佩聪（吕珩），数日前晤于中国分行。席中见龙钟老态，私意以为治己尚且不足，何况治人。晚间戴之详说吴佩聪自治力甚强，自少乞〔迄〕老，五元抵毛雀未尝入局，日嗜纸烟必吃制者，如此小节尚如此有守，亦可概其他矣。日前之见，余之过也。（《童保暄日记》，一四〇页）

初五号（十三日）星期 晴

午后赴第六师师部假山下纳凉，军政界重要人员到者甚多，共计二十余人，盖戴之师长约午餐也。在酬酢时，每以敬恕自持，然亦多失言，甚悔之。梁元言，以后名称须复古，如军帅大人之类，各省多已称之，浙亦宜复之，余言名称无害实际，从众可也。后复及国体问题，鲁仲连誓不帝秦，此事关系国家存亡，未可盲从也。后与陈运使弈，负九子。后复从戴之、子布、暄初、云翔诸子于某地作竹叶戏。而余尝能持以敬。夜八时返家。（《童保暄日记》，一四二页）

十四号（二十二日） 晴

上午约七时起床，八时赴第六师司令部访戴之师长及监察〔宗〕参谋长，并决定一疑难问题，惟余心尤以为未足，以与恕字及敬字稍欠，全是客气所感，甚矣克己之难也。（《童保暄日记》，一四五页）

十五号（廿三日） 晴

约八时赴将军府谒见朱军督，告以拟游普陀事，并禀告所中公事两件，谭约时许即出。在金梁元处杂话，约十一时拜谒巡按使，并访王承化，在巡按使处午膳。午后一时返，过访戴之师长，坐谭约二时

即返寓。(《童保喧日记》,一四五页)

十七日(廿五日)　晴

十时赴第六师司令部,访戴之师长、张树屏、周六介、王悦山及同学俞全材均会晤。午后三时返寓,整理行装,预定十八号动身游普陀也。(《童保喧日记》,一四五页)

廿五号(初三日)

阅报,任命戴之师长为嘉湖镇守使,余为十二旅旅长,不胜惊愕。午后一时抵杭,终日在寓休养。后阴雨。(《童保喧日记》,一四七页)

廿六号(初四日)星期　晴

午后访戴之师长,闻叶子布已升为师长云。杂话游况,并谒军督不值,访金梁元参谋长不值,返寓休养。默念人生当主疑谗兴之际,苟能安全支撑,不为所动,方见大力,方是豪杰。王阳明先生于平濠以后亲征献虏,疑谗实甚,先生处之泰然,余小子敢不勉?若此关头打不胜,就是麦筛下人物,安能有所作为?但处此境遇,应格外小心谨慎,所谓邦有道如智,邦无道如愚,而夫子之听天命尤为重要,故特志之,以自检点。(《童保喧日记》,一四八页)

廿七号(初五日)　晴

午后赴吕镇守使、张镇守使、叶师长处道喜,在第六师谈数小时。戴之镇守使意甚消极,手谈。余告以昨日之念,劝其乘时养晦,亦君子处世之道。(《童保喧日记》,一四八页)

廿九日(初七日)　晴

午后军督电召,当即赴府。盖嘱余劝吕镇守使速赴任也。在金梁元处谭,叶子布师长及董吉生局长、王悦山司令均先后来,三时赴师司令部谒吕戴之镇守使,晚回寓。(《童保喧日记》,一四八页)

卅一号(初九日)　晴

午正赴巡按使署之宴,盖屈文六中承宴两镇守使也。午后三时返寓。(《童保喧日记》,一四九页)

八月初二号(十一日)星期　晴

晚赴潘监宗家之宴,同席有两镇守使等八九人。返寓后又赴叶子布师长家接洽一切(第十二旅)接任事件。(《童保喧日记》,一四九页)

初四号(十三日)　阴

八时赴师司令部,盖新旧两师长于是日交代也,先在监宗处谈,九时入席,公饯吕、张两镇守使也。午后一时散席,二时复赴水上警厅徐允中、周六介之宴会。约三时半大风,城中无雨。人民因久旱望雨甚殷,所得只风,旱灾或不能免。夜军督饯吕、张两镇守使,梁、左、沈、丁四道尹,余亦与焉。约九时散席。(《童保喧日记》,一四九页)

初五号(十四日)　阴,间晴

午后三时,余同叶南波旅长同饯张、吕镇使。夜金梁元在南埠饯张、吕镇使,召花数枝,十时返寓。夜有雨。(《童保喧日记》,一四九至一五〇页)

初八号(十七日)　晴

傍午赴西湖宋庄吕戴之之宴。午后三时同监宗返棹,在颐园吃茶。(《童保喧日记》,一五〇页)

十八号(廿七日)　晴

七时半赴梅东高桥操〔场〕,宣布师、旅长就职也。约八时余,金梁元代军督宣布叶师长就职,续由叶师长宣布两旅长就职,余训辞为"尽忠职务"四字之解释,余复宣布章镜波团长就职,返寓已及十时。晚赴金衙庄运署宴席,夜同戴之等看戏。(《童保喧日记》,一五二页)

二十一号(七月初一日)　晴

三时半赴城站送吕镇守使赴任,余同叶南波等送往拱宸桥,四时开车,约半时许抵拱宸桥,官兵迎接如仪。旋下兵轮休息,各换便衣。晚在第一春宴会,散席后看戏,十二时送吕镇守使下船。(《童保喧日记》,一五二页)

民国四年三月十一号(正月廿六日)　晴

午后二时赴悦山寓,访悦山及吕镇守使,四时访介宗于师部。
(《童保喧日记》,一六六页)

十二号(廿七日)　雨

十一时赴城站聚丰园,介宗、悦山、戴之请王皡如也。午后二时
散席。(《童保喧日记》,一六六页)

十四号(廿九日)星期日　晴

午后一时半赴城站,送吕戴之镇守使返嘉湖,二时半返寓。(《童
保喧日记》,一六六页)

八月廿二号(七月十二日)星期日　晴

夜闻吕戴之镇守使来。(《童保喧日记》,一九五页)

廿三号(十三日)　半晴半雨

七时访戴之于悦山寓,均未起。与戴之话别后情。傍午返旅部
阅行公牍。(《童保喧日记》,一九五页)

廿四号(十四日)　晴

午后潘介宗、叶兰波、傅右泉、林达生均来旅部,二时半同赴同袍
社击球,戴之及悦山均在焉。六时返寓。(《童保喧日记》,一九五页)

廿五号(十五日)　晴

傍午返寓,戴之过访。午后二时同悦山、戴之游西湖,在公园及
西泠印社少坐,约六时返寓。(《童保喧日记》,一九五至一九六页)

廿七日(十七日)　晴

十时访戴之于悦山寓,醉青、文卿亦来。是日因昨日雨湿,体稍
不适,终日在悦山家谭,晚同往聚丰园少饮,约八时返寓。周六介知
事于昨日午后三时病故,旧友渐亡,为之慨然。(《童保喧日记》,
一九六页)

廿八日(十八日)　晴

午后赴悦山寓,醉青、普香亦来,会谈久之。约五时送戴之于车

站,返湖州也。(《童保暄日记》,一九六页)

九月十八日(八月初十日) 晴

闻戴之来杭,即赴悦山寓拜访之。(《童保暄日记》,二〇一页)

星期日 十九日(十一日) 晴

午后普香过访,同往访戴之于悦山寓。晚五时返寓。(《童保暄日记》,一九六页)

十二月廿九日(廿三日) 晴

午后二时访悦山于寓,悉吕镇守使于是日来杭,后潘介宗亦来,杂话久之。约五时半同访友,约十时返寓。(《童保暄日记》,二一七页)

中华民国五年三月廿四日(二月廿一日) 晴

上午八时余未起,军署电召即起,八时半赴军署。叶师长、叶旅长、徐司令官均续来,同谒军督,军督出示统率办事处来电,大意说元首以命令取消帝制,讨论久之。并闻洪宪年号已取消,公文呈式仍照民国五年。坐约半时许,复送一电来,即取消帝制之申令也。申令中均罪己之言。复讨论半时许,盖帝制取消,半由滇贵桂之独立及湘川粤之不稳,半由外交之紧,急取消帝制,预备讲和,藉以一致对外耳。余更以改良政治维持法律为进言。正午辞出,即赴旅部。途中仰见日光稍淡,四周绕以大晕如虹,经十分钟即渐退,变为白云,甚奇之。古书白虹贯日之说,未知此为何兆,而见于取消帝制之日,或君子之过,如日月之经,天人皆见之意欤?到旅部问诸将校,均说见之。晚徐聘耕过访,悉军署已电召吕戴之镇守使、张暄初镇守使、周恭先旅长来杭会议。(《童保暄日记》,二三一页)

三月廿八日(廿五日) 晴

八时半拜谒张暄初镇守使于十一旅司令部,悉吕戴之镇守使亦来杭。约九时半拜谒吕戴之镇守使于悦山寓,不值,闻已赴军署矣。

即赴旅部阅行公牍,午后三时再访戴之于悦山寓,仍不值,俟至五时仍未回。余赴同袍社,同徐聘耕共请张、吕、周三主客也,同席者师长、金参谋长及团营长等二十余人。约六〔时〕,客均先后到社,七时入席,主客均开怀痛饮,均大醉,未及完席而散。约十时途访戴之于悦山寓,已醉卧矣。右泉亦来,十时半返寓。(《童保喧日记》,二三二页)

廿九日(廿六日) 晴

九时赴军署。十时开军事高等会议,军民两长、两镇守使、师长、两旅长、王徐两司令官、金参谋长、汤副官长等十余人。先由军督出示黎、徐、段来电及冯、齐来缄,后由各人发挥意见,均以维持地方、拥护中央为主旨。傍午散会,并留午膳,军民两长共订也。午后二时散席,同悦山步行访某花,三时余再访恭先于寓,张暄初亦在焉。谈五时许,同赴同袍社,团营长请吕、张、周三主客也,陪客同昨夜,约九时散席,即返寓。(《童保喧日记》,二三二页)

卅一日(廿八日) 雨

上午八时起,十一时赴同袍社,军署朱、斯、刘、吴诸参谋及师部施、石、邱、吴诸参谋、副官等共请吕、张、周三主客也。同席者尚有十余人,午后二时半散席。(《童保喧日记》,二三二至二三三页)

四月初四日(初二日) 晴

午后二时赴凤舞台看戏,赴铁线巷,暄初、戴之回请也。作扑克戏,至十二时返寓。(《童保喧日记》,二三三页)

初五日(初三日) 晴

九时访戴之、悦山于寓。十一时同赴西湖昭烈祠,叶师长请酒也。约三时散席。(《童保喧日记》,二三三页)

初六时(初四日) 晴

晚访戴之于悦山寓,未及半时许即返寓。(《童保喧日记》,二三二至二三三页)

九月十五日(十八日)　晴

上午六时起,八时访梁任公,途遇蒋叔南,知已外出矣。任公同道尚〔有〕林赞侯君,即返寓。夜赴刘庄,吕督军请酒也,见梁任公甚亲切,杂谈时局。同席者尚有周恭先、夏廷侯诸人,席散即返寓。(《童保喧日记》,二三五页)

二十日(廿三日)　雨

晚督军宴张伯英、李少唐、刘佛肩于寓,余以腿痛未终席,即返寓。(《童保喧日记》,二三五页)

廿六日(廿九日)　阴雨

上午八时起,九时半赴督军署谒吕督军,为改编政务厅事,嘱予转送文卿。十一时半访文卿于民政厅,留午膳,杂谈改编事。午后二时赴水亭趾文庙演礼祭关、岳,假该处也。礼毕已四时。(《童保喧日记》,二三六页)

廿七日(九月初一)　晴

中午赴督军府,公宴刘人熙及耿鸽生两君。刘君年已六十余,精神甚佳,曾为湖南都督,便道来浙游湖也。席散后,即返师部阅行公牍。(《童保喧日记》,二三六页)

十月初四日(初八日)　晴

十一时半赴督军署,在恭先处午膳,悦山、子才、廷侯亦在焉,为交涉改编警务处事尚无绪也。政务厅已于初一日改组,省长仍吕督军兼任也。(《童保喧日记》,二三六页)

初五日(初九日)　晴

午后暄初师长过访,谈改编警政厅事,欲代为调处,允之。(《童保喧日记》,二三七页)

初六日(初十日)　晴

午后三时暄初过访,同访恭先于督军署,廷侯亦来。余提及警政厅改编警务处,一切用人、行政均照前巡按使旧规办理,廷侯有允意。

晚同暗初赴督军公馆,述廷侯改编意,督军亦允之,即辞出返寓。(《童保喧日记》,二三七页)

初七日(十一日) 晴

十一时访定侯于省会警察厅,为谈改编事也。正午返师部阅行公牍,午后二时赴督军署。黄叔初来杭,故人久别,一见为欢。谈及国事颇中肯,要揭录之,亦见故人学问之进长,治国者亦作参考也。(《童保喧日记》,二三八页)

初八日(十二日) 星期日 晴

督军邀饮,宴黄旭初君也。午后一时半散席,夏廷侯、周恭先、王悦山过寓作手谈。(《童保喧日记》,二四〇页)

初九日(十三日) 晴

正午与师部将校宴集。未完席,赴督军署之宴会,公宴德国人也。午后三时返师部阅行公牍。省城为庆祝国庆日,第一日新市场甚热闹也。(《童保喧日记》,二四〇页)

十三日(十七日) 晴

九时半赴督军署,向督军道贺晋勋晋官。正午返师部,阅行公牍。(《童保喧日记》,二四〇页)

十六日(二十日) 晴

午后一时半赴军署,暗初、廷侯亦来,为警务处改组事。约四时返师部阅行公牍。七时半访督军不值,即返寓就寝。(《童保喧日记》,二四一页)

十七日(廿一日) 晴

九时谒督军于寓,陈警务处改组事。沈剑侯议长及俞丹屏旅长亦来。旅长言京中情形甚详,京中上下对浙军甚依赖。十一时赴师部。悦山过访,同访督军,约八时返寓。(《童保喧日记》,二四一页)

十八日(廿二日) 晴

约五时返寓。赴督军寓,宴丁问槎君也。(《童保喧日记》,二四一页)

十九日(廿三日)　晴

是午〔日〕为黎大总统生辰,放假休息,故未赴师部。约四时赴督军寓,陕西省长李根源君及陆军院(军务院)秘书长章行严君自粤过浙,与谈国事,快之。留夜膳,约九时半返寓。(《童保喧日记》,二四一页)

廿二日(廿六日)星期日　晴

正午同家严赴西湖图书馆。吕省长公宴省会议员也。议员中有酒醉骂议长者,未终席而散,约四时返寓。(《童保喧日记》,二四二页)

廿八日(初二日)　雨

午后四时赴督军寓,恭先、介宗均在焉,商治浙大方针,分军事、警务、财政、教育、实业、交通、吏治、司法诸大端,杂论久之。约六时返寓。(《童保喧日记》,二四四页)

卅一日(初五日)　阴

傍午同廷侯谒省长于公署不值,访王文卿于寓,谈久之,约三时返寓。五时同廷侯谒省长于寓。五时半访吴振黄。(《童保喧日记》,二四四页)

十一月初三日(初八日)　雨

午后一时赴督军署会议,人事问题案未成立也,改日后另订制度,另议之。约五时返寓。(《童保喧日记》,二四四页)

初五日(初十日)星期日　晴

午后一时赴督军署,会议预算事件,第一师共百一十万元,全浙陆军经费共五百四十万元,核减为五百零八万元,约六时返寓。(《童保喧日记》,二四四页)

十一日(十六日)　晴

上午七时半起,赴督军署访周恭先参谋长,为大学考生事,约潘介宗旅长来寓,悦山亦来。午后四时赴督军寓,为屈前督电报事,并报告将外出检阅也。(《童保喧日记》,二四四页)

十八日(廿三日)　晴

午后四时同张师长访蔡鹤顾于蔡谷清寓,谈久之。夜谒督军于寓,陈已(校)阅(军官学科及内务)毕回杭矣。(《童保喧日记》,二四六页)

十二月初四日(初十日)

上午十时起,十一时半赴省长公署午膳,饯杜志远行也,约三时返寓。(《童保喧日记》,二四八页)

初六日(十二日)　晴

三时半访徐班侯先生于寓,为屈公文六选举参议员事。复访文卿于省公署,约五时半返寓。(《童保喧日记》,二四八页)

初九日(十五日)　晴

午后一时赴督军署会议,为订陆军军官分限令及俸给令,未完,订星期一日再议。同周恭先参谋长谒督军,据说有退伍兵因年金取消欲起事云,余答以无妨,即返师部召集师将校,嘱其小心留意。(《童保喧日记》,二四九页)

十一日(十七日)　晴

八时赴督军署会议,分限令及俸给令皆浙单行法也,专为整顿人事起见,盖亦一大事业也。午后三时议毕。(《童保喧日记》,二四九页)

十六日(廿二日)　晴

上午八时起,九时半赴师部,同暄初公请蔡鹤顾先生,陪席为沈、朱、秦三议长,童亦韩先生及州伯、蔡谷清等,傍午散席。午后二时赴省长公署谒省长,杂话久之,约四时返寓阅公牍。(《童保喧日记》,二五〇页)

二十日(廿六日)　晴

午后一时赴督军寓。谈一时许,复返师部。周元善、张暄初、葛敬恩过访。(《童保喧日记》,二五〇页)

廿一日(廿七日)　晴

政府发表荐任傅其永为浙江省会警察厅长。(《童保喧日记》,二五一页)

廿三日(廿九日) 晴

晚曲伟卿夫子来杭。(《童保暄日记》,二五一页)

廿五日(十二月初一日) 晴

上午七时半送曲夫子返沪。八时赴师部。

是日傅右泉到省会警察厅新任。据报,警察欲罢岗云。约张雨樵询各署长,若无事也。午后一时潘介宗过访,谈及近日夏廷侯态度之忽变,初吕省长欲以傅其永荐任省会警察厅长,夏廷侯暗中反对之,及政府将厅长发表后,夏廷侯忽往省长寓催交代,并托介宗转请省长速将公文发表,以使早日交卸警厅,专任警务处。本日上午八时,夏廷侯将厅务交卸于傅其永,未知究为善意与恶意。正在谈论间,忽接电话,说傅其永被驻警厅之保安队殴打,并接连接省长、商会、张师长电话,均同前因,介宗商余,决心速找夏超自了之,不可以兵弹压,致起冲突。余是之,当电周凤歧参谋长,告以警厅事,答已知之。问夏超何在?说不知,其实夏超在周处,余初接电话时,似夏口音也。张暄初来,余以前办法告之,嘱潘介宗往周处找夏,嘱其速恢复地方秩序为要。余于师部稍加戒严,并嘱各团、营长保持部队,听余命令。及晚,介宗电告夏在周处,已同往警厅了理此事矣。并闻周、张、夏、来、李、俞诸人均有电晋京辞职,知周、夏诸人事前均有计划也。

夜十时,吕督军兼省长来师部,时电报局及各银行均被混成旅占据,余忍之,不愿以地方人民生命财产为牺牲也。[上注:临晚,商会总协理及各银行行长、杭县知事来求勿出兵。]夜半沈定一、王湘泉、莫永贞来,吕督军提出辞职,嘱其转达周、夏诸人。愿为督军及省长者,均以张载阳为督军,周凤歧为省长,往来磋商,沈定一、莫永贞尤力,吕督军慷慨允之,一夜未睡也。[上注:傅右泉后宿张伯歧家,于第三日返金华。张伯歧亦忠义之士,可佩可钦。](《童保暄日记》,二五一至二五二页)

廿六日(初二日)　雨,雪

上午九时,同潘介宗往访张暄初,嘱其任督军,并代陈吕督军之诚意。约十时返,各部队将校均来,忿忿欲以兵力平之。午后夏、周诸人内争又起,欲以蒋百器为督军,而周为省长,终日争未完也。日前曲保师夫子之来浙也,曾语吕督军云,过宁时谒冯副座,冯云吕戴之太软弱无能,闻其参谋长能,欲利用之云,未知冯意容〔欲〕何在也,请留心为要。吕督军答以周道德尚佳,当不至有何举动也。浙事未发生以前,蒋百器先事带家南下,及事发,群欲以蒋督浙,而周、夏、张心又均欲之,故未定也。入夜,余仍戒严如前。(《童保喧日记》,二五二页)

廿七日(初三日)　雪

督军省长事仍未决,部队均忿激欲战,绍兴部队及湖州、嘉兴各队部,吕督军均派人往谕。中央有来电,不准夏、周诸人辞职,并候中央解决云。(《童保喧日记》,二五二页)

廿八日(初四日)　雪

督军省长问题仍争持未决。(《童保喧日记》,二五二页)

廿九日(初五日)　雪

绍兴、嘉兴、湖州各部队均忿激夏、周诸人之误谬,王镇守使已赴嘉兴声罪致讨云。(《童保喧日记》,二五二页)

卅日(初六日)　阴,雪

早第一团陈团长肇英带兵已抵临平,张暄初欲余阻之。午后余电陈团长,住笕桥骑兵团,夜戒备较严。(《童保喧日记》,二五二页)

卅一日(初七日)星期日　阴,有雪

余命干部教导队开驻炮兵团,各部队长因夏、周诸人争持不决,忿激不可言喻,第四团兵一营开驻岳坟,机关枪连开驻昭庆寺,第一团开驻西大街,炮兵营、湖州第二团第三营吴营长带兵开抵拱宸桥,绍兴王营长倓亦欲开兵来省城,余电止之。夜,陈其采来说,冯保杨树棠为浙江督军,请速平和了结,以挽回大局云。周凤歧亦有电话来述此意,吕督军允之。今年大雪大冻,为三十余年所未有,说为北气南侵之象云。(《童保喧日记》,二五二至二五三页)

民国六年元月初一日(十二月初八日)　阴,晴,间雨雪

召集各部队长,告以冯已电保杨,并述此间内幕,实某题者从中利用也。兄弟阋墙,外御其侮,现御侮时也。并召周恭先、夏廷侯、张暄初、俞丹屏来督军寓,时已接北京电,任命杨善德为浙江督军,齐耀珊为浙江省长,故各融洽如初矣。并公电中央,浙已无事,吕督军兼省长已照常视事。(《童保喧日记》,二五三页)

初三日(初十日)　晴

社会上发生拒杨拒齐之公民大会,主其事者为沈定一云。(《童保喧日记》,二五三页)

初四日(十一日)　晴

蒋百里来浙,欲以武力拒杨、齐云。蒋百器亦欲来浙云。(《童保喧日记》,二五四页)

初六日(十二日)　晴

蒋百器来浙。(《童保喧日记》,二五三页)

初九日(十六日)　晴

夜吕督军赴龙华,为北兵来浙接洽事。(《童保喧日记》,二五三页)

初十日(十七日)　晴

第四师兵之一混成旅来浙,驻长安、临平。(《童保喧日记》,二五四页)

十一日(十八日)　晴

上午十时,余赴艮山站,说杨督军定今日来杭云,后在梅东高桥大营盘午膳。北兵于是日午后二三时进杭垣,驻大营盘内,后闻杨督

军不来,余即返寓。(《童保喧日记》,二五四页)

十二日(十九日) 晴

王醉青来,责予不申大义不平乱也,余甚愧之。时浙人欲留吕省长之心甚坚,故省长暂不交卸也。(《童保喧日记》,二五四页)

十三日(二十日)星期日 晴

杨督军早六时到杭,余于七时半往谒之,谈约半时许。复赵禅君。傍午返寓。(《童保喧日记》,二五四页)

十四日(廿一日) 晴

吕督军交卸督军篆务,杨新督军接受之。(《童保喧日记》,二五四页)

二十一日(廿八日) 晴

吕省长交省长篆务,吕前省长即于是日赴沪,转车北上,段总揆电召也。午后接京电,吕前督军授为怀威将军云。(《童保喧日记》,二五四页)

廿四日(元月初二日) 晴

上午八时起,齐耀珊省长于廿九夜抵杭,定是日接印视事。十时同暗初及诸旅长往贺之,谈数语即返寓。杨督军以旧督军署不利,欲移驻师部,余师部拟移驻梅东高桥大营盘云,约午后四时返寓。(《童保喧日记》,二五五页)

五月十六日(三月廿六日) 晴

昨接戴之自北京缄,述京中情形、各省形势甚详。此缄呈之督军,并复缄论之。午后三时半返寓。(《童保喧日记》,二七〇页)

廿八日(初八日) 晴

复赴大庙巷新宅,同戴之诸友共购为共公寓所者,是日交产,视察一周。(《童保喧日记》,二七三页)

六月初一日(四月十二日) 晴

九时赴督军署,阅各省来电,并接洽要公。约十时返师部。曲伟

卿、吕戴之自天津来电说,京畿军队亦已归诚,大局不日可解决云。(《童保喧日记》,二七四页)

初六日(十七日) 雨

九时赴督军公署,与联璜谈。据友言,唐、李谋在粤组织政府,而孙洪伊等又欲谋在宁组织政府,天津又有军政府之设之传闻。当由杨督军密电张绍帅,申以三事:一、留元首;二、散国会;三、速组内阁。并分电朱经帅转东海、合肥二公。天津设联军总参谋处,推雷震春主之,张绍帅定明日进京云。十一时返师部阅行公牍,并致戴之缄,于前三事有所论列,盖管夷吾宣言尊王,曹孟德不废汉帝,名归而事易集也。午后五时返寓。(《童保喧日记》,二七五页)

十一月十八日(十月初四日)星期日 晴

午后七时,刘曙汀、刘佛肩两同学自京来过访,杂谈京中情形。盖二君戴之命赴广东者也。竟杂谈间,忽接长沙来电,述傅督军出走,署名者均民党中人,大异之,以为传之不确也。又接王汝贤、范国璋电,大意与前同,尤为骇异,盖湘局有大变动矣。与佛肩、曙汀详论之,知大局有变,国家前途不可问矣。(《童保喧日记》,二九八页)

中华民国七年二月廿三日(正月十三日) 晴

九时半赴军署接洽要公,十一时赴师部阅行公牍。秦省乱,电报不通,作缄往询戴之。(《童保喧日记》,三一一页)

三月廿二日(二月初十日) 晴

作致戴之将军缄,约四时返寓。(《童保喧日记》,三一七页)

七月廿一日(十四日) 晴

约十时返司令部,发现蒋百器宣慰浙军告示,一笑置之。(《童保喧日记》,三四八页)

八月廿五日(十九日) 晴,后雨

上午六时起,电话不通,迄中午电话始通,则得伍团长报告,陈肇英叛降南军。余与戴之交至厚,而结果如此,真无可如何也。余即返浮山,命饶平司令部并兵站装械均来浮山,并命伍纵队长暂退。晚五时抵浮山,分别电呈总理、杨督军、李总司令。(《童保喧日记》,三五三页)

中华民国八年元月十二日(十一日)星期日　阴雨,有雾,风

近来心绪恶劣,四顾茫茫,万感交集。戴之已离,文卿又怨,醉青亦退有后言,树敌太多,旧友日散,一可惧也;妻执妾怨,家庭中毫无生趣,二可惧也;戍久天寒,将惰兵暮,三可惧也;和战未定,兵灾难解,一有未洽,国仍分离,四可惧也;是非未定,黑白混淆,上无道择,下无法守,五可惧也。怀此五惧,终日徬徨,颇难自安,然亦惟敬畏慎勤,尽心职务,以待天命之何如耳。(《童保喧日记》,三七九页)

张桐日记(四则)

民国五年四月初一　五月二号

雨。看《时事新报》,见浙江举屈文六为都督,各愤不能平,寄函指责者极多,恐屈氏亦未必终保其位也。又有康南海《劝袁氏出亡书》,伍氏廷芳《致袁总统书》,张季直《与徐东海书》,又有徐勤《讨袁檄文》,均洋洋大篇,可以讽诵。(温州市图书馆编、张钧孙点校《张桐日记》,中华书局二〇一九年十月版,第四册,一七四七页)

初五　六号

晴。下午一句钟出小南门附永瑞轮回家。于船遇黄君端卿及公民君,又泰顺吴体健君,相与共谭时事。(中略)又端卿说:"昨瓯海道得省电,云屈退,吕督,张载扬、童伯超为师长。"按屈映光卑鄙无耻,浙公人已群起攻之。见于《时事新报》者,不一而足。此次之被斥,固意中事。然亦可见小人之枉自为小人也。由塘下替船回家,付船力小洋一角。(《张桐日记》第四册,一七五一至一七五二页)

八月十九 （九月）十六号 礼拜六

晴。三句钟出外赴税库司前吴益生家中访陈君丹卿,时丹卿设帐楼上,楼正面东,眼界颇宽,少坐啜茗,询知益生现为统捐局长,璧华则督军顾问官,两昆仲所入薪俸每月不少。回忆卅余年前伊父吴昌为府门斗时拮据情形,今昔不同也。如此人顾可不有贤子孙哉。（《张㭎日记》第四册,一八一一页）

民国六年五月初一 （六月） 十九号 礼拜二

晴。十句钟温君圣涵来访。圣涵为山西知事,现因赋闲,久留无味,乃给假旋里,盖已去乡五年矣。予因问褚景陆近况,圣涵言:"此君不善藏拙,故同僚颇有微言。且前任省长委之到南边采办桑苗,此君采来后竟逗留上海游十余天,以致桑苗俱死,耗去数千金,省长不责其赔偿,尚是万幸,然差使已撤销矣。近日与陈孟聪俱得办印花税小差使,不过数月气候,如先生有信寄去,可径寄山西印花总处嘱其转送为是。"温君约谈至十一句钟始去。（《张㭎日记》第四册,一九三三页）

徐永昌日记(二则)

民国五年五月六日

早间,张浩然由省来言,浙督已换吕公望,内部极乱,予思不如仍回上海,西湖之游暂作罢论。既决意返沪,因开船尚早,复至落帆亭,午后四时开船。（《徐永昌日记》,台北中央研究院近代史研究所编印,一九九〇年五月版,第一册,六页）

民国二十一年十一月七日

午前到圆明园路二十四号柯达公司看演电影器,午饭在范园。饭后回沧洲稍息,即之一品香,悉孙哲生请孙隆吉来约明午饭,予原定今夜车走,一时决不定,后味辛谓孙正不得意,不便径却,因决留一天。与吕戴之稍谈,傅沐波先在,并约明午后四五时在子范处候晤乃

别,予则至范园同魏等往致美楼晚饭,在汽车中郑怒老段不已。(《徐永昌日记》,第二册,五三三页)

符璋日记(四则)

民国五年丙辰四月初八日,丙午,九。

晴,天色大佳。昨闻有省电至,屈映光去职,吕公望为都督。据志澂云,屈以枪毙夏次岩报私怨为民党所切齿,不能不去,即此次宣布中三人之一也。(温州市图书馆编、陈光熙点校《符璋日记》,中华书局二〇一八年二月版,中册,五五六页)

十二月初九日,甲辰,二。

阴。阅报,知阳历十二月廿六杭州之变,另举督军、省长。(《符璋日记》中册,五五六页、五八七页)

民国十三年甲子十二月十三日,辛卯,七。

阴。诣道尹一谈,云畏风,风定始行。诣隔壁,闻黄丽中被捕,为有人控其为吕公望参谋之故,警察搜其寓,无凭据,现仍押司令部中。(《符璋日记》下册,九三二页)

民国十六年丁卯三月十三日,戊寅,十四。

晴。冷巢来,谈党中左右派分裂情形,《时事新报》阴历三月初六所登较《申报》初四、初五所登详备。下午在沈处略看一过,瓦解即在目前矣。闻总政治部被封,捕十九人,邓演达亦被捕,邓为共产派首领也。闽省初三之拥蒋大会亦为反对共产,有一条驱逐政务委员戴任及他数人,当时反对者五人被拘,逃去四人,仅将为首之方毅威一名游街枪决,戴任经方馨涛保护离闽。蒋介石于八号迁江宁。扬州于七号为孙军反攻而入,曹万顺十七军退回镇江,死亡甚众,略如江西之战。段祺瑞挈眷住大连,吴佩孚避往山西孝义县之石楼山。蒋委陈仪为江北宣抚使,吕公望为收抚使。(《符璋日记》下册,一〇六四页)

谭延闿日记(七则)

民国五年五月二十三日星期二

发信：克强、仙筌、龙大。受信：吕戴之、彭凌霄。(《谭延闿日记》,中国近代名人日记稿钞本丛刊,中华书局二〇一九年二月版,第四册,三〇六页)

五月二十六日星期五

发信：吕戴之。受信：兰亭。(《谭延闿日记》,第四册,三〇九页)

七月三十一日星期一

发信：振吾、兰亭、吕戴之、艮老、澍蕃。受信：振吾、秉三电。(《谭延闿日记》,第四册,三九一页)

八月七日晴雨

六时起。赴沪杭车站,遇礼衡,遂邀同行。浙招待张群岳军来。入车,见莫永贞伯衡及云南代表袁树五、陈和庭、叶香石、张啄仙,而林赞侯、耿伯昭、陈元伯亦至。车开而张镕西未到。饭后,到杭州,见张翅雨生,遂至清泰旅馆,稍憩。客大至,张载扬来,袁潜修亦寓此。偕袁树五、陈、叶、张、萧、林、耿往江干,呼舟至公园岳坟。大雨忽至,湖色为昏,始知跳珠入船之妙,登岸则晴矣。饮楼外楼,食醋鱼、莼菜,轰饮至醉,乃还旅馆。闻镕西已至督军府,遂偕同人往见吕戴之及周公选、王文庆诸人。入座,谈甚洽。始识马君武。同人竞饮至大醉,归时已喧腾矣。林赞侯邀叶、耿至湖滨旅馆,人少地凉,较为清净,叶颇能作京师声,又一奇也。同叶步归,已二时后,与礼衡同室,遂寝。(《谭延闿日记》,第四册,三九八页)

八月八日晴雨　寒暖八十六度

六时起。周参谋长来。吕戴之来。周邀同出游,乘舆至净慈、烟霞洞、龙井,乃至灵隐,大殿已落成矣。入禅堂,则法界请客,范贤方、殷汝熊作主人,仍西餐也。戒酒不敢饮。及散,与林赞侯、徐则恂允轩、周循、苏惺至廉庄见俞恪士，胡忠义在座，谈甚乐。俞邀看其新居，泛小舟荷花中，颇有新意，雨后尤空蒙也，屋尚未成，左山右湖，尚有远致。归，小坐，遂入清波门，至同袍社，军政界公宴也。其地为杭州府衙，改造一新，旧迹无可寻者，此先公旧官地，为徘徊久之。入座，始识夏超、俞炜、周赤忱、吴弼湘诸人。仍不多饮，散后遂归。唐永锡来，言同乡为公请，乃却之。右肱忽去皮一方，不知何时擦去。（《谭延闿日记》，第四册，三九九页）

八月九日晴　寒暖八十六度

受信：调白、各种电、棣嵩。

六时起。同镕西至军府，吴参议钟镕出迎。顷之，戴之归，谈甚详洽。起赴车站，送者甚多，至车行乃去。马君武及一宋姓同座，与镕西谈甚久。十二时到，呼车归。（《谭延闿日记》，第四册，四〇〇页）

民国七年九月八日　　晴

发信：月波、子玉。受信：月波、吕戴之、大武十七书。（《谭延闿日记》，第八册，一三五页）

郑孝胥日记（一则）

丙辰五月朔（六月一日）

昨夜，铸夫持浙江吕公望书来投，以浙江势孤，意在问策。（中国国家博物馆编，劳祖德整理《郑孝胥日记》，中华书局一九九三年十月版，二〇〇五年八月重印，第三册，一六一二页）

黄秉义日记（一则）

丙辰岁（民国五年）六月十二日　　己酉

晴。接陈子春兄一信。早刻，楚卿来邀至布厂，晤邱遇琴、翁子俊诸君，相叙过午膳后，至晚而来。晚膳后，至子俊兄府上少坐而来。楚卿兄言，浙省未独立之先每月提解京款计五十万元；自独立之后，未解此款。

自后,虽言取消独立,省款均无解京,非独浙江一省而已。但浙江此款未曾提解,每月需费亦尚不足。现在吕戴之酬应最巨,谘议员、军谘官、顾问官及助理秘书,此等均无要紧之人,亦以千计。现在省垣候缺候差者人达万计,用财如水,虽金银堆积如泰山之广,亦有告罄之日,后事难言。京中前各省均有解款尚且窘迫异常,今则解款已无,全持借款为事,虽诸葛复生亦难补救于万一也。(周兴禄整理《黄秉义日记》,南京凤凰出版社二〇一七年六月版,第四册,一九四九至一九五〇页)

许宝蘅日记(二则)

甲子二月初八日(民国十三年三月十二日)

八时起。九时到东车站附津浦车行,同行有文钦、赏延、幼芝,新识刘曼若。十二时到天津,魏次鸿景禧,赏延之表弟。来照料,到息游别墅投止,到百花春午饭,曼若作主人。偕幼芝谒东海,遇王书衡,谈一时余,访马绍眉,回旅馆。七时到明湖春夜饭,次鸿所约,九时散归。胡志崙、金荫涂、孙景扬、于子昂、吕戴之来访,遇龚云卿、张勋伯、蒯若木。(许恪儒整理《许宝蘅日记》,中华书局二〇一〇年一月版,第三册,九九八页)

丙寅二月初一日(民国十五年三月十四日)　星期。

农先来。十二时到全浙馆,同乡公宴,汪伯唐、孙慕韩、屈文六、贺德麟、王幼山、沈砚斋、吕岱之、袁文钦、钱叔楚、施伯彝、胡馨吾、王子琦十二人为主人,到客甚众,宴毕出阜成门到慈明庵吊胡元初夫人。入城至治芗处谈,遇刘禺生成禺、刘骧逵、胡千之。六时赴仲桢、景扬约。夜三时归。(《许宝蘅日记》第三册,一一二二页)

余绍宋日记(三二则)

中华民国十四年五月五日

旧四月十二日,阴。沈叔詹招饮,座中皆浙人,吕公望、王桂林悦山皆初见。渭贤来商志事,戟门、平甫来谈,戴君亮来。(龙游县地方志编纂委员会办公室整理《余绍宋日记》,中华书局二○一二年十月版,第二册,四九六页)

八月二十六日

旧七月八日,阴,下午转晴。下午答访沈复生不遇,吕戴之招饮。夜招待处有谈话会。(《余绍宋日记》第二册,五一五页)

九月五日

旧七月十八日。夜约沈叔詹、莫伯衡、吕戴之、邵伯同、钱阶平、金仲孙、汤尔和、马夷初、陈仲恕、萧厚斋、殷叔祥、阮荀伯、沈复生诸君小饮,阮、陈、金、马未到。(《余绍宋日记》第二册,五一七页)

中华民国二十有七年七月廿九日

七月初三日,微雨。鲁忠修辞归衢,七时许同俊甫乘汽车行,八时五十分始抵永康。先访博生,博生归衢犹未返,遂访县长朱惠清,惠清留饭。吕戴之、陶宇升、王维英先后闻风至,剧谈甚畅。午后放晴,王鲲徙亦来谈。(《余绍宋日记》第五册,一四九四页)

八月一日

七月初六日,阴。出门答访省政府、省党部诸人,与李立民秘书长谈最久。归遇雨,李公晛、陈化明、吕亦仙约饮,饭后阮毅成来往(谈),四时同往永康访吕戴之作长谈,夜赴朱守梅家应省政府诸人之招宴,归方岩已十一时。(《余绍宋日记》第五册,一四九六页)

十月廿日

八月廿七日,晴。出门访吕戴之未晤,访朱守梅、王质同、张忍甫各谈半小时。王鲲徙原拟今日赴沪,闻余来永,特展缓一日,鲲徙尚卧病在床,赴沪盖求医也,因往其病榻前长谈至午始返。下午朱惠清县长、陶宇升院长来,王超凡来。夜尹志陶招饮。(《余绍宋日记》第五册,一五○三页)

十月廿一日

八月廿八日，晴。答访朱惠清诸人，中午陶宇升招饮，吕戴之夫妇特来银行相约同往，席间余姚法院长吴方廉_{国楹}来见。下午三时毅成派陈佑华秘书以车来迎往方岩，先在民政厅少坐，即赴高等法院，烈荪已在院相候，宋延华先二日赴闽新任矣，追念前游，又增惆怅，烈荪出示和予《中秋感怀》古诗一篇尚佳。毅成六时公毕始来，晚餐后李楚狂谈战区情形甚详，鲁忠修、邢震南两专员来访。下榻高法院，郑、阮两人先归，陈开化、李公觊、吕亦仙诸人来谈，十时始就寝。今日本须开难民救济会，以有专员会议展期。（《余绍宋日记》第五册，一五〇三至一五〇四页）

十月廿四日

九月初二日，晴。下午二时半毅成、烈荪以车送往永康，径赴朱守梅宅开难民救济会，六时半始毕。余主难民在兵役年龄内应服兵役，而厚抚其家属，众翕然从之，复将永康难民工厂改组为公司方式。王希隐治席款待，饮毕续开会议，推举工厂职员，予被推为监事长，不容辞也。旋即续开董监联席会议，十时散归农行。难民委员会中有翁来科号盈泉，又郑楚臣为处州遂昌火柴公司总经理，皆实业界有力量之人，今日始相识，姜卿云托其两人约往处州一游，遂决明日行。（《余绍宋日记》第五册，一五〇五页）

十一月四日

九月十三日，阴。书自诗四幅赠吕戴之，又一幅赠朱惠清。写兰一幅，惠清求为其妻作，其妻名若兰也。意儿书来问《孟子》"存心养性"精义，惜无书可参考，仅就忆及者示之，恨未能尽其蕴也。（《余绍宋日记》第五册，一五〇七页）

中华民国二十八年一月十八日

十一月廿八日，气候如昨。作《抱儿峰》一绝，书联四、屏二，画荷一

幅、兰一幅,作书唁吕戴之丧母。(《余绍宋日记》第五册,一五一六页)

二月廿五日

正月初七日,雨。八时十五分博生伴我赴永康,十时过金华稍憩,四十五分复行,十二时抵永即到农民银行休息,饭后二时赴方岩参与振济会,六时始毕。继开粮食管理委员会,此会本无予名,黄主席临时请予列席,予愧于此事绝无研究,但觉米价不宜以命令抑低耳。八时半毕,在省政府会食,即搭吕戴之车,返永康已九时矣,十时半就寝。(《余绍宋日记》第五册,一五二三页,参校北京图书馆出版社影印本,二〇〇三年十二月第一版,二〇〇六年三月第二次印刷,第十册,二〇页)

二月廿六日

正月初八日,雨。上午在朱守梅家开难民工厂董监会,十二时半始毕,守梅治具相款,二时半返农民银行,客纷至。夜尹志陶、朱惠清在行设宴,到者二十人,皆方岩当局与银行界中人也。(《余绍宋日记》第五册,一五二三页)

五月四日

三月十五日,晴。晨赴议场开会,十时散,即续开审查会,至下午二时毕。归寓略休息,往访吕戴之,不值,赴地方银行徐恩培、汪秋亭(处)谢其借款好意,旋复至百新处一转,归已薄暮。今日予曾提一案,责成各保安分处限一个月内肃清所属盗匪,众俱赞成,照案通过,不复付审查矣。(《余绍宋日记》第五册,一五三三页)

五月十一日

三月廿二日,雨。五时入城,径赴县政府开振济委员会,六时十五分毕,卅分应政府委员及法院、审计处、县府之公宴,归已十时。(《余绍宋日记》第五册,一五三四页,参校北京图书馆出版社影印本,第十册,七四至七五页)

六月十二日

四月廿五日,晴。为朱惠清所作七七纪念碑文指疵还之。博生同行员数人来,饭后同入城,旋赴下园朱访徐青甫、邵裴子,谈一时许返城,与陈屺怀谈亦一时许。旋出访徐恩培、汪秋亭、吕戴之、朱守梅,始识胡行之。(《余绍宋日记》第五册,一五三八至一五三九页)

九月七日

七月廿四日,气候仍如昨。韩登安同邓冶欧来,郑烈荪同赵伯苏来,留午餐,三时同入城。在农民银行理发后即赴朱守梅家开难民染织工厂董监会,雨至,顿觉清凉,会后在守梅家晚餐,归已九时有半。(《余绍宋日记》第五册,一五五三页)

九月八日

七月廿五日,雨,惜不大,久不雨将成灾,得此真如甘露醴泉也。昨在难民染织工厂,余偶谈及近来舶来染料价格飞腾,必须由政府提倡就本国固有材料发明代用之品,徐青浦甚以为然,今日因联名致书黄主席,请其从速提倡。(《余绍宋日记》第五册,一五五三页)

中华民国二十有九年三月二日

正月廿四日,乍晴乍阴。永康难民染织工厂寄去年决算书来,因电约杨同芳来为审核,留饭后辞去。(《余绍宋日记》第五册,一五七六页)

三月六日

正月廿八日,雨益甚。杨维寅为审核永康难民染织工厂决算书完毕,来沐尘缴还,当即作书与朱守梅,托其寄去。(《余绍宋日记》第五册,一五七七页)

五月十二日

四月六日,晴。十时赴下塔寺朱守梅家开难民工厂董监会,在朱宅午餐后归寓。翁来科来,与商纸业运输事。(《余绍宋日记》第五册,一五八五页)

五月十四日

四月八日,雨。晨入议会听保安处之报告,旋开会至十时毕,继

开审查三年计划会,一时毕。晚吕戴之、黄百新本约饮,辞之。(《余绍宋日记》第五册,一五八六页)

五月十八日

四月十二日,阴。晨入议会,至午后二时毕事,值警报不能归,与裴子杂谈至三时后始返寓。夜朱惠清招饮未往,到振济会开会,十一时始归。(《余绍宋日记》第五册,一五八六页,参校影印本,第十册,三二六页)

九月廿一日

八月廿日,阴。晨君策、本耕、大保、振岳诸人来,赴县府早餐。为振济会作书与吕戴之,求借纺织机具。(《余绍宋日记》第五册,一五九九页,参校影印本,第十册,三九三页)

十一月十七日

十月十八日,晴。星期无会,赴下塔寺,先访陈屺怀一谈,旋开难民工厂董监会,直至下午二时始毕,方得一饱,予辞监事主席未获诸公允许。此厂资本仅廿万元,而规模扩大,借用银行款几二百万,今日复拟收用手工纺织厂,益复杂矣。(《余绍宋日记》第五册,一六〇八页)

十一月廿三日

十月廿四日,雨。晨赴议会议事,听俞济时报告,逾午所有议案均已议竣。饭后同人开茶话会为方青儒饯,三时归。雨霁,山色绝佳,薄暮复雨。应吕戴之招饮,食肥鹅,永康所特产云。(《余绍宋日记》第五册,一六〇八至一六〇九页)

中华民国三十年六月廿日

五月廿六日,晴。吕戴之、黄伯新、俞丹屏、阮毅成、郑烈荪忽连袂来沐尘,原拟约予赴龙游开难民工厂董监联席会,嗣以徐圣禅、斯夔卿亦在此,遂借邻竹斋开会,因留午餐,皆不速之客也。幸昨周俊甫来电谓今日李立民须至,约其与南章同来相访,故肴馔略有准备,否则将无以供应。郑、阮复挈其眷属来,遂臻一时之盛。省振济会同人多在此,复在此开会,会毕已下午五时,相率别去。予亦附车同入城,参与四、五两区专员县长粮食会议,仍借寓胡景亮家。予所用书斋已为罗心汉司令借住,卧房亦被八六军办公厅主任王廷拔所借用,予只得借宿维俭卧房。(《余绍宋日记》第五册,一六三四页,参校影印本,第十册,五七一至五七二页)

九月十五日

七月廿四日,晴。黄宗安来,循例赴参会开会,听财政厅长、民政厅长报告,予略有所质询,午时散。下午开难民工厂董监联席会,四时散。(《余绍宋日记》第五册,一六四四页)

九月十八日

七月廿七日,晴。晨赴议会听取保安处宣处长报告,旋议事,午散。入城访吕戴之。(《余绍宋日记》第五册,一六四五页)

九月廿五日

八月五日,晴。今日行闭幕礼,原定九时而紧急警报至,同人疏散,直至十一时始举行,半小时而毕。旋开省振济会,十二时半毕。(《余绍宋日记》第五册,一六四五至一六四六页,参校影印本,第十册,六二八页)

中华民国三十有一年一月廿三日

十二月初七日,阴,雾甚大,下午遂雨。写墨竹中堂一幅为石楚琛,写松石中堂一幅为吕戴之。(《余绍宋日记》第五册,一六六三页)

二月三日

十二月十八日,雨。足成昨画,又画梅一幅,皆荣宝斋售品。以食物赠陈中队长莫,嘉其能保卫地方也。母亲大人寿诗、寿画续有送到者,计为郑君仁山、王君起、徐君熹、孙君熙鼎、章君瑾、郑君宗海、马君公愚、叶君焕华、陈君屺怀、查君猛济、徐君桴、赵君舒、周君翰、萧君培身、江君家瑂、郑君午昌、吴君湖帆、邓君治欧、白君蕉、韩君竞、郑君汝璋、邵君裴子、胡君行之、黄君宾虹、徐君东藩、蒋君瑞麒、李君立民、阮君性山、王君荣年、吕君公望、孙君宾甫、陈君锡钧、商君言志、吴君鉴非、王君鲲徙、贝君聿玿、孙君伯强、田君寄翁、王君汝纶,此后当尚有寄来者,谨先录大名,以仰钦锡类之仁焉。(《余绍宋日记》第五册,一六六四至一六六五页)

二月十四日

除夕,雪益大,寒益甚。仅复吕公望、叶渭清两信,手已僵矣。夜计量一年用度,作诗一首。(《余绍宋日记》第五册,一六六五页)

黄郛日记(三则)

民国二十年三月二十六日　雨。

傍午,畅卿来车接偕往陶乐春赴镕西兄之宴,同座有张季鸾、沈衡山等十余人,又至沙逊饭店赴张公权之宴,同座有英人路司及沈崑山君。午后作书寄陈果夫、金山观、程远帆三君,又学生袁刚毅由江西来谈一小时别去。傍晚畅卿来车接至杏花楼晚餐,同座即日间在陶乐春同座诸人(有俞寰澄、殷亦农、吕戴之、袁文钦、张季鸾等),并有王涤斋在座,彼因予与之谈佛,抄示旧作律诗四句云:"化工著物原无迹,天籁凌虚便可师。似我蹉跎堪一笑,未能鍊句鬓成焦。"(任育德主编《黄郛日记(1931—1932)》,香港开源书局出版有限公司二○一九年十月版,二十九至三十页)

四月三日　晴。

晨起做动课。早餐后作书寄吕孝华、沈衡山二人,又出访君怡,接洽扫墓事。正午赴杏花楼畅卿招宴。午后,芳、萍二姨由宁到沪,知严慈约君同车来,将于明日来访。傍晚关志成君将赴神户总领事任,来辞行。又至杭州饭庄应吕戴之君招宴,晚十时归。(《黄郛日记(1931—1932)》,三十二页)

民国二十二年三月四日　雨。

　　晨起做动课。早餐后刘崇杰（外次）来报告华北及外交情形，又章行严、吕戴之二君来，偕往陈雪轩宅晤段芝泉，因本日为阴历二月初九日，系段"六九"诞辰，即在陈宅午餐，同座有雪轩、揖唐（本日初由津到）、岳军、克之、俊人、赞侯、众异、静仁、自堂诸人。午后仲勋、鹿君、炎之等来谈。（《黄郛日记（1933—1934）》，十九至二十页）

邵元冲日记(一则)

一九三六年五月廿八日　星期四

　　五时顷归，阮毅成来谈国民大会选举事，谓浙江现已有省党部派，及浙中旧军人如吕公望、张载阳等，又全浙公会派褚慧僧，均将活动，彼亦拟有所组织，或用国民宪草讨论会名义云云。（王仰清、许映湖标注《邵元冲日记》，上海人民出版社一九九〇年十月版，一三八〇至一三八一页）

陈训慈日记(六则)

一九三八年一月四日　星期二　在永康

　　今日上午永康县立图书馆长王毅人先生（亮熙）来访，高年蔼然可亲。谈永康风土文教情形，教育经费甚绌（下略）。旋即随王馆长赴县图书馆谈许久，参观其书库。永康学风亦似不振，邑中藏书者少，推吕氏、卢氏二家。前省长吕公望为邑中巨绅，颇有秘籍钞本。又据王先生语余，道咸间邑人有吴琴澜者，藏书甚富，太平之乱多失。吴自外归，见书残失，一恸咯血而绝，是亦书林轶话也。（陈训慈著，周振鹤、周旸谷整理《运书日记》，中华书局二〇一九年四月版，一二至一三页）

一月五日　星期三

　　在永康。赴城北方岩与教厅接洽公务，并游览名胜。

　　省政府既定迁永康，即相地于邑北之方岩镇，教育厅亦以十二月廿四日后陆续迁往某旅行社办公。余等既到永，即宜报到，又为以后方针有所请商，于今日往。晨八时待汽车不得，知十时丽东汽车经世雅，距方岩十里。而无直放车，乃雇人力车往。沿途皆沙土瘠地，强半松林，偶有菜圃，村落稀疏。自九时至午刻抵方岩，行四十五里。在望兄处午膳。方岩以大岩著称，宋胡公则居此，有胡公殿，亦永邑名胜古迹之首屈者，爰请望兄导往游。滕叔书及谢惠君建德民教馆职员，赴教厅领款者。偕行。拾级达其颠，风光无何秀特，惟整治颇絜（栏、级颜吕留耕堂建，殆即吕公望家）。胡公殿在山顶。前殿为胡塑像，中殿为佛殿（故门署广慈寺），后殿则胡公冕旒像，以诸神配享，犹是三教合贯之遗意也。（《运书日记》，一六至一七页）

一月七日　星期五　阴历十二月初六日

到永康后第五日。上午赴永康县立中学访胡子康校长商借铺板，归途过黄坭巷省立西湖博物馆，访董馆长一叙（访王式园不遇）。

下午三时闷坐，作呈文又感无聊，步出街头，过西津桥下耶稣堂，浙省审计处临时办事处在其中。入内访老友陆元同兄，谈该处情形及时事。陆君字无恙，常熟人，殷勤留膳，饭后送我回寓。

永康抗敌后援会在吕公望将军指挥下，于组织游击队训练，闻极为切实有效。即城区壮丁训练亦甚认真、时间颇长，壮丁雄昂而意态激奋，尤为他处所不及。故在现状作战目的在逼胁中枢，其武汉之方向似系急攻，徐州自陇海、平汉会师郑州而进，即攻南昌，亦不必定循金属铁路线而行，重以浙东多山、民气较悍之二条件，殆敌人未必走深入浙东之较难路径也。（《运书日记》，二一、二三页）

一月八日　星期六

永康吕戴之将军公望，民国初年任本省督军兼省长，革命后隐退不出，抗日战作，则部署邑民，收编匪伍，主持壮丁训练，准备游击组织，赴事甚勇，邑人仰望。故他邑抗敌后援会每党部主持，工作往往落空，独此邑后援会工作颇切实，有军事的意义。吕公以常务委员资格,实主会事。当此之时,经常县政多停顿,司法亦异常轨,故要事多由抗敌会行之。县长不嫌分权,而转仰重之。吕性倜傥好客,家中食客常数十人,处事精神益然有余乐,闻省当局知其热心桑梓,颇与联络云。

一日县长宴客,以嘉善褚慧僧、东阳王桂林、△△叶焕章皆来永也①。适先在,王式园、吕先生亦在,乘兴以便车同游方岩。因车之金华,归来已八时,始知县长邀宴,赴之。是日预定防空演习,九时余席散,商会会长陈季樵君陪诸客出街,经邑庙,保安警阻其携灯(陈本欲折回,又以外客多,不能不用灯疾行送归),言不逊而互争,警外来,不知何人,遽押之,事闻于县长,排解而释之,陈乃是辞商会及其它各职。白县长忠悫,意大难,竟得疾发热,至今方愈,是亦官场一趣闻矣。

吕在杭任职不久,政声尚佳,当时督、长兼理,意即军民并治,但当时督署势力复杂,周恭先凤岐久于治军,以参谋(长)颇揽权,吕则常居省长公署,不问军事。浦江陈肇英时治兵嘉兴,以“清君侧”之名将反戈,吕难之,遂拂然去。杨善德继其后,盖在沪觊此职久也。王式园盛称吕公,为余言旧事如此。(《运书日记》,二六至二七页)

一月二十六日　星期三　夏时丁丑岁十二月二十五日

吕戴之将军公望之侄神斧先生,年约五十许,旧与大兄在省教育会相交识。今日来访,谈永康风土人情。渠谓金华自宋以来称小邹鲁,风气醇厚,睦宗收族,闾阎安辑;自清季以来,生事渐困,风习始稍驳,而学风亦益替。永康太平吕氏为东平派,北宋有之,金华吕东莱一派则系出河南,南宋后始著。吕氏在宋与陈龙川先生家为通家,至今为永邑望族。陈龙川先生故宅在永北约五十里之桥下镇,地名曰龙川庄,有遗墓,然旧日族居之村则为朱姓所夺。朱盖昔日陈氏之佃户也。龙川后人在义乌者不常来祭扫,墓亦荒芜。余谓吕先生:奉化人士修建纯愍万季野先生墓,永邑人崇胡正之公,以其德行可风也,而龙川先生本邑

---

① 嘉善,疑为“嘉兴”之笔误。△△叶焕章,疑为青田叶焕华。

杰出之大才,不可不为之表扬,宜为修其墓而重整祭扫也。

永康县长白深坛,粤人,在此已四年。吕云亦巧吏,无何治绩可言也,近者邑中设自卫队,则多吕戴之倡导统率力云。(《运书日记》,七四页)

二月二十日 星期 雨 在永康 访晤"吕将军"

为运书事发致教部吴俊升兄一电,自为译寄。归途访絜非于旅社,谈浙大近事。访王式园一谈,又偕絜非访吕戴之先生。晚应中大胡生鸣龙隆君宴约,同席仍为心孚、元同、文渊、聿茂诸君。絜非与彭君本同学,亦被邀同与。在胡君为尽地主之谊,然吾辈在患难中而常有酒筵,席散静思,不免内疚也。

二十年前,余方在中学就业,闻本省督军兼省长为吕公望,不知其永康人也。吕字戴之,永人,以其夙著声师旅,又热心地方公益,故永人无贤愚,皆称吕将军。上月吕侄神斧君来访,托致拳拳,又数为式园言请介绍,今日式园畀我一刺为介,絜非亦有入境访耆老者意,俱往。至梁枫桥巷大宅,堂悬旧联,其写人八十生日时用。稍待,值东阳赵伯苏亦在内,亟速主人出。吕年六十,而清健如五十许人,相见极谦和,闻吾等来将二月,谓谒不早告。余等盛称此间自卫军多将军导率功,又称永俗之朴厚。吕言此间之练自卫队二十余队,匪首就范收编者四十余首领,一部分就地收编,第三四流较驯者送宣处长。故闾里无警云。吕极谦谨,喜接近青年,以尚有客,即告别。临别拍余肩,如甚稔,属常来谈谈。虽属不庄,亦自亲切有味也。

王式园盱衡今省府人物,又论省府通过设纺织厂、购手车,救济难民之困难问题,言颇有见。(《运书日记》,一四二至一四三页)

宋云彬日记(四则)

桂林日记一九三九年五月一日 晴

接仲坚来函。彼曾代表张暄初、吕戴之登报声明,并未与吴佩孚往来,将广告剪寄。函中又述及仰高为债累,经假执行查封财产,余寄存仰高处之书籍,已转交仲坚,凌乱一篰,尚无暇代为整理云。(《红尘冷眼:一个文化名人笔下的中国三十年》,山西人民出版社二〇〇二年三月版,二九页;海宁市档案局编《宋云彬文集》,中华书局二〇一五年二月版,第四卷,三三页;《宋云彬日记》,中华书局二〇一六年十月版,上册,三九页)

杭州日记一九五一年十月八日

八时半匆匆赴大会堂,出席代表大会。谭主席致闭幕词,极精彩。下午出席吴宪等主持之各党派座谈会,余未发言。会中余纪一私语余,温州市支部叶显文曾有包庇地主行为,其人思想尚有问题。五时半回大华,谭主席欢宴年老代表,适马寅初自上海来,相见极欢,余遂作不速之客。与阆声、戴之赌酒,喝葡萄酒甚多,微有醉意。食过饱,睡不甚安。(《红尘冷眼:一个文化名人笔下的中国三十年》,二四四页;《宋云彬文集》第四卷,二七四至二七五页;《宋云彬日记》中册,三三三页)

甲午日记一九五四年四月二十七日　晴

上午马文车携其岳丈吕戴之所拟《辛亥革命杭州光复记实》改正稿来,当即作书与荣孟源,并嘱马将改正稿加封挂号邮寄科学院历史研究所第三所。下午二时赴民盟省支部参加所谓集体办公。(《红尘冷眼:一个文化名人笔下的中国三十年》,三二六页;《宋云彬文集》第四卷,三六八页;《宋云彬日记》中册,第四四五页)

十一月三十日　晴

前为章太炎葬事,致函齐燕铭,请中央电浙省人民政府,从速协助办理。今接二十七日齐燕铭复函,谓"来函敬悉。关于章太炎先生移葬杭州事,国务院秘书厅又于十一月二十七日电华东行政委员会并浙江省人民政府请即协助办理,望在杭就近查询。"前寄《解放日报》文稿一篇,多日未见刊出,曾函阿庄,嘱阿庄电话催问,如不拟刊登,请即寄还。今接阿庄来函,谓《解放日报》决定刊登,但须稍缓数日刊出。又接阿龙来信,谓下月上旬将动身回国。今天接到的三封信都称我意,甚感愉快。前曾介绍吕戴之所撰辛亥革命史料两篇于中国科学院历史研究所第三所,一篇在《近代史资料》第一期刊出,而戴之已于七月二十三日晨一时逝世。十日前其如夫人何韵菊来索稿费,当即去函催问。二十六日接第三所荣孟源复函,谓因接上海金美怡函,稿费七十四万四千元径寄金美怡处(广中路一百五十号),科学出版社已接到金美怡收条云云。金美怡亦为吕之如夫人,原为韩镜侬家使婢,韩献之戴之者也。今日上午,何韵菊又来,谓亦已接到北京复函,但第二篇稿费希望能改寄杭州云云。特电话马文车,请来一谈。马文车者,戴之之婿也。下午四时马文车来,谈戴之身后情况甚详。晚六时,《解放日报》送到,余所撰文已刊出。(《红尘冷眼:一个文化名人笔下的中国三十年》,三五八页;《宋云彬文集》第四卷,四〇五至四〇六页;《宋云彬日记》中册,四九二页)

夏承焘日记(二则)

一九四六年九月三日　大热,九十七度,夜汗欲浮身。

阅《文汇报》,马夷初论文谓国民党不行,三民主义共产党抢去做了。陈灼如来,嘱作书与刘子植介中山大学事,谓此次浙省参议选议长情形无异从前选省议员,某君一夕宴费四百万元。昨阅报,张强、吕公望已当选为正副议长矣。张君吾乡人,甚望其好好为之。(吴蓓主编《夏承焘日记全编》,浙江古籍出版社二〇二一年十一月版,第七册,四二四页)

一九四九年四月廿五日　晴。

抵校晤徐规,谓外传温州已易手,宁波兵变,共军将以午后四时来杭。午后传上海以十二时五分解放,旋知不确。早晤苏步青,谓杭州维持会已成立,吕公望任会长,竺校长为副。周喦主席允今日撤退部队。今日报载周坐镇杭州,或传已在甬被扣。(《夏承焘日记全编》第八册,四五二八至四五二九页)

竺可桢日记(四则)

一九四九年一月廿一日　星期五　杭州

九点半至省党部内省参议会,开浙江省和平促进委员会。此会由省参议(会)发起,包括省参议会正副会(议)长、农会、工会、报界、律师界、教育会、妇女界、渔业、商会等八团体及所谓社会贤达而成。到张毅夫、吕公望、余绍宋、邵裴子、方豪、周仰松、鲍律师、林秘书等,通过组织规程,推定五人为常务委员(余绍宋、吕公望、张毅夫、鲍及余五人),余即回。十一点至图书馆。(《竺可桢全集》,上海科技教育出版社二〇〇六年十二月版,第十一卷,三五六页)

二月十日　星期四　杭州

三点至市参议会,参加杭州维护二次会议,到张佐时、余越园、吕公望、徐士达、高维巍、程心锦等。决定更名为"杭州各界人民和平呼吁会"。四点至省府晤张文理,并约汪日章晤陈公洽。(《竺可桢全集》第十一卷,三七一页)

四月廿四日　星期四　杭州

二点至菩提寺8号陈子明家,谈维持杭州治安问题,到吕公望、余绍宋、张衡等。(《竺可桢全集》第十一卷,四二六页)

四月二十八日　星期四　杭州

上午九点至保佑坊商会开救护会,到吕公望、金顺全、程锦帆、张谞文(陆军中将,杭州孝女路未央村一号,即占斐章中学校产者也)、丁鉴廷、张佐时、陈子明(邦达)等。知昨日商会会长程锦帆等去见周主席,原欲向其要中央银行二十万银元作为应变,结果反而要商会出五万担米,以为供给过路军队之用。陈子明与周为世交,据陈云,今日吴兴撤守退下之兵有三四万之多,而自广德方面由京中败退者可十余万人,故此大批人马之供应大是问题也。约下午二点再谈,至三时又往,决定会之名称为杭州救护会,推定吕公望正主任委员,金润泉、张佐时、程锦帆等为副,李培恩与余、陈子明、张谓文等为常务委员。余于四点回,参加校中之应变执行会。(《竺可桢全集》第十一卷,四二八至四二九页)

附录六 传 略

吕公望

胡 骏

公望,朱瑞麾下健将第一,而与结昆弟交者也。瑞督浙日,事皆主于参谋长鄂人金某,金素恶民党,坚附中央,故浙得无事,世凯信之,北军亦弗至。然浙中军队多台、处人,性强悍,民党夏尔屿等,频诱以甘言,跃跃欲试。赖公望、葆暄等镇抚防范,得无事。迨洪宪僭号,蒋介石诸人,运动益烈。未几,陆荣廷起义,知袁氏必无成,乃说瑞独立,弗从,众军政鼓噪逐瑞,遂被推为都督。已改督军,乃乘尔屿等至,尽执而戮之,以是虽有排帝制功,而民党殊多怅怨。葆暄亦自负资劳,不为之下。势日险恶,求援于政府,漫应之。众中有知者,竟哗起逐之,祺瑞因代以杨善德,自是北军遂遍浙省。公望之京师,供职将军府。尝从吴光新入蜀,其翊赞中央甚力,而祺瑞殊无酬报,渐怨望。冯国璋知之,劝令南下,阻浙军入粤。时葆暄所部已取汕头,广州震惊。公望乃单骑往说以利害及北方猜疑状,众皆附南,粤军因得反攻闽。然军政府知其党冯,非真具革命思想者。故礼遇虽优,机要则不引与共谋。或谓公望已富,沪上建屋甚多,乃犹奔驰南朔,反覆云雨,□□甚矣。

（原载胡骏著《补斋日记》,文海出版社有限公司一九八六年一月版,卷下武人,第一〇四至一〇六页）

记吕公望先生

阮毅成

我第一次听到吕戴之（原名占鳌，后改名公望）先生的名字，是民国五年。而我第一次见到他，已经是民国二十七年。

民国四年，袁世凯筹备帝制，浙江省巡按使屈文六（映光），都督朱介人（瑞），均上表劝进。袁封屈为洪宪皇朝的一等伯，朱为兴武将军、一等侯。

民国五年四月十二日，浙人因反对袁世凯而宣告浙江独立。

十九日，由吕先生领衔，发表通电：

北京政事堂，统率办事处，各部院长，各省军民长官，军警商学各界公鉴：滇黔首义，举国景从。公理真诚，皎如天日。公望等徇吾浙军民各界之切望，全体一致于真日宣布独立。士气奋发，秩序晏然，堪以奉告。溯自辛亥发难，共和告成，海内喁喁，翘首待治。项城以国民付托之重，忘天下为公之心，背弃誓言，破坏《约法》，箝塞舆论，劫制正人。外债崇于祁山，苛政猛于虎虎。致间阎无乐生之气，道路多吁嗟之人。犹复托名筹安，希图帝号，诡密之电，腾笑于友邦。警告之声，皇皇于五国。不知惟信可以立国，惟德可以服人，狙公之术既穷，土崩之局乃见。公望等于国事岂敢轻试，于项城非有私仇，此次仗义兴师，枕戈待命，理无反顾，义无还心。实欲将顺众情，巩固民国。盖以飘摇风雨，国势已属可危。如其朝四暮三，鲁难伊于何底？欲减除时局之危难，消弥国内之战祸，则不得不鉴天下之大势，示亡秦之决心。权利本无可言，危险更非所计。夫天下非一人之天下，中国岂袁家之中国？项城果尚有爱民惜己之心，宜速为洁身避贤之计。庶足示光明之度，犹不失退让之情。清室尚能以组织全权授诸项城，项城岂不能效法旧君授诸冯、段。冯公在南，段公在北，布置既较周于前，祸患自无忧于后。况乎《约法》具存，条文可据。代理既久经规定，争议自无从发生。方今四海分崩,众心离涣,川湘北旅,挫败相寻,各省风云,日益紧迫。项城亦当知大势之既去,覆水之难收。佳兵不祥,群情可见。当不为旦夕之延,以重其殃民之咎。矧威信既失,将何以临民?果拥兵负嵎,则败亡可待。公望等谨整饬军旅,严阵以待。庶几海内君子,鉴此微忱。掬血陈词,伫候明教。吕公望、张载阳、周凤岐、童保喧、王桂林、夏超、俞炜、顾乃斌、徐则恂、董绍基、王萼、施承志、李炜章、吴钟镕、傅其永、来伟良、李全义、伍文渊、韩绍基、汪镐基、王文庆、莫永贞、张翅、裘绍、葛敬忠等。皓。印。

浙江独立之后,推吕先生为都督兼省长。七月六日,北京政府正式予以任命。十月五日,又令授以勋二位。吕在满清末年,自保定陆军速成学堂炮科毕业,回杭州任督练公所科员。辛亥光复后,浙军攻南京,任参谋长。民国成立后,任浙军第一师师长,嘉湖镇守使,驻防嘉兴。

吕先生到杭州就职,便首先来拜访我父亲。其时,我家住在青年里。我自校中放学回家,家人就对我说,吕都督今天来过,要请父亲任他的秘书长。父亲因体弱多病,未允担任。晚上,父亲对我说:“吕都督虽互相知名,彼此并不很熟悉。今天他乘了轿子,带了行李来拜访,要我去任秘书长,其意甚诚。但我以多病之身,绝不能任此繁剧。经再三面辞,吕谓我如不允就,则即住在我家,不再回衙门去。不得已,允其任秘书。吕问,秘书长亦有适当人选可以推介否?我乃想到满清末年一同在日本留学的陈时夏先生。陈曾任谘议局副议长,也是革命同志。我问他亦与陈某熟识否?他说不熟识。他又立即接着说,如我认为陈是合宜人选,他就立即去电报到宁波,礼聘其担任省长公署秘书长。吕谈了很久才走,我只有将律师职务暂行结束,去帮他一个时期的忙。”于是父亲乃任都督府秘书,兼省长公署机要秘书。而吕先生亦果然请陈时夏先生任秘书长。

吕先生任浙江都督兼省长,只有半年多,即为北京政府免职,而以上海镇守使杨善德继任督军,吉林人齐耀珊继任省长,是为北洋军阀力量入浙之始。其后经卢永祥与孙传芳的统治,直至民国十六年春,国民革命军入浙,浙人在北洋军阀统治之下者,达十年之久。

吕先生之所以会为北京政府免职,实际上是因为他是早年的革命党人。辛亥以前,他就在浙省各地策动革命。加上其时杭州省会警察局局长夏定侯(超)有政治野心,勾结浙军师长周公选(凤岐),以吕不应以一人而兼任军民两长为由,迫其交出一职。但是周想任督军,夏则想任省长,等于要吕将两职都交出来。他们用的方法,是以警察欠饷为名,由夏下令全城警察罢岗。再以周之军队与夏之警察,包围吕的住宅,逼其辞职。吕时住在杭州柴木巷,向右一转,就是佑圣观巷,我就读的杭县县立第二高等小学在焉。这一天清晨,我照例自家中步行经荐桥直街转入柴木巷,则军警正包围吕的住处,不能通过。再回到荐桥转入佑圣观巷,亦然。午间,父亲回家说,吕已答应辞职,他自己也可以重新执行律师职务。父亲本无意从政,只因他与吕系革命的同志,又素来反对袁世凯,而有感于吕氏的至诚相邀,临时帮忙。今得与吕同退,还其初服,自属高兴之事。

北京政府早思将北洋军阀力量伸入浙境,苦无机会。其时袁世凯已死,黎元洪继任总统,大权则操之于段祺瑞。现既浙省内哄,自为其布署军力入浙的良机。周夏二人,徒然逼走了吕,却使北洋军阀坐收渔人之利。民国十三年,夏超勾结孙传芳入浙,驱走卢永祥,并与孙结拜金兰,由孙任为浙江省长,才达到了长浙的目的。十五年冬,却又因自称浙江省自治军总司令,在沪杭铁路线战败,为孙传芳部宋梅村在杭州西湖断桥所捕。宋奉在南京的孙传芳命令,将其斩首,并将首级送到南京。周凤岐则在对日抗战期间,参加汉奸活动,为我爱国志士在上海刺杀。前后只不过二十年,玩弄政治的结果,可于夏、周的下场见之。而吕先生于交卸后,则赴广东,支援国父,从事北伐。他自己任援闽浙军总司令,司令部设在粤闽边境的黄冈,系在粤境。当时与他同在黄冈而现在尚在台湾的,还有陈雄夫(肇英)、蒋铭三(鼎文)、徐培根、缪哲先(启贤)及楼佩兰(桐孙)诸先生。陈现年八十五,蒋等亦均在七十以上。另有吴挹峰(维枞)先生,于六十年十月在台南逝世,享年八十五岁。此后吕先生也是始终奔走革命,淡泊名利。并于抗战期间代表民意,嘉惠难民,康强多福,克享大年。

现在我要说到民国二十七年春季,我第一次见到吕先生。当时因杭州陷敌,浙江省政府以永康县方岩乡为临时省会。永康是吕先生的故乡,他正因避难回里居住,人人均尊称他为戴老。浙江自抗战军兴,浙西各县即陷于敌手,就有许多难民来到浙东。幸而我国素重家族,亲亲之谊,在乡间尤为注重。本诸大乱居乡之旨,咸往乡间疏散。于是本家、亲戚、同乡、同学,甚至只有间接关系者,亦皆各有处投奔。乡村房屋宽广,食物皆取自田间。再则祠堂庙宇,所在皆有,容纳来客,绰有余裕。但陷区日广,后移的难民益众,省政府不能不计拟救济。照中央规定的办法是发放现金,分别规定大口每人每日若干,小口若干。中央初命各省设立抗敌后援会,以难民救济,列为主要工作之一。后因有人批评在全面抗战之中,党政人员焉可自居"后"援,乃又下令改设难民救济协会。并直接由重庆派员,在浙省金华与永嘉两地设立难民接待站,耗款甚多,并无实效。我乃建议设置难民工厂,以生产方法办理救济。并以工厂如由政府机关主办,则法令繁多,主计审计手续又不切合实际,将无人愿意负责,故又提出宜作为民间事业。且省政府既决定暂设在永康县境,最好就在永康地方上具有乡望者中,物色一位出而主持,而吕戴老则为最适当人选。当时省政府同仁,多以戴老为革命前辈,曾任都督兼省长,现虽因避难在籍,焉愿任此吃力不讨好之事?我谓当由我自往面商之。

戴老当时已六十三岁,住在永康县城内自建的住宅中。宅凡三进,第一进为门房,第二进为客厅与书房,第三进为内室,五楼五底,系当地的所谓洋房。我见到他之后,觉其精神饱满,态度和蔼,体格健硕，气宇轩昂，却说的一口永康土话。我先执子侄之礼，并说明来意。我引用了他自己的故事，我说："我系为民请命，虽未带行李同来，而其意之诚，与其事之迫，却与老伯当年来杭州我家访先父时相同。"戴老听了大笑，说："当年到府上礼聘尊公，系乘藤轿，轿后确实带了行李。并指以对尊公曰：如不允就，即住在府上，不再回署。今日故人有子，善于说词，嘱为难民造福，老朽自属义无可辞。此后关于难民的事，省政府不必再费心，一切由我担任。我知道芝英镇有许多大祠堂①，多系应姓的祭产，平时空闲着不用，我自己去劝他们借给难民工厂作厂址，大约可以容纳四五千人。至于资金，值此战时财政困难之际，省政府也不必为难，由我出面向地方劝募。我自己先以身作则，认捐一笔总数，以为提倡。"

我回到省政府向同仁报告，大家对戴老的热心公益，都表示赞佩。但既要他出力，自不便再要他出钱，况戴老一生奔走革命，并无余财。永康又原非富庶县份，自省政府迁来办公，地方已增加不少负担，也不应再予增加。乃由省政府向中国农民银行浙江分行，借了法币十万元，送交给戴老，请他全权办理。

不到一个月的时间，浙江难民工厂在永康县芝英镇的许多大祠堂中开工了，以木机纺织为主。并附设小学一所，教养难童。戴老每天从城中到芝英，步行来回，亲自督率。难民在厂中工作者，因其来去自如，时有增减。大致最多时每日有五千人，少时亦有二三千人。携家带眷，扶老携幼。凡衣、食、住、行、疾病、康乐之需，戴老皆以其乡望所归，动员地方人力物力，妥为照料。他自己更是赔钱赔力，问暖嘘寒，无微不至，真正做到他自己所说的不要省政府再费心。而省政府也完全信任他，从没有与问过工厂里的事。

民国二十七年秋，中央又下令将难民救济协会改名为省赈济会，

---

① 芝英，千年古镇，底本三处误作"芝应"，径改。

指定由民政厅厅长主持其事。我乃提议于会中增设常务委员数人，请戴老担任常委之一。并将难民工厂正式改隶于省赈济会，以戴老任总经理。另置难民工厂董事会，以浙江地方银行董事长徐圣禅（桴）先生任董事长，余樾园（绍宋）先生任监事会主席。自此组织更形完备，而戴老的劳苦则迄未稍减。抗战后期，徐辞职，乃改以斯夔卿（烈）先生任董事长。

难民工厂业务与年俱进，因我在省政府会议提出，省级公务员制服及省保安团队与警察大队的服装，均须向该厂定制用布，并先预付价款。故工厂成品，供不应求。资金运用，亦无困难。民国三十一年五月，敌人进犯浙赣路，分兵占领永康。戴老不顾其家属，而与工厂中的难民，将木机拆开，肩负步行。翻山越岭，逐步后撤。他自己曾在途中几次遇到敌人，敌人绝没有想到这一位身穿短褂，赤着双脚的白发土老头儿，犹能在深山中健步如飞，竟是革命的前辈，民初曾以一身而兼任全省的军民两长。现在又是长期抗战的斗士，万千难民的恩人，所以竟没有杀害他，而由他几次当面走过。戴老这次带了难民工厂的难民工人，走到一地可以复工时，他就复工。于是自松阳以迄龙泉，各乡各保，皆得闻机杼之声。

戴老一行，在括苍山脉的深山中，走走停停。没有收音机听，没有报纸看，对于外面的战况，概不知道，只知道向南走。迂回曲折，想避过敌人，而敌人也迂回曲折，所以会遇到。一直到了十月，才到达浙江的新临时省会云和县，住在赤石。我去慰问他，戴老说："难民工厂的副总经理黄百新（人望）先生，曾一度为敌军所俘，幸得逃回。而他本人所看到的敌军，每一批人数均不多，官长因为天热，将领扣解开，士兵则多脱去上衣，手摇芭蕉扇。甚至将枪枝扎成一束，交给沿途强拉的民伕，肩挑着走。至其所穿的军衣，与所着的军靴，均质地粗劣，可见其物资补给已发生困难。而在行进时，更是意兴阑珊，一无斗志。日本军人素来讲究仪容，注重纪律。现在竟是如此，真是败象业已毕露，我们的最后胜利，就在目前了。"当然，戴老以老将军的看法，对于当时的国军不战而退，任令敌人深入山区，屠杀同胞，蹂躏地方，也甚为愤慨。他说："可恨我手中无枪，任敌人在我面前走过，未能杀他几个，真是有愧我这老革命军人也！"

戴老的子女甚多，其长公子师扬，系中央军校毕业。民国二十九年八月，我要选一位文武兼资的青年，到敌后的海宁去任县长。我便先去与戴老商量，想请师扬去担任。但也同时说明，敌伪方在清乡，师扬兄此去，不但要修建海塘，以慰民望，又要与敌伪斗争，以争取人心。责任甚重，而且十分危险。戴老说："我老了，不能亲手杀敌，师扬系革命世家，又系军校学生，汤火均在所不辞。何况又系兄之拔识，老夫自当听命。"而师扬兄由上虞渡钱塘江至平湖新仓登陆时，为敌人发现，以致被俘，下落不明。其所率领同去之工作人员及武装同志，亦皆或俘或死。我迄未敢将此不幸报告戴老，后来我才知道戴老已经得到消息，却也从未向我提过。幸而过了一段时期，师扬兄脱险归来，戴老带他来看我，一再表示师扬未曾达到任务，应请严加处分。

民国三十四年八月，抗战胜利。九月一日，难民工厂董监事会在云和举行会议，决定工厂结束。难民皆资遣回籍。机器则分赠当地乡镇，剩余之成品及原料，就地分赠贫民。民国三十六年八月三十日，董监事会在杭州举行最后一次的会议，决定由戴老将工厂的余款三百余万元，悉数交给浙江省政府。另有第四军需局积欠布款六十余万元，屡索不得，本可作为应收账款，一并列入盈余。但因军需机构，迭经改组，势必无法收回，只得改作呆账处理。戴老办了八年的工厂，养活了万千的难民，步行了千百里的山路，受尽了战时的艰危困苦，还有这么多的钱交给政府。其治事之勤，生活之俭，取思之廉，真使人佩服。

民国二十八年，浙江省临时参议会成立之初，我就有意请戴老任参议员。但是戴老说："我与兄谊属通家，朝夕见面。对于省政兴革，民间疾苦,随时可以陈述。参议员名额只四十名,应多延揽敌后父老,各府耆宿,与旅沪浙人。而且难民工厂开办不久,事务极忙,也无暇再任参议员。"及至金华、永康均陷敌手,戴老到了云和。民国三十二年,临时参议会改选,我乃再请戴老参加议会,承他同意。是年四月二十八日上午六时半(战时因防空袭,故重要会议多在清晨或晚间举行),浙省第二届省临参会在云和县孔庙大成殿举行开幕典礼,戴老代表参议员致词,谓:

此届本会同人,多自沦陷或游击区域而来,亲见民间疾苦,及敌伪各种毒策。或有所建议,或有所敷陈。在下列两原则下,深望政府诸公加以采纳。

第一、应在互谅互助原则之下,开诚商讨,以求达到完成抗建大业。盖在民众立场上言,凡事可与乐成,难与虑始。如现下所行征购军粮附食品及管制物资诸事,皆不容缓,而皆属创举。或于民情有所不惯,或执行未能尽善。本会同人,亦深知当局苦衷。但使处理能合理合法,而不大背民情者,自当竭诚拥护。并愿分过分谤,婉为劝导解释,以利推行。至于合理合法之民意,亦当尽情代为上达,藉纾其困。此则深望政府接受,加以考察而改善之。以期实现互谅互助之原则,此其一也。

第二、应在共策共进原则之下,加强联系,以求树立战后建设之宏规。盖在国家立场上言,目下胜利将临,各国人士,对于战后世界经济建设诸大端,议论煌煌,殊多贡献。查英美诸国侧重民情,我浙向称文明,故党政军民应加强联系,集思广益,发表种种关于民情表现言论,为外交后援。至我浙战后复兴问题①,亦当有一种具体计划,预为商讨。此其二也。

最后复有言者。本会同人,蒿目时艰。在会场中立言,容或有稍

---

① 我浙战后,底本误作"我战浙后",径改。

涉激切者,然皆向此两原则上发挥。谅贤明之政府诸公,亦必能在此两原则上,一秉大政治家之风度,加以容纳。诗云:"如切如磋,如琢如磨。"又曰:"他山之石,可以攻错。"为学如此,为政又何独不然?此则同人尤愿与政府诸公共勉之者也。

民国三十二年,为抗战最艰苦时期。浙省经民国三十一年五月敌人进犯浙赣路之役,旬日之间,沦陷者近三十县。民间喘息未定,政府亦极为困难。而戴老已筹及战后建设,其目光之远大,胸襟之开阔,在当时真是无人能与比拟。此后每次集会,戴老必对战后复员准备,促请政府规划,号召民间筹商。民国三十四年八月,敌人无条件投降,浙省所有陷区能迅速接收,未为游杂"匪共"所乘。而全省秩序与交通系统,亦能立即全面恢复,则戴老的事先呼吁,实有其可贵的贡献。

戴老在抗战时期的省临时参议会中,特别注意兵粮两政。他曾对我说:"足食足兵,是作战的基本条件。而现在兵役与粮政,由远在重庆的中央直接指挥。所派人员,大多不妥。因以要在会中提案,促请中央注意。"于是,他在民国三十二年十二月举行的第二届省临时参议会第三次大会中,提出"请粮管处注意明年粮荒案",及"提供兵役部改善兵役参考案"。他并且在案文中,将当时民间所受兵粮两政的痛苦,详予叙述,多为一般人所不敢言者。民国三十四年十二月,时抗战业已胜利,省临参会在杭州举行第二届第四次大会,戴老回到杭州,住在长生路。他在会中提出关于兵役改善问题再提供兵役署参考案,就其在云和赤石所亲见的接收壮丁过境情形,忠实陈述,真是字字血泪。

民国三十五年九月,浙省正式省参议会成立,戴老由永康县参议会选为省参议员并膺选为副议长,戴老时已七十一岁。当选议长的是张毅夫(强)。张的齿德以及革命历史,均不及吕。且在抗战期中,张在大后方的时期较多,不若戴老始终在本省,与省民共历艰危。张在抗战胜利后，由重庆直接回到杭州。不久任省党部主任委员，今又任议长，以一人而兼两项重要职务，父老中颇有不以为然者。但戴老却以地方为重，不计较名位，尽职尽忠，担任副议长。兹举二事为证。一为浙东"匪患"日甚，戴老在省政府举行的时事座谈会上，亲自请缨，愿以老将身份，率兵返其永康原籍清剿。一为浙江省当时发生粮荒，而邻省的江西省政府，则扣留米谷，不准运浙。戴老乃亲自赴南昌，为浙民请命。他动身之时，我到车站去送行。他说：赣省如不解禁，誓不返浙。戴老在赣一周交涉结果，江西省政府卒予撤销禁令，赣米三万二千石，遂得循浙赣铁路，源源而来。

我在所写的《记褚辅成先生》文中，曾提到戴老对褚先生所写的《浙江辛亥革命纪实》一文，认为与当时的事实有出入。[①] 我当请戴老另写一篇，他到了胜利之后的第二年春天，方才交卷。题目是《浙江光复丛谭》，我乃在杭州出版的《胜流》半月刊第三卷第十期，予以刊出。《胜流》系民国三十三年秋季，由浙江行政学会在云和创刊，至民国三十七年秋季停刊，共出版了七卷。台北南海路国立中央图书馆有《胜流》的全部合订本。兹将戴老文中与史料最有关系的，择录数节如下：

（一）秋瑾女侠的诗词。那时永康有一帮会，名曰九龙堂，尚存民族意识，与秋瑾、陶焕卿暗通声气。党魁沈荣卿，一名雄姑，亦永康人，叫我到杭州找王悦山，投奔大通学堂，以谋大举。我乃改名公望，只身出走。及到杭州，由王悦山引见秋瑾同志。第一次见面，她刚在那里做诗。王悦山叫我和她一首，我随即和她一首。……我看秋瑾

---

① 《记褚辅成先生》，收入《彼岸》，一六七至一七六页。文章写到：我有一次到上海去，谒见慧僧先生，谈及此事。他说："当时革命活动，确属系秘密性的。真是系统很多，各不相谋。我所写的偏于政治方面，戴之先生所写的偏于军事方面。两人所写虽不尽相同，但却都合乎事实，可以并存。"他又提到在辛亥革命杭州光复之前，曾与陈英士先生到杭州，在大井巷王顺兴饭店一面吃饭，一面谈光复的布置。他说："这一节，当时那一篇文章中，未曾写进去。"

身装男装,非常活动。对异族入主中华,尤深痛绝。她每到西湖,总叫我一道。我们面对湖山,时相唱和。可惜许多诗都遗忘了。不过有一阕《西江月》,咏剪发辫的,还记得大意是:人面兽心可耻,人心兽形若何? 绝好头颅坏半多,留此区区干么?

(二)白云庵送徐锡麟。徐锡麟同志以大通学堂为基干,招收党人,鼓吹革命,秘密组织光复会,时假杭州西湖雷峰塔西北靠湖沿的白云庵内月下老人祠楼上开会。意周和尚亦是光复会一份子,由他掩护一切,诚值感念。当时秋瑾同志看我有肝胆,并具有行动能力,叫我设法运动抚台衙门卫队和候潮门洋枪队,以为内应。我遂答应到抚台衙门当卫兵,结纳上下,周旋左右,以通声气。故我虽在抚台衙门当兵,因上下交好,不必站岗,有暇辄至白云庵报导消息。……先是徐锡麟、陶焕卿、陈伯平、陈光汉(自号光复子)四人,东渡日本,投考士官学校,被满清派驻日本监督检查体格不合,不准入学。他们即斥资捐二品候补道,伺机举义。徐锡麟同志赴安徽候补,我同章九成(号舒文,永康人)、徐星环等去送行,并请其临别赠言。徐同志慨然谓:谈什么临别赠言,法国革命八十年,我们革命要想在短时间内推翻满清政府,谈何容易? 将来遇有挫折,千万不要气馁,我是准备到安徽去流血的第一个人! 诚所谓风萧萧兮易水寒,壮士一去兮不复还! 徐同志后因在安徽刺恩铭,被捕就义。

(三)城隍山上的会议。我自保定陆军速成学堂毕业,宣统二年十二月,仍返浙江,企图推翻满清独立旅协统杨善德。时邀庄之盘(鄞县人,庄崧甫之侄)、顾乃斌(子才)、宋健哉(金华岭下朱人)、朱瑞(介人,代理二十一标标统)、韩绍基(工兵营长)、黄元秀(文叔)及雷某(巡警学堂教官),在紫阳山八卦石聚谈。因在山上开会,四面瞭望便利。八月十九日,武昌起义。同月二十一日,陈英士先生派姚勇忱来浙,住在我家。二十二日,与姚勇忱同志到白云庵和各同志见面,无甚决定。二十四日,在现在的秋社楼上会议,又无结果。当时镇东楼侦缉队侦骑四出,在僻静处所行动,反而引人注意。故我主张二十五日在城站二我轩照相馆楼上菜馆,一面吃饭,一面商量,仍无结果。翌日,我偕姚勇忱赴沪,与王金发接洽革命。二十七日返回杭州。二十八日,又在城隍山十景园热闹处所开会。此次会议,朱瑞介绍谘议局议员褚辅成参加。决定派褚赴沪运枪。我就回永康接洽处州吕逢樵的民兵,命其往攻富阳。我回到永康不久,民兵甫商量好,杭州业已光复。

（四）杭州光复后的情形。杭州光复时,我不在杭州。事后知道王金发打进军械局,取走了一百二十多支枪,至绍兴组织军政分府,自称都督。童保暄也在杭州连夜张贴布告,自称临时都督。旋感诚信未孚,翌晨自动取消,由汤寿潜担任。军政府派周承菼为总司令,褚辅成为民政司司长,高尔登为财政司司长,范仰乔为高等法院院长。九月十七日,开临时参议会,由陶焕卿主席,褚辅成提议:抚台增韫(字子固,满洲人),督练公所总参议袁思永(字巽初,湖南人),为人忠厚,应予护送赴上海,每人发给遣散费五千元。先是清军投降,由德将军担保。旋德将军来函报告:满人贵翰香父子,企图抗命,不愿负担保责任。当即决定将贵氏父子,在谘议局门前,执行枪决。至是省局底定,即进一步筹议攻打南京。

至于褚慧僧(辅成)先生所写《浙江辛亥革命纪实》一文,则载于《中华民国开国文献》第二编第四册。[①] 其中提到吕戴老的,有:

浙江革命势力之胚胎,远在同盟会成立之前。清光绪二十六年,北方义和团排外运动失败,清室向各国求和,订丧权辱国的辛丑和约,国民同深愤慨。余杭章炳麟(太炎),绍兴蔡元培(锷青,一字子民),嘉兴敖梦熊(姜)等,群集上海,以文字鼓吹革命,发行《苏报》,并组织光复会,结合同志,共图举义。两浙闻风兴起者颇众,徐锡麟、陶

---

① 此文原载《浙江通志馆馆刊》创刊号,一九四五年二月印行。

成章、魏兰、龚宝铨、吕公望……等，先后加入。

……

光绪三十三年，浙省编练新军一、二两标，中下级军官革命党占多数。……督练公所中，亦有吕公望、黄元秀、徐乐尧、叶焕华等，任运动、谋划、筹饷、连络、调查各职。

……

宣统三年八月十九日（夏历），武汉首揭义旗。……八月二十一日，陈其美（英士）亲自来杭，谓武汉已有密电到沪，促各省响应。次日，约集顾乃斌、褚辅成、吕公望、黄元秀等，在西湖白云庵意周和尚处密议。……第二次会议，八月杪在城隍山举行……是日决定分往宁、绍、台、金各属，集合同志率领来杭，吕公望担任金属召集……

慧老文中所提到的魏兰先生，云和人。抗战后期，我住在云和，时魏先生已去世，其公子曾约我到其家中楼上参观魏先生生前所保存的革命史料。即以章太炎所写给他的亲笔信，就有数十封之多，皆系长篇大论，商讨革命计划者。戴老也曾去看过，并有所补充说明。可惜当时未有复印机，未曾影印分存。民国三十八年"共匪"窃据大陆，原件全部失陷了。

就戴老与慧老两人所写的文章比较，并无甚多的出入。当时在白云庵意周和尚处集议以及八月杪在城隍山上开会，两文是相同的。慧老文中说到满清光绪二十六年，蔡子民（元培）先生等组织光复会，戴老已经参加。戴老文中也说到他当时因人介绍到杭州找王悦山，投奔大通学堂，以谋大举。并改名公望，只身出走。戴老文中说到慧老系在辛亥八月在城隍山开会的时候，方才由朱介人（瑞）介绍参加，我想这是指慧老开始参加杭州光复的策划，并不是第一次参加革命活动。如果慧老是第一次参加革命，不会就被推到上海去运送枪枝而负起这样重要的任务的。且就年龄论，慧老亦比戴老年长四岁也。

戴老的文章发表后,我接到许缄夫(炳堃)先生及雷鸣春先生的来信。许信说:"吕文似有传闻异词处,能否再请赤忱(周承菼)、慧僧(褚辅成)各写一篇,以证异同而成信史。介人(朱瑞)、伯吹(童保喧)、伯器(蒋尊簋)、百里(蒋方震)、子白(高尔登)、柏顾(虞廷恺)均已作古,若能各写一篇,读之参证,当有不可思议之发见,惜乎不能起九原而问之。"雷信说:"顷读《胜流》第三卷第十期吕同志的《浙江光复丛谭》,不禁使我引起当年参加革命的沉痛回忆。谨将当时的经过情形,作一简单的叙述,请即在《胜流》披露,俾公望同志知尚有雷某健在,而老境殊不堪耳。"

雷文谓:"我字炳章,现年七十四岁,原籍湖南耒阳。自光绪十四年至三十二年,均在清廷军中服务。先后擢升,曾任巡防营管带。至三十三年,加入革命,与安徽巡警学堂总办徐锡麟,副总办马信,及警部长陈伯平,议定于五月二十六日下午四时半起事。不料恩铭于二时半就到,当时与马信等,用白朗林向恩铭射击,中两弹倒地。遂率巡警进占军械所,旋缉私营管带杜春林率兵士将军械所军重重包围,弹如雨下。陈伯平中弹身亡,徐、马被捕。余由屋顶翻出时,幸缉私士兵多为湖南同乡,得不被捕,逃到江苏太湖。宣统二年,好友夏子岩函催赴广东起事,不果。至三年三月,约定十五日动手,因款项未到,延至二十九日下午四句半钟,始分十路攻打。余由黄兴率领,攻两广总督衙门,张鸣岐以早得探报,逃匿不获,遂举火烧总督衙门。同志首先冲入衙门,未逃出被烧死者十余人。黄兴乃令分两路搜索张鸣岐,我这第一路出东辕门,遇巡防营。双方开枪互击,各有死亡。又遇提督李准所带大队,恶战多时。黄兴中弹伤右手两指,不敌而败。其他九路亦失败,各同志逃散。余乘轮至上海转苏州,到浒墅关。遇仇人张耀集,把余作乱党办,送监牢,时四月十日事也。八月,湖北起事,余在牢内全不知道,直至民国元年二月得放。"

雷氏后来一直在杭州警察界服务,充巡长巡官警佐等职。其老境则一子死亡,孙又夭殇。数亩粮田,复为水冲没。所剩者,只老妻寡媳而已。以雷氏先后参加安庆与黄花岗之役,民国成立后竟无人知之,雷氏亦不自求人知。如非我请戴老撰文,为其阅及,雷氏也未必撰写此文。雷文末段谓:"自维奔走革命,本热血所冲动,原无丝毫希望邀功于党国。现共事先烈,死亡殆尽,谁复知者。而孑然一身,老健不死,既无益于党国,复无法以图存。孤寡如此,弥足痛心。偶读吕同志浙江光复之讲述,回忆当年,老怀不免益感怅触耳。"

在褚慧僧先生与戴老的文中,均曾提到白云庵庵中的意周和尚。戴老文中原写为道周,当系笔误。抗战期中,杭州沦陷,意周和尚最初仍在庵中,掩护我游击队的活动。其后为日本军队发觉,欲加逮捕。幸其先期逃逸,日军乃将白云庵与庵旁的月下老人祠烧成平地。民国二十九年,我在丽水县的三岩寺,遇到一位青年和尚,他说是意周和尚的徒弟,在日军搜捕的前夕,与意周和尚等,一同逃出,而在中途,大家失散了。我此后以至胜利旋杭,一直探听意周和尚的行踪,始终不曾找到,可能在战乱中业已逝世。褚慧老与戴老也都对我不只一次的说到意周和尚,盛赞他以佛门弟子而对革命与抗战所做的贡献。

民国三十六年的杭州辛亥光复纪念日,我在英士街家中,请当年参加光复的诸位前辈午餐,到者有吕戴老等,雷鸣春先生也应约来参加。[①] 虽已白发盈颠,而面如重枣,两目炯炯有神,步履清健,声如洪钟。谈及往事,眉飞色舞。席间商定就白云庵原址,建杭州革命纪念馆,推戴老为筹备主任,我与杭州市市长周象贤副之。自设计、画图,以迄施工,均由杭州市工务局局长沈景初君负责。戴老与我亦时时

---

① 《记褚辅成先生》相关记叙可参考:"三十六年十月二十六日,即农历九月十三日,为杭州辛亥革命起义纪念日,中午,我在杭州家中约请当年参加光复的前辈吕戴之、黄文叔(元秀)、吴茂林、李谷香、周柏林、钱雄波、雷炳章(鸣春)等。我本来也函请慧僧先生从上海到杭州来参加,而他适因事忙,未能来,却亲笔写一封信给我,对我拟提议将西湖白云庵遗址改建为辛亥革命纪念馆事,表示赞成。这一天,我也将慧僧先生在上海对我所说的话,面报戴之先生,他也表同意。"(《彼岸》,一六八页)

参加意见。建筑经费,咸由杭州市政府支付。至民国三十七年冬季,馆方建成,堂构恢闳,面临湖水。正思如何布置,择期开放,并继续复建其旁之原有的月下老人祠,而"共匪"倡乱,徐蚌失陷,京杭告急,而我与周市长复先后奉命离职,沈亦解任,遂未能继续进行。

戴老等于民国三十五年在我家餐叙的时候,黄文叔先生曾提到民国元年,褚慧老任浙江民政长时,曾令拨在嘉兴所没收的寺产农田二百余亩,作为白云庵的基金,以酬谢意周和尚掩护革命同志之劳。褚原籍嘉兴,当知该项农田之所在。如能查得,则可每年以其收入,作为杭州革命纪念馆的经费。是年十一月一日,我到上海访褚慧老,谈及此事。慧老谓当年确有此令,但农田不在嘉兴而在海宁。原为杭州西湖圣因寺的寺产,圣因寺系满清康熙乾隆两帝南巡时到杭州所住的行宫。民国成立以后,改为公园。杭州人通称之为外公园,意谓系城外的公园。民国十六年,改称为中山公园。慧老谓意周和尚坚辞不受,此项农田,以后为何人取去,因其不久交卸,不得而知。我既迄未找到意周和尚,自亦无法再行查问了。

民国三十六年七月七日上午十时,浙江省政府在杭州外西湖忠烈祠公祭先烈,我请戴老与祭。因为他是辛亥起义之后,参加浙军攻克南京的一人,也是当年发起设立浙军忠烈祠的一人。忠烈祠于国民政府成立后,以一部份作为西湖博物馆之用。戴老说到当时一同攻打南京的,还有葛湛侯(敬恩),可以由我写信给葛,问问他对崇祀先烈的意见。十月二十六日,葛有回信给我,提出三点:(一)辛亥杭州起义,当时系由葛亲书命令分发。(二)杭州蒲场巷陆军小学,在辛亥以前,供革命同志作为活动场所,前后达十年之久,亦应列为纪念之地。(三)南京克复,以浙军居首功。故在南京的天堡城上及莫愁湖畔,在民国初年,均曾建有纪念碑塔。兹已多年失修,应请整建。关于第三点,我曾在浙江省政府委员会会议中提出,众意省财政困难,应请南京市政府修理。此后我到南京,也曾当面拜托南京市市长,结果也以无钱未办。但我个人,曾到莫愁湖去瞻拜过光复南京浙军纪念碑,并见有若干忠骸,业葬于旁。而戴老却迄未得有到南京的机会,去凭吊他当年的战友也。

五十九年九月十六日,初写。

六十年十一月十一日,补正。

(原载《传记文学》第十七卷第四期,一九七〇年十月版,三七至四二页,收入阮毅成著《彼岸》,台北传记文学出版社一九七二年二月一日版,第二五至四四页)

吕公望——我国近代体育活动家

林景泉

吕公望,原名金银,字叔尚,号戴之,学名占鳌,浙江永康县人。他是辛亥革命老前辈,我国近代资产阶级民主革命的斗士。他狂热追随近代民主革命先驱徐锡麟,是鉴湖女侠秋瑾的得力助手。辛亥革命胜利后,他官至浙江督军兼省长。解放前夕,他和竺可桢等成立"杭州市临时救济会",被选为主任委员,为杭州解放立下大功。解放后,他先后出任杭州劳军委员会委员、中国人民救济总会杭州分会副主席和省政协委员、省人民代表,直到一九五四年因病在杭逝世。

一八七九年,吕公望出生在永康县一个风景秀丽的山村。他幼年好学,二十岁考中秀才,两年后为廪贡生。早年,他做过教师,不但通晓诗文,而且还爱好体育和武艺。他认为世界都在运动,人类只有"喜功",社会才会"崛兴"。因此,他无论在校就学还是从教,都喜欢跳椅凳、爬竹杆、登山、游戏等活动。特别是在一九〇六年,吕公望在杭州先后认识秋瑾和徐锡麟,成为光复会成员之后,更加清醒地意识到要做一个革命党人,不仅要靠嘴和笔宣传鼓动革命,更应当用刀枪对付敌人,练就强健体魄和杀敌武功。于是,他在徐锡麟的鼓励下,毅然改占鳌名为公望,放弃廪贡生涯,决意投笔从戎谋革命。不久,在秋瑾的支持下,入浙江省巡抚衙门卫队操练,学会了一身刀剑武艺。

一九〇六年春,清政府除了编练新军外,还在保定设立了陆军速成学堂。吕公望以优异成绩被选送入学。在学校里,他和学友张钫、钱鼎三人共同成立"军事研究社",在紧张的攻读和兵式操练之余,还潜心研究军事体育理论,在理论与实践的结合上不断提高自己的军体水平,并萌发了反清情绪。

吕公望对我国近代体育史的最大贡献,除他自己勤奋习武学艺外,还从徐锡麟、陶成章和秋瑾等人创办体育会和大通学堂,竭力宣传民主思想,鼓吹尚武精神,改变国民体质孱弱的实践中受到启示,誓以振奋民气兴国强种,锐意复兴体育为己任,成为继徐锡麟和秋瑾以后又一我国近代早期体育积极倡导者。

一九一二年八月,吕公望和朱瑞、沈钧儒等光复会成员在杭州西湖举办纪念会,悼念秋瑾殉难五周年。会上,他们为"浙江体育前途"计,也为继承烈士尚武救国之志,作出决议"恢复体育会",制订体育会章程。一个多月后,吕公望勇挑浙江体育会会长重任,还在杭州西湖东岸的云居山顶,摩崖勒铭,以志留念。他在摩岩上题"云山万古"四字,下附说明:"中华元年,浙江体育会成立,圣水寺僧大休捐山地,王君湘泉赠山岩,供摩崖用,因题四字,以志不忘。永康吕公望记,宁海叶颂清书。"此举在我国近代体育史上有其独特的地位。此石刻后被长期湮没,直到一九七九年秋被偶然发现,引起国家体委重视,成为全国罕见的体育史迹,遂被浙江省首先列入文保单位的体育史文物。

一九一二年十月,为培养更多的体育人才,发展体育事业,吕公望又积极创建了浙江体育学校(后改名为浙江体育专门学校),并亲自兼任校长,由沈钧儒任校董。体校开创之初,经费十分困难,吕公望即慷慨解囊捐银圆两千元。开学后,吕公望一再勉励师生笃学励志,先是为体校亲笔题词"勤静敬奋"以志校训,尔后又自编校歌:"竞争世界,武装和平,弱亡强者胜,生死存亡,一发千钧,青年负责任。远追希腊,近师普鲁,铁血铸精神,愿吾同学,勤静敬奋,遵守我校训。"供全校师生歌唱。由于他和沈钧儒的精心治校,体校威望倍增,省内外许多有志青年慕名投考,校园呈现一派兴旺发达景象。据史料统计,该校至一九一七年止向省内外招收了六期共365名学生。

一九一六年七月二十一日,吕公望被任命为浙江督军兼省长后,公务繁忙,仍念念不忘体育事业,主张继续发展学校体育,推广民众体育运动,增强广大民众体格,达到强国强民目的。一九一六年十一月,他主持举办了浙江省中等学校第一次联合会运动会,以交流技艺,检阅各校体育运动成绩。此举开了浙江近代全省性运动会的先河,其影响之大,基本上达到了此届运动会的目的,"将以作尚武之精神,救文弱之积习",使全省人民懂得"欲强其国,先强其种;欲强其种,先强其身之理"。

一九四八年,吕公望又在浙江体育童子军专科学校任董事长,和沈钧儒再度合作①,锐意主持校务,在学生中开展田径、球类、体操、童军及裁判法、教育学、生理学、解剖学、三民主义、音乐等教育,成绩可嘉。

吕公望生前致力发展浙江体育事业,培养体育人才,可说功绩昭著。尤其是由他和沈钧儒等人继承徐锡麟、秋瑾之志,创建的浙江体育会和浙江体育学校,是辛亥革命后我国最早建立的体育会和体育专门学校,也是我省近代体育萌芽时期的两朵鲜花,为开拓我省近代体育,丰富我国近代体育史写下了灿烂的新篇章,深为群众所敬仰。

(原载金华市政协文史资料委员会编《金华文史资料》第七辑,纪念辛亥革命八十周年专辑,浙江人民出版社一九九二年十二月版,第八九至九一页)

---

① 沈钧儒一九四七年十一月三十日抵达香港,至次年九月离港赴哈尔滨。再度合作事,至少年份有误。

送吕镇守使赴湖州①

黄元秀

使星五夜动辉光,缓带轻裘忆去装。顾众营边秋草绿,岳王城外暮山苍。牙旗拂鸟云端影,玉具屠龙海上霜。馀事不妨成坐啸,弓衣诗待织鹰扬。

（原载《兵事杂志》第九期,民国三年十一月版,文苑三）

与吕戴之省长津门客感次韵

黄公略菊裳

五千里外忍辞家,只为苍生解乱麻。身外功名云蔽月,眼中世故浪淘沙。哀时我病同庾信,吊古君词李华□。互和津门客感句,文章知己在天涯。

（原载《瓯海潮》第一期,一九一六年十二月版,温州图书馆藏,第三七页）

即席呈吕公戴之

汾南渔侠②

大将星躔曜永康,建牙两浙显鹰扬。湖山月满重麾靖,凫渚潮来万弩张。幕府延宾多俊彦,营门判牒喜文章。开尊特下陈蕃榻,徐孺叨陪末座光。

偶吹铁笛土城头,惊动军门下檄求。微服久难逃甫里,便巾今始识荆州。曾经明志陶元亮,敢逐忘言马少游。倦鹤髟髟终不舞,忍将

---

① 黄元秀七律两章在《兵事杂志》同期文苑·诗录专栏发表,前一章题《甲寅秋送张镇守使赴台州》。

② 汾南渔侠,即周斌(1878—1933),字志颐,号芷畦,浙江嘉善人。与弟周珏同为南社社员。

知己负羊侯。

（原载上海《民国日报》一九一六年十月七日，十二版，艺文部·诗选）

寄吕公望将军北平

姚　琮

将军不好武，拥鼻一沉吟。投笔当年事，捻髭此日心。春天椒水阔，岁暮蓟云深。何日重倾盖，高山一鼓琴？

（《味笋斋诗文钞》，台北一九六八年线装本，四叶）

周恭先以通敌被刺于沪上，梅生有诗索和，作此应之

王理孚

履霜在昔已知冰，到此苍茫感不胜。曾祸家山成越绝，又驱敌骑毁吴兴。时艰何止唐天宝，公论难宽汉李陵。我亦当年旧袍泽，只今有味是无能。恭先为杭州武校同学，二次革命败后，与莫伯衡同向当道自首。余以是知其不足有为。驱吕之役，屡谏不听，卒以毁浙。今日之祸，固意中事。海髯自注。

（张禹、陈盛奖编注《王理孚集》，上海社会科学院出版社二〇〇六年九月版，九五页）

生日吟（节录）

许行彬

己卯六十六　七古三百六十韵

（前略）天心恶暴洪宪崩，北面称臣齐退谷。幸运悔翁双印兼，东莱依旧清风穆。蛟龙岂是池中鳞，不甘人下心早蓄。一起一落一家中，浙人自治长城筑。首先恢复议事权，容纳民意惩贪黩。何图长浙未经年，祸起萧墙小不睦。干木电劝近滑稽，杨齐顷刻新恩沐。舞台痛说浙局摧，一片掌声渐离筑。外兵入境此开端，固拒不获愁千斛。丙辰夏，袁世凯暴亡，浙督朱瑞逃往天津。屈映光以巡按使兼摄督篆，嘉湖镇守使吕公望起

而代之。予与何绍韩等，要求恢复省议会，吕从之。正值开会期间，忽以傅其永接办省警厅事发生冲突，满城文武纷纷电京辞职。段祺瑞电复有"诸弟小有不睦，何必出此"。原拟以周凤岐长军政，张载阳长民政，由吕氏电请任命。不料次日，段已命杨善德率兵入浙，齐耀珊长浙矣。浙人开公民大会于城站第一舞台，予演说："浙江门罗主义从此打破。"听众掌声如雷，谓须拒绝外兵入境。专车赴龙华谒杨，杨称拒兵即拒我，万不能允。吕语予曰："事已至此，公民大会不必复开。"盖此时杨之部下谓，名为公民大会，实即公望大会也。（下略）

甲申七十一　五古五百韵

（前略）云南反帝制，国事大变更。洪宪长已矣，议会运占亨。袁世凯帝制自为，蔡锷（松坡）潜回云南起义，洪宪不久即夭。浙先图恢复，微劳敢自盈。宁沪独立一案发生后，各省议会一律解散。迨袁亡，浙江省议员首先请求恢复议会。我与何绍韩等，借吉祥巷省教育会几度开会讨论。吕公望省长允予同情照准，总算开风气之先。电催任子返，湖上集群英。任凤冈在桂林，电催回杭。召集之初，吕省长曾于湖上欢宴全体议员。谁料兴武走，浙人自取咎。两长一人兼，为期竟不久。欲谋攫警权，引起大纷纠。我从议场归，沿途警皆有。问之一警官，接替献身手。急急趣喧庐，辞职有某某。明知事已僵，犹启调停口。民张军则周，无一肯担受。制人发必先，迟恐悔贻后。不幸我言符，杨齐风入牖。平心论东莱，秉性还忠厚。同车抵龙华，拒兵徒呼负。孟鲁局推翻，百般常掣肘。供养苦繁苛，阋墙成祸数。洪宪暴亡，朱瑞以附逆故，为部下所逐。平心而论，宁沪一役，不杀一人，对我省议会莫议长，则促其出国。我与任凤冈虽被逮捕，亦宣告缓刑，总算保全民党份子。然袁世凯一倒，不得不出走天津。继其后者，先为巡按使屈映光。不满三月，屈调山东，乃由嘉湖镇守使吕公望兼军、民两长。吕未除书呆子气，故毫无实权。军政方面则由参谋长周凤岐作主，民政方面又有民政厅长王文庆负责，吕不过拥虚名而已。徇左右请，冀从警政攫一实权。时青田夏超以浙江警务处长兼省会警察厅长，吕思分一位置，初拟将警务处畀刘太史焜，刘本省政府秘书长。以事不密，未成。旋乃决定委团长傅其永为警察厅长。接替之日，警察厅侦探队长林文忠忽起反抗，以老拳从事。傅见形势不佳，疾走避之。浙议会正在开会，我从会中回寓，沿途布满警察，觉有异。电询某警官，知警厅状，急往吉祥巷张载阳寓。张语我曰："我等今尽辞职矣。"我认此为非浙江之福，遂与沈定一、任凤冈出为调停。吕公望公馆在柴木巷，已有警察守巷。见吕出一电稿，内称"脑病猝发，未能视事。军政委周凤岐代，民政委张载阳代"云云。即持此稿赴周凤岐寓，主张一辞、两代电同时拍发，使中央无所动作，不谓周、张均反对，谓类于驱吕自取，其名不正，仅发吕电。次日，得段内阁祺瑞私电，谓"诸弟小有不睦，何遽出此"。又次日，竟正式任命杨善德督浙，齐耀珊长浙。霹雳一声，浙人大惊。组织一浙江公民大会，对于外兵入浙，提出异议。盖浙江光复后，浙人治浙，心理皆同也。吕闻之，邀集会中重要分子，暨张、周、夏等到寓（张以杨曾任浙江协统，前清已有关系，托病未到）商办法。深夜专车赴龙华护军使署，公推吕及我，暨浙议长沈定一、议员任凤冈谒杨。我以公民大会定明日在城站大舞台开会须主持，请省议会秘书长孙太史智敏代表四人见杨，以不带兵为请。杨曰："拒兵即拒我也。"坚持不可。专车回杭，由任到会场说明，众皆懊丧而散。浙人治浙局面，从此推翻。有归咎于夏超者，夏也亦引为遗憾，尝语我曰："我想总有一日，可以慰浙人。"抱此观念，来一非浙人督、长，即谋去一督、长，卒召杀身之祸，悲哉。**激怒铁中铮，奋起雄赳赳。自主议成灰，虎头随解绶。增我一悲观，闲静学五柳。**杨善德带兵入浙，增加浙江一师饷需。我友前浙江都督蒋尊簋及混成旅旅长周凤岐、民政厅长王文庆等，心皆不甘。因宁台镇守使顾乃斌亦民党，齐赴宁波，宣布自主。杨命浙江第一师长童保暄讨之。童与王文庆同乡，交极密，以为联络一气，事无不成。岂知杨并命其部下陈乐三一师杂内监视，童无法打成一片。速王走，王密告蒋、周等乘轮出申，而顾乃斌亦就此解职。浙东自主，徒存历史，遗恨而已。（下略）

　　（《十年流亡之生日吟》，约一九四八年铅印本，浙江图书馆藏，七至八页、四八至四九页）

浙江独立的内幕

朱　炼①

　　一九一四年（民国三年）间，袁世凯急于图复帝制，异想天开，拟步前清后尘，以爵位金钱，藉为羁縻各省军、政首长。都督封将军、省长封巡按使。迄至一九一五年（民国四年）春间，浙江都督朱瑞子爵，封为浙江兴武将军；省长屈映光男爵，封为浙江巡按使。并令朱瑞对于所部各团、营中之上、中校阶级的军官者给予狐坎袍筒子一件，少

　　① 朱炼，当时系浙江陆军步兵第一师第五团营长。来伟良与朱炼《辛亥革命亲历记》一文，收入《浙江辛亥革命回忆录续辑》。

校阶级的军官者给予马褂筒子一件(笔者亦得一件)。复令充任团、营长者进省传见训话,同时由第一师长叶颂清出面代东,柬邀赴宴,所有开支,均由军署报销。

前云南都督蔡松坡先生一到昆明,首先发难,组织义师,称为护国军,从滇向川开拔,讨伐袁氏,继则黔、桂独立,出兵响应,袁氏已感焦劳羞愤,终则及闻川督陈宦、湘督汤芗铭,本是袁氏所恃为忠实可靠者,而也叛附护国军,相继独立,来电反对希制,袁氏不能不痛心,愤怒更属不堪,遂致一死,约在六月间,于是退位的问题不解决而自解决了,洪宪纪元不废止而自废止矣。谁知前后促成袁氏致死者川、湘两省独立的电告之功效,帝制战争便可告终。唯浙江独立在袁氏未死以前,已由吕公望都督电告护国军军政府之军务院矣。

袁死,兴武将军朱瑞即日潜逃,省垣军界重要人物(指陆师派者而言),如金华霖、叶颂清等风吹云散,纷纷逃匿。当时巡按使屈映光复称省长,暂兼代都督。嗣以吕公望镇守使从潮州进省[①],屈省长先将都督职务移交,吕为都督,第一师师长叶走,童保暄而为师长,第二旅旅长由督署警备旅旅长俞炜充任(警备旅缩编,旅部取消),第一旅旅长叶焕华走,暂由宪兵司令王桂林兼代,第四团团长章祖华走,遗缺由团附伍文渊递升,伍云南人,保定速成暨陆大毕业。督署参谋总长由宁波独立旅旅长周凤岐调任,遗缺以第五团团长韩绍基升任,遗缺以团附刘炳枢补升,刘青田人,浙江武备毕业。骑兵仍改为营,营长仍为谢祖康。骑兵营改为骑兵团,团长为徐乐尧,并派为驻京省代表。徐黄岩人,南京陆师毕业,曾任攻守支队参谋。炮兵团团长张国威辞职,以宁波独立旅参谋主任郝国玺升补,郝湖南人,保定速成炮科暨陆大毕业。

政界方面仿佛照旧,如民政厅、省警察厅、内河水警厅;外海水警厅王萼系民国二年到任,王台州人,保定速成炮科毕业,所有各厅处

---

① 潮州,疑为"湖州"之误。

均把直属巡按使等字样换去而已。

吕都督莅任伊始，即通电"浙江独立"于军务院及各省外，并恢复第二师，扩充实力，编成步兵四团，除以原驻宁波之第五团、驻德兴之第六团改属于第三旅以外①，另征新兵编成第七、第八两团，七团团长为胡大猷，台州人，福建武备毕业，新兵在严州训练；八团团长施承志，新兵在杭州训练，属于第四旅，旅长为潘国纲，系第一师参谋长升任，遗缺以刘体乾补任，刘闽侯人，陆大毕业。

师长选任宁台镇守使张载阳调省，成立师司令部，师参谋长以第六团团长汪镐基调调任，遗缺以宁台使署参谋长吴思豫调补。师部设在省垣旧总督衙署。

宁台镇守使为顾乃斌，参谋长为盛开第，盛杭州人，浙江武备毕业，使署仍暂驻海门。

团、营以下，少有更调，唯校官、尉官等人员，在三年内而未曾更动者，各升一级，照升级十成支薪，凡已经更动者，照升级八成支薪。笔者在民国三年八月由第一师工兵营少校营附调任第五团少校营长，未满三年，因参加此次独立之役，升代中校，八成支薪。

帝制战争虽可告终，陆师亦经失败。而速成与武备，互相猜忌，双方争权夺利，较尤甚焉。自屈映光辞省长下野，政务交由吕都督兼任，因之初则都督与参谋总长，相生意见，各行其事，酝酿渐久，裂迹已明，武方以为速成既据实力较厚之兵权，又长全省之行政，而速方以为此次朱瑞走了，陆师推翻，大半我们之力，名曰学派关系，实则权利问题而已。速方谋去周凤岐与夏超（省会警察厅长兼省警务处长），武方谋去吕与王文庆，时王为民政厅长，预备省长也。结果两派又到短兵相接关头。所以最后吕兼省长任命傅其永为省警务处处长，而傅仅之到处而未接事，辄即发生夏超门下的镖客殴打受伤，傅

---

① 德兴，属江西上饶，疑为"德清"之误。

果然受辱吃亏,而夏似此蛮干,殊属不是。双方已下动员令,第一师第一团新升任团长陈肇英(速方)自告奋勇,率队进驻省垣,宁波部队第五团亦已令第一营开拔进驻绍兴填防。幸未接触,时驻沪护军使杨善德率领所部第四师全师由沪开拔到省,名则调停,实则占据地盘,从此以后,我浙江被北洋军阀所占据,直至十余年方得脱离。

此护国军战胜帝制中的浙江军政内幕之经过也。

一九六一年七月

(原载全国政协文史资料委员会编《文史资料存稿选编》第一册晚清·北洋(上),中国文史出版社二○○二年八月版,第五七二至五七三页)

吕公望和反袁护国①

项雄霄

朱瑞逃走后,省内公推吕公望继任都督,宣告独立,加入反袁护国运动。这时候袁的势力还很强,浙江必须加强实力,乃就将独立四十九旅仍恢复为师,称浙江第二师,张载阳为师长。原第六师改称为浙江第一师,童保暄为师长。周凤岐为督府参谋长。这样的人事安排是人们所心服的。

安徽军阀倪嗣冲是袁的党羽,手下有安武军,实力亦甚强,故浙皖边境上必须设防。吕派出三个支队:第一个称长广支队,兵力为一团,由俞炜带领,驻泗安;第二个称千秋支队,兵力一营,由石国柱带领,驻千秋关;第三个称建威支队,兵力一营,由黄元秀带领,驻淳安。但水陆交通及商货往来仍进行如旧,治安亦平靖如常。

――――――――

① 此文包括辛亥前的形势、浙江光复、朱瑞和援苏支队、吕公望和反袁护国、杨善德、卢永祥、孙传芳等七节。《朱瑞和援苏支队》提到:"朱瑞得了都督,六师师长论理应当让给吕公望,但吕是保定速成派,朱不愿以兵权交付,乃调吕为嘉湖镇守使,而以自己的同学叶颂清为六师师长。"(《浙江辛亥革命回忆录》,173 页)

一九一六年六月袁世凯死,黎元洪继任大总统,但中央实权仍由北洋军阀巨头段祺瑞以国务总理名义操纵控制。段的国务院与总统府分庭抗礼,对各省则图推广其皖系势力,以与直系军阀相抗衡。他见浙江尚非其势力所及,而认为吕公望可取而代之,乃于一九一七年初,以国务院命令,任命杨善德为浙江督军。① 当时浙江有人主张抗拒,但吕说抗拒必起战争,有害地方安宁,故他宁愿退让,免为人民造祸。这样,他就摆脱一切,回到永康,为家乡办点实业。以后经历了军阀统治和国民党专政的时期,他都没有出山来。直到共产党领导的人民军队解放浙江,他才来到杭州,加入民革,愿为社会主义服务。不幸疾病缠身,不治而逝。吕公望的爱国心肠是可敬的。

(节选自《辛亥革命在浙江》,收入《浙江辛亥革命回忆录》,一七四至一七五页)

屈映光和吕公望相继督浙

谢本书　孙代兴

在广东独立后的第六天,四月十二日,浙江也宣布独立了。这是在地理位置上与西南独立各省互不毗连而宣布"独立"的第一个省,也是响应云南起义的第四个省。

宣布独立前,在袁氏政权的黑暗统治之下,浙江将军朱瑞、巡按使屈映光,秉承袁氏旨意,残酷搜刮和镇压人民,弄得民不聊生,浙省人民不得不以各种形式不断举行反抗斗争。

朱瑞(1883—1916),字介人,浙江海盐县人。早年曾加入同盟会。一九一〇年,任浙江新军的营管带和标统(团长)。辛亥革命时,被推为浙军司令,参加江浙联军攻克南京。南京临时政府成立后,先后任第五军军长、第六师师长。袁氏窃国后被委任为浙江都督兼民政长,

---

① 此说欠严谨。发表命令的乃大总统。《浙江督军署咨省长公署 为接印视事由》说得清清楚楚,一月一日奉大总统令,"特任杨善德为浙江督军"。参见附录三。

投入袁氏怀抱。

屈映光,字文六,浙江临海县人。辛亥革命前任过安徽陆军测绘学堂教习。辛亥革命时任浙江驻沪兵站司令官。民国建立后,先后担任浙江民政司长、内务司长、民政长、巡按使,为朱瑞亲信,与朱瑞同为袁氏在浙江的代理人。

袁氏帝制自为,朱瑞、屈映光等军政大员亦竭诚效忠。为收买人心,搜罗袁氏支持者,他们对军政绅商上层人士广施小恩小惠。屈映光巡视湖州所属各县时,为笼络封建的遗老遗少,特地准备了大量上等丝绸袍褂料,每到一地,凡年满七十岁的士绅,每人均赠给一件。后来因为需要赠送的人数过多,所带衣料不够,就改为赠送银币,每人十元。朱瑞曾特地把团长来伟良由湖州召到杭州来,笼络他说,"皇上念你勤慎供职,劳苦备至,深堪嘉许,特命我备些奖品给你,以示鼓励。望你领受。"次日,派副官送给来狐皮袍统一件①。尽管如此,袁世凯及其爪牙所能笼络到的人毕竟仍属少数。来伟良后来之积极参加护国讨袁,就是一个明显的例证。

云南、贵州和广西先后起兵讨袁,浙江形势随之紧张。不久广东亦宣布"独立"。袁世凯为防备万一,准备把原拟调粤而未去的第十师调到浙江。浙省人民闻讯,立即掀起声势浩大的反对北军入浙的抗议斗争。浙军旅长童保喧曾力劝朱瑞宣布独立,但由于朱瑞是一个畏袁如虎的怕死鬼,既顾虑北军入浙后他的将军地位不保,更怕宣布独立袁氏会使他人头落地。因此,他不敢也不愿意宣布浙江独立,而以中立姿态拖延时日。童保喧得到警察厅长夏超、宁波独立旅旅长周凤岐、嘉湖镇守使吕公望、台州镇守使张载扬等人赞助后,于四月十一日率部进攻将军署。朱瑞由将军署后花园地道狼狈出逃,旋转赴天津。当晚,童军攻占了将军署。

---

① 来伟良《参加浙江护国军讨袁的回忆》,《浙江文史资料选辑》第七辑,31 页。

十二日，童保暄召集各界代表开会，推举浙江都督。由于民党、军界和绅商各界意见分歧很大，与会者推来推去，竟推举不出一个合适的人来。结果，巡按使屈映光被人们推为浙江护国军政府都督。在刺刀面前被推上浙督位置的屈映光公然声明说："我只能以巡按使名义暂兼总司令，维持地方治安。"他确实就用这种不伦不类的名义发布安民告示。这一情况说明，浙江护国起义的革命者们政治上是比较幼稚的，把自己辛辛苦苦流血牺牲换来的胜利果实奉献给反对革命的屈映光。这种情况在反袁护国运动已经独立的各省中是仅见的。

与杭州同日宣布独立的有宁波旅长周凤岐和台州镇守使张载扬。不久，吕公望亦宣布嘉兴、湖州独立。其余的绍兴、金华、衢州、温州等处亦致电省城，支持浙江独立。

独立后，屈映光一方面与驻上海的松沪护军使、北洋军第四师师长杨善德做成"浙沪互不侵犯"的交易；另方面却密电袁世凯说：浙江民军"强迫映光为都督，誓死不从"。"即请以巡按使名义兼浙江总司令，藉以维持地方秩序。固辞不获，于今日上午，始行承诺。"袁氏接电后，乃于十四日公开发表申令嘉奖他说："该使识略冠时，才堪应变"，"功在国家，极堪嘉尚。著加将军衔，兼署督理浙江军务。"①

袁世凯迫不及待地这样做，原本想借此打击护国军，哪知他这一手不仅于护国军毫无所损，也没有能给其奴才增光，倒使奴才的可耻面目完全暴露在光天化日之下。社会上一时风传"粤、浙二光两面光"的话，就是人们借以讥讽龙济光与屈映光所搞的广东与浙江"独立"的闹剧。

然而，假戏真演，弄假成真。同广东独立一样，浙江的独立对瓦解敌军，打击袁氏和促进护国群众运动的发展还是有其积极作用的。不过，这是主持者所始料不及的。当然，我们说浙江独立是假的，那是针对窃取都督的屈映光及其帮凶而言的，至于浙江的革命党人，爱

---

① 《袁世凯之命令》，《民国日报》一九一六年四月十六日。

国军民,包括发动起义的将领,他们却是真心实意地希望浙江实实在在地参加护国斗争的。在这场斗争中,他们是作出了贡献的。只是因为丧失了领导权而不能充分发挥其作用。《民国日报》曾评论说:"浙江独立与他省不同,他省为将军独立,浙江则人民起义。"朱瑞、屈映光"向来媚袁",童保喧、夏超等则"同情民军"。党人王文卿"奔走沪杭与在沪民党阙玉麟、郑亚青、陆翰文、项仲霖、黄镇民诸人接洽一切。童、夏两君且赴沪数次。其民党中之赴杭而无恐者,亦童、夏、徐诸人保护也"。所以,"此次举义,运动极熟而极秘密。"①孙中山也曾指出"浙江独立,以吾党势力为多。江苏各处,亦陆续发动。"②

由于屈映光面目暴露,浙江各界相继通电声讨,迫其下台,全国舆论亦纷纷谴责其无耻行径,声援浙江军民的斗争。浙江国会议员致电浙省各界揭露说:"屈映光以巡按使兼总司令布告内外,非驴非马。……屈氏在浙四载,平时唯知竭浙民脂膏,以固一己荣宠,旋复俯首称臣,首先劝进","祸害民国,厥罪尤深"。③宁波独立旅旅长周凤岐等军政两界人士亦致电声讨,并警告他必须对护国讨袁表明态度。屈见形势不妙,先于十七日改称都督,后于五月初去职。五月六日,吕公望乃得出任浙江都督。

吕公望,字戴之,浙江永康县人。曾毕业于北洋武备速成学堂。辛亥革命前任浙江新军四十一协八十二标督队官。辛亥革命时任浙军参谋长。民国建立后,先后任浙军旅长、师长、嘉湖镇守使等职。袁氏帝制明朗后,吕公望就在浙省密谋倒袁。

吕公望出任浙督后,按西南护国军政府组织大纲,正式组成浙江省护国军政府,并组建护国军三个军,与西南护国军采取一致的步调,发表护国讨袁的声明。为了防止袁世凯的报复,浙江护国军采取

---

① 《民国日报》一九一六年四月十五日。
② 张其昀编《国父全书》,第 603 页。
③ 《浙江国会议员反对屈映光电》,《民国日报》一九一六年四月十七日。

了防卫措施,调派了一个旅的部队驻防在苏浙交界的枫泾镇,防备驻沪北军窜扰,又派了一个团的部队进驻安徽广德县,以防北洋军阀倪嗣冲南下侵犯浙境。至此,浙省的独立讨袁,才向前迈进了一大步。

（原载谢本书、孙代兴等编《护国运动史》,贵州人民出版社一九八四年四月,第三〇四至三〇七页）

八十自述

陈肇英

（一）

中华民国六年、岁丁巳,公元一九一七年,三十一岁。

客岁六月,袁项城既薨,中山先生在北廷恢复民元《约法》,续行召集国会以后,为示合作,乃赞同蔡元培同志出任北京大学校长,并接受黎元洪所授的大勋位,总冀化干戈为玉帛,和衷共济,以臻邦国于吻合三民主义的新纪元。

但因北洋余孽、军阀和官僚的观念,难以铲除,致使孙先生此一苦心,未能发挥预期的效果。而国事蜩螗,扰攘如昔,且终因北廷的包藏祸心,而又大张伐挞,宁不可悲！

本年一月二十九日[①],本团团长傅其永调任省会警察厅长,遗缺由我递升,驻川嘉兴。讵傅氏甫抵省垣接篆,原任夏超竟抗不移交,并唆使便衣队十余名预伏于警厅附近,俟傅氏踏进大门,立即突起围殴,致成重伤。夏超之不法举措,同谋者尚有督军府参谋长周凤岐、本师旅长来伟良等,彼辈久蓄谋夺吕督军兼省长的野心,暗中早有部署,迨警察厅易长,遂显形全面叛乱:全城警察罢岗,通衢要巷,密布巡逻,其他金融及交通机构,都被盘踞,而吕督则被软禁于官邸,督军、省长的大印亦被劫去,假名发号施令。

---

① 本年一月二十九日,作者晚年记忆有误,当为上年(一九一六)十二月二十五日。参见附录五童保暄日记。

本师师长兼卫戍司令童葆萱,驻扎省垣,竟至惑于秘书叶来青的谗言,希图就中便宜,接取督军兼省长,因此未予执行卫戍司令职权,袖手旁观,以至酿成巨变,而使北洋军阀的恶势力,得而伸入我浙江地区,盘踞(省)垣十年之久,言之痛心!

事变发生以后,吕氏密派秘书莫叔味、副官董世杰,驰来嘉兴报警,我闻之愤极!因念国家纲纪,必须维护,地方安全,尤须保持,遂即于三十日漏夜派兵一营,每人发子弹二百发,由我亲率两连,首先登车。一营营长吴伯廉,另率两连,随复支援,驰赴省垣,为靖难之举。而三营营长蒋伯坚显有阴结的不轨形迹,经窥察属实,立予看管。另又密令本团驻省垣报国寺的二营营长朱绍尹整伍候命,以备必要时之支持。

车抵临平,夏超等派代表斯烈、潘镜等在站招呼,并以免致地方糜烂为由,劝我停止行动,被我坚拒,继续挺进。是时距省垣二十里的笕桥,驻有与夏氏关系最深的李全义团,为防其出而截阻,乃在距笕桥五六公里,下令全部士兵下车徒步行进。

经李团营门,遥见李团长在车站等候,见我率队鱼贯而至,即趋前作与斯、潘二氏同样的劝阻,我则告以国法纲纪,断无听任变叛攫夺的大义,彼乃默然而退,任我继续推进。及抵杭城武林门,时已薄暮,为防城内发兵狙击,下令属伍全体装上刺刀戒备,并以四路战斗队形,由我亲自引导人城,卒能安抵西湖保俶塔王伟同学炮营集中。

嗣侦悉督军府周近及城厢重要据点,已密布与夏氏有关的独立旅部队哨兵,当即派人婉告该旅官长,盼能一本良知,同意在两个小时之内撤除,恢复平时交通。同时警告夏氏等,保证吕氏自由行使职权,即刻送还督军、省长印信。一小时后,夏方派第一师参谋长潘国纲来洽,表示接受条件。地方人心,方归安定。翌晨,我趋谒吕兼省长于其官邸,童葆萱师长先在,二氏乍见,有恍同隔世之感,俯首含愧,盈泪无言。

经我再三叩询,始谓:"夏超构乱,曾威逼吕氏电北廷辞职,现北廷政府已简派上海护军使杨善德为吾浙督军,行且来杭,时势已至无可挽回"等语。浙局至此,吕氏事前失察,事后又复接受向北廷电请辞本兼各职的胁迫,可谓优柔寡断,太乏勇气。故我对夏之谋叛,授人以可乘之机,固感深痛恶绝,而对吕氏的临事张皇,了无主张,亦大为失望。

是日早膳之后,省会文武首长,咸集吕氏官邸,共商北廷新命对策,主拒主迎,莫衷一是,而夏超愧怍于心,面红耳赤,默不出声。我乃剖析大势,谓:"杨善德在沪,兵力雄厚集中,朝发可以夕至。我浙军队,散驻各地,猝不及调防布置,冒然抗拒,于事无补,徒使生灵涂炭,故对拒杨之说,盱衡情势,未敢苟同,善后之议,于今只能暂时忍耐,静待时机。"言毕告退,随即拔队回嘉。

越一日,杨氏大军掩至,我浙军政大权,从此落入北洋军阀之手,夏、周辈一念之私,终至引狼入室,在革命史上,永为污染难涤的罪人!而此两人翻云覆雨,变乱无常,最后一被斩首,一遭枪毙,虽曰天网恢恢,亦何尝不是本身寡信背义,遂致自贻伊戚。

杨氏莅浙未及一月,而有蒋伯器、王文庆诸先生在宁波宣布独立之事。

我对蒋、王诸先生的义举,深表同情,但在淫威监视之下,驻地相距过远,无法出力相助。且知宁波地方,革命军兵力单薄,孤城散旅,不足有为,因此未能响应。讵杨氏阴毒,竟下令由本师师长童葆萱率领全师"戡乱",我亦只能奉命随行。

军抵绍兴,本团首渡曹娥江,不一小时而占百官附近山隘,完成建瓴之势。嗣即在暗中设法护送蒋、王诸先生登船离境后,进驻甬城。其余各团,未预其事,寻即回旆绍兴。而事后颁奖,伍文渊团长未披战衫,叙功特优,我未介意,同仁咸誉气度恢弘,殊不知我志在革命,乱命之从,原为迫于时势,所谓论功行赏,殆如儿戏,亦在料中,故只出以淡然一笑而已！旋童师长荐我兼充宁台戒严司令,所以安抚,我亦顺从,盖不愿多所表示,自露潜存内心的革命行藏。

甬城为浙省商业荟萃之区,而其重心,实在城外新江桥一带。已往之负治安责任者,每届农历年前二十日,即于每日下午九时起实施宵禁,阻断行人出入城门,商旅称大不便,无形损失綦重。而民间设有夜患急症或产妇临盆,每因无法延医、接生,痛苦尤深。

自我就宁台司令后,自约部属,多加勤务,不患歹徒扰乱治安,故城门通宵开放。且商轮到埠,旅客登岸,非有线索,不得假缉查之名苛扰,处处与人民以行旅交通的正常、方便着想,而窃盗、逆祸案件,终鲜发生。

(二)

中华民国七年、岁戊午,公元一九一八年,三十二岁。

自孙先生号召大部分忠贞国会议员,至广州举行非常会议,组成护法政府后,一时形成南北对峙之局。北廷安福系秉政,主张武力解决,浙江都督杨善德具地盘野心,认为时不可失,遂自告奋勇,电请段内阁令派本师童师长率全师于四月间加入援粤,而以闽督李厚基为援粤第一方面军总司令,本师童师长副之,企图一举击溃西南护法军旅。

我闻讯窃喜,认为护法原属救国义举,正可藉此良机,窥察动静,适时加入护法政府。因此本团官兵在甬城江干登轮之际,士气奋厉,精神异常焕发。而我亦在舟次随时向士兵引述黄花岗及徐锡麟、秋瑾等先烈故事,讽示民族正义,激荡其革命思想。

军抵厦门,留息两日以后,立即开拔向闽南平和县推进。时驻闽北军臧致平师担任左翼,由我浙军担任中路出击,至六月初开始攻入粤境,不五日即分别占领饶平县及浮山墟、黄同镇等处,而赣督陈光远亦率赣军由大庾掩入广东南雄诸县,军事态势,对西南护法政府极端不利,部分重要人物,且已陆续离开广州。我乃在浙军攻占饶平以后,建议童师长顿兵,要求北廷增拨款械,扩充部队,不再前进。同时设法进行向护法政府输诚,当由护法政府参谋部次长蒋伯器先生密派蒋鼎文同志与我联络,伺机举义,而属于北廷的各路援粤军旅,因我中路浙军不即续进,军事行动转呈胶着。北廷政府对我师所请枪械,口惠而实不至,仅发公债一百万元,其用途则始终不明。

西南护法政府在此时期,若干重要分子如滇、桂军领袖唐继尧、陆荣廷等,无视中山先生恢复《约法》和国会的固定主张,态度晦昧,既与北洋冯国璋互相勾结,通电弭战,复又密谋推翻中山先生的军政府大元帅,而于五月二十日在国会非常会议中提议以所谓七总裁的多头政制替代,选出中山先生和岑春煊、陆荣廷、唐继尧、唐绍仪、伍廷芳、林葆怿等为军政府总裁,顿使革命领导中心,失所凭藉。中山先生因革命大业的贯彻,横遭阻滞,操切推行,无补大局,因此在六月一日离粤转汕头,取道台北经日本赴上海,决定从事著述,启发国人。至七月五日,广州改为七总裁的军政府成立,中山先生亦未参加,但为协衷国是,冀使跋扈之辈,幡然憬悟,暂未发表意见。

迄至九月十五日,各路援粤军旅,部署就绪,决定赓续进攻。其时我正以援粤中路浙军第一师第一支队长,配置有步兵四营,炮、工、辎、宪兵各一连,奉命担任攻击右侧号称天堑的飞龙岭,搏战二昼二夜,西南系军卒不支复退。而战报左翼进攻平溪岭的伍文渊团,战绩不佳,我为革命前途保留争取合作的转圜余地,乃藉机顿兵三日。而前浙督吕公望和前浙江民政厅长王文庆两同志,即携护法政府密函,兼程由前线间关来访。王、吕原为辛亥革命时期浙江光复会的老同志,曾共患难,合力光复浙江,并同随浙军支队司令朱瑞会克南京,渡江北伐,进据蚌埠、南宿州。故旧推诚相许,晤约均甚欢惬。而吕和本师师长童葆萱谊属保定同学,爰为遴派副官陪往饶平晋介。密商结果,童师长专人函示,命我率支队克日佯攻,以掩耳目,而对方靖国军则藉之迅撤潮州，我因此举裨益革命大局匪浅，经即积极部署行事。讵在两小时后，童氏竟为伍文渊、李全义两团长挟制，骤忽变卦，重电自食前令，吕、王两同志离饶城回至本支队部，痛责童氏背义失信，愤欲离去。我则认此对拯济大局，具有重大契机，遂置个人生死成败于度外，决挽吕、王合作，宣布脱离童氏。而童氏万急来电，阻我行动，并以我军进入潮州以后，许畀潮州护军使之职相羁縻，为我断然拒绝。一面通电拥护西南护法政府，一面紧急进军，指戈潮城。护法政府获讯，立即发表吕公望同志为援闽浙军总司令，王文庆同志为副司令，任我为援闽浙军第一师中将师长兼前敌总指挥。军抵潮城，复即回师闽南，进驻诏安、云霄、南靖、漳州、长泰等县，迫击北军精锐臧致平、唐国模部退守厦门、泉州一线，童师长则率残部自饶平退经黄冈水路时，为我截留步枪二千余支，仓皇窜移同安。而援粤赣军，时正进驻南雄、始兴环伺，望风回缩赣州。妄图围袭援闽粤军的北军态势，至此直已全线崩溃，于是我方陈炯明部乘势占领漳州、石码、灌口、岗尾，许崇智部乘势进驻永安、沙县，直挠北军咽喉，闽局因此大振。而护法政府，经此转变，军事基础，重臻巩固。北洋段内阁，则因遭此巨变，不旋踵而终告坍台。

中山先生对于此一局面的丕移，至表忻慰，因曾手书勖勉，原函如次：

肇英同志知览：顷诵惠书，备述此次西南倡义护法，执事提军入闽，首为响应，此固护法大义，深入人心，然非执事爱国之勇，见义之决，何至于此？近复率队入漳，共任防务，使浙军义声，昭焯全国，引领天南，深用佩慰。近日国事，虽日趋和平，而寇氛未靖，尤赖吾党志士，群策群力，以谋救济。执事统率雄俊，尚冀勉力维持，为前途努力自爱！专此奉复，并颂毅祺。① 孙文。十二月四日。

---

① 并颂毅祺，选本作"并颂毅棋"，颂、棋形近之误，径改，而毅，疑有误植。

援闽浙军的主要负责人,除正副司令外,军部参谋长苏复坡、经理处长徐宪章,本师参谋长周维纲、军需处长陈肇丰、秘书长陈灏,和一团吴秉元、二团朱维翰、三团张百度、四团吴伯廉诸团长,以及委派的东山县知事陈镜波、云霄县知事郑烈盛,都是富有革命朝气的同志,同趋于一项革命运动之下,以共致力,事势相接,众志成城,所以这次闽境军事的回天成功,实出于一群革命军人潜存革命思想的酝酿激荡,一旦蜕化成为行动的力量,则大义所属,自然全始全终,百折不挠的了。

(三)

中华民国十年、岁辛酉、公元一九二一年,三十五岁。

自去年我师撤守后,师部即驻在上杭境内。至二月初,乃命吴秉元、吴伯廉二团出驻闽、粤边境的长汀。而该二团长因筹措开拔费用,迟不成行,事为陈炯明所部获悉,以为有隙可乘,于是用尽种种方法,引诱吴等脱离本师,但因我等平日推诚相处,终未得逞。而陈氏因我师驻扎粤、闽边界,殊难安枕,忽于二月中旬挥兵二十余营,分途东袭,在大埔、三河坝遭遇,激战三日,卒以士兵用命,陈氏所部,掩帜引退。是夜,我即命由吴伯廉营担任警戒,其余部队,则沿韩江下流向前推进。乃因警戒疏失,致被敌军偷入步哨线内,隐伏于各商店铺,伺至天晓时令,四窜袭击,一时枪声恍若岁正爆竹,阵营因之大乱。我闻变迅率师本部官兵冲至江边,登预先雇定的民船,讵舟夫都为本地人,早已速飏,无奈只能自动撑离河岸,逐波漂流,其余官兵,则都涉江步行。是时岸上弹下如雨,呼啸有若雷雹,所幸天布大雾,咫尺莫辨,始得安全到达高坡镇,检点人员,仅丧工兵营长一人、宪兵三名而已!但事已至此,中止断无可能,惟有继续推进,俟占领潮、汕后,方可再定决策。于是猛力向前,不过七日,卒下潮、汕,就询当地人士,以粤军二十余营之众,遽尔退却,实费解释。承告"粤军将领亦未辨识其故安在,但见城垣附近各山头,有浙军如潮涌至,故即闻风披靡"云云。

我师占领潮、汕后的第三天,粤军大队由潮阳方面涌至逆攻,而北军臧致平师则由诏安南下合围,坚守三日,粤军迫降,我为保全浙军声誉,答以:"全军可战至一兵一卒,但无降者!"惟当地人士深惧地方将因之普遭兵燹,糜烂堪虞,出面居间调停。我为顾恤民瘼,不得已而表示有条件的解决办法:

"一、向本军围攻的各方部队,全面后撤十华里;

二、本军官兵遣散,由地方商会酌筹旅费,保证安全回乡;

三、本军枪械,交由商会处理;

四、本军官兵未离潮州之前,其他部队不得逾防入城;

五、本军高级官长离潮嵩赴香港,沿途由地方政府负责保护安全。"

嗣粤方回复,同意承诺条件,于是双方签字,在一星期内办妥各项交割事宜,潮城人士,均誉本军部勒得法,纪律严明,固在我离潮赴港前夕,盛筵饯别。而我军前在上杭时,曾向商家借用布料,裁制军服,其价款在官兵遣散处理妥善后,亦经如数设法偿还,总冀公平交易,不使苛扰人民。事后二三月,上杭商家,曾有专缄复我,陈述感谢之忱,词意殊为恳切。

变后我曾痛切检讨本军所以失败的原因,一由于吕总司令接近政学系,使和革命党的关系,日渐疏远。一为陈炯明居心叵测,雅不愿浙军在护法政府体制下发展充实,成为革命的劲旅。再则械弹、度支两缺,而吕总司令之任吴秉元为本师团长,此人初期表现,虽亦曾有作为,但一旦稍挂地步,则又溺于私利,罔计道义,变祸突发,无视全军存亡,幸脱自全,实为我军所以溃乱之主因。而威震一时的浙军,终局竟至如此下场,能不令人痛恨!

自我参加护法政府后,浙督杨善德即派原本团营长钱伯坚,在农历年秒率队至我浦江原籍抄劫,但凡较为贵重的衣物,尽被掠夺,阖家老小,因之无法居家度岁,情况至为凄惨。及我留港一月回沪,家书复告我发妻吴春秀女士已于元月间病故的噩耗,我因于役革命,疏于琴瑟之谐,及其沉疴,又未能就旁照料,悠悠昊天,实难遣此情怀,因之衷心愀然不欢,弥久难释。

家书复告,谓:"村中七条里住香火厅后进的方崇田翁,年届耳顺,某夜曾梦香火神率领兵将在云际大声呼其随赴潮、汕,解我危厄。"我计方君梦此之夜,正我进占潮、汕同夕,当时潮城人士有谓粤军但见附近山头遍布浙军追击之说,殆果真有天助之事耶? 记之但佐餐余谈兴而已。

九月,吕公望、张浩两同志介绍王文庆同志的胞妹舜英女士在沪结婚。舜英女士系出名门,德能兼备,于国学修养,尤有深厚根底,且视士凯儿如己出,待我过房妻张云秀女士亦极亲爱,中匮和洽,内顾怡适,对于我在初遭挫折之后的心情恢复,和往后赓续为革命事业奋斗的鼓励,裨助极大。

本年旧国会已在广州复会,并于四月中决议取消军政府,通过《中华民国组织大纲》,选举孙中山先生为非常大总统。中山先生于五月五日就任时,曾发表对外、对内宣言,以地方自治、和平统一、开放门户、发展实业四事,昭告中外。并在九月底定全桂以后,开始筹备北伐,而于十一月十八日举行北伐誓师典礼,革命大业,由于领导中心的重又奠立,再度吐现光曙,这一光曙,是从事革命者的明灯,也是举世滔滔中唯一可以攀登的彼岸,因此我已决定稍事摒挡,立即尚赴广州,投身革命阵营了。

（陈景飞提供、苏小锐辑录《陈肇英〈八十自述〉选录》,何达兴主编《辛亥志士百年颂——辛亥革命临海纪事》,中国文史出版社二〇一二年一月版,一一三至一二一页）

忆先父吕公望的几件事

吕师煜

父亲离开我们已整整三十年了，可是他的声音笑貌仍深深地留在我的记忆中。他那慈祥而威严的外表，正直、勇为、乐于助人的品质，生活俭朴，办事认真的作风，曾受到不少人的尊重，有几件事对我的影响和教育是很深的。其中有父亲亲口对我讲的，也有母亲、兄长和亲友告诉我的，也有是我亲眼所见的。

父亲十九岁的时候，就接受了反清的思想，心中充满着对清政府的仇恨。有一天，他从县城得到消息：北京、杭州等城市里，有一些人为反抗清政府，冒着杀头的危险都把辫子剪掉了。父亲心情激动万分，再也按捺不住了，就和一个最要好的同学秘密商议准备仿效。两人带着剪刀到一个附近的镇上，剪掉辫子，然后两人大摇大摆地在街上来回走。街上的人见了这两个不要命的年青人都吓呆了。有个熟人见状急忙到我家告诉祖母。可怜我那小脚的祖母，在别人的扶持下，气急败坏地赶到镇上，揪着父亲的耳朵就往回跑。回到家里，狠狠地挨了顿揍，关在房间里，不准跨出房门一步。以后还强给他按了条假辫才准其出门。这件事父亲给我讲过几次。每次我都从他那津津乐道的神情中看到，他对当时的冒险行动是自得的。这件事也深深地刻在我心灵深处，从那时起，父亲成了我心目中的英雄。

一九一七年，父亲从浙江省督军兼省长离任。新任督军杨善德要把父亲任内留下来的 54 万元银洋，作为对父亲的酬劳和安家费用，另赠花园洋房一幢（现杭州市总工会处），父亲都婉言谢绝了。这件事在当时社会上传为佳话。解放后，父亲的一些老相知，和一些不相识的老人，都还谈起这事。

抗战前，社会上对旧的封建礼教和风俗习惯是很讲究的，特别是像我们这样的家庭。可是父亲却不把这套放在眼里。在家里，他不准任何女人缠小脚,所以我家除祖母一人,没有一个女人缠过小脚。那时我乡下的姐姐结婚,父亲规定了两条:一不准抬嫁妆上街;二不准坐花轿。结果嫁妆是晚上用车拉的,姐姐是由人陪着走到我姐夫家去的。一九四八年,我五哥结婚,嫂嫂是银行家金润泉的独养女,两亲家为了送嫁妆等问题意见相左,但在我父亲坚持下,金润泉老伯只好让步,同意把"十里红妆"的陪嫁,改用大卡车装运。

抗战时期,杭州沦陷后,父亲回到老家永康,并担任了浙江省赈济会委员。可是他看到光用赈济已解决不了当时日益增多的难民生活问题,所以他就创办了浙江省赈济会难民染织工厂,用生产自救的方式来解决难民的生活问题。同时他还在永康县城里筹建警报台、医院,设立儿童教养团和托儿所。为解决难民染织厂的原料问题,他又开办金衢严桐油运销公司,用桐油换取棉纱。随着难民的增多,又开设几个分厂,先后共收容各地难民八千多人。抗战胜利后,父亲交待办事人员:"遣返之事要好好办,日后好相见。"并将机器、原料等财产全部变卖,作为难民的遣返费用。

一九四九年四月,我百万雄师渡江南下。这时杭州城真是"山雨欲来风满楼",形势一片混乱,市面上物价猛涨,竟达到了"瞎晚贵"的地步,人民的生命财产受到了严重威胁。为保护市民的安全和生活,父亲和在杭的一些进步士绅,积极筹组"杭州市临时保安协会"。四月二十四日下午,推派父亲和李培恩、斯烈、张衡、程心锦五人为代表,去国民党省政府见省主席周嵒,提出筹组临时保安协会和有关的一些建议。二十七日,杭州市参议会邀集各界人士组织"杭州市应变委员会",选出常委九人,父亲和浙大校长竺可桢均为常委。"应变委员会"的主要任务是维护社会治安和救济难民,保护文化古迹及水、电、交通等设施。父亲为此日夜奔波。那些天,只见他经常在外跑,上门找他的人也特别多。后来各地逃来杭州的人不断增加,二十八日的应变会上,通过父亲和金润泉、竺可桢等人的建议,组织"杭州临时救济委员会"，父亲担任委员会的主任，工作更加繁忙。既有社会治安问题，又有市民的生活问题。对杭州的文化古迹及水、电、交通等设施的安全保护，责任很大，担子重，使他消瘦了许多。四月三十日，省主席周嵒亲自到我家来做父亲的工作，要把我父亲"接赴"台湾。他告知父亲："全家的飞机票已买好，明天有车来接你们全家去台湾。"并要我们作好准备。家里气氛顿时紧张起来，父母亲都像热锅里的蚂蚁。许多亲朋好友都被请来商量。忽然听母亲讲，父亲生病已住进浙江医院。当时我们都楞住了。好好的父亲怎么会突然生病？事后才知道这是父亲使的金蝉脱壳计，为了不去台湾，装病住医院的。在医院里还在用电话和外面联系，亲自做国民党军队中一些人的工作，要他们不要破坏杭州古迹和设施。同时，国民党慑于解放大军的强大威力，狼狈溃逃，也就顾不上这些了。所以杭州解放时，水、电、交通和古迹没有遭到破坏。杭州刚解放，谭震林同志亲自来我家看望父亲，代表党向他表示感谢，并邀请他出来为人民工作。父亲欣然地接受了这一邀请。父亲曾先后被选为省政协委员和人民代表。

（原载政协杭州市委员会文史资料研究委员会编《杭州文史资料》第四辑，一九八四年十月版，27—29页）

访问将军吕公望①

赵坤良

二月十九日，就是废历大年初一，机关里奉行国历，照常办公。可是那天恰值星期，下半天仍循例休假。午后，记者脱了制服，换上半新半旧的驼绒袍子，喜孜孜向汽车站出发，想坐汽车到方岩去爬山，可是时间太匆促，恐怕半天工夫不能回来，就中途折回。回到寝室里，不知怎样，坐立不安，书也看不下。后来一想，还是到将军府去

---

① 原刊副标题："许行彬在沪做诗"。

看看吕老将军罢!

行不多时,凉风桥巷就到了。进了将军府,吕老将军很快的出来接见。见面后,我就对他说:"恭喜恭喜。"他用手连摇连说:"大家是熟人,不用客气,况且我是阳历过年的。哈哈!"

将军新遭母丧,花白的头发,已有一个多月没有修剪了,看去特别苍老,可是讲话响亮起劲,精神很饱满。问了我一点敌舰骚扰海门的消息以后,突然很庄严的对我说:"赵先生,《新申报》有没有看到过?"我说:"这是上海的汉奸报,内地是不容易看到的。"他说:"我为什么要问这个? 真可恶,这个报竟造起我的谣言来呢!"我说:"什么谣言?"他说:"说我同张暄初等打电报给吴佩孚提倡和平。"我说:"那张报呢,能给我一看吗?"他说:"我这里报是没有,不过是前几天老友查人伟、许行彬写信来告诉我的。"我说:"查、许两先生在什么地方?"他说:"都在上海。"接着,他就从衣袋里拿出一张纸条来,对我说:"这就是伪《新申报》二月二日登载的消息。"我看了一看,就对他说:"让我抄下来好吗?"他连说:"可以可以。"

中联社特讯　苏浙巨绅邓邦逖、彭毅孙、张载阳、吕公望等前曾电劝吴佩孚出山,现已接得吴氏复电,原文如下:"上海探投邓孝先、彭子嘉、张暄初、曹叔彦、喻志韶、吕戴之诸先生同鉴:筱电敬悉。具见关心国事,义重言深,感佩奚似。倡导和平,无殊遐迩。公等老成硕望,凤富訏谟,既炯知症结之所在,自当以改调琴轸为扼要之图。惟兹事体大,须赖万众一心,各方协力,庶乎稽天之浸,得以安流;乱辙之车,可复常轨也。佩孚以身许国,犹是当年,遗大投艰,素无畏避。但求事权之有寄,敢不执义以相从。来电推分逾恒,祗增惭悚。谨复,并希明察。吴佩孚叩。皓。"

我把电报抄好后,就对他说:"现在汉奸们伪造和平通电的很多,虽说是变的新戏法,其实仍是抄袭筹安会的老文章,不足为奇。而且可以证明敌人实在已到了欲罢不能的窘境,不惜献丑的大放和平的烟幕弹,以求战事告一段落。这次伪《新申报》的消息,就是变的新戏法之一,对将军是无损毫末的。况且只有来电,没有去电。读者一望而知是伪造的。"我又问他:"查人伟先生在上海执行律务,张暄初先生息影原籍新昌,这是大家都晓得的。不过许行彬先生在上海干什么呢?"他说:"行彬是我很好的朋友,他的行踪,我比较清楚一点。他在杭州沦陷前,避难临安、余杭交界的洞霄宫,约三个月后移居浦江山中,又一月始到绍兴张家岙,后经亲戚迎至沪上。到沪后,摒绝嗜好(本好雀战),闭户吟咏,对外事概不预闻。最近有人从上海来,还有信带给本县(指永康)朱县长,大意说:关于气节两字,差□□□□□□种种揣测,及各方种种胁诱,□□难绝□□□□□□□,以明吾志。此次国难,吾侪老矣,既不能赴前方工作,□□抱憾,更何□□人□□耶? 行彬这种大义凛然的表示,诚足以愧死一般见利忘义的大小汉奸了。"接着,他又很感慨的说:"最可恨的,现在一般浅识无辨别能力之徒,往往以不得志于时的人,都是靠不住的,都是没有民族意识的,更都是没有政治节操的,这实在是全民抗战声中的一种错误心理! 我在芦沟桥事变发生的时候,曾经有电向中央请缨,可是音讯杳然,大概嫌我年老不中用,所以我特别勉励自己,埋头从事本县抗卫会各项工作及难民救济工作。赵先生到此有相当时间,大概总很明白的!"又很坦白的说:"前些时,北平伪组织曾辗转托人请我去做陆军部长,我是老实不客气的拒绝了,并痛骂他们一顿。你相信吗?"我说:"像将军这样的高风亮节,当然不肯去做的。"他说:"不只我遇到这些笑话,就是暄初、人伟、行彬也都有人去活动过。听说行彬的长安丝厂,敌人已把他没收,如果他肯出山做汉奸,就可发还。不单是他们,据我所知,现在在本县的前杭州市商会委员程心锦,浙省国货陈列馆馆长钟维石,杭州伪组织也曾再三来请他们过的,大家都很明白人兽关头的分际,不为所动。"他说到此地,就跑进内室,大约五分钟还不出来,我正在诧异的时候,只见他拿了一张旧报和两张稿纸出来,很高兴的对我说:"这张是二十六年八月七日的《浙东民报》,刊着我的请缨电文[①]。还有两张稿纸,是行彬做的诗,你拿回去看看罢!"我接受了之后,看看天色渐渐的黑下来,就向将军告辞。

归读将军的电文,行彬先生的诗,深感他们能以忠贞气节自重,诚可以风末世,而与故乡"穷得有骨头"的吴佩孚遥相呼应。

二月二十日写于永康

（原载绍兴《前线旬刊》第二卷第五期,一九三九年二月版,20—21页）

社会振济

黄绍竑

抗战以后,兵灾、天灾是不断的来临。尤其是浙江,敌人一度的流窜,就遭一次灾难。省政府除尽可能筹款施振之外,就得向中央请振,向各方呼吁。中央对于各省的灾情,是非常关心的。主持全国振济的机关,是中央振济委员会,各省则有省振济会,县有县振济会,这种振济机构,好象和行政机构一样的重要。后来中央将党的社会部归入国家行政系统,省增设社会处,县增设社会科,振济工作,即划归这个新机构主管。虽然这些社会行政机构所主管的业务,不仅是振济,而振济工作却是最繁重的一部门。（社会行政机构设置后,中央的振济行政,仍由振济委员会办理,但到最近这个委员会也裁并了。）本省每经一次灾歉,向中央请振,都有款拨下来,但施振的办法都是消极的。只有廿八年省政府决议在振款内提拨拾万元办理难民工厂,这一件事,是带有积极的建设性的。

---

① 吕公望请缨电文待访。

难民工厂由吕将军戴之（公望）主持，当初是设有纺纱（手纺）、织布两部门，收容由沦陷区退出的难民，从事生产工作。后来又经营炼油、榨油等小型工业，一共有二千多员工，连他们的家属在内，就救济了数千难民。纺织部分规模相当的大，有织布机近千架，每日可出布数百匹，对于军服及平民衣料之供应，是有相当的贡献。自三十一年敌人大流窜后，乃由永康、芝英迁移云和、龙泉一带，情形就日益困难。最重要的是原料来源的缺乏，其次则是粮食困难。到了三十三年，每况愈下，终于难以维持，而不能不停工结束。

这个难民工厂，就经营上讲，是失败的；但就振济上讲，是成功的，它以十万元的资金，养活了数千难民至六七年之久，而且还生产了许多物资，其收效之大，是任何一笔振济巨款所难比拟的。

（节选自黄绍竑《五十回忆》，云风出版社民国三十四年十月初版，下册，四五六至四五七页）

吕公望据理为黄绍竑解围

吕子韬

一九三七年的卢沟桥事变燃起抗战烽火后，"八一三"淞沪抗日爆发。于是浙江省政府应急转移，移到我家乡永康。永康原是山乡小县，有一处名胜地方叫方岩，距县城五三十里。省政府暨属下各部门便设于此，居此几年，颇享清幽之福。

时任浙江省主席之职的黄绍竑甫到永康，即来县城拜见我父。我父（吕公望）早在一九一六年主管过浙江，任浙江都督兼省长。故黄在他面前自我谦称为晚辈，说："您老人家当年在广西闯荡时，某还刚刚从学校出来呢。浙江方面的事，今后务请老前辈多多指教为幸。"

继后，黄绍竑每来县城总来探望我父亲。我父为人谦逊，甚尊重地方官的意见，黄来请益，我父从不指手划脚，评这论那。

一九四二年夏初，日寇突然从衢州、新昌几处出兵向浙东及浙中腹地入侵。急切间,浙江省府各部门只得向浙西南与闽省交界处的云和、龙泉一带迁徙。最后,省政府机关暂时安顿在云和县。日寇几个月的烧杀掠抢,使浙江人民深受苦难。这时,重庆政府派时任军委会侍从室主任的林蔚为特派员到浙江来慰问受日寇践踏的浙江父老。

黄绍竑接到电讯后急忙来找我父亲,说:浙江又遭受了这样一场灾难,您老人家是亲身目睹的,不用我再描述。但是林特派员远道而来,便多少有些隔膜了。闻知林特派员曾是您的旧属,必重情谊,浙江有些说不清楚的事情,就拜烦您老人家代为解释。我父满口应允并宽慰了他。

林蔚到云和与黄绍竑见面之日.黄已早接了我父去云和同时见面。黄向林汇报了浙江遭劫的大致情况后,林免不了有几句同情与宽慰之词,但对于浙江目前所处的情境有所不满,他正色对黄说:"黄主席,总得想办法,总得振作起来啊! 退到这么个山沟沟里总不是个办法。再退,往哪里退?"

这时我父亲忍不住插嘴说:"林特派员,这几个月浙江吃足了苦头,我们被逼到浙江最苦的穷县里来,这可不能怪黄主席。黄主席只能调动几个保安团,可是这几个保安团连省政府几个部门都保不住,还遇到抢呢! 在浙江的新编卅四师,算是中央的部队了吧? 黄主席能指挥吗? 这卅四师胡作非为,浙江人吃苦有一半吃在这卅四师上。我的家眷遇到他们,被抢了;浙江赈济会难民工厂的三千匹布——好不容易肩负担挑由永康搬到松阳县,却被他们这批不打敌人、专抢自己的军队开库抢个精光。他们抢到手后送到市集上去卖,还厚颜无耻地宣扬:'是从敌人手里缴来的战利品!'并到处搜寻我,莫非要灭我口不成?!"说到气愤处,反倒是客人好言劝慰老人了。林蔚答应回重庆后如实向上报告。具体的问题,责成第三战区有关人员调查、处理。

不久知道新编卅四师调出浙江的消息,并处理了一些人,枪毙了一个连长。

（原载吴孟庆主编《政海拾零》，上海辞书出版社二〇〇六年七月版，一七二至一七四页）

自永康撤退至庆元途中 壬午 组诗三十二章选五

查人伟

山民岂是首阳遗，薇蕨充肠巧妇炊。市近盘飧难供给，鱼龙鸡凤菜灵芝。

途见二妇，采取苦菜，谓将此作粮，吕戴老谓此即薇蕨。山区给养困难，虽有小市，亦无食物可购。其一一

一夫恃险可当关，叵奈阴平撤戍还。自诩出奇翻纵敌，任摇麦扇过重山。

敌至下岙对岸太平时，吕戴老等登山遥望，见其由山道经过，均系民伕牵马及挑运枪枝。敌军手摇所取民间麦扇，从容前行。其一四

谬许儿工应肆才，一时行险计何呆。穷乡正乏充喉舌，翻引倭夷去复来。

敌一部分自丽城折回太平，与所栖下岙相隔一溪。时溪水方涨，浮桥已卸，意可苟安。不料敌因搜索粮食，游泳而来，走避不及。乃与吕戴老、张衡老等共集堂隅，故示镇定；使大儿南强操日语应付，略索食物以去。方图他徙，因大儿主任难民二厂总务，沿途抢运物资，须与后方人员联络，不获仓卒即行。越二日，敌又拂晓突至，同来官佐六人，挟持大儿以去。其一五

屈指松阳廿里程，滂沱大雨阻前行。一宵狼藉山亭卧，也效青年宿露营。

至松阳高岭，值大雨，天又垂暮，与吕戴老及挑夫等均宿山亭。其一八

巢覆如何卵可完，身家已作堕甑看。兼金却馈非廉让，满目疮痍意未安。

余与吕戴老均任省振济会常务委员，抵庆元后，黄主席汇遗特别费各二千金，共辞却之。其二八

（原载查玉强点校《查人伟诗文集》，嘉兴吴越电子音像出版有限公司二〇二一年四月版，五七、五八、五九、六一页）

吕公望经理"难民工厂"之始末

应宝容 吕师濂

"难民工厂",全称叫"浙江省赈济会难民染织工厂",发端于一九三八年初。其时,日本侵略者攻陷杭州,炮轰南岸。杭嘉湖和浙西各县受难同胞,扶老携幼,溯江而上,成批流浪,并因省会退迁永康方岩,而不断向永康汇集。

国民党省主席黄绍竑眼看难民在不断增多,不采取赈济之策已难以安民。遂拔出十万元(法币)作为赈济基金。当时吕公望刚从昌化主持开采锑矿结束回永,鉴于国难深重,民不聊生,毅然提出以工代赈的主张。因为这一主张既利国计民生,又利增强战备力量,取得黄绍竑的称许和各界的赞同,于是黄绍竑则命吕公望经理其事。吕公望择定永康县中部之芝英镇作为设厂地点,于一九三八年四月十一日建立了"浙江省赈济会难民染织工厂"。

难民工厂由吕公望任总经理,黄人望(金华人,日本留学生)任副经理,蒋仲珊任总干事。各处室一百四五十个管理人员,主要聘用当地曾在沪杭工作的纺织技术专业人员担任。工厂设三处一室:总务处、工务处、营业处、会计室。

总务处设永康城内凉枫桥巷王修吉公祠,由楼祖禹担任主任。

工务处设芝英修柏公祠和雅颂祠堂①,后迁至尚道公祠。由吕启祥任主任,应百诚任技师,周章端为总领班。下有股长、股员和领班若干人。

营业处设永康城内原永康中学及毗连静斋公祠。夏季田为主任,吕临标为副主任,下设采购股、栈务股、运输股,各设股长一人,股

---

① 雅颂祠堂,底本作诲管二公祠,经咨询作者应宝容先生,应先生五月二十八日回复:诲管二公祠,是否改为雅颂祠堂,比较妥当。雅指雅常,颂指颂常。雅常先祖为世棋公,颂常先祖为世禧公。

员若干人。

会计室原设静斋公祠,后迁虹霓巷民房徐拱祥旧屋。欧铭为主任。下设会计员、助理员若干人。

难民工厂在离城八华里的城塘地方安置了澡身、梳发、洗衣各用具,收容进厂难民均要先到城塘去搞过清洁后,再以次引之入厂。

难民来时,携有不少婴孩和儿童,该厂在油溪塘(初在城关周塘)地方设置教养园,内分托儿所、幼稚园、小学部,分别留养。为了妥善安置老年衰迈及其他不任工作之难民生活,在郭段厉村设有收容所,在芝英上坟塔慕颜公祠设有卫生院。对在厂青年男女中的文盲或半文盲,则在多处设置夜校补习,并普施军事化训练,使其养成在特殊情况下抢运物资之敏捷技能。对于男女分舍、被服问题,则乞援于各地设法济助。

在生产上除芝英总厂外,又在县城及后曹桥、长城、郭山、溪岸、柿后、桥下、太平等八处分设工场。全县综计有织造工场十三个、成纬工场两个、准备工场三个、纺纱工场两个、漂染工场一个、验布工场一个。

准备工场,设芝英紫霄观。均是手工浆纱、整经、扎综等操作。其中整经工序有部分设于紫霄观旁边的澹泉公祠和后宅厅的天言公祠、天成公祠。扎综工序有部分设在序常祠堂。

成纬工场,设芝英睦房祠堂,用手工摇纾操作。

第一织造工场,设芝英鹤山公祠和香亭公祠。

第二织造工场,设在郭山祠堂。

第三织造工场,设芝英褒功井褒功祠内。

第四织造工场,设芝英伯集龙山公祠。

第五织造工场,设溪岸胡氏宗祠,有大小祠堂两座,分为两个车间。

第六织造工场,设柿后祠堂。

第七织造工场,设芝英修柏公祠。

第八织造工场,设芝英眉山公祠。

第九织造工场,设桥下祠堂。

漂染工场,设永康城郊后曹桥英阁村,漂染成品以灰布和草绿布为主。

纺纱工场,设上田桥田氏宗祠及大套民房租用。另有小部分投放壶镇民户雇纺手纺纱。

棉花栈房,一设下田桥租用民房使用,一设在杨官及楼塘两村祠宇使用。

成品(布)栈房,设长城林氏宗祠。

物料间和验布间,与工务处一起设在芝英尚道公祠内。

物料运输队,备有双轮手车二十余辆,从难民中挑选壮年负责运送各工场布匹至长城栈房,再提回物料供应各工场生产。

工厂机具主要靠自制木机。规模从小到大。布机原定一千台,旋因难工日增,增至一千两百台。

因为工厂创办于战乱艰难的环境里,所用各种纺纱、织布、漂染等机具,都就地取材配制而成。为了解决原料不足困难,吕公望还主持金衢严桐油运销公司,用桐油换取棉纱。

难民工厂设有技术辅导讲习班,以工余时间吸收年轻男女工人,教学传授纺织各个工序的生产技术。技术进步了,生产也随之发展。一九三八年产布 27 903 匹,一九三九年产布 72 688 匹,一九四〇年产布 100 206 匹,无论产品的质量和数量均有提高。

由于生产发展,难民工厂的生活亦渐趋安定。难民除老幼坐食者外,逐日工作者二千数百人,视工厂如家庭,厂内纪律严明,如会计制度之实施,会计报告之分类,工场之管理,特约推销、特约经理、营业零售之各种办法,均订定专章,上下信守。难民工厂生产的布匹,除供应群众的生活必需外,一九三八——一九三九年主要供给第四军需局及闽省军用被服,一九四〇年大部分供给第五军需局抗日军需。

在厂三千多难民,都借用民房住宿,他们之间以及与当地群众之间颇能和睦相处,买卖公平交易,深受当地群众称赞和爱护。

一九四一年夏，日军窜犯东阳，飞机轰炸永康县境。难民工场难工既多，存底又薄，并且军需局定布又尚未缴齐，不得不亟为准备，于是就决定将芝英总厂移设江山县峡口镇王村一带，先携去布机500台。又因上海港被敌人封锁，萧山、宁波各纱厂，或毁或焚，原料必须抢购。通过赈济会议，又决定在总厂而外，在永康傅店、卉川、唐先、派溪吕等地分设七处分厂。其办法是：盈亏由各分厂自负，而所产之布统归总厂经售，抽手续费百分之一。军需局定布时，总、分厂分别照认布之数量，将定款按认布分配，由各分厂自负抢购原料之责。除抢购棉纱外，并为抢购棉花便利起见，分划东阳、永康、缙云各纺纱区，就地购棉花，用旧法纺纱。于是，设第一分厂于应宅，第二分厂于傅店，第三分厂于派溪吕，第四分厂于卉川，第五分厂于横桥，第六分厂于东山边，第七分厂于唐先。如日本留学生、芝英人应寿纪则在应宅，为永康县赈济会利用省赈济会难民染织工厂迁厂后遗留之一百台手拉织机开办第一分厂。由于难民工厂采取了总厂而外又设七个分厂的有力措施，结果一九四一年除产纱外，产布56 361匹，且增加了加工费、手续费等收入。

一九四二年五月，日军窜犯东阳防军地方，工厂闻讯，星夜动员千人抢运厂存纱、布。按照预定应变道路，第一步至永祥，第二步至缙云之白马乡，第三步至丽水之太平乡。敌军追踪而至，散卒莠民乘机肆虐，将军需局已定未提之布八千匹，运存下岙、西溪者劫掠一空，东阳二纺纱区、古山一纺纱区所发手纺户棉花全部散失，唯各分厂半成品轴头尚存四千余个，约可成布万余匹。但因为经过霉天及伏天之炎热，大部霉变。这时各分厂几已解体，乃重新组织第一、二两分厂，将轴头限期整理，随于一九四三年五月迁两厂于云和县赤石附近之王庄饭甑湾复工生产。

赤石系浙边僻壤，既乏粮食，亦鲜房屋，布机不能多设；而本厂所欠军需局一九四二年四月前之定布，尚有二万匹，约需棉纱三百件，非但无法采购,且纱价飞涨,成本太高。经呈请当局转电中枢准许后,该厂以浙江贸易公司名义,由副经理黄人望与上海东南公司订约,大体以内地桐油二万二千担,换陷区20支棉纱七百件。于是设总办事处于本厂,设分办事处于杭州、建德、淳安、罗桐埠、龙泉、松阳、壶镇、丽水、云和、永嘉、上海等地,办理油、纱往来运输。暨谋于东南公司外,多辟换纱途径,解决原料问题。但因波折多,棉纱换得时间无法预定。计一九四二年和一九四三年两年中换得之纱,20支者二百〇六件又十三包;42支者三十件;32支者十七件。士林布、黑斜纹布各一百匹,斜绒五十匹,通州布一百〇八匹。壶镇分处至八字墙换得20支纱十六件,通共不足二百七十件。盖以沿途荆棘,纱运极艰,工厂方面不免停工以待。一九四三年份仅产布8 230匹。特别感到棘手的是,该厂以筹备桐油及产额衰减之故,欠银行款一千六百万元,月需重息四十余万元及军需局定布未缴之款一千四百万元,其他挪欠又四百万元,前途岌岌。故于一九四四年四月,裁汰冗员,为一部分结束,一面变更成议,将换得之纱脱售大部份,分偿欠款,稍舒眉急。

吕公望历数年之擘划,至此已深知厂事进展之难。但老难民之留恋,新难民之来归,与在厂职工累岁勤劳,均未便戛然而止,乃筹办生产事业,以继承赈济遗策。利用当地所产之桐子、铁砂等原料,创办炼油厂、铁工厂和酱油厂、肥皂厂等,均相当成功,产品甚合社会需要。虽各种事业在试验时或有亏耗,而员工生活实赖维持。

一九四四年八月,日军攻陷丽水,董事长徐圣禅虑厂事不堪再坏,主张结束,公望亦以本年产布预计不过三千五百匹,生寡而食众,请示黄绍竑,将大部职工、大批难民分别资遣。其附设不生产各部分,一律限期裁撤,酌留生产部分暂予维持。

一九四五年八月,抗战胜利,浙事告宁,省府还治。吕公望以赤石当时条件实非经营实业之区,乃决定于是年冬将事业停工,并吩咐办事人员将机器等财产就近卖掉,集资作为难民回返家园之川费。

综合该厂自开办至结束，产布287 700余匹。纺纱部，起一九四一年，迄一九四三年，产纱二十余万斤。赈济人数，平均每岁在三、四千左右，最低也在千人以上。

难民工厂结束后，芝英曾创办过一个染织生产合作社。利用民间妇女剩余劳力，和前难民工改良木机等工具，作为该社设备，同时他们自筹了一亿元资金，开业经营，成效尚佳。

一九四六年春，曾创办难民工厂第一分厂的应寿纪，又曾牵头为永康振康染织厂在城内应氏总祠复工。规模为手拉织机60台，并作了技术改造，添置了铁木机。后来迁往金华北山路，一九五二年公私合营，就改为金华染织厂。

（原载金华市政协文史资料工作委员会编《金华文史资料》第二辑，一九八六年十二月版，一五一至一六二页）

吕公望将军在赤石

李徐根

吕公望先生，字戴之，永康县人，清末毕业于保定讲武学堂，是著名的辛亥革命家，曾任光复南京时的浙军参谋长，民国初任浙江省督军。一九一六年曾陪同孙中山先生视察杭州。他虽离开军事领导多年，人们仍尊称他为吕将军。

一九四二年，吕将军跟随国民党浙江省政府迁云，在赤石办了一个以工代赈的"浙江省难民工厂"，自任总经理。[1]工厂总办事处设在赤石耶稣堂内，下设纺织厂、炼油厂、榨油厂、电灯厂、碾米厂、酱油厂、铁工厂、肥皂厂、柴炭场、手车队、船泊队、豆腐厂、畜牧场、农场、批发部、门市部、诊疗所、难民工厂职工子弟教养所、会计室等大小十九个单位。

一、纺织厂，设在离赤石七里的饭甑畚村，另一处设在龙泉县王

---

[1] 自任，当作续任。吕公望出任浙江省振济会难民工厂总经理，从吕本人的报告书、黄绍竑、阮毅成的回忆看，既非始于一九四二年，更不是"自任"。

庄村,职工大多是女工,全部使用木织机,共有四五百台,所织的布有黄色平布、人字呢等品种,该厂共有女织工五百余人。

二、炼油厂,设在赤石雷院堂内,以桐油为原料,提炼代用汽油、柴油……。

三、榨油厂,设在赤石曲窑附近,自设厂房,用机器生产,这是保证炼油厂原料供应的附属厂。

四、电灯厂,在赤石村永康埠上,自设厂房,既为所属各厂供应生产用电,还为全村居民及省保安处等单位提供照明,到处装有路灯,一到晚间,灯火辉煌,十分热闹。

五、碾米厂,当时赤石已成为大后方的重镇,人口骤增,单靠本村三座水碓,根本解决不了全镇居民粮食加工需要,而且还要替"浙保"加工军粮,保证军需。因此他立即办了一座柴油动力的碾米厂,并为当地群众服务,很受军民欢迎。

六、酱油厂,生产化工酱油,厂设郭家大门里,所生产的酱油,色、香、味俱佳,质量优良,瓶装的用火漆封口,真是鲜如鸡汁,名不虚传,并且发明一种营养价值很高,味道鲜美的无色酱油,畅销各地,平均年产酱油约贰万公斤。

七、铁工厂,设在肖家。主要以翻砂、铸造和修理机械为主。

八、肥皂厂,设在刘家祠堂。所制肥皂,由于当时原料采购困难,不得不利用代用物,所以肥皂黑色所占比重较多,黄色较少,尽管外表色泽差一些,而去污力却很强,很实用。

九、柴炭场,设夫人庙,解决了当地人民卖柴的困难,除直接收购柴炭外,并设炭窑,从中提炼"木精"在工业上应用。

十、手车队,有高轮手拉车三十余辆,从事陆路运输。

十一、豆腐厂,生产豆腐、千张等豆制品,除满足职工需要外,也供应市场,对满足市场的需要和稳定市场价格起了一定作用。

十二、船泊队,自备帆船二十多艘,在瓯江流域每日川流不息地装运原料及产品。

十三、畜牧场，养有肉猪五十多头，有母猪十余头，还养有白公猪一头，重四百余斤，是国外引进的良种，为了便利配种需要，特设有交配架，促使繁殖。

十四、农场，向当地农民租种一批田地，种植芹菜、菠菜、西红柿等新品种，并向云和各地推广。

十五、诊疗所，这是职工保健场所，医师医学水平较高，药品也较齐全，这个诊所同时还为当地农民服务。

十六、发行所和门市部，前者是对所产的产品向外单位批发业务的机构，同时另设门市部，直接零售商品。

十七、会计室，设在天后宫内，除姓姚的会计主任外，共有会计人员十多人，管理全部企业核算业务。省审计处派有专人驻厂审核。

十八、职工子弟教养所，设在李老真君庙，除了本厂职工子女就学外，同时收容沦陷区逃来难民的孤儿读书，并供给吃穿等生活费用。

丽浦公路原从龙头山直通赤石山脚，再过渡到龙泉和福建浦城（因原大桥被洪水冲走），汽车不能直接入村。县长潘一尘为了给吕公望先生提供交通方便，命令当地民工修建公路，直通赤石，途中的"白云桥"不适应使用，由吕公望先生拨款建造。故名"一尘路"和"公望桥"。在通车剪彩那天，有对联一副："公望桥成，从此交通孚众望；一尘路就，而今车马得扬尘"，"公望桥"三个字至今石刻尚存。

自此，赤石村村口水碓下，经常停留三辆轿车，除吕公望先生的轿车外，还有省保安处处长竺鸣涛（嵊县人）及省保安处副处长王云沛（仙居县人）的。

总之，吕公望先生主持办理难民工厂，在当时敌人重重封锁，外来物资极端困难的情况下，想尽一切办法，克服困难，充分利用当地资源，开发山区，以工代赈，不但解决难民就业，而且也带来了山区的经济繁荣，人民生活得到很大的改善，为山区人民开阔视野起了很大的作用。他办厂考虑周到，讲究经济核算，从交通运输，原料收购，机器修理，以及生活上的蔬菜、豆腐、酱油、柴炭、碾米都在计划之内。同时还利用豆腐渣、米糠、青菜、酱油渣办畜牧场养猪，并引进生猪良种，促进了畜牧业的发展。自办工厂设立发行所与零售门市部，自产自销，产销一条龙，减少产品流通环节，提高经济效益。在防火防盗方面，长年雇佣二人每夜敲更，守护所属各部门，也使地方人民的财产得到安全，有些措施今天还可供借鉴。

虽然，几十年过去了，但赤石村的人民至今还怀念这位德高望重的吕将军。

（原载浙江省云和县政协文史资料委员会编《云和文史资料》第二辑，一九八六年十月版，第12—15页）

吕凤鸣封翁暨德配马太夫人七旬晋五双寿征文启①

岑春煊　蔡元培　章太炎等

如蒙宠锡鸿文，北京请交宣内松树胡同二十二号本寓；杭州请交荷花池头一号王宅；永康请交城内凉风桥本宅。

玉蓉耸秀，叶降神崧岳之灵；宝婺分垣，应从古女星之瑞。是以百丈紫严，地称邹鲁，千秋彤史，代有梁桓，况乃渭滨尚父，钓璜符耆寿之征，吴下阿蒙，刮目冠时英之誉。膏加光煜，积厚流长。芝盖九华，实托根于松柏；梨眉千岁，宜致颂于台莱。如吾友戴之将军之尊人凤鸣封翁，洵可谓燕翼宏谋，龙头硕望者矣。

吕氏本婺州名族，在宋有云溪先生讳鸣谦者，实以豪侠义行著闻于当世，出林和惠公之门，与东莱、水心诸先生同为五峰石室讲友，尝

---

① 原注：征文标题由孙宝琦题。此文系岑春煊等人为原浙江督军吕公望（字戴之）父母所作颂寿征文启。

伏阙上书纳官赎父兄罪,并力解陈公同甫之狱,勇于赴义,士林伟之。世隶浙江永康之太平乡,百寻乔木,代擢珠柯,五色绀瓜,世绵丹瓞。递迁至邑城太平巷,晏居近市,孔里择仁。封翁之王父正旺公,竞施无求,趋善若渴。王彦方一乡祭酒,何比干九叶添筹。邑故有太平岭,为乡人往来孔道,而悬崖立壁,颠苦行旅,石鞍径窄,功无所施。公乃仰天誓心,穿地矢志,且舍且募,得寸得尺,蚕丛凿空。借神力于五丁,夸娥移山;竟愚公于二子,辟路卅里。经时十年,明晦不渝,寒暑罔间,并于附近购置腴山若干亩,手植林木,以将来息产为常年修葺之费。化虎尾羊肠之险,尽作周行;弛牛任马辇之劳,安如磐石。虑穷千祀,利溥万人,即兹一善之精专,具见百为之黾勉。太翁观海公,秀钟颖栗,幼抱岐嶷,至行本于夙成,纯孝根于天性。胜衣就傅,即慕周、程;总角传经,每怀曾、闵。一日自塾归,省见母氏顾太君躬事井臼,瞿然心动,遂誓捐书箧,相从爨汲。勉析薪之负荷,匪懈晨昏;分朱棘之劬劳,不离跬步。竟缘积瘁,以促修龄。三十回年,遽抱丧子之叹;千秋董史,空传独行之编。没之五月,而封翁始生堕地。星孤号天力弱,无父何怙;伤謦欬之难闻,有母尸饔。剖楹书而幸在时,则郑氏九传,犹称大户,张公百忍,方聚义门。食指盈千,腴田接陌,虽遗孤之眇眇,正家运之隆隆。庭树阴多,托荫之孙。兰易苗缭,垣篱密出,林之稚笋常高。封翁宿慧前修,有如徐勉圣童,著誉不让张堪。渥驹千里,争言此子不凡;蜡凤双丸,竞说善人有后。珠甫擎于掌上,光已满于闾中。亡何,而陆起鲸波,天弥鲛雾。一声鼙鼓,惊动地之雷霆;百道欃枪,走倾城之士女。太母胡夫人,遂乃提携稚弱,跋涉村阿。葛屦晨霜,印遍荒岩蛇径;枫林晚露,听残篝火狐鸣。始犹挈具而行,虫同蝚蛷;继乃分途各窜,鸟等流离。迨至狼燧烟销,鼍江浪静,瞻故里而山川无恙,觅旧居而衡宇全非。鹤返空巢,莫问哺雏之辛苦;鸮留毁室,弥伤育子之恩勤。盖是时封翁方七岁也。有伯姊长封翁数岁,犹陷寇中,索千金质。封翁泣吁太母百计求环,太母因倾产赎之。雁序天亲,谊深同气;鸰原急难,情切绮年。山号秭归,欣慰陟冈之望;歌馀寡哭,已空儋石之储。匣底珠还,釜中爨断。逾数岁,姊适同邑楼氏,家颇丰赡,封翁奉太母命从往姊家,给事樵牧。蒹葭倚玉,叹崽子之依人;葛藟施松,幸江家之顾我。顾乃厨馔羹多,时问轑釜,餐堂饭罢,不见鸣钟。盘里槟榔,动张郎之愤慨;炉中芋火,生李相之雄心。搴裳去之,投袂起矣。于是,皋庑赁春之天,负担争墟,雨滑泥泞之地。习减百乘千之法,剔子如飞;熟贪三廉五之经,澄心若镜。见邑之横溪山水明媚,民醇俗茂,遂孑身往投。事营运,未及数年,信用大著。身如紫燕,到处成家;命值青龙,逢云作雨。得三春之暖树,向初阳而簇簇生新;分一指之灵根,才着土而深深入地。乡人马公永源,器其为人,妻以女弟,是马封翁之德配。马夫人遂奉迎太母于此居焉。始有少有,经之营之。万悦千欢,看报晖于乌哺;双心一袜,听戒旦于鸡鸣。半读半耕,守累世弓裘之绪;亦承亦创,启中兴蓝筚之基。慈孝洽而福应来,勤俭篱而嘉祥萃。连举丈夫子二,将军其冢嗣也。枥上红光,照夜之奇征早著,尊前白发,逢人而笑口先开。阿阁初巢,便生丹凤,铜山始穴,已集青蚨。遂乃置腴田,起广厦,畜僮僪,建仓囷,陈红万屯,绕绿千顷。巾车幢盖,衢通十郡之宾;陆梯水航,肆列五都之货。旧日之门庭再整,故家之阀阅重新。千尺怀清,是处尽传巴妇;十方行义,何人不识桓嫠。洵足称聚顺之美谈,抑亦极显扬之盛事者矣。封翁生于申月,有术者以子平推步,谓五十三岁交入寅运,冲动月建,于法大不吉,戴之将军闻之惕然。会前一岁,梦一巨虎衔封翁去,奋起追夺,取拳石击其鼻,始肯释口;一虎子相随,更取石投之,乃负以还,醒时犹竟体浃汗。因急告于其友,友为占曰:"尊公命造不利逢寅,来岁为寅年,来正为寅月,于肖为虎,某日建寅,盍留意之。"溺俗沉迷,原达士所不信;知年喜惧,实人子之私心。届日乃追侍翁左右,直至夜就寝息,始为释然。俄闻邻右火起,视之尚远,将军即促请封翁起,并检贮紧要文券。封翁谓相隔重垣,决不殃及,数请而后得允,乃以文券付之,命寄置某所,尚绝不为意。比置讫反命,而火已及室,觅封翁不得,方在楼次检理藏镪,急挟之飞越,足甫出户,而轰然作声,楼板已坍压坠地矣。先是有乡人以大讼破家,家产已尽,而讼不得息,必得巨资方可寝解,有腴田数亩,凤质于封翁,图赎回他售,抵此急需,而期限未至,赎款亦无所出。封翁知其情,慨取质存契据,悉以交付,而邻里稔为质限未满,尚不敢受,乃更命将军为之书券,因得收价完讼事。其间所保全婚姻财产,乃至生命,不可胜纪。将军书券归途,即有异兆,论者咸谓封翁脱此厄数,实为行善之报。语虽近诞,理则可凭。白鸡止车,宁妖梦之足践;荧惑退舍,固善言之可移。但举一端,已赅千福。自以年幼失学,于戴之将军督课甚严,广延名师,期造远大。尝于春秋祭扫,当祖先墓前,励声切诚曰:"吾族今虽式微,然在宋有云溪、霞峰、敏斋诸公,以理学显,在元有宗鲁、竹溪、子义、审言诸公,以气节显,元末有文燧、文煜、文烨诸公,以勋业显,明德不坠,前徽可追,宜励远猷,以振遗绪。卓矣彝训,宏哉诲辞。数典不忘,语语挟风雷之气;先型足式,昭昭揭日月而行。抵右军誓墓之文,矢励子孙清白;拟康乐述德之颂,常通祖考英灵。允惟式穀之贻谋,合启昌门之令子。又尝以身所经历,戒饬子弟,谓吾承先业颓落之后,以孤身远徙,赤手成家,别无他长,所恃者惟一信耳。吾初入闤阓,佣夥之外,稍谋什一,己资不给,则辗转称贷,无论多寡,约期归偿,虽万分拮据,必践前约,不爽晷刻,以此众皆乐为将助。其先往还不过十金、五金,继以百数,继以千数,继至累万,皆取怀而与,一无疑顿。其他贸易,悉如此例,用能运用如意,操纵应时,取得薄盈,树此微业。汝曹持吾术以处世,始终罔忒,充类而施,必可免于尤悔矣。考亭约旨于居敬,温公归本于存诚。一言而终身行,道孚蛮貊;五常以信高本,化格豚鱼。谋裕后昆,谊符前哲。至如量鼓广施,指困助义,测交束版,行已践绳。鲁仲连排难解纷,陈仲弓模方范俗。不伏案读书而义通于学究,不画纸布算而理协于畴人,不习为工而计千仞百雉之程功,毫厘悉合,不精为农而测连亩交畴之稼获,升斗皆符。琴心在和,银手如断。争利处后,趋义务先。道貌方严,闻柱杖而顽童惕息;宅衷慈蔼,听东铃而楼市欢胪。望子舍之龙旌虎节,似隔邻家居养堂而列鼎重茵,乃甘布素。分一长之末节,在他人已属奇能;兼众美而论施,在封翁尚为余事。

德配马太夫人,绸直表躬,婉嫕蓄德,事姑以孝,驭下以慈,综男钱女布之钧衡,相夫立业;仿画获折荻之典范,教子成名。自戴之将军幼学时,劬心督课,鸡鸣即促起为盥栉,使就灯下诵读,手执缝纫,就旁监视,听其句读疾徐、音调生熟,以验其在学之勤惰。天明始遣赴塾,晚归亦如之,漏下二鼓,乃哺以龙眼数枚,噢之归寝。历七、八年有如一日。逮将军晋位浙帅,迎养省会,甫下车即申戒曰:"尔得有今日,皆食先世余荫。余离家时,业将戚友债券悉数焚之,庶为尔辈少积余泽。家有薄田数顷,足以自给,慎勿妄取非分,为子孙累。"丸熊作饵,添夜课之精神;封鲊传书,励居官之介节。以今方古,不约而同。贤哉母也,可以风矣。

戴之将军,黉序蜚英,青衿擢秀,大春夺席,小夏升堂,甫过终军弱冠之年,忽抱定远从戎之志。遂欲手摇天枢,足撼坤轴。北走幽冀,南趋苍梧,东筹辽沈之边,西循陇蜀之险。万马腾风,放朝天之玉弩;六鳌断足,扶仆地之金瓯。才抛白裕,即领戎旃;暂卷红旗,又持镇节。陶士行作八州都督,郭汾阳为一路福星。况乃锅号销金,城名衣锦。射潮弓竞,半江东子弟之兵;望海楼开,揽浙右湖山之胜。兼武绰文经,而布化绥并双符;合吴疆越界,以称雄亭高会。然而瑞莲图在,覆茗囊空。十年戎马,依然本色书生;百战勋名,仍作布衣太尉。舟中鹤瘦,湖上驴闻。解陆贾之粤装,从无宝剑;拂苏公之吴袖,但有新诗。其任侠信义,多出于义方;其廉静慈祥,定原于母教。然则醴泉芝草,由来总有根源。楂子梨宗,旷世乃开贤哲;绍衣有自,盛美宜称仲子。蕴玉早世,文孙五人(师铭、师扬、师广、师济、师简),孙女七,曾孙一(祖燧)。左龙右虎,一门之棣萼镳联;后凤前麟,四世之孙曾鼎立。灵椿干老,丹桂枝繁。

往岁七秩正寿,将军以有事南疆,未及称庆,明岁癸亥为封翁七旬晋五生辰,马太夫人少于翁二岁,拟以夏历二月三日,称觞里第,补东海长生之箓,鹦鹉衔杯;颂南山介寿之诗,鸾凤叶律。春煊等叨承末谊,久饮清芬。袍泽论交,半通家之后进;筑竽滥奏,惭懿德之难宣。伏祈班马名公,渊云硕彦,振绣虎雕龙之笔,耀腾蛟起凤之华。蟠桃酒熟,镌菊水以铭觞;杨柳枝新,咏元冰而刻鼎。谨资喤引,以候元音。十二宫十二角,愿开律吕之谐声,八千春八千秋,看下金银之双管。

谨启。

张耀曾、汤芗铭、朱献文、俞炜、姚桐豫、蔡元培、沈瑞麟、马叙伦、王文庆、夏超、吴景濂、汤尔和、徐佛苏、沈钧业、张伯岐、孙宝琦、沈金鉴、屈映光、徐则恂、王蕚、汪大燮、章士钊、张载扬、顾松庆、孙世伟、张绍曾、丁槐、文群、潘国纲、叶焕华、岑春煊、王正廷、褚辅成、蒋方震、张寿镛、熊希龄、王芝祥、郭椿森、王桂林、徐乐尧、钱能训、汪朝宗、王廷桢、王锡荣、王廷扬、章炳麟、彭允彝、金永炎、周承炎、周凤岐、王家襄、蒋尊簋、师景云、叶颂清、沈钧儒、谷钟秀、杨永泰、吴品珩、陈楫、陈时夏、李根源、胡维德、刘焜、金兆斗、周继漭、蒋著卿、戚嘉谟、张浩、田稔、卢钟岳、盛邦彦、卢旌贤、沈椿年、王任化、张复元、邵振青、周学宏、张传保、傅梦豪、陈肇英、韩藩、谢国钦、孙棣三、杨士毅、许燊、胡翔青、金兆棪、邵万龢、杭辛斋、张世桢、郑际平、王烈、陈燮枢、刘景晨、袁荣叟、吴源、金尚铣、赵舒、邵瑞彭、陈焕章、丁僎宣、洪国垣、傅师说、胡宗楙、周珏、徐象先、林玉麒、林茂修、金溶熙、余铭铨、王宗垚、应迪康、陆昌烺、童杭时、杜师业同启。

(原载岑春煊等《为吕凤鸣暨马太夫人七旬晋五双寿徵文》,北京大学图书馆藏,古籍编号 X/971/2503-5;转引自谭群玉、曹天忠编《岑春煊集》,广东人民出版社二〇一九年十月版,第五册,四五五至四六〇页)

主要人名索引

    《吕公望集》关涉人物不下八千人，目前择要收录，大致包括军政、文化、教育、实业等界人士，驻华外交官，海外传教士，商人，游客，以及吕公望的家人等。具体范围：

    政界，以知事为主体（县知事、场知事、候补知事），包括大总统、国务总理、各部（署）总次长（署长），国会参众两院正副议长，各省督军（都督）、省长（民政长、巡按使、省政府主席），军务院抚军长、南方军政府总裁及有关负责人，国民政府主席，行政院院长，军事委员会委员长，省议会（参议会）正副议长，省民政厅（政务厅）、财政厅、高检二厅厅长，警务处处长（警政厅厅长），盐运使，交涉署长（特派交涉员），清理官产处监督、会办，省水利委员会技正，省署顾问、谘议、秘书、处长、参谋、副官，省银行监理官，赴美赛会监督，等等；

    国会议员，省议会（省参议会）议员，县议会正副议长、议员；

    省、县（或跨地区）教育会、商会、振济会、同乡会等法团负责人，茶业（农会、林会）会长，统捐局（茧捐征收局）局长；

    军界，营长（少校）以上，警界，警佐以上；

    文教界，知名人士，如康有为、高凤池（商务印书馆经理）、陆费逵（中华书局董事）等；

    实业家，如陈渭、叶澄衷、虞和德（虞洽卿）等；

    留学生，如詹天佑、朱家华、徐新陆、伍献文、郑奠、林彬、孙世扬等；

    华侨、归侨；

外国公使领事、传教士、商人、游客，如内山完造、汤丕生、赖莫司等，括注国籍；

罪犯或罪犯嫌疑人；

吕公望的夫人、子女、媳妇等；

其他。

正文、附录，均在收录范围。以笔画为序。以书中出现的通用姓名为主词条，括注字号及其他称谓。目前合计 6 468 人。

2024 年 7 月 18 日至 9 月 28 日初稿

2025 年 1 月 24 日至 2 月 27 日复核

【二画】

丁乃为　524

丁士源　4269,4280

丁友松　3423

丁世峄　3933 注,3946

丁曰海　368

丁凤时　1880

丁文瑞　4333

丁文樾　2280

丁玉璜　363,936,937

丁立中　2427

丁吉甫　4336

丁再生　4239

丁廷光　2803

丁廷榜　2803

丁传绅（丁道尹、丁前道尹）　14 注,208
　　注,1221,4086

丁　旭　4083

丁芬美　4336

丁求真　1315,2301,2302,2348

丁鸣球　2481

丁绍瀛　1119,1223

丁经五　4336

丁秋生　4333

丁剑秋　4352

丁美珍　4336

丁炳生　230,231

丁绛霞　4335

丁载生　3821,3842,3850,3851

丁效兰　4255

丁唐福　1632,2349

丁辅之　3913

丁象谦　3945

丁淞生　3905

丁惟汾　3946

丁雅言　4056

丁斐章　4239

丁隽宣　703,3944,3990,4454

丁　槐　3902,4454

丁　零　4330

丁鉴廷　4319,4390

丁鹏九　4280

丁福田　2,113,1348,1653

丁慕韩　3822,3826

丁　震　4239

丁　镕　3933 注

丁　燮　400,1057,1405,1410,1738,
　　1745,2102,2338,3172

卜夫人（美籍）　1070

卜　伊（美籍）　1965

卜来纳（奥籍）　3104

卜　姆（美籍）　2435

卜勒缔（奥籍）　3104

卜德生（美籍）　1070

人神尾茂（日籍）　1920,1921

八十岛孝作（日籍）　968

八并增太郎（日籍）　3221

刁文裳　4078

了馀上人　3906,4299

王薇伯　799,800,837

王醒吾　3914

王　霖　1897,3112

王霓仙　4336

王　镛　471,2594,2705,2713,2769,
　　3406,3567

王赞尧　825,986,3685,3702,4057,
　　4239,4261

王赞克　4058

王鞠如　3917

王懋德　4023

王邈达　3916,4312

王　藩　4004

王耀铨　1941

王鑫润　18,763,3946

井上健胜（日籍）　1041

元柏香　3869 - 3871

韦以成　256,1421,1425

韦以黼　1262,1825

韦世经　4004

韦志麟　4056

韦伯成　4290

韦宏福　2504,2505

韦若芳　4054

韦和协　3423

韦荣龄　1427

支恒荣　641 注

不破凡夫（日籍）　2633,2634

太虚法师　3905

尤　芬　1007,3988,4004

尤维吾（意籍）　2353

车驾龙（车师长、车总司令）　3974,4115,
　　4118

戈来碧（戈绅来碧）　4036 - 4038

戈阿德　121

戈　德　4336

瓦立维拉（葡籍）　1841,1842

中材重三郎（日籍）　2878

中岛任雄（日籍）　1778

中苦文作（日籍）　2878

内山完造（日籍）　1419,1420

冈松安次郎（日籍）　2876

水谷诚造（日籍）　3220

贝乐夫人（美籍）　863

贝在荣　4290

贝聿珝　4383

贝理哲（美籍）　2617

牛荫麘（牛知事）　400,552,723,1075,
　　1481,1482,1652,1664,1908,1932,
　　2043,2257,2958,3014

牛福地　4334

毛十三　1050

毛子佩　3917

毛云鹏（毛酉峰）　3905,4047,4272

毛乌抵打　1062

毛光辉　1943

毛志标　4004

毛时昉　370,371,838,1206

毛阿方　643

毛　侃　3423

【六画】

赵协莘　789,858

赵成恩　3945

赵曲润　2526

赵廷为　3915

赵廷玉　3254,4004,4209,4231

赵廷炳　1320

赵会鹏　859,4159

赵汤　1412,1413,1417

赵宇航　2140,2141

赵安怀　507,1049,1076－1079

赵观涛　3423

赵志云　267

赵志戎　113,4111,4138

赵声　646,3825,3847,3858,3893

赵克明　4333

赵步洲　1948

赵步陞　684,2323,3015

赵时钦　3945

赵伯苏　4380,4387

赵伯林　4336

赵迎喜　256,1128

赵宏钦　3973

赵启能　3450

赵阿凤　837,838

赵坤良　4434

赵英育　3988

赵叔泉　3152

赵国材　776

赵秉良　3448 注

赵秉钧　3996,4073 注

赵佩壬　1897

赵佩芝　1475

赵金　3381,3382

赵金堂　3945

赵宝水　2664

赵南　268,363,3020,4004,4257

赵复汉　3915

赵俊　188,4338

赵恒惕（长沙赵师长）　3893，3934，4267,4269,4270

赵祖传　4336

赵祖望　548,789,858

赵迺传　3915

赵钲铉（常山知事）　66,392,400,641,1979,2455,2972,2982,3063,3471,3593

赵钵尼　4278

赵偦（河南赵将军）　3748,3895,3899,3941,3942,3949,3950,3953,3966,4127

赵理泰　3810

赵铭传（赵知事）　216,217,400,818 注,851,917,1228,1320,1489,1516,1658,1932,2052,4022,4023,4025

赵银敖　1388,1438,1603

赵得元　2887

赵彩英　4335

赵康侯　4349－4351,4354

赵翊邦　3423

【十三画】

【十七画】

鸣　谢

《吕公望集》正文近三百万字，附录约四十五万字。经过前后四年九个月的工作，如今终于脱稿了。

在收集资料、编辑成书及校对补充过程中，得到家乡父老与诸多师友一如既往的关心与帮助，借此机会表达我们发自内心的敬意与谢忱。

由于书稿体量较大，加上临近退休之前四年任务依然繁重（两本集刊、四部书、两场展览），《吕公望集》交稿日期不得不一再延迟，比协议约定的时间晚了很多。惭愧之余，首先感谢《永康文献丛书》编辑委员会的信任与包容，给我和我的搭档邵余安先生提供了一次难得的进修与合作机会。

除了主编李世扬先生，编辑委员会的其他同仁也帮了我们许多实实在在的忙。林毅先生退而不休，主动从永康市档案馆复制吕公望致县长朱惠清的两通信札，并提供宗谱中发现的吕公望数篇文章。章竟成先生惠赐《浙江临时省会永康》的电子文本，内有吕公望回忆难民染织工厂的文稿、余绍宋日记摘编，并分享珍藏的吕公望扇面题诗。徐立斌先生更是古道热肠，不仅传来中共中央军委致总前委、华东局的电报底稿图片（电文中提到吕公望），而且看到吕公望的相关作品或线索，如《兵纶抚式》题词、宁杭铁路通车祝词、亚细亚公司露布等，都会在第一时间知会我们，确认是否收录。我微博上透露抗战初期吕公望在金华《浙东民报》上发表过一份请缨抗日的电报，尚未寻获,立斌兄主动联络北京图书馆。朱维安先生,与永康图书馆的孙璇女士、厉冰锋先生、李萱蓉女士,在复核资料方面,及时提供了方便。

浙江日报温州分社资深记者沈利民先生,是多年的老朋友,有求必应,前不久托同事徐明先生代为检索,将《浙江日报》一九四九年七月二日至一九五四年七月八日的一组报道二十篇传来,其中吕公望解放初期的两次发言,显示了这位辛亥元勋、浙东健儿当时的政治态度,不可或缺。附录四报道,也因此相应增加内容。

温州的陈彼得、卓永、郑金才、张朋强、王长明、赵丹、温作市诸先生,无不热情给予帮助。彼得兄提供了吕公望第六师师长任内致北京国事维持会的电报,这道电报不足百字,却鲜明体现出作者身为军人,反对军人干政的现代政治理念。另外一篇《浙难民工厂》,原载《美商总汇报》一九三九年十二月十一日,也是有益的补充。卓永兄费心从台北"国史馆"查到一组资料,由此增补吕公望致蒋介石的两通电报,国民政府以吕公望战时救济难民有功而予以表彰的题额及行政院呈文等。金才兄以前在《温州读书报》发表过介绍傅式说翻译《德皇雄图秘著》的文章,这次应约提供《德皇雄图秘著》吕公望序。朋强兄代为检索谭延闿、徐永昌、黄郛等多家日记的相关记叙,以及省议员金燮等五十九人的一份通电,为附录的丰富贡献颇多。附录四《永康人质问二事　要请吕公望答复》《杭市应变委员会更名临时救济委会　吕公望张衡程心锦任正副主委》两条,承长明兄提供。赵丹兄从《民国日报》数据库中提取《第一湖山双十会》《孙中山游杭记》等系列报道,充实了附录四的内容。作市兄则帮助辨认吕公望联语的疑难文字。

外地的同仁与朋友也纷纷伸出援手。上海图书馆的林宁女士,不厌其烦,其中一份校训题词"勤静敬奋",网络图片欠清晰,她跑前跑后申请扫描,这次得以用作卷首插页。中华书局上海分公司当家人贾雪飞女士与嘉兴市文史研究馆馆员虞坤林先生,分别提供陈训慈日记、宋云彬日记的相关条目,减轻了我们的工作量。《省立甲种商业学校本科第三次毕业训词》收入《浙江省立甲种商业学校校友会杂志选辑》(浙江工商大学出版社二〇二一年四月版),二手文献我们自然不满足,通过杭州仲向平先生、张小宇先生与编者商量,取得底本《浙江省立甲种商业学校校友会杂志》第一期原文图片,顺利解决了问题。老同事章亦倩女士,新近调入浙江图书馆,也二话不说,抽暇协助复核徐永昌日记。

吕公望前辈的哲嗣吕师煜先生,慷慨复制两篇手稿《辛亥革命浙江光复纪实》《辛亥革命浙军攻克南京纪实》,快递寄来,令人感动。以前一篇为例,收入《浙江辛亥革命回忆录》时,不仅被改动多处,如经济卵翼,底本为"经济铁幕";有惕于此诡谋,底本作"惕厥诡谋";隔墙之耳,手稿为"属垣之耳";总参议袁思永,手稿作"袁总参议思永";等等。孙梦棻,编辑误作孙梦紫,未校出。而且"上略"五百多字,结尾"编后余言"百字,亦被无端删去。《吕公望集》(卷十一)理当恢复原貌,以存其真。

此外,上海古籍出版社老编审李梦生先生,仔细审读书稿,订正疏误、剔除重复,付出很大精力,充分体现了一位老编辑严谨的专业精神。

能为老家出点力,这是我的莫大荣幸。但坦率而言,这部集子难免留下缺憾,这是要请各界读者见谅的。

一九一七年张勋复辟期间,吕公望委托蓝公武代笔以自己名义致段祺瑞函,揭发徐树铮的罪行。曲同丰致段祺瑞电(一九二〇年七月十九日)提到,"前此吕公望在京所呈徐树铮各项劣迹手摺,句句确凿"。《吕公望亲笔稿》透露,"在复辟时期,蓝公武代我写信送段师,揭发徐树铮罪行,段师不该将我的信叫徐树铮看"。此通手摺(呈文),可能保存在档案馆,只不过暂时顾不上检索。《浙东民报》一九三七年八月七日,不仅北京国家图书馆未藏,托温州档案馆老朋友王高荣先生咨询报纸发行地金华市档案馆、林宁博士检查她服务的上海图书馆,均没有收藏。按常理推论,吕公望主持浙江省难民染织工厂多年,以他的为人秉性、当时的环境,与浙江省振济会、省民政厅乃至省政府必然有不少往来公文,不至于单单留存总结性质的《始末记》与《报告书》。但我查浙江省档案馆时竟然没有收获。还有,三个月之前,托吕师煜先生联系省政协文史委,吕德懿《先严吕公望生平事迹》(一九六一年)、吴鼎元《吕公望事迹概述》两篇存稿,能否提供,以便收入附录。省政协文史委回复,已捐赠版本馆杭州分馆。既不发表,又不保存,令人不解。

上述遗憾与本书存在的其他不足,只能留待以后有机会再行弥补。

卢礼阳

二〇二四年七月二十二日,吕公望先生七十周年忌日

卷十一,吕公望领衔的《永康旅杭同乡会杭州市龙川学社为选举国民大会代表及立法院立法委员郑重联合宣言》原件藏浙江省档案馆,为取得这份宣言,颇费周折,一言难尽。友人王高荣兄、张小宇兄、陈增童兄多方设法,鼎力玉成。新增补的《重建魁星阁记》《为节约建国储蓄告永康同胞》两篇,分别由新结识的嵊州文友张浙锋兄、《永康文献丛书》顾问委员会委员应宝容先生提供。附录四《省参会重提翁柽贪污案　决交青田县自己清算》,离不开夏新天兄的帮助。王春南先生、张维藩先生、张晓夫先生,则耐心接受咨询,释疑解难。

最后,不能不提的是,责任编辑戎默先生,不厌其烦的工作作风,同样令我们难以忘却,倍感温暖。

二〇二四年十一月二十日又记

《永康文獻叢書》已出書目